传播视野中的近代中国

———— 复旦大学信息与传播研究中心主持 ————

黄旦 周奇 主编

媒介史的研究与书写

MEIJIESHI DE
YANJIU YU SHUXIE

中国传媒大学出版社
·北京·

图书在版编目(CIP)数据

媒介史的研究与书写 / 黄旦,周奇主编. --北京：中国传媒大学出版社，2021.1
（传播视野中的近代中国）
ISBN 978-7-5657-2895-2

Ⅰ.①媒… Ⅱ.①黄…②周… Ⅲ.①传播媒介－新闻事业史－研究－中国－近代 Ⅳ.①G219.295

中国版本图书馆 CIP 数据核字（2021）第 016722 号

媒介史的研究与书写

MEIJIESHI DE YANJIU YU SHUXIE

主　　编	黄旦　周奇
责任编辑	于水莲
特约编辑	张继媛
封面设计	拓美设计
责任印制	李志鹏

出版发行	中国传媒大学出版社		
社　　址	北京市朝阳区定福庄东街 1 号	邮　编	100024
电　　话	86-10-65450528　65450532	传　真	65779405
网　　址	http://cucp.cuc.edu.cn		
经　　销	全国新华书店		
印　　刷	唐山玺诚印务有限公司		
开　　本	787mm×1092mm　1/16		
印　　张	15.75		
字　　数	335 千字		
版　　次	2021 年 1 月第 1 版		
印　　次	2021 年 1 月第 1 次印刷		
书　　号	ISBN 978-7-5657-2895-2/G・2895	定　价	75.00 元

本社法律顾问：北京李伟斌律师事务所　郭建平
版权所有　翻印必究　印装错误　负责调换

重解报刊之"魅"
——报刊与历史研究

黄 旦

"档案是时间织成的布面上的一个小缺口,是对意外事件的偶然一瞥。但档案的体积又是如此之庞大,置身其中犹如扑入大海,无边无际无所适从"。这让阿莱特·法尔热觉得,阅读档案就好像驻足于一片黑压压没有空地的森林,只有在其中停留太久之后,双眼习惯了黑暗,方能够辨认出树木的轮廓。这真"像走在一条满是裂缝且分叉的小径上,需在寂静和摸索中构思问题。这就像一个在眼前旋转无数次的万花筒:暂停片刻,想象的图案就有了具体的外形,然后再次碎裂成五颜六色的光彩,新的形态也随之出现。这些图案非常短暂,稍微晃动就会产生其他形状。档案中所能找到的意义如同这些图案一样,有力但短暂,随着万花筒的旋转而逐个出现"。① 档案所散发之"魅",令阿莱特·法尔热陶醉其间难舍难离。

那么,报刊可也有其自身之"魅"乎? 法尔热倒是将档案与印刷材料做过一点比较。她指出:后者是一种专门针对公众的文本,是用来让公众阅读和理解的;无论曲笔或直书,印刷材料都有自己的意图,最简单、最明显的目的就是被其他人阅读。这与她所接触的司法档案性质完全不同。司法档案中虽然记录着许多人的生活的大致轨迹,但他们从没要求以这种方式被记录下来,②更不必说公之于众。用福柯的话来说,这是那些"无名者的生活"。③ 法尔热因而以为,任何印刷材料,无论多么陌生,都不能与档案相媲美,尤其是那种身临其境之感。④

档案与印刷材料是否能相媲美(为什么非得相媲美呢?),这是另一个问题,但她所指出的"无名"与"有名"——印刷材料有意并有指向地让人阅读,从而缺少芸芸众生活色生香的气息和温度,多少说明印刷材料是有不同于档案之"魅"的,甚至与之气质是

---

① [法]阿莱特·法尔热:《档案之魅》,申华明译,北京:商务印书馆,2020年,第4、2、49、66页。
② [法]阿莱特·法尔热:《档案之魅》,申华明译,北京:商务印书馆,2020年,第3-4页。
③ [法]福柯:《无名者的生活》,李猛译,《社会理论论坛》,1999年总第6期。
④ [法]阿莱特·法尔热:《档案之魅》,申华明译,北京:商务印书馆,2020年,第3页。

相背而行的。"印刷术不是把文件紧锁深藏,而是把它们从箱子里和密室里拿出来复制,让人们都能看到这些文档。"①戈公振将"为公众而刊行",确定为报纸的"原质"之一,②不是没有道理的。

报刊与历史研究,大而化之,可分为两类,姑且命为"历史的报刊研究"和"报刊的历史研究"。二者虽然都以报刊为对象,但意图和重点均不同。前者是追寻报刊中的历史踪迹,以澄清、证明、补正、丰富某一历史过程或历史事件。简而言之,是以"报"证史——将报刊作为研究和书写历史的依据或材料,属于"所有研究史学撰著史籍所必须根据之种种资料"③之一。后者是要理清报刊自身的历史脉络,展示其演变的过程及其对社会的影响,可谓以"报"为学——一个特定的研究领域和学科,"用历史的眼光,研究关于报纸自身发达之经过,及其对于社会文化之影响之学问也"④。

我没有具体查考过以"报"证史起于何时。"凡道光以来一切档案、碑传、文集、笔记、报章、杂志,皆为史料",其实也只有在这之后,研究史学撰著史籍所根据的种种资料中,才可能有"报刊"的位置,因为从传教士开始的中国现代报刊是在道光之后才慢慢形成气候(虽然认可报刊有资格成为史料还有一个过程)的。陈垣所言极是,史料是"愈近愈繁"。⑤

"愈近愈繁",可见史料是只进不出,纳新而不吐故。"档案、碑传、文集、笔记、报章、杂志,皆为史料",即是其"愈繁"的过程和呈现的面貌。由此也使另一个道理得以显明:若"档案、碑传、文集、笔记、报章、杂志"一个个遁迹消失,史料也就无从谈起。以此而言,史料是由"档案、碑传、文集、笔记、报章、杂志"所创、所产和所供,也没有什么不妥。它们是各安其位各开其路,这与当今有了数字技术而有大数据和数据挖掘是同一个道理。要是我们认可"档案、碑传、文集、笔记、报章、杂志"均为不同类型的媒介,历史材料就是媒介的无中生有,那么德布雷的这句话是一点也不差的:文化和文明传承,总是通过媒介载体的使用,亦即以技术性能为出发点。⑥因此,"世间没有所谓自然存在之史料,凡一切资料俱必通过史家之觉识与命义始具史料意义与功能"⑦的说法,还只是出于史料和史家治史的关系,若以史料构成而言,恐怕还得加上一句:一切资料俱必由处于不同位置和关系中的媒介所开拓。

---

① [美]伊丽莎白·爱森斯坦:《作为变革动因的印刷机:早期近代欧洲的传播与文化变革》,何道宽译,北京:北京大学出版社,2010年,第68页。
② 戈公振:《中国报学史》,北京:生活·读书·新知三联书店,1955年,第6页。
③ 王尔敏:《史学方法》,桂林:广西师范大学出版社,2005年,第122页。
④ 戈公振:《中国报学史》,北京:生活·读书·新知三联书店,1955年,第1页。
⑤ 转引自李剑鸣:《历史学家的修养和技艺》,上海:上海三联书店,2007年,第239页。
⑥ [法]雷吉斯·德布雷:《媒介学引论》,刘文玲译,陈卫星审译,北京:中国传媒大学出版社,2014年,第5页。
⑦ 王尔敏:《史学方法》,桂林:广西师范大学出版社,2005年,第134页。

媒介(档案、碑传、文集、笔记、报章、杂志等)各有所长,打开并通向不同的区间,①因此也就各"魅"其魅。档案之"魅"非报刊之"魅":如果档案可以比拟为一个矩阵,并不表达"唯一"真相,它有时引导人们去发现,有时又让人迷失;②报刊就是李普曼所说的"探照灯",虽然摇曳不定,但光照所向则确定不移,唯我独断。档案是无数人留下的痕迹,报刊是要让无数人围观它散发出的社会现实痕迹。就其实质,二者不应是真与假或者真实程度之辨,而是各有各的真实。好比"门"和"窗",都可以透视外界,各自的形态框架决定了其视野所及和能发挥的作用,岂能摆放在真实与否的层面进行较量?任何一种媒介,都有其特定的意图、体制制度、运作方式和性质功能,它们互为纠缠又互为区分,"各种特性的符号链与异常多样的编码模式(生物的,政治的,经济的,等等)相连接,这就发动了种种不同的符号机制和事物状态"③,构成了历史的不同层面。"档案既提供了信息,也提供了使用信息的方式或者使信息具有逻辑性的方式"④,报刊亦是一样。各类史料可以互相参照,但不宜随便统合。以"报"证史的历史报刊之研究,大多忽视了这一点。他们习惯于把报刊内容抽取出来,与其他史料(比如档案)辨别排比,以构成一个特定的"真",档案和报刊之"魅"也就因此荡然无存。

历史不能说源自文字,但的确是文字,使得历史有了明确记载。汉字的"史",据称其本意是史官——以文字记事的人,后又申义为文字和历史记载。到了汉代,古代的字书一概名之为"史"。"文字的作用是记事,记录下来的材料"就是"史料"。章学诚于是有言,"盈天地之间,凡涉著作之林,皆是史学"⑤。这既成就了历史,同时也为理解历史和史料,造就了特定的思维定式、辨析逻辑和读解方式。熟既能生巧,也导致熟视无睹,一切好似理所当然,故很少有人意识到,"严格意义上的文字是一种技术,它塑造了现代人的智能活动,给智能活动提供动力"⑥。这为历史及其研究带来的,就是根深蒂固的文字心智。史家以线性的文字思维来认识、读解和评判一切,成了一种布迪厄意义上的"惯习",或福柯意义上的"规训"。所以海登·怀特就特地提醒,现代的历史学家应该意识到视觉影像的解读是完全不同于书写档案的。⑦

其实,史学家对待视觉图像还是相当谨慎的,它毕竟与文字记事差别太大,其自身之"魅"难以忽视也不能轻易抹除,否则彼得·伯克也不必专写一本《图像证史》。可是

---

① 马丁·塞尔:《实在的传媒和传媒的实在》,载[德]西皮尔·克莱默尔编著:《传媒、计算机、实在性——真实性表象和新传媒》,孙和平译,北京:中国社会科学出版社,2008年,第215-237页;引见第215页。
② [法]阿莱特·法尔热:《档案之魅》,申华明译,北京:商务印书馆,2020年,第68页。
③ [法]德勒兹、加塔利:《资本主义与精神分裂(卷2):千高原》,姜宇辉译,上海:上海书店出版社,2010年,第7页。
④ [法]阿莱特·法尔热:《档案之魅》,申华明译,北京:商务印书馆,2020年,第58页。
⑤ 许凌云:《读史入门》,北京:中国人民大学出版社,2007年,第3页。
⑥ [美]沃尔特·翁:《口语文化与书面文化:语词的技术化》,何道宽译,北京:北京大学出版社,2008年,第63页。
⑦ [美]海登·怀特:《书写史学与视听史学》,王佳怡译,《电影艺术》,2014年第6期,第116-120页。

报刊不同,本就以"文字"为本,又是一种"记事",看上去与"档案、碑传、文集、笔记"就是自家兄弟,属于"愈近愈繁"的家族自然添"丁"。这就不会使人去思想它们之间有什么不同,反而是轻车熟路随手拿来。于是报中所载,与档案、文集、碑传所录的毫无二致,在历史的报刊研究中都属于同样性质的基本事实和历史材料。

自然,对于一些具体事实的查证,比如人物、地点、时间、事件、状况等等,这确实有着不可忽视的作用,但正因仅仅关注其"记载",报刊与历史的关系也就远远得不到展示。拿报纸来说,它是有"报"有"纸":"报"以印刷为手段,以机构为标志,造就"公共书信"或"公共交谈"①式的传散沟通之范式;"纸"则有格式有面貌,长、短、疏、密、图、题、形、字之间,细细策划处处讲究,更不必说定期出版——报纸所不能或缺的时间因素。依麦克卢汉的说法,正是依仗着这样的时间,报纸才能够把社会塑造成一种整体的和延续的形象。② 当把这一切——"报"和"纸"都撇开,仅是剥离出那点内容,虽然干净,但怎能称得上是报刊研究,且又是什么意义上的报刊研究呢?比如"苏报案",醉心于《苏报》内容以检点"革命运动"的点点滴滴,也就不会关心章士钊在报纸上所做的手脚,以及报纸与张园演讲、爱国学生等等的互为作用。伊丽莎白·爱森斯坦在关于印刷术的研究中注意到这样一个现象,印刷术本有着诸多的影响,大多数欧洲近代史学者唯一熟悉的基本就是为传播新教思想出力。与关于其他运动的文字记述一样,在宗教改革记述中,印刷术的影响往往被腰斩,仅限于"传播"思想一个功能。一旦宗教改革完结,新教的传播完成,印刷商和出版商也就不再值得注意,历史的聚光灯就集中在后起似乎更加重要的发展动态上了。③ 若不是新教宣传,印刷术也就没有出场的机会,既然如此,仅限于其"传播"思想的"腰斩"式理解,也就不令人奇怪。这种状况是否同样发生在中国历史学家关于报刊与历史的记述中呢?

以此看,王奇生的《新文化运动是如何"运动"起来的》④一文,对于历史的报刊研究就深有启发意义,因为其很好地揭示了现代刊物的特殊之处,即对于社会运动的策划、运作和介入。一旦引入这一变量,报刊内容的理解就不一样,新文化运动的过程和面向马上变得复杂,尽管其本意仍是出于澄清新文化运动的过程及其复杂面向。现代政治运动和大众媒介总是在一定的境遇中互为接近并相互作用⑤(不是相互补充),成为其迥异于传统政治(比如文书政治、清议政治)的重大特征。费夫贺看到的印刷书,

---

① [法]加布里埃尔·塔尔德著,特里·N·克拉克编:《传播与社会影响》,何道宽译,北京:中国人民大学出版社,2005年,第245页。
② [加]马歇尔·麦克卢汉:《理解媒介——论人的延伸》,何道宽译,北京:商务印书馆,2000年,第266-267页。
③ [美]伊丽莎白·爱森斯坦:《作为变革动因的印刷机:早期近代欧洲的传播与文化变革》,何道宽译,北京:北京大学出版社,2010年,第17页。
④ 王奇生:《新文化运动是如何"运动"起来的》,《近代史研究》,2007年第1期,第21-40页。
⑤ [美]托德·吉特林:《新左派运动的媒介镜像》,张锐译,胡正荣校,北京:华夏出版社,2007年,第3页。

不单是技术上的巧妙发明,也是西方文明最有力的推手。① "推手"的报刊与其"记载"不能分离,脱离了前者,那些"文字记载"梳理得再仔细,也不可能是"活"的。此种重于运动的因与果,而不是政治运动的经验和实际展开,②按照史家自身意图,也能勾勒并验证某些历史事实,但其代价是可能失去历史报刊的实际面貌和由此带来的历史事件的特殊性,见不出"戊戌变法""苏报案""新文化运动"等等各自的"灵韵",似乎它们是在同一个平面上的"运动"之重复,不同的只是宗旨、规模、目标、过程及其社会政治背景。

书本的本性是桀骜不驯的,③这句话恰恰证明了媒介的力量。史料的"愈近愈繁",并没有使人脱离字书的影响,反而统统摄入字书的光束,远近高低一般同。书写在没有媒介概念的情况下充当了通用的标准性媒介,④使得历史研究对于报刊的历史运用和演变的研究,难有新的进展和突破。细究起来,史籍本也是十分讲究区分的,是有"媒介学"的。依我看,目录学便是。书籍编目分类的要义,即是指示、标明书籍的部次流别,以便"即类求书,因书究学","辨章学术,考镜源流"。⑤ 史料是寻找历史之指路碑,⑥目录学则就是寻找辨析史料之"指路碑":注出不同书籍——"媒介"源流,就像今天的媒介理论辨别不同的媒介一样。其差异是前者始终在字书的范围之内,是字书的同异之辨,因为这就是当时媒介的状况及其要求。只是久久熏染于此,习焉不察,致使史家们没能举一反三,跳出此山中,从新的角度想象、理解和分辨"愈近愈繁"的媒介史料和报刊之"魅",在熟悉的目录学基础上,添加不熟悉的"愈近愈繁"的媒介知识,形成新的一种"目录学",从而为学史、读史、治史,开出一道新的类似目录学(比如史料媒介学)的入门之径。

另一类的研究,亦即一开始提到的"报刊的历史研究",则是另一番景象。自改革开放以来,他们一直在为如何显示报刊之"魅"——报刊史的定位及其独有价值而努力。不过其动因与媒介无关,而是来自如何与历史研究,更具体地讲是如何与政治史、革命史研究区别开来。"人们议论最多的是,编写出来的中国新闻事业史缺乏自己的个性和特色,它往往和中国近现代政治史、思想史或者中共党史差不多"。⑦

---

① [法]费夫贺、马尔坦:《印刷书的诞生》,李鸿志译,桂林:广西师范大学出版社,2006年,作者序,第3页;具体可参其第八章。
② [美]林·亨特:《法国大革命中的政治、文化和阶级》,汪珍珠译,上海:华东师范大学出版社,2011年,第14页。
③ [美]沃尔特·翁:《口语文化与书面文化:语词的技术化》,何道宽译,北京:北京大学出版社,2008年,第59页。
④ [德]弗里德里希·基特勒:《留声机 电影 打字机》,邢春丽译,上海:复旦大学出版社,2017年,第6页。
⑤ 许凌云:《读史入门》,北京:中国人民大学出版社,2007年,第4页。
⑥ 周谷城语,转引自王尔敏:《史学方法》,桂林:广西师范大学出版社,2005年,第120页。
⑦ 宁树藩:《中国新闻事业史研究方法的若干问题》,载《宁树藩文集》,汕头:汕头大学出版社,2003年,第147-157页;引见第147页。

报刊史混同于革命史和政治史,既是最直观的现象,也是遭受诟病最多的。那么,如何做呢?首先的建议是重新勾画体例,使之有报刊史自身的特点,不完全按照政治斗争来分期。① 进而言之,应以新闻事业发展为主线,改变让新闻事业史围绕一个个政治思想斗争和一个个政治任务展开,而是反过来,新闻事业的发展过程是主体,政治思想斗争的发展过程是客体,后者是为了说明前者而存在的,现在是错把政治现象当成了本学科的研究对象。②

一个学科居然误认了自己的研究对象,好似婴儿被调包而错换了人生。这样的表述听上去不可思议,倒也清晰昭示出论者们的思路。无论是"报刊史自身的特点",还是以"新闻事业发展为主线"、为"主体",都在在表明报刊史研究者们深信,报刊或者新闻事业可以从社会其他方面切割出来,圈出一个以"新闻现象"为界的"地块",既可以保证其独有的研究对象,又能够确立研究之特色。这就马上牵扯出一个问题:什么是"主体"(自身),怎么来认定?

作为一个哲学概念,主体不是一个自然实体。暂且不谈其词源学意义,仅就由笛卡尔所开启的主体哲学看,主体主要针对人而言。人凭着"我思"而成为认识的主体,意志的主宰,万物的尺度,自我"作为绝对本原,以理论理性的姿态踏上了自我认识之路"。③ 由于人因群而在,人的自主自为就抽象为共同体的主体性——主张、信念和目标。共同信念是群体的一种内在属性,一个团体就是作为主体的群体,团体信念就是这些作为主体的群体的认知状态。④ 所以马克思就说,"人是一个特殊的个体,并且正是他的特殊性使他成为一个个体,成为一个现实的、单个的社会存在物,同样,他也是总体,观念的总体,被思考和被感知的社会的自为的主体的存在,正如他在现实中既作为对社会存在的直观和现实享受而存在,又作为人的生命表现的总体而存在一样"。⑤ 在这个意义上,说新闻业或者报刊有其主体性也是成立的。如果真的能将此把握为"主线",一一展开其变革和演化的历史面向,报刊史研究及其体例,肯定闪耀出自己的独特色彩,不复是"政治史、党史、思想史"的摹本。

然而,事情似非这么简单。比如哈贝马斯所见的欧洲报刊,就曾有过不同的阶段:以小型手抄行业为组织形式的私人通信系统,以思想传播为主的个人新闻写作阶段,

---

① 方汉奇:《关于新闻史研究的几点体会和建议》,载方汉奇:《报史与报人》,北京:新华出版社,1991年,第22-37页;引见第23页。
② 宁树藩:《中国新闻事业史研究方法的若干问题》,载《宁树藩文集》,汕头:汕头大学出版社,2003年,第148-149页;以及宁树藩:《关于改进中国新闻事业史的科研工作加速学科建设问题》,载《宁树藩文集》,汕头:汕头大学出版社,2003年,第158-163页;引见第160页。
③ 倪梁康:《自识与反思》,北京:商务印书馆,2002年,第11页。
④ 石辰威:《潜在集体信念》,《浙江大学学报》(人文社会科学版),2020年第5期,第71-79页;引见第73-74页。
⑤ 马克思:《1844年哲学经济学手稿》,中共中央马克思、恩格斯、列宁、斯大林著作编译局译,2000年,第84页。

以及19世纪30年代从"传播信念的报刊业向商业报刊业的转变"①。美国的报刊在18世纪前期,"不是政治工具,也不是新闻采集机构",早期的报纸从来不主动采集新闻,只是刊登收集到的任何东西,作为一门生意来做。直到19世纪中期,办报都"不是一种独立性的工作,而是在政治世界里的一条前进道路"。②梁启超所称的"一人之报、一党之报、一国之报"和"世界之报",虽不乏渲染和夸张,但的确道出了报刊的复杂性。想想19世纪晚期上海的情形:传教士刊物、《申报》、《上海新报》、《时务报》等等,就见其一斑。这也就意味着,报刊(新闻事业)并无一个纯粹的唯一的"新闻现象"之"主体"(自身)。进一步说,报刊(新闻事业)是不是主体,是什么样的主体,来自研究者的体认,来自研究的角度、问题,来自历史现象与研究者与之的体验性契合,与之所设定的标准、预想某物或某方面的意义等等息息相关,并非一个客观的事实性存在。这就是利科所说的,是一个叙事认同的问题,是要讲述那个作为"谁"的活动。这个"谁",不仅仅指研究者的理解和把握,也是依赖叙事方式来塑造的。研究者既是其理解者,也是其创造者和解说者。③由于历史书写的问题、兴趣和确定的意义不同,所判定和型塑的主体就自然不同。比如报刊的历史可以从不同的视角来展开:作为技术的历史、经济的历史、社会或文化的历史、传递新闻的历史。詹姆斯·凯瑞甚至说,报刊自身就是人类意识的一种表达。无论我们将之视为一种制度,一套关于表达的法律特权,还是技术构成的主体,它首先都是一种精神气质和想象力的表达。④借此我们就可以说,报刊是技术的主体、经济的主体、社会和文化的主体,也可以是新闻报道的主体乃至于意识表达的主体。历史并不知道自己是主体,也不清楚自己有着什么意义,只有历史的书写者知道可能性。历史学作为一门学科,它本质上就是理论性的。⑤可是做报刊史研究的学者中,明白这一点的似乎很少,好像历史研究不是戴着特定的"眼镜",循着预想的逻辑,做着"披沙拣金"的工作,而是凭空一扫,便是"满城尽带黄金甲"。

理论思考上的困境,迷恋而执着于"新闻情结",将其绝对化为所有报刊的本然,也就难以在研究上打开局面,转而只能在具体事例中做辨析打比方:"我们的研究主体是新闻现象而不是政治现象。如果是在政治现象对新闻现象起着支配作用的情况下,其考察的着力点是政治现象对新闻现象的制约关系,也就是政治如何影响报纸观念、办报思想、宣传策略等等。如果新闻现象和政治现象是相统一的,便要从新闻现象的历史联系中提炼出新闻的研究课题,就像《民报》和《新民丛报》的论战,既是政治现象又

---

① [德]哈贝马斯:《公共领域的结构转型》,曹卫东、王晓珏、刘北城、宋伟杰译,上海:学林出版社,1999年,第220-221页。
② [美]迈克尔·舒德森:《好公民:美国公共生活史》,郑一卉译,北京:北京大学出版社,2014年,第29、101页。
③ 狄尔泰:《精神科学中历史世界的建构》,安延明译,北京:中国人民大学出版社,2010年,第81、184-185页。
④ James W. Carey, The Problem of Journalism History, *Journalism History*, 1974,1(1).
⑤ [英]西蒙·冈恩:《历史学与文化理论》,韩炯译,北京:北京大学出版社,2012年,第23页。

是新闻现象，就不是去评判其政治主张，而是研究'论战'和'党报'出现的关系，探讨双方的宣传形式，以及'论战'对于新闻文体改革的推动"。① 这种"一案一策"式的经验谈，虽然充满着研究者苦心探索之印迹，毕竟是实用层面的个人体验和判断，不是一种标准也不可能形成通则，更无法放大到什么"主线"或"主体"。即就其针对的政治报刊而论，政治和报刊本就一体：报刊是政治的报刊，政治是报刊的政治，二者不存主从关系，也不能人为断开，否则就什么都不是。如果一定要做比较，其对象也是非政治报刊，而不是什么"政治现象"与"新闻现象"。

可见，历史报刊的研究是"愈近愈繁"，多多益善；报刊的历史研究则要"削繁就简"，试图返回到一个纯净的"新闻现象"或"新闻事业"之原点，从而勾画出其闭环式运动：产生、发展及其内在规律，展示报刊之"魅"。之所以命名为"新闻事业史"（或者"新闻史"），应该也是出于此种想法。报刊要报道新闻，或者要研究以报道新闻为己任的报刊，与将"新闻"（什么新闻？是机械复制时代的新闻还是前报刊的口语新闻？）作为整个报刊历史的质的规定性，完全不是一回事。更不必说戈公振式的"刊登新闻、揭载评论"之报纸，本身就是历史的，是报刊历史特定时期的产物，并不代表所有，更不能覆盖或贯通所有报刊或者媒介。所谓的"中国新闻事业通史"，始终难以把广播、电视、通讯社等等统为一体，就足以说明其中的问题。于是只能围着所谓的"政治现象"和"新闻现象"打着转转，百般纠结又裹步难前："在新闻史研究中，我们绕不开政治思想的影响"。"曾苦苦思索，却找不到出路。几经考究，深感以新闻特性分期，实难做到，还是依据政治斗争形势分期为妥"，因为新闻史本身与政治思想斗争史之间的关系特别紧密，而"新闻史本体结构复杂多元，联系松散"，带不动总体的变化。最后不得不妥协，在"无可奈何的情况下，在政治形势的空间找一个落脚点"，不过"所安下的还是新闻事业自己的家"，其证据就是汇全国之力的《中国新闻事业通史》，"虽是以政治斗争形势分期，可这种分期只表现于各章的题名，至于表现具体内容的节、目，写的都是新闻活动，并未因分期而导致与政治史混同"。② 分期是历史书写的基础，历史展开过程的逻辑，不同分期就是不同的历史，这是常识，现在竟可以与史实两张皮。暂且不论是否混同，也暂且不论寄居在别人的屋檐下是否可以安下自己的"家"，其中所透露的一个信息是确定无疑的，这种探索基本不成功。

新闻史结构复杂多元不是错误，错误在于要清除这些多元和复杂，归并一起塞入一件紧身衣中，无功而返自是必然。报刊历史的研究者，因未能深刻把握报刊，亦就不能把握报刊史。报刊是三位一体：它是一种物质，是符号信息的载体，同时又是一种传

---

① 宁树藩：《关于改进中国新闻事业史的科研工作加速学科建设问题》，载《宁树藩文集》，汕头：汕头大学出版社，2003年，第160-161页。
② 郭丽华、宁树藩：《树立"本体意识"、探索新闻特性、加强新闻史学科建设——与著名新闻史学家、复旦大学博士生导师宁树藩先生一席谈》，《新闻大学》，2007年第4期。

播运作的方式。报刊史研究者仅仅关注"信息",将报刊"内容"等同于报刊,"报"化约为"纸",此是一误。在这前提下,报刊史研究者又一厢情愿地认定内容即"新闻"(包括观念和技巧),并力图以此划界,自成一体,这既忽视了报刊的多样性与"报刊新闻"或"新闻报刊"的特殊性,又不能将"新闻现象"与"政治现象"切割清楚,于是只有再三强调报刊不是政治,但无法因此证明报刊是什么,此误二也。最后,而且更为致命的是,从内容着手,注定了把如何书写报刊史,当成了如何区分研究对象和还原对象,从未想到报刊应是报刊史书写的视角,是讲述"主体"——那个作为"谁"的活动时所抱有的特定站点。报刊史是研究报刊在历史进程中,是如何以自己的方式,在不同情境下卷入社会,在影响、改变社会的同时也改变自己,而不是拘泥于那张纸上刊载了什么和如何刊载。总而言之,报刊史研究者感觉到的病症或许没有错,渴望突出报刊之"魅"的心情和努力也十分可敬,可是开出的药方完全错了,因为他们始终没有搞清"报刊"是什么而且在什么地方。

伊格尔斯曾以"重新定向"四个字,来概括20世纪历史学的变化,原因是"自从19世纪初期国际上就开始作为一种专业规范在运用着的那种历史研究方式,已经是既不符合20世纪下半叶的社会政治状况,也不符合现代科学的要求了"。① 当今中国的报刊与历史研究,无论是历史的报刊研究还是报刊的历史研究,恐怕也需要"重新定向",因为20世纪后期至今的"媒介"现实,已经并将继续给以往作为一种专业规范在运用着的那种报刊与历史的研究方式,带来重大的冲击,迫使我们不得不重新理解和看待一百多年前产生的新媒介——现代报刊,不得不重新领会历史书写的报刊之"魅"。

正是出于这样的缘由,遂有了"传播视野下的中国研究"学术研讨会。此会的想法以及首先发起,来自周奇先生。他是历史学出身,又到复旦大学新闻学院做过博士后,对两边的情况均有了解,属于能看到"堡垒"薄弱处的"内部人"。同时他所供职有年的《学术月刊》杂志社,在国内卓有影响,聚结着广泛的学术人脉,这也有利于选择和邀请与会者。首届的会议时间是2012年,由《学术月刊》杂志社和上海市对外文化交流协会共同举办,我的任务是邀请部分新闻传播学界的学者参加。隔了一年,自2014年第二届开始,改为由复旦大学信息与传播研究中心和《学术月刊》杂志社联合举办并持续至今,一年一次没有停顿,一转眼已经是八届。其具体如下:

2014年9月,第二届传播视野下的中国研究论坛(2014),地点:上海,承办者:复旦大学信息与传播研究中心;

2015年7月,第三届传播视野下的中国研究论坛(2015):传播变革与近代中国,地点:沈阳,承办者:辽宁大学新闻与传播学院;

2016年11月,第四届传播视野下的中国研究论坛(2016):媒介、交往与近代化中

---

① [美]格奥尔格·伊格尔斯:《二十世纪的历史学:从科学的客观性到后现代的挑战》,何兆武译,济南:山东大学出版社,2006年,第1页。

国,地点:广州,承办者:暨南大学新闻与传播学院;

2017 年 8 月,第五届传播视野下的中国研究论坛(2017):近代中国的传媒、文本与社会变迁,地点:西安,承办者:西北大学新闻传播学院;

2018 年 10 月,第六届传播视野下的中国研究论坛(2018):媒介再思:传播技术与社会变迁,地点:武汉,承办者:华中科技大学新闻与传播学院;

2019 年 8 月,第七届传播视野下的中国研究论坛(2019):史料、史观与路径:媒介变革与近代中国,地点:南京,承办者:南京师范大学新闻与传播学院;

2020 年 12 月,第八届传播视野下的中国研究论坛(2020):媒介变迁与知识生产,地点:广州,承办者:华南理工大学新闻与传播学院。

关于这个会议的开法,当时与周奇是有基本共识的:第一,会议规模不宜大,大概在 20 多人。第二,与会者必须递交完整论文。第三,要有比较充分的讨论时间,不能是走马灯似的"我方唱罢你登台"。第四,要跨学科,首先是历史学者和报刊史学者的互为切磋,然后能慢慢扩展到其他学科。以"传播视野下的中国研究"为会名,也正是想为学科的多样化留有充足的空间。第五,每年会议讨论要有重点,而且有新意(从以上所列的每年主题变化中就可以见出这一点)。就总体观之,除了学科的多样化未能完全做到之外,其他的基本上都是落实了的。无论如何,以"传播"的名义能将不同学科的学者召集一起,就是一个了不起的开创。会议主题的设想,则更是蕴含着举办者对于学术前沿的理解及其引领之意,故而显得不同一般。也正因如此,这个会在新闻传播学界赢得了不错的名声,其所具有的学术品格和展现出来的严谨会风,是有一定口碑的。

现在展现在大家面前的,就是从第二届到第七届会议论文中有所选择的成果,[①]大致上可以反映出会议的面貌和质量。显然,论文集中的文章并非篇篇都属上乘,而且有所参差也是难免,不过作者们的创新努力是明显可见的。无论是其关注的论题,切入的视角,乃至于研究和书写的路数,均不乏使人有面目一新之感。需要说明的是,论文集的编纂主要来自周奇之功,他以一个学术刊物编辑的眼光,以及本职工作所养成的细心和耐心,以文章质量为重,同时也综合考虑其他因素(比如尽量呈现地域和作者的多元),精挑细选,形成了现有这样的五卷;其间还要分别与作者联系,要考虑每一卷的主题以及文章主题的集中,完成了巨大的工作量。在此,对周奇的辛勤劳动和对报刊与历史研究的不懈推动,表示深深的谢意。自然,同样也非常感谢各位论文的作者为此所做出的贡献。

会议时间久了,就容易落入既有的套路。因此,八届会议之后,如何能够在现有基础上有进一步的推进,这既包括组织思路、主旨,也包括会议质量的提高和会议方式的

---

① 第一届会议的论文在开完之后即结集为《传播视野与中国研究》,由上海人民出版社于 2014 年出版;第八届会议的时间是 2020 年,其论文还来不及收入。

变化,已是我们面临而且必须要解决的一个问题。之前曾经和周奇有所讨论,初步也有了一些想法,不过还未有一个定案。在这个意义上说,这套论文集的出版,是总结以往,更是为开拓未来。我们愿意以此为契机,百尺竿头更进一步,也非常期待各位旧友新朋的批评、建议和支持,只有同心合力,锲而不舍,方有报刊与历史研究的新天地、新景象。

目 录

"媒介"作为方法

媒介再思
　　——报刊史研究的新路向　　黄　旦/ 3

"版面"之物:"媒介"想象中的超越与返归
　　——"新报刊史书写"探索札记　　孙　藜/ 15

洗耳恭听:媒介史书写中的"声音"问题　　周叶飞/ 27

当口述史学与影像史学相遇
　　——对口述史摄影的思考　　蒋　蕾/ 39

媒介变迁与乾隆朝的社会异动　　程丽红/ 48

报刊、阅读与传播网络

"惟公言是听":梁启超与近代中国阅读文化之建构　　张仲民/ 61

集体读报:新中国成立初期的上海读报组研究　　詹佳如/ 89

甲午前后的报刊地理、新闻呈现与读者阅读的回想　　蒋建国/ 105

"丝绸之路"名称概念传播的历史考察　　邬国义/ 125

哈哈镜中的社会相:民国时期的自杀漫画研究　　侯艳兴/ 160

媒介、记忆与历史

作为事件与风景的《解放日报·临时刊》 　　　　　　　　　　　王春泉／179

媒体记忆的政治：全面抗战时期中共报刊对"九一"记者节的纪念 　　赵建国／197

成舍我对马克思主义学说的传播与认知 　　　　　　　　　　　　李秀云／211

从"他者"到"国民"
　　——近代中国关于疍民的公共话语与族界建构 　　　　张先清　刘长仪／220

"媒介"作为方法

媒介再思*
——报刊史研究的新路向

黄 旦

(浙江大学传媒与国际文化学院)

摘要: 已有的中国报刊史研究,继承的是戈公振《中国报学史》中所蕴含的媒介观,即以工具论为前提,以报刊性质为尺度,以报刊内容为重点,从中显示报刊对于社会的作用以及社会对之的影响。这样的一种媒介观,不仅与当前的传播实践相抵牾,而且也严重束缚了研究的想象力。文章将麦克卢汉等的论点与戈公振的做比照,并结合最近的一些研究,力图从媒介理论的角度,为改变现有报刊史研究状况,提供新的启示和思考。文章提出,报刊史研究者要敞开眼界,吸取不同学科的理论养料,改变考察媒介的思维和视野,同时转变观念,跳出已有的研究范式,从再思媒介切入,以辟出一条中国报刊史研究的新路。

关键词: 媒介;报刊史;新路向

最近又翻了一下凯瑞《作为文化的传播》和梅罗维茨的《消失的地域》。凯瑞在书里面的一句话过去一直没有引起我注意。他说,在媒介问题上的理论空白,使我们在通往具体的研究之路上必然要走许多弯路。① 有意思的是,这句话是从他自己关于电报研究的说明中引带出来的,可见是有经验基础而不是凭空推测的。梅罗维茨则是具体指出了这样一个怪异现象,许多对媒介影响的研究都忽略了对媒介自身的研究,结果无论是研究什么媒介的内容,比如电视或者报纸、戏剧、电影、小说等,其方法都是一样的,媒介本身被当作了中性的传送系统。让梅氏印象深刻的是,在其他领域研究技术影响的学者,却很少抱有这种极为狭窄的看法。他举例说,研究工业革命的人当中,很少有人会宣称,他的研究中唯一重要的东西是新机器生产出的某种物品,恰恰相反,历史学家、社会学家很早就指出,社会工业化研究的重要内容是新的生产方式本身的

---

* 本文原载于《新闻记者》2018 年第 12 期,有修改。
① 詹姆斯·凯瑞:《作为文化的传播》,丁未译,北京:华夏出版社,2005 年,第 50 页。

影响,比如时空问题、劳动的分工、家庭结构、城乡关系等等。①

就中国报刊史研究而言,媒介理论的空白以及偏于报刊内容的路数,一直就是其主流,迄今并无大的变化。我在之前关于新报刊史书写范式变更的文章②中,曾就此种现象做过一些讨论,提出过比如在研究视角上要坚持以报刊——"媒介"为焦点,以不同媒介会产生不同的"信息方式"③为前提,以媒介实践为进路等的一些设想。由于基本上是一些要点,所以也给一些同行带来困惑,其中最大的问题就是不知如何入手,因此想结合自己的研究体会,与同行做一交流。为方便起见,我还是从"报纸"切入,并以两个人的文本为重点,一是戈公振先生的《中国报学史》,一是麦克卢汉关于报纸(媒介)的论述,以此互相做一些比较。借此,一方面使我们的讨论有一个具体依托,另一方面在比较反思中,或许有助于研究思路的打开。

一

目今做报刊史研究的一些学者,似乎很恐惧理论,生怕因此玷污了报刊史研究的纯正性。这一点,我感觉是误会了。戈公振先生看来是深明其道,在《中国报学史》一开头就坚定明确地说,"报纸果为何物?此本书一先决问题也"④,该书的第一章"绪论"就是解决这一问题的,来讨论报纸理论或者习称的新闻理论,戈先生是要以此给自己的历史叙述确定前提。法国著名历史学家保罗·维纳说:"如果我们不知道我们有关天空、色彩和利益的观念——不论正确与否,它们至少不是永恒的观念——我们将不会拥有就这些问题查阅文献的想法,或者毋宁说,我们甚至不会去听它们向我们说的。"⑤这就是说,有了"报纸"观念才能看得到报纸,才能听得到材料的诉说。正是戈公振的报纸观念,为后继的报刊史书写提供了一个基本样板。⑥ 史学研究如何用理论,自可再议,自称不用理论,几如梦呓。中国报刊史研究不过是把所承继的理论——比如报纸——"自然化"了,于是习焉不察,化为了常识。因此,选择《中国报学史》为对象,具有针对性。

戈公振先生对他的"报学史"做了这样的"定名":"所谓报学史者,乃用历史的眼光,研究关于报纸自身发达之经过,及其对于社会文化之影响之学问也。"⑦这个界定

---

① 约书亚·梅洛维茨:《消失的地域:电子媒介对社会行为的影响》,肖志军译,北京:清华大学出版社,2002年,第12页。
② 黄旦:《范式的变更:新报刊史书写》,《新闻与传播研究》,2015年第12期。
③ 马克·波斯特:《信息方式》,范静哗译,周宪校,北京:商务印书馆,2000年。
④ 戈公振:《中国报学史》,北京:生活·读书·新知三联书店,1955年,第2页。
⑤ 保罗·维纳:《人如何书写历史》,韩一宇译,上海:华东师范大学出版社,2018年,第8页。
⑥ 我在"报纸"的迷思——功能主义路径中的中国报刊史书写之反思》(《新闻大学》,2012年第2期)一文中曾指出,现有报刊史中的"报纸"之认定,基本就是来自戈公振。
⑦ 戈公振:《中国报学史》,北京:生活·读书·新知三联书店,1955年,第1页。

里面有两个关键点：第一，什么是报纸自身；第二，影响是如何可能的。这两个问题不澄清，所谓的"报学史"就无从着手。

关于第一点，戈公振丝毫不含糊，他在解释了什么是报学之后，紧跟着就给报纸自身正名："报纸者，报告新闻，揭载评论，定期为公众而刊行者也。"随之，又围绕这一个定义，从中抽绎出"原质"意义上的报纸特征——形式上的公告性、定期性和内容上的时宜性、一般性，前二者对应定义中的"为公众而刊行"，后二者则与"新闻"有关。归总起来就是一句话，报纸即"新闻公布之谓也"①。然而，对于第二个问题，亦即影响是如何发生的，戈公振却没有做出直接解释。仔细阅读，在报纸定义之后紧跟着的这样一句话，或许可以透露出与此相关的消息："从社会学上而研究报纸，其要点在研究其对于某特别时代之特定社会之文化所发生而反应之各种特色，因此各特色之发生与发达之过程，而表明其性质，探讨其本源，以求所谓报纸原质之一物。"②这句话读起来有点别扭，仔细辨析，意思还是清楚的。戈先生是说，社会学意义上的报纸研究，主要关注点就是它对某一时代的特定社会文化的反应以及特色，同时在其特色发生和发达的过程中，可以揭示其性质，探讨其本源，求取报纸原质之状况。这就表示，报纸的"报告新闻，揭载评论，定期为公众而刊行者"之状况，可以显示出其所在时代和社会的基本特色；反之，"从某一时代之特定社会之文化"特色如何，亦足以见出"报纸原质之一物"的面貌，报纸与社会文化是一体两面，互为循环比照。

由此则进一步坚定了我之前的想法，即戈公振的两个"原质"，说起来在报纸的构成上是缺一不可，但重要性却截然不同。"公告性"作为"消息传达之方法"的"外观原质"，实际上奠定了报纸之所以是报纸的那个基质，没有"公告性"，新闻或许照样存在（如戈氏提到的"私函""公函"），但不可能是报纸，因为"公告性"不是一般理解上的公开，而是标明报纸与民众的血肉关联，表示报纸的实质，是"多数民众或者至少对于某特别关系之内"，借此"行价值的决定及意志决定之精神公开是也"③。所以，"社会文化之影响"就表现在"公告性"的基本状况上面。他之所以不再做正面阐释，或许是因为觉得已经蕴含在报纸定义的"为公众而刊行"之中了，"如此，则方有社会学者需要之定义"④。既然如此，"公告性"必定是与报纸同时共生恒定不变，而且也是不能变的，尽管其程度可能有差别。与此不同，"新闻"则是不定的，是顺应社会并随着社会的变化而变化⑤，此种变化始终是在"公告性形式的限制之下"，被要求"适合于公告性的形

---

① 戈公振：《中国报学史》，北京：生活·读书·新知三联书店，1955年，第2—16页。
② 戈公振：《中国报学史》，北京：生活·读书·新知三联书店，1955年，第6页。
③ 戈公振：《中国报学史》，北京：生活·读书·新知三联书店，1955年，第19页。
④ 戈公振：《中国报学史》，北京：生活·读书·新知三联书店，1955年，第6页。
⑤ 戈公振自己的说法是："故观察报纸之原质，其外观之公告性毫不变更，只其内容之新闻有变更。……所谓内容的新闻之变化，不外求适合于社会而已。"（戈公振：《中国报学史》，北京：生活·读书·新知三联书店，1955年，第18页）

式"①。这样两个原质的变与不变,就构成了戈公振关于报刊史的书写逻辑:以公告性为基准,以社会状况为背景,以报纸内容(新闻)变化为重点而展开。戈公振是以报纸的外观"原质"——"公告性"之形态(谁的公告、何种公告)来打量"新闻"——报纸内容原质的历史变化(公告了什么),并由此与某特别时代之特定社会之文化发生连接,揭示"中国报纸之发达历史及其对于中国社会文化之关系"②。有什么样的时代及其文化,就有什么样的报纸及其呈现的特色。在这个意义上,报纸的发达史也就是社会对之影响的历史,也是报纸反映社会变化的历史。

这样的解读可以在书中找到轨迹,《中国报学史》自第二章开始的整个内容铺陈(官报独占时期、外报创始时期、民报勃兴时期,最后是民国成立之后),就是按照这样的逻辑展开,只要报纸性质或者其背景(即特定时代之特定社会之文化)一经确定,报纸的"原质"和社会文化之特色就自然展现了。"官报""外报""民报"及"营业时期"之类的标题,就见出其这样的用心:官报出现是"因全国统于一尊,言禁綦严";外报"为我国有现代报纸之始";民报"始开人民论政之端",民国以后"则因党争岁不绝书",报纸"遂渐趋向于营业方面","商业色彩大为浓厚"。在这样的思路统领下,报纸的发达史就是办报的历史。以办报者/机构(官报、外报、民报等)为串接,不同时期的报纸分门别类依时排开,搭建成了全书的内容。

这种写法的长处是能够对中国报刊历史的轮廓,主要是其年代、种类及特征有一个比较清晰的展示,这一价值不能否认,更不必说《中国报学史》对此有开拓首创之功。然而,其短处也是显而易见的。第一,本来颇富想象力的报纸之"新闻公布",成为只是区分报纸与非报纸的定性尺度,报纸成为一个"静物"。研究的工作,就是用这样一个标准的"报纸"来衡量不同时期的报纸表现、变化及其作用。这不仅使得报刊史有点类似于报刊大事记的详细版,同时也让人感到报刊演变的历史,是报刊的创办者或者机构的变化,是什么人在掌握和使用报刊,是报刊性质及其社会之影响的自然展示,相当于是"使用与满足"理论在中国报刊历史研究中的搬用。这在一定程度上使得报刊史的研究不再是经验研究的描述,而是规范研究的评价。报刊史好像就是根据已有的尺度来衡量报纸的作为,比如是否做到了,起到什么效果,是推动了社会还是逆潮流而行,等等,而不是报刊实践如何实际展开,它与不同方面发生什么关系,不同的实践反映出什么样不同的意义,其特殊性又是什么,等等。第二,在这样的研究中,报纸自身显然是无足轻重了,而且也不必重视,因为报纸是什么已经有了界定,重要的是刊载的内容以及内容中反映出来的倾向,是不同办报者对"公布"之内容的掌控,并由此所呈现的其背后的社会权力。举一大家都很熟悉的例子,比如"时务报之争",大致就是围

---

① 戈公振:《中国报学史》,北京:生活·读书·新知三联书店,1955年,第18页。
② 戈公振:《中国报学史》,北京:生活·读书·新知三联书店,1955年,第1页。

绕这样的思路展开的：只要办报者的政治立场（保皇派和改革派）确定了，报纸及其争执的性质也就不证自明，顺此也就马上可以发现报纸对于社会的反应或者社会对它的影响。这样的思维，其实就是梅罗维茨所举的例子，机器是无关紧要的，关键是掌握机器的人以及生产的物品。如果上面这两个方面的理解没有大错的话，后来继之而起的所有中国报刊史（新闻史）研究，全是类似的路子，几无例外。近些年报刊史研究中曾经热过一阵的所谓"新闻专业主义"或者"报纸的职业化"研究，是这种研究的又一个典型。研究者先预设出一个标准（什么是新闻专业主义或者职业化，就像戈公振设定的报纸），然后从报纸内容或办报者的自我言说中去寻找与此相关的东西，最后以那些材料验证做到了还是没有做到，是什么原因（社会的、经济的、政治的）所导致的。

  报纸观就是媒介观，从《中国报学史》的基本思路中，可以触摸到以之为代表的这种已经成为传统的报刊史研究媒介观：第一，报刊只是人们（办报者）所运用的一种工具——具有时宜性和一般性内容的公告工具。第二，报刊与现实社会的关系，也就是主体（报刊使用者）和对象的关系，现实在媒介之外，反之也是一样。人使用媒介反映现实，媒介是现实的镜子。第三，现实的人在不同立场和目的（进步的、落后的、革命的、反动的、中间的）上的分野，会决定其如何反映现实并起到什么效果，这构成了报刊的评价标准，就是看其内容侧重及所起到的作用和效果，究竟是好、坏或者中立（比如新记《大公报》究竟是"小骂大帮忙"，是"新华社的应声虫"还是"中间道路"），借此也就可以排列认定其在历史上的地位。这是一种以"管道隐喻"为基础形成的一套媒介概念系统：思想/意义是物体，语言/媒介表达是容器，交流是发送。总起来就是说话者（传播者）把思想/意义（物体）放进语言/媒介（容器）并（顺着管道）传送给听者（受众），而听者（受众）会从语言媒介（容器）中提取思想/意义（物体）。① 我们的报刊史研究长期以来就是遵循着这样的思路展开的。

二

  这种忽视技术本身而将如何使用作为评判标准，显然是主张"媒介即讯息"的麦克卢汉所不能接受的。"因为它忽视了媒介的性质，包括任何媒介和一切媒介的性质"，听上去就是一种"流行的梦游症声音"。② 他也由此被戴上了"技术决定论"的帽子。尽管他在《古腾堡星汉灿烂》前言中，声称自己"绝对不抱决定主义的立场"，只不过是"希望阐明社会变革的一个主要因素，它可能会真正增加人的自主性"。③ 不过好像没

---

① 乔治·考莱夫、马克·约翰逊：《我们赖以生存的隐喻》，何文忠译，杭州：浙江大学出版社，2015年，第7-8页。
② 麦克卢汉：《理解媒介——论人的延伸》，何道宽译，北京：商务印书馆，2000年，第37页。
③ 埃里克·麦克卢汉、弗兰克·秦格龙编：《麦克卢汉精粹》，何道宽译，南京：南京大学出版社，2000年，第151页。

有几个人真正注意过他的这个辩白。

"真正增加人的自主性",或许可以被认为是"人体延伸"的另一种表述,即人无论使用的是语言、文字还是在电台上说话,"都在使这一种或那一种感官得到延伸,以至扰动了他的其他感官和官能"。① 我们借此看看麦克卢汉是如何考察报纸对感官和官能的扰动的。当然,是以麦克卢汉为主,必要时再辅之以其他人的论点加以展延。

麦克卢汉和戈公振一样,十分关注报纸的形态。戈公振用的是"公告性",麦克卢汉的说法是"群体的自白形式"。就是这样一种形式,区分了报纸与书籍,后者是一种个人的自白形式。由于是"群体的自白",报纸内容就成为一种公众马赛克形态或团体形态,是五花八门的拼贴,不像作为个人自白的书籍,给人的是"观点"。因此,如果有人"希望用报纸的马赛克形态在单一视角层次上去表现固定的观点",说明"根本没有看清报纸的形态",是打算以书的方式来办报。在"一种把报纸当作书籍形态来接受的文化"中,就"不可能到新闻中去寻求娱乐"。② 这与波斯特的说法有某些类似。他说,大众媒介产生之后,表意方式就从"再现""转变为信息方式","从语境化的线性分析转变为摆出一副客观外表的孤立数据的蒙太奇"。随着19世纪后半期的市场化,报纸追求发行量和覆盖面,"报纸就愈加远离有区别的社团,脱离其参照群体,其话语也就愈加背离再现方式而走向信息方式"③,也就是越发碎片化了。

报纸的"群体自白"——这样一种马赛克团体形态却有其独特的意义,那就是为群体提供了参与机会,使得群体"参与到过程中去",最终造成报纸与民主过程的不可分离。"报纸的马赛克样式都可以产生一种群体知觉和参与的、复杂的、分为许多层次的职能。"④这或许可以借用塔尔德的表述,即报纸是"公共书信"或"公共的交谈"。"各地分散的群众,由于新闻的作用,意识到彼此的同步性和相互影响,相隔很远却觉得很亲近;于是,报纸就造就了一个庞大、抽象和独立的群体,并且由此命名为舆论",从而完成了"公共头脑的宏大的一体化过程"。⑤ 我在做《苏报》研究⑥中就运用过类似的思路。《苏报》声称增添"学界风潮"后"大为阅者之所注目"。这说明是《苏报》的"学界风潮"牵引着"阅者"的目光,报纸为读者提供的一双"眼睛",成为读者与报纸,同时也是与现实交往的中介——人们以自己的"注目"实践参与现实,形成了一个观望、议论"学界"的"共同体"——"群体自白"或"公共头脑的一体化"。依此,报纸的"公告性"就不

---

① 埃里克·麦克卢汉、弗兰克·秦格龙编:《麦克卢汉精粹》,何道宽译,南京:南京大学出版社,2000年,第152-153页。
② 麦克卢汉:《理解媒介——论人的延伸》,何道宽译,北京:商务印书馆,2000年,第256、260页。
③ 马克·波斯特:《信息方式:后结构主义与社会语境》,范静哗译,周宪校,北京:商务印书馆,2000年,第86-88页。
④ 麦克卢汉:《理解媒介——论人的延伸》,何道宽译,北京:商务印书馆,2000年,第256、269页。
⑤ 加布里埃尔·塔尔德著,特里·N·克拉克编:《传播与社会影响》,何道宽译,北京:中国人民大学出版社,2005年,第245-246页。
⑥ 黄旦:《报纸革命:1903年的〈苏报〉》,《新闻与传播研究》,2016年第6期。

是像戈公振那样,仅仅是一个表示报纸性质的刻度,而是一个凝聚眼目的发射光源,既发散又组合不同关系。

这就生发出"公告性"的另一层潜在意思。报纸的"公告"可以塑造出不同于面对面交谈的新关系,根本转变了"社会生活的时空组织,创造了行动和互动的新形式,运作权力的新模式,即无须连接于共同在场"。大众媒介"可以代理在物理空间缺席的他者,或者对置身于遥远场所的他者做出反应"。① 这一方面,"重构感知和经验的时空参数,从而使我们能够'远距离地'看到、听到甚至有所行动"②;另一方面,又造就了纯粹的看,"一切在他眼前进行,但是他不能触摸、不能亲身加入他注视的东西",即便是参与,"也是通过代理人、中介者,如记者、播音主持人、摄影师、电视摄像师,还有名人、明星、想象世界的英雄实现的"③。汤普森正是据此把互动分为三种类型:面对面的互动、中介的互动(mediated interaction),以及中介的准互动(mediated quasi-interaction)。④ 大众传播研究中有一个著名的"二级传播"理论,在大众传播效果检验中,发现了人际传播中的"意见领袖"在其中所发挥的作用。⑤ 要是跳出效果研究从传播形态入手,"二级传播"就可以看成是汤普森意义上的不同互动形态的交集,相当于现在说的线上和线下之交融,以此就可能拓展出报刊史研究的新思路。比如1903年前后留日学生和上海、江浙地区的往来,其中既有报纸、书刊、电报,还有信件和人际(学堂、集会、演讲等)交往,它们是如何交集,不同的连接线是如何进行,又是如何呼应,并最终鼓荡起反清和革命的风潮。以此为线索可以改变以往只是盯着报道内容的单一做法。

戈公振把时间——"定期性"作为报纸之重要特征,而且还体察到由此养成了"社会之阅读书报习惯"⑥,这是很有见地的。可惜与"公告性"一样,"定期性"也只是他鉴别确定报纸的一个标准,于是时间好像就成了一个设置好的"闹钟","作为不证自明的实在的东西呈现给我们",而不是一个构造的因素。⑦ 麦克卢汉看到的"时间"就不同,报纸的定期性是"信息搜集和信息出版的加速",由此"产生了报纸安排材料的新形态","一旦排字和搜集新闻减速,报纸就会发生变化——不仅是报纸版面的变化,而且是撰稿人文风的变化"。⑧ "排字和搜集新闻减速"给报纸带来何种变化,一时难以查验,但速度加快产生新文体新文风则是有据可查的。比如电报技术的运用和新闻的倒

---

① John B. Thompson, *The Media and Modernity: A Social Theory of The Media*, CA: Stanford University Press, 1995, p.4.
② 斯科特·麦奎尔:《媒体城市》,邵文实译,南京:江苏教育出版社,2013年,第6页。
③ 埃德加·莫兰:《时代精神》,陈一壮译,北京:北京大学出版社,2011年,第71-72页。
④ John B. Thompson, *The Media and Modernity: A Social Theory of The Media*, CA: Stanford University Press, 1995, pp.82-87.
⑤ 丹尼斯·麦奎尔、斯文·温德尔:《大众传播模式论》(第2版),祝建华译,上海:上海译文出版社,2008年,第56-60页。
⑥ 戈公振:《中国报学史》,北京:生活·读书·新知三联书店,1955年,第9页。
⑦ 沃勒斯坦:《否思社会科学》,刘琦岩、叶萌芽译,北京:生活·读书·新知三联书店,2008年,第二版序第2页。
⑧ 麦克卢汉:《理解媒介——论人的延伸》,何道宽译,北京:商务印书馆,2000年,第257-258页。

金字塔式写法,包括与新闻客观性的关系,是早就有人指出过的。① 最近看到有学者甚至说,客观性作为一种公共价值而兴起,主要还是为了解决纸质媒介传递知识的局限性。② 因而,麦克卢汉说,"电报回过头又使语言和印刷词语相脱离。它开始用难以捉摸的长短电码声来传输信息,电码声信息即是所谓的新闻标题风格、新闻体风格、电报体风格"③,就不是毫无根据的奇谈怪论。

报刊史研究很少从这样的角度来理解报道和文风。比如梁启超的"平易畅达,时杂以俚语、韵语及外国语法,纵笔所至不检束"的"新文体"④,是否与报纸的形式,尤其是每日出版有关呢?梁启超曾把文章分为两类:一是"传世之文,或务渊懿古茂,或务沉博绝丽,或务瑰奇奥诡,无之不可";一是"觉世之文,则辞达而已矣"⑤,他承认所做的报刊文属于后者。当严复批评他作文不严谨时,他回答根本就没有打算"藏之名山,俟诸百世之后",不过"应于时势,发其胸中所欲言"。报刊的出版时间,使之"每为一文,则必匆迫草率,稿尚未脱,已付钞胥,非直无悉心审定之时,并且无再三经目之事",可一想到"此不过报章信口之谈,并非著述,虽复有失,靡关本源",也就释然。⑥

报纸的时间当然不只与版面和文风有关,在之前的一篇文章⑦中我做过这样的概括,从媒介实践观之,报纸的时间至少牵扯三个层面:媒介内容的界定——新鲜之事;媒介生产的节奏——每日出版;读者阅读的体验——按时收看。这是一个媒介与社会不断互动的过程,其中牵涉媒介操作、样式及内容的组织和呈现、接触和使用媒介,以及媒介在长期运作中不断卷入日常生活的社会和关系建构,甚至卷入一个总体的社会和文化的建构。⑧ 由此,时间加速"是现代社会的基础的结构形成和文化塑造的力量"⑨。这样的时间视野,为我们理解报纸的"影响"打开新的思路。麦克卢汉说,"一旦报纸认识到,新闻报道不是事件和报道的重复,而是事件发生的直接原因,许多事情就会接着发生"。这种多种信息条目以马赛克的形式排列在同一张纸上产生的效果,就是"人的兴趣"。"报纸已将社区的形象塑造成一系列连续发生的行动,这些行动依靠报头的日期统一为一个整体的形象"。⑩ 依此而行,时间不是静止的刻度,而是一

---

① 迈克尔·埃默里、埃德温·埃默里:《美国新闻史》(第8版),展江、殷文主译,北京:新华出版社,2001年,第212-214页。
② 戴维·温伯格:《知识的边界》,胡泳、高美译,太原:山西人民出版社,2014年,第177页。
③ 麦克卢汉:《理解媒介——论人的延伸》,何道宽译,北京:商务印书馆,2000年,第258页。
④ 梁启超:《清代学术概论》,北京:东方出版社,1996年,第77页。
⑤ 梁启超:《原序》,《饮冰室合集(1)·文集(第一册)》,北京:中华书局,1989年。
⑥ 梁启超:《与严又陵先生书》,《饮冰室合集(1)·文集(第一册)》,北京:中华书局,1989年,第106-111页。
⑦ 黄旦:《新报之事,今日之事:上海进入新媒体时间》,载黄旦主编:《城市传播:基于中国城市的历史与现状》,上海:上海交通大学出版社,2015年。
⑧ Friedrich Krotz(2009), Mediatization: A Concept With Which to Grasp Media and Societal Change. In Knut Lundby(ed.), *Mediatization: Concept, Changes, Consequences*. NY: Peter Lang, pp.21-40.引见 p.23.
⑨ 哈尔特穆特·罗萨:《加速:现代社会中时间结构的改变》,董璐译,北京:北京大学出版社,2015年,第28页。
⑩ 麦克卢汉:《理解媒介——论人的延伸》,何道宽译,北京:商务印书馆,2000年,第266、256、266-267页。

种"创造"的动力,在报纸的连续运转中既创造出了新闻,创造出了社区,也创造出了人的兴趣和行动。这恐怕是报纸作为现代新闻业不同于其他新闻传播的一个重要特征。非新闻业的新闻传播(比如汤普森说的面对面互动)是跟着事件走,以事件为导向,有事件才有传播;报纸是按照自己的生产流程运作,是一种以时间为导向的工业式制作,需要在规定的时间里去发现组织新闻,在环环相扣的节奏中制作并传播新闻。卡尔·克劳斯在其一首讽刺诗中这样写道:

> 哪张纸还没
> 找到新闻?
> 标题已经拟好——
> 快,去找件事来写!①

所以塔奇曼才认为"时间"是新闻生产的物质因素之一,新闻媒体就是依赖严格的时间和空间结构,"以保证自己不仅能够完成任何一天的工作,而且能够保证每天的计划具有连续性"。新闻的类型化,比如硬新闻、软新闻、突发性事件和发展性新闻、连续报道等,与新闻内容的价值关系相对不大,主要是出于时间考虑,其目的是协调"新闻工作预定计划与事件的预定计划"②。"新闻"就是这样被"机械+人工"所征调,一期一期有规则地出现在读者面前的。大众媒介"制造了以自己为前提的时间",从而使"社会就适应着这样的情形",并且因为"大众媒体每日提供新的讯息",迫使社会进行自我评价,"由此制造出——而且也满足了——对总的判断的需求。"鲁曼所总结的"大众媒体的实在,它的真实实在,在于它自己的运作中"③,表达的就是这样的意思。我的那篇《新报之事,今日之事:上海进入新媒体时间》,就是试图以此来探询《申报》作为上海第一份日报,其每天出版的实际运作和自我意识,同时如何影响当时上海人的日常生活及其现实感知。当然,这篇文章并不令我十分满意,尤其是困于材料,不同的层面展开不够,但其思路应该是清楚的。

三

依照前面的做法,在此也可以为麦克卢汉等人的媒介观做一概括:第一,从物质的层面看,媒介作为一种技术,有其自身的逻辑和动力,会释放出自己的"讯息",从而带来不同的"人体的延伸"或者"信息方式"。第二,在人与媒介的关系上,不再是使用与

---

① 转引自:康在镐:《本雅明论媒介》,孙一洲译,北京:中国传媒大学出版社,2019年,第53-54页。
② 塔奇曼:《做新闻》,麻争旗、刘笑盈、徐扬译,北京:华夏出版社,2008年,第60-67页。
③ 尼克拉斯·鲁曼:《大众媒体的实在》,胡育祥、陈逸淳译,台北:左岸文化出版社,2006年,第54-55、26页。

被使用,而是相互介入、生成和改变,例如前面提到的时间——"定期性"。因而,"人与人造工具的遭逢不能被总结为仅仅(或甚至主要)与'使用'有关。你必须注意到,在一个工具具备任何实用性之前,人必须为它做出某种调整"。"人们并非随心所欲地任意'使用'工具,而是要注意遵守适当的操作程序和技法,满足运转所需的全部物质条件"。① 由此,不仅要关注人用媒介做什么,同时也要关注媒介使人做了什么。第三,媒介并非仅仅是大众媒介,相反,人类传播史上有着各种各样不同的媒介及其传播实践。即便是大众媒介,它们之间也不是进化的链条关系,它们各有自己的"讯息",所以梅罗维茨才认为,媒介理论是单数的,因为每个媒介的特别性质都不同。② 第四,有各自特性的媒介,不是"物件、文本、感知工具或生产过程",而是一个"事件",是显示其特性的实践。③ "事件是一个把自身诸方面发散出去,参与并形成其他事件的摄受统一体"。④ 这样,媒介就成为一个结转关系且又改变关系的"功能性位置"或者"中介环节","它对通过中间项的两者起作用。……它要在不可逆转的过程中创造出一个模型,超越所有的企图"。⑤ 基特勒甚至以为,在缺席与在场、远与近、存在与灵魂的"中间",存在着一种本体意义上的"媒介关系"。⑥ 麦克卢汉的"媒介就是讯息"、塔尔德的"公共交谈"、波斯特的"信息方式",乃至梅罗维茨的"场景"以及所谓的"媒介环境学",恐怕都要摆到这样的层面来重新加以认识。

以上这样的两相映照,虽不免有些粗疏和机械,但意图是明确的,希望借此激发对报刊史研究中"媒介"的反思。况且目前具备了这样的现实条件,我们正亲身经历的新媒体传播实践及其现象,已经为重新理解媒介提供了切实的经验基础,"对电子化信息方式的解剖必然会使口头传播及印刷传播的信息方式的解剖更加明白易解"⑦。所以,再思媒介是当前每一个报刊史研究者无法躲开的问题,无论是愿意还是不愿意。即便仍然是坚守以戈公振为代表的那条路子(这当然是完全可以的),也应该是"再思"之后的选择。如此,研究才会是自觉的,有分寸感的,而不会是两眼一抹黑,以为一切均是决定了的且不可更改的。

就我们在摸索中的体会,再思媒介并非易事,粗粗想来主要有三难:第一,已有的

---

① 兰登·温纳:《自主性技术:作为政治思想主题的失控技术》,杨海燕译,北京:北京大学出版社,2014年,第168、171页。
② 约书亚·梅罗维茨:《消失的地域:电子媒介对社会行为的影响》,肖志军译,北京:清华大学出版社,2002年,第13页。
③ 尼克·库尔德利:《媒介、社会与世界:社会理论与数字媒介实践》,何道宽译,上海:复旦大学出版社,2014年,第39页。
④ Whiehead, Science and the Modern.转引自克里斯蒂安·德昆西:《彻底的自然:物质的灵魂》,李恒威、董达译,杭州:浙江大学出版社,2015年,第128-129页。
⑤ 雷吉斯·德布雷:《媒介学引论》,刘文玲、陈卫星译,北京:中国传媒大学出版社,2014年,第125页。
⑥ 弗里德里希·基特勒:《走向媒介本体论》,胡菊兰译,《江西社会科学》,2010年第4期,第249-254页,引见第251页。
⑦ 马克·波斯特:《信息方式:后结构主义与社会语境》,范静哗译,周宪校,北京:商务印书馆,2000年,第14页。

新闻学和大众传播理论并不能为此提供太多的现成资源,再思的基本立足点,"应是古往今来的传播实践与传播思想"①,需要以不同脉络的思想为基础,它们来自不同的学科。因此,首先不能让已有的学科界限,成为不可跨越也不想跨越的沟壑。实际上,技术、媒介、身体、实践等,都是各个学科关注的重点。近日笔者正在看白馥兰写的《技术、性别、历史》,她在导论《技术的权与力》中说,"构成任何技术实践的物质和技艺,都是在社会关联中实行的,其含义被分置在被生成的对象上以及作为生成者的人上"。"技术所承担的最重要的工作便是产出人以及构建人与人之间的关系"。② 这几乎就是在媒介意义上讨论技术,做报刊史研究的如果连这样的历史著作都不碰,以为研究就是闷头看所谓的史料,要想突破原有的藩篱是不可能的。历史研究者要精通社会科学很难,不过"总要打开大门,尽可能地吸收一点!尽可能予以运用!纵不能运用,也有利于自己态度的趋向开明!"③第二,技术究竟是工具还是媒介,以德国学者克莱默尔的分析,不是本体论意义上的区别,好像世界上的技术人造物可以分成两类:要么是工具,要么是媒介,而是两种不同的视角,其重要性是不同的。"工具和机器是我们用来提升劳动效率的器具,而技术的媒介却是一种我们用来生产人工世界的装置。它开启了我们的新的经验和实践的方式,而没有这个装置,这个世界对我们来说是不可通达的"。④ 这就是说,重新理解媒介,关涉思维方式的转变。从工具论视野看过去,媒介就是外在于对象的手段,是提升信息传递的速度和广度,改变传播效果的工具;如果从媒介与人、与现实的交互关系入手,媒介就是一种"装置","它让我们通向那个由于与我们相关而伸向我们的东西","让我们进入与我们相关或传唤我们的东西"。⑤ 养成这样的思维,不是读几本书所能实现的,非有不断琢磨、钻研和实践不为功。第三,媒介再思在深层次上与观念有关。媒介是什么,实就是媒介与现实的关系,甚至现实世界是什么的问题。这里面既包含了哲学观,也包含着史观。借一位学者的概括,关于传播有三个隐喻,分别指向三种世界面孔。第一种是再现或者机器,这是最传统的理解,表示主体至上,理性的人运用技术但不受其奴役。第二种是表现或有机体,在这个隐喻里,技术构成了世界,人服从于技术所诱发的世界面貌。"支配"的思想消失,让位于"适应"的观点,人与媒介共存于一个有机的生态之中。第三种则是混合,人与技术是一种自我同义反复,主体与客体、生产者与产品是混合在一起的,真实性、意义和身份消失。这样的三种隐喻,是人所编制出的与传播有关的三种预先假定的世界面

---

① 孙玮:《为了重建的反思:传播研究的范式创新》,《新闻记者》,2014年第12期,第50-58页,引见第53页。
② 白馥兰:《技术、性别、历史:重新审视帝制中国的大转型》,吴秀杰、白岚玲译,南京:江苏人民出版社,2017年,第6-7页。
③ 严耕望:《治史三书》,上海:上海人民出版社,2011年,第8-9页。
④ 西皮尔·克莱默尔:《作为轨迹的和作为装置的传媒》《传媒、计算机和实在性之间有何关系?》,载西皮尔·克莱默尔编著:《传媒、计算机、实在性:真实性表象和新传媒》,孙和平译,北京:中国社会科学出版社,2008年,引见第76、7-8页。
⑤ 海德格尔:《在通向语言的途中》,孙周兴译,北京:商务印书馆,1997年,第164页。

孔,这些假定在悄悄运作之时,就会出现在概念制造、发明、研究等等方法之中①,就会制约着思维和研究。史观同样是如此,伊格尔斯的《二十世纪的历史学》,相信做报刊史的应该都读过。作者在该书的绪论中说,自兰克以来的历史所普遍接受的三项基本前提,即真理符合论(历史学是描绘确实存在过的人和事);人的行为就是人的意图所致(历史学家就是理解这些意图以便讲述一个完整一贯的故事);按照一种一维的、历时的时间观念运作(事件是前后相续而来的),在最近的史学思想中都受到了质疑,20世纪下半叶以来"历史研究和历史写作已经发生了一场基本性的重新定向"。② 历史学的重新定向,与媒介的重新思考在大趋势上应该是一致的。因此,再思媒介不是技巧,"仅仅再转一转惯例和观念的调谐钮是远远不够的,它们这样是收听不到新的传播频率的"。③ 如果一种媒介观是一种范式,范式改变意味着"观察世界的概念网络的变更",好比一个科学革命就是世界观的转变④。这对于一个研究者是具有颠覆性的。

为了写这篇小文,笔者又重读了一下麦克卢汉的东西。他在《古腾堡星汉灿烂》前言中表白道,其目的是要"追溯经验、心态和表情的形态如何改变,先是因拼音字母而改变,后是因印刷术而改变","去研究社会和政治中的思想形态和经验组织形态",检视感官被媒介"扰动之后的新文化成果的一系列历史考察"。⑤ 这似乎和英尼斯的"将人类文明史改写为传播媒介史"⑥有了某些相通之处。在这个意义上,报刊史,实就是报刊/媒介视野中的人类的历史。我们今天所生活的时代,就像梅洛-庞蒂所描述的,"每时每刻目击体验的连接这个奇迹,没有人比我们更了解这个奇迹是如何发生的,因为我们就是关系的纽结"。"真正的哲学在于重新学会看世界,在这个意义上,一种描绘出来的历史就像一篇哲学论文那样有'深度'地表示世界"。⑦ 再思媒介,既是希望能闯出报刊史书写的新路向,写出不一样的可以有"深度"地表示这个世界的报刊史,同时也是希望借此让我们能够重新学会理解社会、世界和人的存在,理解媒介与这一切的关系,以呼应"每时每刻目击体验的连接这个奇迹"这个时代。当然,创新之路是多样的,但是,再思媒介,恐怕都是必经之道。

---

① 吕西安·斯菲兹:《传播》,朱振明译,北京:中国传媒大学出版社,2007年。
② 格奥尔格·伊格尔斯:《二十世纪的历史学:从科学的客观性到后现代的挑战》,何兆武译,济南:山东大学出版社,2006年。
③ 马克·波斯特:《信息方式:后结构主义与社会语境》,范静哗译,周宪校,北京:商务印书馆,2000年,第9页。
④ 托马斯·库恩:《科学革命的结构》,金吾伦、胡新和译,北京:北京大学出版社,2003年,第94页及第十章。
⑤ 埃里克·麦克卢汉、弗兰克·秦格龙编:《麦克卢汉精粹》,何道宽译,南京:南京大学出版社,第148、153页。
⑥ 约书亚·梅罗维茨:《消失的地域:电子媒介对社会行为的影响》,肖志军译,北京:清华大学出版社,2002年,第14页。
⑦ 莫里斯·梅洛-庞蒂:《知觉现象学》,姜志辉译,北京:商务印书馆,2001年,第18页。

"版面"之物:"媒介"想象中的超越与返归*
——"新报刊史书写"探索札记

孙 藜

(上海大学新闻传播学院)

摘要:"新报刊(媒介)史"的范式变更,要在倡导一种与物质相联系、具身化媒介实践的视角,其"媒介"想象同时在"碎片"与整体、具体与抽象、特殊与普遍之间不断超越与返归。所谓"超越"在于,从"版面"这一报纸最感性直观之"物"出发,质疑并打破二元对立下的重内容轻形式、观念中心论的偏执,视之为由"物"的技术形式限定着的世界网络之"聚集";"返归"则是将此深广的整体想象回返至具体情境,审视寓含"独特性"的"版面"如何形塑/转换着交往的时间、空间与身体感知。报刊史书写由此以厚重深入也是更为丰富生动的特定面向,展现媒介实践及其所"筑造"社会秩序的历史复杂性。如此不断往复的"超越与返归",也意味着报刊史研究者对自身"手"与"艺"的重新联结。

关键词:版面;空间与时间;具身;媒介想象

一、波德莱尔的"剑术"与"媒介"新想象

> 我独自去练习我奇异的剑术,
> 向四面八方嗅寻偶然的韵律,
> 绊在字眼上,像绊在石子路上,
> 有时碰上了长久梦想的诗行。①

借助诗人苦练"奇异剑术"的自我描绘,本雅明点明了波德莱尔也是"每一位艺术家"进行创作时的一个隐喻——剑客。"每一位艺术家都要面临一种决斗",万籁俱寂

---

* 本文原载于《新闻记者》2018年第12期,有修改。
① [法]波德莱尔:《太阳》,《恶之花》,钱春绮译,北京:人民文学出版社,2011年,第209页。

之际,他"俯身在他的桌子上,聚精会神地审视着一张纸,就像他白天观察周围的对象;他是如何用细毛笔、鹅毛笔和粗毛笔左右劈杀,把杯子里的水溅到天花板上,在他的衬衣上试用鹅毛笔;他是如何急速而紧张地从事着他的动作,仿佛担心影像会逃脱掉;因此即便在他独自一人的时候,他也是斗志昂扬,而且要避开自己的打击。"①

这实际上是本雅明转述的波德莱尔对另一位艺术家的描绘,不难看出,本雅明对这个意象心怀激赏。在一篇未完成的方法论导言中,本雅明用他的方式对之进行了描述:研究者的出发点,面对的"是被谬误、猜测所遮蔽而令人迷惑的客体","唯物主义方法始终是泾渭分明的,因此一开始就进行区分。它所做的区分是对这种高度混合的客体内部的区分。它不可能让这个客体呈现为混合的或未经充分批判的形态"②。再联系本雅明对现代性"碎片和瓦砾"的迷恋,在"区分"和"批判"过程中还有对碎片的提取与拼凑——

> 真正的历史知识只可能作为幻觉的超越。但是,这个超越不应意味着物的发散和现实,而是,作为物的一部分呈现一种迅速想象的建构。这种迅速的小的想象与科学的从容相对照。迅速想象的建构与对事物中的"当前"提出自己的质疑相一致。③

"新报刊(媒介)史"的书写,理应从这里借鉴学习、修炼锻造自己的"剑术"。他可以像一个"历史唯物主义者"一样,从"物"入手,对各种历史话语中事物的"当前",也就是那些用来"遮蔽而令人迷惑"的"谬误"与"猜测",提出自己的质疑,在对"幻觉的超越"中,建构一种"作为物的一部分"的想象。这种想象往往从正统科学叙事所忽视的"碎片"切入,但又"意识到碎片本身是作为一个充满张力的特殊总体",由此将收集的碎片"与其他碎片一起被重新装配","它们的独特性必须被认识、被拯救"。④

"新报刊史书写"由此为自身提出了一种新的技艺期待。从"碎片"到"总体",并非一个单向的搜集与装配过程,它同时亦是在一个"充满张力的特殊总体"中"认识""拯救"碎片自身之"独特性"的过程。这就意味着"媒介"想象要在"超越与返归"间不断往复。所谓"超越",是在质疑"事物中的'当前'"(或"幻觉")的过程中,一方面对"高度混合的客体"进行充分批判的"内部区分",以对媒介特定的概念化理解形成对"客体"的把握视角;另一方面此视角同时又会从"碎片"自身更为宽广地延展开去,将眼前在场

---

① [德]本雅明:《巴黎,19世纪的首都》,刘北成译,北京:商务印书馆,2013年,第138页。
② [德]本雅明:《巴黎,19世纪的首都》,刘北成译,北京:商务印书馆,2013年,第184页。
③ [德]本雅明:《拱廊街计划》,转引自:[英]弗里斯比:《现代性的碎片:齐美尔、克拉考尔和本雅明作品中的现代性理论》,卢晖临等译,北京:商务印书馆,2013年,第284页。
④ [英]弗里斯比:《现代性的碎片:齐美尔、克拉考尔和本雅明作品中的现代性理论》,卢晖临等译,北京:商务印书馆,2013年,第288页。

之"物"与不在场者"聚集"成想象性联结。所谓"返归",则意味着将此飞扬的媒介想象再次置于特定历史场景的"筑造"之中,审视寓含"独特性"的"碎片"如何在此间具体生成,并同时形塑/转换着交往的时间、空间与身体感知。

"超越"与"返归"的关系,简洁地说,一方面二者很难"抽刀断水"、截然分离,且它们也都与特定的研究问题"视域"密切关联;另一方面,研究者要在前者的广阔联系中把捉特定媒介"是何"的想象,同时在后者的具体情境中体察媒介"如何是其所是"。由此,"新报刊史书写"或能以厚重深入也是更为丰富生动的特定面向,展现媒介实践及其所"筑造"社会秩序的历史复杂性。

二、"版面"之聚集:"物"中介着"网络"与"秩序"

就让我们从现代报纸最直观的"物"开始。无论对生产者还是消费者来说,"版面",都是人们手握、目视、嗅寻和想象首先要迎面的"物"。那么,我们首先看到的是什么?

是特定尺寸与材质的纸张、或许气味已经飘散的油墨,还是大小形状不一的字号字体,抑或作为分区和分栏编排标志的空白或线条?大概似是而非。说"不是"是因为"内容像一块滋味鲜美的肉,涣散了看门狗的注意力"——麦克卢汉的揶揄,针对的不仅仅是普通人。也如唐·伊德所说,当人们习惯了戴着眼镜看事物之后,眼镜就在意识中退缩到了"边缘地位",换言之,"随着我们学会了将技术具身在我们熟悉的行动上,我们'忘记'了这一点","得意忘形"的我们偶尔——比如在眼镜蒙尘之际——才会被意识到"形"的存在。[①] 即是说,上述种种"物"或"形式",就是报纸让人们看世界的"眼镜";即便不被观察者忽略,也往往退缩为无足轻重的"边缘地位"。

对物质"技术"与"形式"的漠视、忽视或轻视,一方面使物质"技术"似乎退隐成"透明"形态,另一方面又往往联系着"观念中心论",这种"使世界服从于主体"的"形而上学的自我中心主义","它几乎和我们一样持久"。[②] "媒介"就此被视为人使用的工具,服务于满足主体的观念或需求。这种与生活常识颇为契合的想象方式,在学术研究中也很常见,"很多社会科学都以主体的或系统的目的和目标的成功实现为其前提条件"[③]。由此而生,"媒介"成了被"主体的或系统的目的和目标"所决定、脱离于情境的抽象存在,失去或至少模糊了其"事物本身"的面目。

因而,超越性的媒介想象,就面临着双重任务:首先,要把本雅明的"质疑"演化为

---

① [美]唐·伊德:《技术与生活世界:从伊甸园到尘世》,韩连庆译,北京:北京大学出版社,2012年,第49-50页。
② [法]德布雷:《普通媒介学教程》,陈卫星、王杨译,北京:清华大学出版社,2014年,第184页。
③ [英]约翰·厄里:《全球复杂性》,李冠福译,北京:北京师范大学出版社,2009年,第17页。

一种"转换能力","对内容与形式的关系有一种倒置的眼光"。① 但"倒置"不是"抛弃",也不是从对一端的固执走向另一端。这种"倒置"要"让事物说话",一旦"眼镜"被从边缘聚焦到中心,它们就可能自动"说"出所富含的信息,促动、激发着观察者在聆听中把捉到新的想象。其次,要将媒介从各种"抽象存在"尤其是"反映/再现"模式中解放出来,或者用海德格尔更一般的表达,要挣脱西方思想"自古以来"就"过于贫乏地估计物的本质"的习惯桎梏,将"那已经包含着这一物的聚集着的本质中的一切"显现出来。② 这种显现,自然也会从"版面"的感性向着"媒介"中介做抽象,但此种"抽象"朝向广阔世界敞开,从而告别了"过于贫乏"的理性认知或观念投射。

练习"剑术"中的波德莱尔,就是超越性想象的一个很好例子。为了能幸运地碰到"长久梦想的诗行",他游荡于"城市和郊野",遭遇着"破房""百叶窗""毒辣的太阳""屋顶和麦田"。诗人"向四面八方嗅寻",同时也是让事物从四面八方涌来。在这里,诗人创造性的活动,是一种心灵与自我的敞开,一次对"不在场之物"虔敬而辛劳的呼唤,一场投身于周遭情境之中对"灵光"偶然乍现的探险式采集。

由此观之,"物"不是简单的与"我"两分的物质,作为"实体物"或"对象物的'物'",在与人的意向遭逢与交融之中,"毋宁说它已不是一物,而是一个'东—西',一个召唤、邀请、聚集于上下四方,各路神灵来此显山露水,伸展手脚,现身出场的'中空之域'。"③ 有学者用媒介学的语言重新表述了上述海德格尔对"物"的存在论理解:任何存在者或存在物,都具有成为媒介的先天质素或潜能,与其说媒介是一个中介物,还不如说是一个"媒—介"活动,在其"召唤、谋合、聚集、容纳、赋形、建构"中,"任何一个被'媒—介'着的存在者也有可能成为另一媒介而'媒—介'着其他更多存在者","以此类推,整个世界就成为相互'媒—介'着的网络了"。④ 简单点儿说,这个"网络",就是由"物"中介着的实践与交往的生活世界。海德格尔就为此媒介想象展示了绝好的范本,只要去感受一下他对一把"壶"的描画中所展现出的惊人想象力。⑤

"版面",正是让报刊史研究者迎向这一世界的"聚集"之物。麦克卢汉对"观念中

---

① [法]德布雷:《媒介学引论》,刘文玲译,北京:中国传媒大学出版社,2013年,第23-24页。
② [德]海德格尔:《筑·居·思》,《演讲与论文集》,孙周兴译,北京:生活·读书·新知三联书店,2005年,第161-162页。在本文看来,媒介学家对"媒介"的概念化理解方式,在一定程度上都可以做"聚集"观,例如将媒介视为一个场景中"组合内容"的方式、一种"接收/形成体验"的空间、一种"组织"或"社会制度"等。
③ 王庆节:《道之为物:海德格尔的"四方域"物论与老子的自然物论》,《中国学术》,2003年第3期。
④ 单小曦:《媒介与文学:媒介文艺学引论》,北京:商务印书馆,2015年,第41-42页;[德]海德格尔:《物》,《演讲与论文集》,孙周兴译,北京:生活·读书·新知三联书店,2005年,第172-195页。
⑤ 此处牵涉一个重要而复杂的问题,即当媒介想象从有限"在场之物"拓展联结到广阔无限的"不在场之物"时,如何处理有限与无限的关系,以及"无限"的边界问题。这值得专文讨论。此处仅借助美国学者卡斯滕·哈里斯的"视角原理"(principle of perspective)稍加提示,"要一个视角理解成视角,把视角显现理解成视角显现,那么至少在思想中就已经超越了这些视角的限制","把有限当作有限来思考,就已经对无限有了某种认识"。[美]卡斯滕·哈里斯:《无限与视角》,张卜天译,长沙:湖南科学技术出版社,2014年,第156页。本文第一部分已指出,所谓"超越与返归"都与特定"视角"息息相关。

心论"者另有揶揄说,他们在品尝"乌龟肉"美味的同时,却看不到对象(连同观察者自己身上也生出的)"美丽的背甲"。① 这在中国语境下更富意味,正是龟背和其上刻写的古老文字,比起现在所有的媒介,都更为直观地显现着海德格尔所说的那种"物之聚集":天、地、神、人。就形式而言,"龟背"就是一种古老的"版面"材质,它坚硬、粗糙,要在风吹日晒之后才能迎来刻刀的书写,相比竹简打磨着漆后的平滑与齐整,它们各自为书写提供、形塑着不同的空间、技能,也决定着"在空间中传播与在时间中保存的"知识的类型。这就是英尼斯为报刊史准备的基本"理论武器":媒介载体联系着知识的时空偏向。甲骨比竹帛偏向时间,但又比青铜偏向空间。② 然而,无论这哪一种,又都绝非一块自然之物。剥离或刨光,就像削尖一块石头或一根树枝,"即便是一点点的细微的人工行为,它也会超出偶然的潜在功能性",人与物的这种"最原始、最基本"的交互,"早已将智能融入材料中,将精神融入细微的行为中"。③ 即是说,"眼镜与肉眼""智能与材料""精神与行动",乃至人与媒介,在历史与现实中早已交融为一体。

新闻学奠基人李普曼明白这一道理。他关注"内容的形式","到达读者受众时,每份报纸都已经是一系列选择的产物,这些选择包括印什么新闻、印在什么位置、每条应占多大面积、各自的重点是什么等等"。由此他也得出了一个关于"形式的内容"的结论:报纸报告的,只能是"秧苗破土"而不是"种子生长"。④"版面"的体积大小、方向重量,以及整个布局,带来了波兹曼眼中的世界的生成:"为我们将这个世界进行着分类、排序、构建、放大、缩小、着色,并且证明一切存在的理由"。⑤

李普曼启发了后来的"框架"理论。换作海德格尔的表述——从认识论转向存在论,这也就是"边界","边界不是某物停滞的地方","边界是某物赖以开始其本质的那个东西"。⑥ 由此延展开去,超越性的媒介想象,并非将"版面"之聚集,视为在场者与不在场者的平行汇聚,而是于此间设定着具有边界与等级的特定秩序。福柯将视野投向"词与物"的网络,由此审度人类知识构型"秩序"的历史变化:

> 没有比在物中确立一个秩序的过程更具探索性,更具经验性(至少在表面上是如此);更需要一双锋利的眼睛或一种较为确信的抑扬顿挫的语言;更

---

① [加]麦克卢汉:《机器新娘——工业人的民俗》,何道宽译,北京:中国人民大学出版社,2004年,第1页。
② 董琨先生指出,青铜作为礼器多用于祭祀,用途隆重,与此相应,其上铭文就需工工整整、一丝不苟;甲骨文虽也是宫廷乃至商王亲自使用,但时效短,多"一次性使用",其书写就不免讲求便捷。由此也出现了汉字正体的变体。董琨:《汉字的源流》,北京:商务印书馆,1998年,第111-112页。
③ [法]德布雷:《媒介学引论》,刘文玲译,北京:中国传媒大学出版社,2013年,第18页。
④ [美]李普曼:《公众舆论》,阎克文、江红译,上海:上海人民出版社,2002年,第280页。"种子"比喻见该书第270页。
⑤ [美]波兹曼:《娱乐至死·童年的消逝》,章艳、吴燕莛译,桂林:广西师范大学出版社,2009年,第11页。
⑥ [德]海德格尔:《筑·居·思》,《演讲与论文集》,孙周兴译,北京:生活·读书·新知三联书店,2005年,第162页。

坚决地要求一个人要允许自己被性质和形式的激增所摆布。①

这种"物"的"知识考古"的形象,很适合"新报刊史"书写。它意味着借"一双锋利的眼睛"把想象引向"性质和形式的激增",这些"激增"出现在"版面"聚集的"媒介域"之中,需要研究者投身其中并在其中"确立一个秩序"。这个"秩序","既是作为物的内在规律和确定了物相互间遭遇的方式的隐蔽网络而在物中被给定的","又是只存在于由注视、检验和语言所创造的网络中","只是在这一网络的空格,秩序才深刻地宣明自己,似乎它早已在那里,默默等待着自己被陈述的时刻"。② 事实上,福柯这里所讲的,与本雅明的"历史唯物主义"很相通:"秩序","作为幻觉的超越"的"真正历史知识",既是"物的一部分",又是"想象"建构的产物。

这也正是"新报刊史"媒介想象的超越性所在。以此观照"词与物"的双重网络:"版面"的物质材料、形式内容,与他物"相互间遭遇"的"隐蔽网络";以及围绕着"版面"的目光注视、故事讲述、知识逻辑等等,"新报刊史"能够借此从这一碎片,考掘出一个人类知识生产与信息传播史的"特殊总体"。比如说,"版面"的英文表述之一是 page,"书页"的"页"。以书之"页"命名报之"版",中西都很一致。在中文字源中,"版"也意味着雕刻、刊印用的木板,那正是形塑"圣贤之书"的物质。单单从"命名"这一最基本的话语实践出发,那个隐藏的"秩序"就已显露、提示着如下问题:

作为历史的"总体","版面"如何穿行于那个波谲的行程——从雕版到活字,从毕昇到谷腾堡,还有那激动人心的——"告别铅与火,走向光与电";作为独具的"特殊",报纸之"版面",究竟与书页、与 App 的屏幕有何不同,这种不同何以可能,与意义建构、信息传播、知识构型以及不同群体的经验感知,存在何种联系,又意味着什么。当然,"版"与 page 的不同,也同时标定着这些问题的不同历史时空。

三、"版面"之筑造:具身关系的"独特"生成

"新报刊史"在实践与交往的生活世界中探究这一追问。这就是新"媒介"想象中的"返归"。返归不是一般意义上的"从抽象到具体",尤其不是简化了的"理论烛照经验",它也不是在狭窄的意识或认知领域中进行所谓"还原"。返归的意义或价值在于,要把超越性想象中的那个"世界网络"(或福柯所说的"秩序")置于特定情境下,让"媒介"的独特性在生成演化之中清晰地呈现出来。事实上,这也即考察特定的媒介实践如何形塑着融普遍与特殊为一体的具身关系。就"版面"而言,"版"的另一个字源含义

---

① [法]福柯:《词与物:人文科学考古学》,莫伟民译,上海:上海三联书店,2002年,第7页。
② [法]福柯:《词与物:人文科学考古学》,莫伟民译,上海:上海三联书店,2002年,第8页。

是"打土墙用的夹板",把它动词化,就是用"泥土"和"木头"来筑造一面"墙"。"筑造"是"新报刊史"工具箱中的另一个重要意象,简单地说,"筑造"就是让"聚集"独特地显现出来。①

"返归"让研究者切近如下这种体察,"版"("报纸")从来不是一个有着固定明晰"面目"的"物",它也从来不是一旦成型就被人们纳入同样早已成型且固定清晰的"政治""经济";相反,正如飞架于河流之上的"桥","它不只是把已经现成的河岸连接起来",而恰是"在桥的横越中","河岸才作为河岸而出现"。② 在"版"的筑造中,用来印刷书页的字钉以新的规则排着序,记者们以人皆默会,却难以明言的不同于书的规则,加工处理着"知识"。③ 而如此"版面"之成型,也就是那个"新闻生产"的组织过程的每日显现;而每日发生的活生生的"现实",也在被拣选裁剪、改头换面之后,涌入"版面"的某个位置,然后——遥远的"现实"就这样发生了,它嵌入生活世界,迎面人们,邀请通达。如果说"版面"的"两岸",就是"组织的生产"与"读者的消费",那么它们就是以此为媒介,彼此横越与相遇,并筑造了"两岸""四周的风景"。或者,说它是一个权力的"秩序"。

也正是在这里,"返归"的媒介想象遇到了最为复杂也最具挑战性的问题:如何审视经由"碎片"之组合装配而来的那个"总体"本身的独特性。对此难题的追索,自然离不开超越性想象中所建立起的宽广联系,这为发掘媒介实践的特殊性提供了可能。例如,本雅明联系着"讲故事的人"来打量新闻,德里达映照着语音来审度书写。实际上,这种参照也正是对于"碎片"本身之独特性的认识和"拯救",特定媒介自身的差异,诸如其物质技术与形式、媒介之间关联带来的重组,必然也同时展现于时间、空间与媒介场景生成的特定意蕴之中。差异,而不是同一,是"返归"想象的着力所在。

首先来看一下空间。"版面"另有一个英文表述——space。"版面/空间"既实在有形,又像"视窗"一样,邀请人们进入虚拟无形中想象与漫游。而这种想象与漫游,终究也无法脱离具体的实体空间的彼此"搭桥"(articulate),并为此"勾连"赋予意义。在这种复杂的空间交往中,"版面"的纸张油墨,占据着一个拥有特定体积与重量的实实在在的"位置",色彩线条则在其上勾勒出区分与联结的布局;伴随着机器的轰鸣、轮子的摩擦和报童的吆喝,"版面"进入了城市街道、家庭餐桌、咖啡馆吧台、弄堂天井,和张贴过"告示"的墙壁,也就进入了生活世界中的私人或公共"空间"。

"版面"流动于这个"相互'媒—介'着的网络"中,"新报刊史"追随它的位移,仔细

---

① [德]海德格尔:《筑·居·思》,《演讲与论文集》,孙周兴译,北京:生活·读书·新知三联书店,2005年,第154-159页。
② [德]海德格尔:《筑·居·思》,《演讲与论文集》,孙周兴译,北京:生活·读书·新知三联书店,2005年,第160页。
③ [美]塔奇曼:《做新闻》,麻争旗译,北京:华夏出版社,2008年,第4章;[美]夏兹金、塞蒂纳、萨维尼主编:《当代理论的实践转向》,苏州:苏州大学出版社,2010年,第8-9页。

探查每个空间的独特性,是如何与同样独特的媒介实践发生着关联的。或许,它会飘落在20世纪早期印尼爪哇岛城市某条"长长的藤制躺椅上",一位年轻人在"一页页翻着"中"看得入神了"。"我们的年轻人",实际上正在参与一种仪式,由"版面"筑造出来的"一个超乎寻常的群众仪式"——"共同体的想象";而像他一样的读者们,"在看到和他自己那份一模一样的报纸也同样在地铁、理发厅,或者邻居处被消费时,更是持续地确信那个想象的世界就根植于日常生活中,清晰可见"。① 这种仪式与想象,与各地教堂里的"早祷"很相似,不过,早在1806年,黑格尔就把家庭中看报纸的行为,视为市民阶层"早晨的礼拜",就如同他从进入耶拿城的拿破仑身上看到了"世界精神";这种与启蒙现代性紧密相联的"版面",在后来的尼采眼里,却成了"早晨的呕吐"。② 又或许,它飘落在19、20世纪之交美国某辆"时髦"的城市公交车或机车上,在那些"眼睛、双手都空闲下来"的人那里,"版面"成了新的风景,并因之也改变着自身:"缩小了纸张尺码,加大了标题字号,大量运用图片,还发展了'导语'段落"。③ 部分因为这种景观,人们能够打发西美尔所说的那种"从未置身过的处境",即在19世纪公共汽车、铁路和电车"完全建立起来"之后,乘坐者可以"数分钟甚至数小时之久地互相盯视却彼此一言不发"。④

宗教与世俗、工作与旅行,换言之,所有人类社会的交往形式和意义建构,韦伯的"组织"、涂尔干的"教堂"和马克思的"商品",以及滕尼斯的"社区"、芒福德的"城市",当然还有哈贝马斯的"咖啡馆",所有这些实体的、想象的或制度的"空间",都会因"版面"的连接而生成着新的面貌。"版面"筑造其间,即是"新社会"也是各种权力"秩序"之生成,而这些空间中"版面"实践的面貌,彼此之间也可谓千差万别。19世纪晚期投身《申报》的士人,与他们的读者发生了一场争论,"京报"究竟该在"版面"中占据何种位置,报首还是附张?⑤ 他们争论的,某种意义上就是彼此眼中"国家"与"城市"的关系。换作《时务报》,这或许就不是一个问题。

在"返归"的媒介想象中,"版面"自始都保留着其字源的一个"原始"意象:身体之"(脸)面"。"版面"就是一个"身体",有报头、报眼与报耳,它"瞭望""交谈"与"布道",它展示各种人、事、物的"形象",甚至被视作国家之"脸面"。身体总是活动于"地方"与"场景"之中,并且也总是在其中形成或短或长的记忆、或显或潜的意识。如此就将

---

① [美]本尼迪克特·安德森:《想象的共同体:民族主义的起源与散布》,吴叡人译,上海:上海人民出版社,2003年,第34—35页。
② [日]佐藤卓己:《现代传媒史》,诸葛蔚东译,北京:北京大学出版社,2004年,第8页。
③ [美]舒德森:《发掘新闻:美国报业社会史》,陈昌凤、常江译,北京:北京大学出版社,2009年,第92页。
④ [英]弗里斯比:《现代性的碎片:齐美尔、克拉考尔和本雅明作品中的现代性理论》,卢晖临等译,北京:商务印书馆,2013年,第103页。沃尔夫冈·希弗尔布施指出,这主要是中上阶层的体验,对下层阶级来说,"他们是在铁路出现之后才加入旅行者的行列","愉快的交谈和笑声"会回响在"坐得满满当当的"三、四等车厢里。[德]希弗尔布施:《铁道之旅:19世纪空间与时间的工业化》,金毅译,上海:上海人民出版社,2018年,第125页。
⑤ 秦绍德:《上海近代报刊史论》,上海:复旦大学出版社,1993年,第20页。

时间与空间扭结在了一起,而时空本就是"单一经验的不同方面",它们"互相结合、互相定义"。①"人类时间像人体一样是不对称的,一个人的背部通向过去,而脸部朝向未来"。"版面"也是如此。它将"过去"置于当前,又将当前引向"未来"。如果说,"生活就是要求永远向前朝着光明迈进,放弃自己身后无法看到的黑暗与过去"②,那么,与"版面"互相嵌入着的"生活",也就有着独特的"过去"与"未来"。报纸的时间,不同于书,它塑造着不同的感知、记忆与回忆。

麦克卢汉将报纸视为"集体独白",区别于书籍的"个人独白",他还在与"爵士乐、切分乐、立体主义"的联系中体味"报纸头版",因而,报纸的时空感知既与书籍相异,又与现代艺术形式有相类之处:

> 报纸新闻的爵士乐、切分乐那样的非连续性与其他现代艺术形式有关系吗?为了报道的范围包括从中国到秘鲁的广阔地区,同时又实现焦点集中的同步性,你能够想象比报纸头版的立体主义更加有效的方式吗?你是否从来没有想象过,一个版面的新闻像是一幅印象派的风景画?③

在麦氏那里,"电报式报纸"对时空的重组,对"广阔空间""实现焦点集中的同步性",引发了人的兴趣与群体成员的广泛参与。他的学生波兹曼则与之不同,波兹曼将报纸置于与摄影术、电报的杂交之中,解读出特定的时空转换:"(印刷)阐释时代"即将逝去,一个"美丽新世界"由此诞生:"这是一个没有连续性、没有意义的世界,一个不要求我们、也不允许我们做任何事情的世界"。④ 本尼迪克特·安德森则是从报纸与小说的联系中,重新阐释那种"同时性":一种"同质的、空洞的时间随着时钟滴答作响地稳定前进","在那时间内部,'世界'强健地向前奔驰而去"。⑤ 同样,当报纸在晚清开始抢占书籍的风头,人们也感受到了新的时间:正如初创时期《申报》广告的自我表白,"每晨发一张,风雨不改",那不也正是一种向着未来坚定直奔的热切宣告吗?《点石斋画报》像所有定期出版的报刊一样,近乎"风雨不改"地连续着,然而它的每期编号却既有"甲一""甲二",又有"天干"这样古老的"非线性"标识;也像它的版面,一页一页翻过去,不连续的图像又会连续起来。解读者在一种连续的"理性生产机制"中发现,"一种稳定的视角很难保持不变",研究者称之为"连续的不连续性"。⑥

---

① [美]段义孚:《空间与地方:经验的视角》,王志标译,北京:中国人民大学出版社,2017年,第100、105-106页。
② [美]段义孚:《空间与地方:经验的视角》,王志标译,北京:中国人民大学出版社,2017年,第108页。
③ [加]麦克卢汉:《机器新娘——工业人的民俗》,何道宽译,北京:中国人民大学出版社,2004年,第1页。
④ [美]波兹曼:《娱乐至死·童年的消逝》,章艳、吴燕莛译,桂林:广西师范大学出版社,2009年,第70页。
⑤ [美]本尼迪克特·安德森:《想象的共同体:民族主义的起源与散布》,吴叡人译,上海:上海人民出版社,2003年,第33页。
⑥ [美]包卫红:《全景世界观:探求〈点石斋画报〉的视觉性》,李迟译,《文学与文化》,2014年第4期。

在差异与同一间不断返归的媒介想象中,所谓"连续"或"断裂",并不存在于历史本身,只能存在于对历史的建构中。"新报刊史"与其说要展现"连续的不连续性",抑或发掘"断裂与连续"的变奏,毋宁说是要让历史展现出一种独特面目,即本雅明眼中的"暧昧"——"恰恰是现代性总是在召唤悠远的古代性。这种情况是通过这个时代的社会关系和产物所特有的暧昧性而发生的"。① 而这篇短文已经显示,蕴含着"特有的暧昧性"的那些"社会关系和产物",总是与特定的媒介技术、媒介感知和媒介时空密密缠绕在一起。

"版"与"面"在当下"这个时代"的组合,也呈现着这种媒介史的暧昧。Facebook或"脸书",这个值得玩味的名称,囊括了从身体、印刷到数字化的融合。Face 是"脸"也是"界面",Facebook 既是人们打交道的对象,也是借之与世界发生关系的界面。这个界面融合、改造了所有的身体空间与想象空间,又把 face 的气息、book 的痕迹保留在了新的筑造之中。书页之前,"版面"是以羊皮卷或竹简的方式在手中徐徐展开;计算机之后,"版面"是以下拉"菜单"的方式伴随手指平滑移动。在某种意义上,人们将一种网络最基本的界面工具 Explore,翻译为"浏览器"而不是"探索器",可谓无意间切中了媒介史的核心问题。

四、"手"与"艺"的双重联结

本雅明认同这样一个判断:"在波德莱尔那里,诗歌创作像一种体力劳动。"② 在万籁俱寂抑或阳光明媚之际,波德莱尔的"决斗"中确乎留存着"体力劳动"的印迹:"俯身在他的桌子上""左右劈杀","在衬衣上试用鹅毛笔","把杯子里的水溅到天花板上";在"毒辣的太阳下","绊在字眼上","也绊在石子路上"。他有时会"惊恐地尖叫",为了捕捉"会逃掉的影像",他的"手"一定与他的"心"一样,"急速而紧张"地活动着。

本雅明的认同有着很深的缘由。因为"经验"的成型,联系着人将活生生的"身体"感知与已有记忆(往往体现为"传统")融贯起来,而那些现代城市中来自外部世界巨大能量的"震惊",就有可能无法被经验吸收而造成"创伤性休克"。当然,本雅明同时也对"震惊"保持着敞开的一面。在多数表述中,他对"版面"的洞察与波兹曼有相近之处:"新闻信息的原则所起的作用"——这些原则包括"新鲜、简短、易懂,尤其是各条新闻之间没有联系",如麦氏所说的那种"印象派绘画"——"与版面编排和报纸风格一样大"。这样一种同时并置的"不连续性"和"转瞬即逝性",在本雅明眼中给感知带来了"创伤",因为信息不能纳入传统,"版面"脱离了"经验"。与之相对,作为"最古老的传

---

① [德]本雅明:《巴黎,19世纪的首都》,刘北成译,北京:商务印书馆,2013年,第21页。
② [德]本雅明:《巴黎,19世纪的首都》,刘北成译,北京:商务印书馆,2013年,第138页。

播方式之一","讲故事就带有讲故事人的印记,正如陶器上带有制陶人的手印一样"。①

如果"新报刊史书写"所期待的"技艺",指的是 art 而非 technique 或 technology,那么,我们就有理由遵从本雅明的启迪,将这一"技艺"称作"手艺",一种同时也是"体力劳动"的精神劳作,一种从当下跃动着的"身体"经验出发,不断分离又不断返回的再反思与再理解。② 就像"制陶人"在故事中留下"手印"一样,这一手艺,是"手"对"泥土"的拨弄与捏塑,是对"物"之聚集与筑造的敞开,是对"地层"的层层考掘与拂拭,是让某种"秩序"图景小心翼翼地在"手"中破土而出、清晰绽放。这也就意味着,新报刊史将媒介想象的"超越与返归"同时运用于自身,它信奉米尔斯所言,"关注历史的顶点是他逐渐地把握了他生活的时代的思想"③,反过来,也正是迎面当下媒介剧变所生发出的困扰,激发它同时走进历史与未来,同时质疑与超越各种"幻象"。一个"秩序",就像波德莱尔冀求的"偶然的韵律",或许就在此间呼之欲出。

对"手印"的关注,提醒着德布雷去辨别"arts"一词的分裂,以及其中所展现的"阶级分别和价值分别":原本 art 包含着"除了天生以外,后天获得的所有东西",后来却分裂为"技术"与"文化"的"分别":"关系到体力生活的手工活动和材料活动归于'技术'一词",而将"精心雕琢、精心设计"保留在"文化"之中。④ 这与威廉斯对"文化"和"大众"概念史的反思,意气相投。这不由也让人在中国文化情境下去追问:那种以"历史唯物主义"为名的报刊史书写,在某个面向上却偏执于"内容"与"观念"而不能自拔,是否也是那种古老的"君子不器""道器观"的折射?德布雷就有这样的反思:对技术的轻视,"尤其是在基督教的拉丁文化国家",要比新教国家更为严重。⑤

因而,在相当意义上,"新报刊史书写"之"新",就在于对"手"与"艺"的重新联结。这种重新联结是对自身的丰富,也是对"对象"的尊重。基特勒批评 2500 年以来的西方哲学史"都完全忽视了其自身的技术媒介",倡导建立"媒介本体论",从他称之为"硬件"的"物"出发,以"物"的储存、处理与传输为轴心,重构整个文化史。⑥ 梅洛-庞蒂也为历史建立起一种新形象:"我们不必关心历史的'头脑'和'脚',但要关心历史的身体。"⑦直白地说,"新报刊史"尊重不同视角和进路的各自价值,但它既不醉心于单纯地描绘"思想的战场",也不沉陷于排列遗失了意义和理解的"脚的行动"。它让自己的"关心"落在"历史的身体"上,这或许就意味着,要"把极端的主观主义和极端的客观主

---

① [德]本雅明:《巴黎,19 世纪的首都》,刘北成译,北京:商务印书馆,2013 年,第 195-196、198-199 页。
② 黄旦:《报刊的历史与历史的报刊》,《新闻大学》,2007 年第 1 期。
③ [美]米尔斯:《社会学的想象力》,陈强、张永强译,北京:生活·读书·新知三联书店,2005 年,第 179 页。
④ [法]德布雷:《媒介学引论》,刘文玲译,北京:中国传媒大学出版社,2013 年,第 54-55 页。
⑤ [法]德布雷:《媒介学引论》,刘文玲译,北京:中国传媒大学出版社,2013 年,第 53 页。
⑥ [德]基特勒:《走向媒介本体论》,胡菊兰译,《江西社会科学》,2010 年第 4 期。
⑦ [法]梅洛-庞蒂:《知觉现象学》,姜志辉译,北京:商务印书馆,2001 年,第 16 页。

义结合在一起"。①

最后,将"手"与"艺"重新联结,意味着"新报刊史"为自身设定了一个平实的目标:它的确会考掘出某种"秩序",但那不是一切,也不会取代一切;它的确可能做到了某种对"幻觉的超越",但那"不是去发现另一种真理的基础",而毋宁是——"有勇气和力量与此时此刻的这个世界一起生活"。② 如果一定要说及"真理",那么它宁愿欣赏乔治·巴塔耶所说的,"要紧的事情从来不是肯定","严肃、死亡和痛苦奠定了迟钝的真理"。③

---

① [法]梅洛-庞蒂:《知觉现象学》,姜志辉译,北京:商务印书馆,2001年,第16页。
② [英]科勒·布鲁克:《导读德勒兹》,廖鸿飞译,重庆:重庆大学出版社,2014年,第23页。
③ [法]巴塔耶:《内在体验》,尉光吉译,桂林:广西师范大学出版社,2016版,第261、264页。

洗耳恭听：媒介史书写中的"声音"问题*

周叶飞

(上海大学新闻传播学院)

摘要：基于认识论的准确性要求，传播的基本隐喻是视觉。新闻/媒介史的书写一直也是以视觉/眼睛作为预设性的、不言自明的前提框架。这自然会带来历史的遮蔽，而从声音呈现的历史可能是完全不同的面貌。立足于媒介的视野，本文尝试提出声音研究的可能路径。一是声音及其物质性，如何重塑人的知觉系统，从而跟新的时空感交织在一起。二是从形式入手，聚焦声音装置所生成的"事件"，研讨各方怎样形成聚集，生成连接。从这两个研究路径来观察"听觉/声音"与社会的相互构成，或许可以打开观察媒介史的新的视角，即声音所形塑的人性、所构成的人，以及所生产的社会现实，甚至是社会文明究竟是什么。

关键词：媒介史书写；声音；时空感；装置；事件

既有的新闻史，或者广义上的媒介史，或许都是以视觉/眼睛的逻辑而写成的，并且视觉/眼睛的范式极其强大，以至于人们似乎都感受不到这样一个逻辑前提存在。视觉/眼睛构成了霸道的，却是不言自明的前提框架，这当然会带来历史的遮蔽，而从声音呈现的历史可能是完全不同的面貌。近年来，声音/听觉的历史，正在成为新的研究领域，而且显示了这种独特的视野在呈现历史的丰富性、复杂性以及混杂性方面具有巨大潜力。[①] 基于此，本文将在理论上论证"声音"所呈现的世界（相应于视觉）的独特性，并试图提出研究声音/听觉的可能路径，阐述声音如何能够构成一个独特的视野来观察人的现代性、主体性，来观察现代社会的生成、不同文明形态的形塑动因。

---

* 本文原载于《新闻记者》2003 年第 3 期，有修改。
① 相关研究可参王东杰：《声入心通：国语运动与现代中国》，北京：北京师范大学出版社，2019 年；唐小兵：《聆听延安：一段听觉经验的启示》，《现代中文学刊》，2017 年第 1 期，第 4-11 页。

一、"眼睛"与"耳朵"的较量:"声音"何以成为问题?

《西游记》第五十八回,两个真假莫辨的孙悟空一路从天宫闹到地府,最后还是法力无边的西天如来,识断出假悟空乃"善聆音,能察理"的六耳猕猴所化,"此猴若立一处,能知千里外之事;凡人说话,亦能知之"。孙悟空纵然有"七十二变"的通天法术,也免不了被假悟空以彼之道还施彼身,其缘由就在于假悟空拥有"六耳"的感官配备,使得其具有超越诸根的能力,"能知千里外之事"。① 在这里,耳朵在与眼睛的较量中可谓丝毫不落下风,视觉上的"七十二变"反有其固有的界限。

钱穆先生在释义《论语》"耳顺"条目时,也提及耳朵与眼睛的关系:

> 目视由我及外,耳闻由外及我,论其自主之分量,微有区别。又目视偏于形物,耳听深入心意。目见近而耳闻远,即古人前言往行,亦可归入耳闻一类。故举耳可以概目。②

"举耳可以概目",在钱穆先生看来,"耳闻"是更为精微的感知,甚至被用来统摄其他的感觉方式。

偏偏在西方思想史的脉络里,情形又有所不同。比如柏拉图在他理想的共和国中驱逐诗人,据说,这是"内化到人的心灵深处的拼音书面文化与口语文化首次正面相撞"③,其实也是视觉和声音的拉锯、眼睛和耳朵的碰撞。因为柏拉图的"理念"(ideas)基于视觉,和拉丁语 video 派生于相同的词根,是"看"的意思。柏拉图在他的理想国驱逐诗人,正是试图打破希腊文化的口语性,排斥诗歌朗诵这种聚合式、意合式和口语式的思维方式,而代之以理性计算、概念思考的新经验。④

"15 世纪中叶印刷术的发明,意味着一个回归的开始。我们又回到眼睛占支配地位而非耳朵占支配地位的文明中去"。⑤ 在印刷术翻江倒海、处处弥漫"铅字的共鸣"⑥的时代,本雅明(Walter Benjamin)注意到,"讲故事"这种最具匠气的交往方式逐渐退隐作古,"变成与我们疏远的事物"。这其中,长篇小说的兴起是"讲故事"走向衰微的先兆,随后"消息"跟随报纸出场,以陌路人身份与"讲故事"狭路相逢,把"叙述从活生

---

① 傅修延:《为什么麦克卢汉说中国人是"听觉人"——中国文化的听觉传统及其对叙事的影响》,《文学评论》,2016 年第 1 期,第 135-144 页。
② 钱穆:《论语新解》,北京:生活·读书·新知三联书店,2002 年,第 28 页。
③ 沃尔特·翁:《口语文化与书面文化:语词的技术化》,何道宽译,北京:北京大学出版社,2008 年,第 17 页。
④ 沃尔特·翁:《口语文化与书面文化:语词的技术化》,何道宽译,北京:北京大学出版社,2008 年,第 20、61 页。
⑤ 哈罗德·伊尼斯:《传播的偏向》,何道宽译,北京:中国人民大学出版社,2003 年,第 117 页。
⑥ 尼尔·波兹曼:《娱乐至死》,章艳译,桂林:广西师范大学出版社,2011 年,第 67 页。

生的口语领域剥离出来",最终将其打翻在地。本雅明断定,"如果讲故事的艺术日渐稀罕,消息的广泛播扬是这种状况的祸首"。① "讲"必然牵涉到"听",是声音间的你来我往,至于小说或消息,其背后遵循的则是视觉的逻辑与刻度。本雅明对于现代性的批判,在这里以视觉挤压听觉的寓言形式呈现出来,两种不同信息方式的此消彼长,人的感知方式、情感结构与社会交往场景也为之一变:"只消浏览一下报纸就表明经验已跌至新的低谷。一夜之间,不仅我们对外在世界,而且精神世界的图景都经历了原先不可思议的巨变。"②

  从媒介的意义上讲,"精神世界的图景"所以经历巨变,在于文字,特别是受印刷术强化的书写方式,把人类社会从口耳相传的世界拽进了崭新的视觉世界。如果说"讲故事"的方式要求在场者之间的身体卷入和语音互动,书写和印刷则要求打破这种交往模式,人和人之间的交流再不必仰赖口语言说的"声""情"并茂。"看"其实是不断向内心深处探索的过程,意味着一种更为内卷的认知取向,于是"沟通开始带有一种更客观务实的、更保有距离的、更抽象的特征",文字圈的视觉性"涉及到另一种完全不同的、新型的实在建构"。③ 依麦克卢汉(Marshall Mcluhan)所见,印刷媒介造就了人类社会从听觉中心的巫术世界,转向视觉中心的抽象世界。活字印刷"使理性生活呈现出线性结构,使我们卷入一整套相互纠缠的、整齐划一的现象之中",由视觉而来的日常经验均质化也就成为五官知觉统合的最重要基础。④

  也正是如此,西方有关客观性、秩序和操控的认识论传统,离不开眼睛(视觉)的参与。西谚云"理解是见"(understanding is seeing),表明视觉上的实际所"见"往往能够通达"知"(knowing)。⑤ 人们对于世界的认知和理念,正是通过"观"这一知觉实践来加以把握。所以沃尔特·翁(Walter J. Ong)认为,"世界观"这个语词本身就是书面文化的产物,因为在口语文化里,"世界"并不是像某种"观"那样在眼前展开为一个显著的东西,而更像某种动态的和相对而言不可预料的东西,是一个"事件-世界",而不是"对象-世界"。⑥ 对象能够站在主体的对面,意味着其能够被人的眼睛所"显现"。"在世存有"的"世"因而也可以理解为"视觉"的"视"。世界是一个领域、一个"视野"、一个地平线。⑦ 随着世界被把握为图像,主体就形成了。

  有关视觉和主体关系的认识论传统,影响着对传播、媒介诸概念的理解与界定。

---

① 《讲故事的人:论尼古拉·列斯克夫》,汉娜·阿伦特编:《启迪:本雅明文选》,张旭东、王斑译,北京:生活·读书·新知三联书店,2014 年,第 100 页。
② 《讲故事的人:论尼古拉·列斯克夫》,汉娜·阿伦特编:《启迪:本雅明文选》,张旭东、王斑译,北京:生活·读书·新知三联书店,2014 年,第 96 页。
③ 玛格特·博格豪斯:《鲁曼一点通:系统理论导引》,张锦惠译,新北:暖暖书屋,2016 年,第 201-205 页。
④ 马歇尔·麦克卢汉:《理解媒介:论人的延伸》,何道宽译,南京:译林出版社,2011 年,第 106-107 页。
⑤ 乔治·雷可夫、马克·詹森:《我们赖以生存的譬喻》,周世箴译,台北:联经出版社,2012 年,第 91-92 页。
⑥ 胡翌霖:《媒介史强纲领:媒介环境学的哲学解读》,北京:商务印书馆,2019 年,第 205-206 页。
⑦ 吴国盛:《技术哲学讲演录》,北京:中国人民大学出版社,2016 年,第 180-181 页。

比如李普曼(Walter Lippmann)就认为,传播的基本隐喻是视觉。外部世界能否"再现",端赖于有一架好的"记录机器",不然新闻系统就只能散布刻板成见。如此一来,传播相当于一种传递准确性的方法,或者好比是"照相",一种再现。也因此,李普曼在《公众舆论》中一再表现出对视觉、情报、制图、画面以及用于日常陈述的再现这类隐喻的深信不疑。① 而杜威(John Dewey)则从"谈话"入手,从听觉的角度对李普曼的观点提出质疑。在杜威这里,"耳朵与耳朵之间的联系远比眼睛与眼睛之间的来得亲近且丰富,因为用于倾听的耳朵带着重要而乐于向外表达的思想和情绪。视觉是一个旁观者,而听觉却是一个参与者"。詹姆斯·凯瑞敏锐地指出,杜威选择听觉隐喻而不是视觉隐喻,为的是表明语言是一种行为方式,而不是一种再现系统,说话(speech)比印刷纸这样的静态形象能更好地捕捉这一行为。② 换言之,李普曼执着于"眼见为凭",传播要致力于传递准确,发掘、反映和掌控一个本质化的现实。而在杜威一方,"耳听"也未必为"虚",传播被想象成可以"听"到另一种声音的公开谈论和行动,在说与听的往返中,构成了人类共同体生活的联结方式。

从怀疑论的传统来说,感觉往往不可靠,不过视觉显然是例外。尽管尼采(Friedrich Wilhelm Nietzsche)、海德格尔(Martin Heidegger)、本雅明、韦尔施(Wolfgang Welsch)等都试图复兴被贬黜的声音,然而在崇尚历史必然性和逼真再现的文化中,视觉自然当仁不让,其逻辑依然刻写进有关传播(媒介)的认知。正因为如此,"媒介"一词固然常用来指涉人的五种感觉③,但其重心依然偏于可见性本身之通过何事而"见"之一端。在传播的行政研究脉络下,媒介被假定是通往确证的路径,清晰性和透明性构成了媒介第一性的诉求。媒介和历史的关系,自然而然地是在视觉的隐喻中摆开:

> 历史由什么样的镜子构成?什么是观看的历史?其中有哪些阶段?第一面镜子是什么样的?在照片中自视的目光会是怎样?我们可以通过自身形象,通过借助于诸如绘画、歌唱、吟诵、文字、照片、电影、录像、电视、数字及模拟数字图像这类形象技术的反射而建立的影像来深入研究上述问题,并找出鉴别和区分这些目光之"主体"的方式。④

从历史的角度来看,相较于传播的视觉形态,声音更容易被研究者所忽略。斯堪

---

① 詹姆斯·凯瑞:《作为文化的传播:"媒介与社会"论文集》,丁未译,北京:中国人民大学出版社,2019年,第69-70页。
② 詹姆斯·凯瑞:《作为文化的传播:"媒介与社会"论文集》,丁未译,北京:中国人民大学出版社,2019年,第71-72页。
③ 约翰·杜翰姆·彼得斯:《对空言说:传播的观念史》,上海:上海译文出版社,2017年,第228页。
④ 贝尔纳·斯蒂格勒:《技术与时间2:迷失方向》,赵和平、印螺译,南京:译林出版社,2015年,第18-19页。

耐尔(Paddy Scannell)不无幽怨地说,如果拿收音机做个比喻,它就像媒介研究中的"灰姑娘",总不受待见。① 这里可能有两层意思。首先是在媒介研究中,视觉依然高高在上,人们更关心的是"视觉机器"。其次,在声音研究中,我们很容易把视觉的思维方式带进去。比如,有关留声机和唱片的研究,通常是将"看得见的"东西——唱片和可以形诸视觉符号的声音内容——作为观察的对象,以此为核心,追踪媒介的生产—传播—产生影响这一线性的过程,将在空间中传布的声音压缩到二维世界来考察,用讨论"如何观看"的方法来讨论"如何倾听"。② 广播史的书写也往往循此路径。研究者习惯于把有关广播的观念、制度、内容和效果一齐排开,然后按照编年体的体例分而述之。如果我们抽掉广播这个研究对象而换作其他形式的媒介(诸如报刊),发现其研究框架和结论一样可以成立。这种取向依然来自行政研究的传统,即把媒介看成透明的传输通道,或者,媒介如镜子一般,反映现实,提供外在世界的表征。这种被麦克卢汉称之为"运输式"的传播理论,其"关心的问题是排除噪声,清除铁道上的干扰,让运输畅通"③,结果是凸显了"内容",却丢失了"媒介"。声音作为感觉的介质,社交的模具以及对身体的召唤,都不在这种"运输式"理论关切之内。立足于媒介,去除其固有的透明,"要求我们要离开媒体表征的理论范式","要接受媒体在当代经验的生产中得到拔高的角色,就要求批判地接受麦克卢汉的这样一种洞见:媒体会构成一种环境"。④

二、声音、时空感和存在体验的创造

晚清上海的竹枝词和城市游记,多以惊奇的眼光打量沪北"新上海"。《申报》从1872年5月开始刊登袁祖志《沪北竹枝词》,此后数年引来文人士子们往来酬唱,十分热闹。晚清的读书人一脚踏进租界,往往是"一进吴淞眼界开",不能不感叹上海的"繁华"。⑤ 这种城市体验的新奇,跟传统的游观是很不同的。传统游记笔之所至,不过山川胜迹、岁时风俗,士人冶游往往能在山水之中融汇天人关系。而洋场才子所载之申江胜景,往往"炫异矜奇,有迥出于寻常意计之外实为中土亘古所未有,所谓人巧极而天工夺,虽博雅之士,亦思先睹为快而不必天,趣之求者,如申江诸胜是也"⑥。这些"沪游杂记"多瞩目力量、速度、数量和新奇之物,且常以"梦影"入题,诸如《淞南梦影

---

① 克劳斯·布鲁恩·延森:《媒介融合:大众传播和人际传播的三重维度》,刘君译,上海:复旦大学出版社,2015年,第69页。
② 季凌霄:《从"声景"思考传播:声音、空间和听觉感官文化》,《国际新闻界》,2019年第3期,第24-41页。
③ 马歇尔·麦克卢汉著,斯蒂芬妮·麦克卢汉、戴维·斯坦斯编:《麦克卢汉如是说:理解我》,何道宽译,北京:中国人民大学出版社,2006年,第156页。
④ 斯科特·麦奎尔:《媒体城市:媒体、建筑与都市空间》,邵文实译,南京:江苏教育出版社,2013年,第10页。
⑤ 辰桥:《申江百咏》,顾炳权编著:《上海洋场竹枝词》,上海:上海书店出版社,2018年,第92页。
⑥ 吴友如:《申江胜景图》,扬州:广陵书社,2017年,第2页。

录》《沪游梦影》等,所要凸显的正是城市体验的奇幻,"以非梦为梦,以无影为影……以为梦,则其事皆信而有征也;以为非梦,则其情又若迷离惝恍"①。

"无情不移,有境皆幻"的上海城,跟本雅明笔下的巴黎,有几分亲近。本雅明注意到,19世纪的新行为方式和基于新经济和新技术的创造物参与创造了巴黎的"幻境世界","我们对这些创造物的'阐明'不仅以理论的方式,即通过意识形态的转换进行,而且通过它们可感知的存在来直接展开"②。晚清文人之所以生成现代性意义上的"震惊"体验,同样也是由"人巧极而天工夺"——这个"可感知的存在"——而起。1870年代以降,大马路、自来火(煤气灯)、德律风(电话)、电报等新式物质技术重塑了上海城市地理,也改变了市民的知觉和感官经验,并将城市生活向夜晚延伸。"热、电力、水、光、速度和交流之类的网络化技术对于理解当代城市经验、其感官条件、视觉条件以及奇异感来说变得至关重要"③。城市的物质性,同时也是一种"时空过程"。④ 在这种时空重组的历史处境中,"观察者越来越必须在分裂与去熟悉化的城市空间,在铁路旅行、电报、工业生产,以及在各种印刷与视觉信息的流动之中,发挥其作用"⑤。需要特别指出的是,所谓"申江诸胜"不仅仅只是视觉性的,同时还是声音/听觉意义上的。观察者同时也是聆听者。

不消说,视觉构成城市体验的核心,诸如城市日常生活的安排、社会交往的展开、人际关系的建立,都要凭靠视觉经验和视觉知识。其中,视觉性的钟表时间,更是支配着城市生活的节奏。但同时为城市定调的还有声音。比如在上海洋场竹枝词中,不少就涉及城市的声与音,诸如龙华寺的晚钟、规范性的"晨钟暮鼓"等。其中不断为海上文人所比兴者,非大自鸣钟的钟声莫属。

"大自鸣钟矗碧霄,报时报刻自朝朝。行人要对襟头表,驻足墙阴仔细瞧。"⑥这一阕竹枝词展开的场景是通感式的。"矗"字凸显出大自鸣钟所处的位置感,只有占据一个高点,钟声才能覆盖远处。行人听见钟声,辨识出"时"与"刻",甚至由声寻物,引发身体的进一步反应:"驻足墙阴",校对"襟头表"。显然,声音引起的感受不只是听觉的,还是"跨感觉感受",同时也带入了身体和情感。用声音哲学家希翁(Michel Chion)的话说,"看"与"听"实现了内在的"同步",它们虽然各有着不同的步调和表现形态,但最终"综合"为一个统一体。⑦

大自鸣钟播扬的声音,和"晨钟暮鼓"的钟鼓声,所指涉的意象是很不同的。古典

---

① 黄式权:《淞南梦影录》,上海:上海古籍出版社,1989年,第96页。
② 瓦尔特·本雅明:《巴黎,19世纪的首都》,刘北成译,上海:上海人民出版社,2006年,第33页。
③ 艾伦·莱瑟姆等:《城市地理学核心概念》,邵文实译,南京:江苏教育出版社,2013年,第59页。
④ 艾伦·莱瑟姆等:《城市地理学核心概念》,邵文实译,南京:江苏教育出版社,2013年,第47页。
⑤ 乔纳森·克拉里:《观察者的技术:论十九世纪的视觉与现代性》,上海:华东师范大学出版社,2017年,第18-19页。
⑥ 袁祖志:《海上竹枝词》,顾炳权编著:《上海洋场竹枝词》,上海:上海书店出版社,2018年,第13页。
⑦ 米歇尔·希翁:《声音》,张艾弓译,北京:北京大学出版社,2013年,第83页。

意义上的钟鼓之声,尽管也有报时之用,但重心落在"礼"(所谓"礼乐"),内里实际上是有一个神圣的时空观念在支撑。而大自鸣钟的声音,嵌套着线性、机械的时间观念——由"时"和"刻"编织的空洞时间。从更深层次来说,自鸣钟乃至火警钟等声音,是经由"理性"所编织的声音之境。声音从"礼"到"理"的演化,也是城市时空渐趋祛魅和合理的过程。因此,要辨识声音中蕴含的种种"知识",听出弦外之"音",就需要回归声音的物质本性与聆听的身体基础,突出声音的细部纹理,尤其以声音为介,实现身体与环境之间的血脉相通。

这样说来,那种"运输式""通道式"的媒介观,便无法阐释声音和城市之间所结成的具身性的关系。麦克卢汉说,"媒介不是人与自然的桥梁,它们就是自然",恐怕也是在提醒,要避免从主客两分的视野去理解媒介。媒介不是去表征或者再现外部世界,恰恰相反,媒介本身构成一种实在,"新媒介并不是把我们与'真实的'旧世界联系起来;它们就是真实的世界,它们为所欲为地重新塑造旧世界遗存的东西"①。媒介以一种隐匿的方式定义着社会现实,就像技术现象学者唐·伊德(Don Ihde)说的,人对现实经验的感受和认知受到技术中介的暗藏的转化,技术并不是"像对象一样的东西",而是"融入到"人的身体经验中。②

媒介构成一种现实,这种现实是现象学意义上的感官世界。所以当麦克卢汉声称媒介是人体的延伸的时候,首先是落在人体感官的延伸或放大。这种感官的延伸,带来的则是知觉的改变和重组,由此生成不同的现实图景和时空感。"眼睛或耳朵的技术扩张立刻形成新的感官比率,新的感官比率又推出一个令人惊奇的新世界,新世界又激发各种感官强烈的新型'闭合'或相互作用的新奇格局"③。在声音的问题上,彼得斯(John Durham Peters)甚至认为,声音技术诸如麦克风、电话、留声机以及无线电广播的发明,乃是所有感觉重组(sensory reorganization)中最急剧的变革。④ 声音总是转瞬即逝,具有时间性的维度。留声技术使声音"物"化,从而打破了声音在时间上的限制。"留声"其实就是捕捉时间,赋予形式。这也是孙宝瑄的体验:"人之形态变而愈老,人之言语过而不留,且必同在一处,同在一时,而后可闻其声、见其形也。自有留声留影之法,而人与人虽相隔数万里,相去数百年,亦能睹其面貌,聆其音声,岂非奇事!"⑤因应留声、留影之术,使得"风"(声音)可捕,"影"可捉,"声依永",而"立言"能够"不朽",创造出崭新的生存体验:"自有汽蒸舟车,而地为之缩;自有留声留影机器,而时为之缩"⑥。

---

① 埃里克·麦克卢汉、弗兰克·秦格龙编:《麦克卢汉精粹》,南京:南京大学出版社,2001年,第407页。
② 唐·伊德:《让事物"说话":后现象学与技术科学》,韩连庆译,北京:北京大学出版社,2008年,第56页。
③ 埃里克·麦克卢汉、弗兰克·秦格龙编:《麦克卢汉精粹》,南京:南京大学出版社,2001年,第179页。
④ 约翰·杜翰姆·彼得斯:《对空言说:传播的观念史》,上海:上海译文出版社,2017年,第235页。
⑤ 中华书局编辑部编、童杨校订:《孙宝瑄日记》(中册),北京:中华书局,2015年,第626页。
⑥ 中华书局编辑部编、童杨校订:《孙宝瑄日记》(中册),北京:中华书局,2015年,第636页。

同样也想到上海"新感觉"。我们原来似乎太过于关注上海"新感觉"小说呈现了何种内容,但如果从麦克卢汉的角度看过去,提出的问题恐怕要从内容/文本分析转移到媒介技术和感知的关系上来。这也是史书美在其研究中所追问的:都市物质如何造就了刘呐鸥等人的"异国情调"?1930年代上海的现代主义作家"已然身处为现代生活之技术图景所改变了的新的感觉和肉体/感官经验之中"。① 上海"新感觉"生成,"新世界"展开,在这个过程中,我们不妨提问:新的听觉如何可能?电话、收音机和留声机等声音技术又是如何影响聆听方式,塑造出何种空间和时间感?

　　德布雷(Regis Debray)说,媒介/技术所围合的"界"具有强大的自主性,"它迫使我们概括我们的感知"。② 每一种媒介都蕴含着特定的指引结构,有其固有的"通达"。因此,同样是欣赏风景,经由马车和铁路火车就截然不同。在马车上,人与景的关系具体而连续,而火车上的观看则是"全景式"的新感觉。"铁道之旅"使得曾经深度的风景体验被快速移动的非连续性平面景观所取代,观看者从传统的"空间—时间存在"中抽离了出来。③ 同样,戴着AirPods,跟在大喇叭底下聆听,两种听觉方式所达及的时空感也有云泥之别。耳机插入耳朵,意味着世界被隔绝在我们的经验之外。在这个听觉乌托邦中,"'自我'这个原本具有哲学抽象内涵的东西变成我们可以清晰感受到的生活现象"。④ 而从历史看,喇叭则往往是作为一种组织和动员方式,聆听者据此进入"集体"的时空之中。声音乃是人和世界发生关系的中介,这其中,装置不同,"感知改变,概念也跟着改变",社会的人就不再是同样的人,它穿过的世界也不再是同样的世界。⑤

三、作为事件的声音

　　电影《芳华》中主人公通过盒式录音机偷听邓丽君歌曲的一幕,很能引起时代亲历者的共鸣。在学术研究上,情欲主体、私密经验和声音政治等理论、概念,成为理解1980年代"邓丽君热"这一文化现象的路径、方法,令人目不暇接。在"声音转向"的学术风口,陶东风教授也提醒,在对大众文化进行在地化考察的时候,需要追问此时期大

---

① 史书美:《现代的诱惑:书写半殖民地中国的现代主义(1917—1937)》,何恬译,南京:江苏人民出版社,2007年,第295页。
② 雷吉斯·德布雷:《媒介学宣言》,黄春柳译,南京:南京大学出版社,2016年,第30页。
③ 沃尔夫冈·希弗尔布施:《铁道之旅:19世纪空间与时间的工业化》,金毅译,上海:上海人民出版社,2018年,第67页。
④ 周志强:《声音与"听觉中心主义"——三种声音景观的文化政治》,《文艺研究》,2017年第11期,第91-102页。
⑤ 雷吉斯·德布雷:《普通媒介学教程》,陈卫星、王杨译,北京:清华大学出版社,2014年,第273-275页。

众文化的具体物质载体是什么。① 换言之，人们如何聆听、如何理解声音，既关乎特定的历史文化处境，也跟物质技术对声音的塑造息息相关。在媒介技术层面，盒式录音机与磁带文化的出现，同样构成这场听觉变革的重要面向。②

当我们把声音理解为一种媒介的时候，重心往往落在中介行为之上，而这又跟声音的物质性是分不开的。我们日常感受到声音，常常是被某种声音之"器"所形塑。声音不只是"非物质的、只在时间的流逝中展开的、一次性不可逆的物体振动"，同时也是可以被保存在特定物质介质中、可以克服线性时间的局限（可以有时序、时频、时长等各种技术处理手段）、可以重复播放、可以技术处理和远距离传输的声音采样。③ 无论是听诊器、留声机，还是无线电广播、智能语音，这些声音设备不只是"以不同方式填满的容器"，同时还是"拥有自身逻辑和权力的结构性装置"。④ 人和声音的关系，不能不在这种"自身的逻辑和权力"之中展开，声音装置的技术运转方式结构化且限制着作为大众沟通而可能的东西。

另一方面，技术同时也指向一种新的听觉方式和声音经验，以及以声音为中介的人与世界的关系。磁带具有快进、倒放、暂停的功能，这样一来，1980年前后中国社会的声音聆听逐渐跳脱节目表的线性限制，声音的总体性形式开始受到私人化的听觉方式的挑战。此种新的听觉方式，同时连带着移动性。"社会青年"斜提着录音机招摇过市，实际上构成一种新的身体实践。录音机随"身"而听，展示出声音的质感和时空经验，以及身体的参与性。尤其重要的是，录音的实践是声音的自我复制与生产，也是捕捉、发现、在重复中创造自我的过程。录音机为"媒"，围绕着自我录制、转录和磁带擦洗等诸般媒介实践，创造出"一种感觉在一种新的物质情景中正好突然显现自己的新方式"。⑤ 笔者特别想强调的是，将录音机的物质性和个体意识的生成进行理论上的勾连，这种学术上的用意自然不是在宣扬一种"技术决定"的论调；相反，追问声音的物质性，是把录音机这种媒介视作社会的构成性因素。

在德勒兹（Gilles Deluze）的意义上，装置并不是一个静态词，而是安排、组织、装配在一起的过程，"一个装置就是把诸要素聚集在一起的某种生成"。⑥ 装置是把杂多的部分联合成一个暂时的、偶然的整体，使得双方或各方形成聚集，发生关系。而这也是"媒介"的意涵所在。如黄旦教授所讲，媒介是有"媒"有"介"，是连接、触发与转变的

---

① 陶东风：《回到发生现场与中国大众文化研究的本土化——以邓丽君流行歌曲为个案的研究》，《学术研究》，2018年第5期，第147-156页。
② 刘欣玥：《"邓丽君热"文化研究：私人经验与现代听觉变革》，《东岳论丛》，2018年第8期，第158-165页。
③ 曾军：《转向听觉文化》，陶东风、周宪主编：《文化研究》，2018年第32辑，第14-15页。
④ 雷吉斯·德布雷：《普通媒介学教程》，陈卫星、王杨译，北京：清华大学出版社，2014年，第79页。
⑤ 安德鲁·皮克林：《实践与后人类主义——社会理论与力量的历史》，西奥多·夏兹金等主编：《当代理论的实践转向》，柯文、石诚译，苏州：苏州大学出版社，2010年，第193页。
⑥ 查尔斯·J.斯蒂瓦尔：《德勒兹：关键概念》，田延译，重庆：重庆大学出版社，2018年，第133页。

不断运作,是媒—介的互动和呼应。① 任何"媒"的"介"入,都会在社会中激荡起层层涟漪,带出新的突变。所以,声音装置不只是造出一个新的音响环境,更会搅动社会生活,把各方"吸"到这个因之造就的"漩涡"中来。所以,卡洛琳·马文(Carolyn Marvin)的这个提点就颇有意思。她说,新技术是一个相对的历史的概念。技术总会过时,但它也曾以崭新的形式和社会缠绕,所以要用"新"眼光去打量"旧"媒介(正如那本书《当所有的旧技术都是新的》所提示的那样),"新技术总是倾向于精略、简化,或者强化人们习以为常的社会规范的行为准则,其结果可能会使这些常规被重组成一些新事件"②。

　　这么说来,留声机传递和保存的便不是简单的声音序列,声音的机械复制也不见得只是让我们听见新的声音形式。从一个音乐序列的个别事件的发生可以被当作一个象征事件随意重复、中断和在不同的地点听取等意义上说,留声机使得一个特定事件的时间的不可逆性失效了。对于这样一种在时间上的操纵,在传媒技术之外并无范例,而留声机恰恰"打开了这样一种东西,这种东西在人们的创造中还未曾有过先例,并且我们可能还完全没有一个尺度来衡量这样的创造"③。留声机改变了语音的意义,声音和身体就此可以分离,音乐也不再需要活生生的表演者在场。另据彼得斯的观点,早期留声机的功能是要"留声",重点在记录。在留声机发明之前,声音和声源须同时在场,是具体和表现性的。留声机凝固、物化声音,捕捉和改变时间的序列,将人的主体性和记忆这些脆弱而缥缈的东西外在化,将其变成一种可以任意回放的永久形态。④ 知识的存储曾经被文字垄断,而留声机的问世挑战了文字在记忆传承机制上的垄断地位。记忆凭借声音记录技术得以"重新商定、确立、传介和习得",留声机以其固有的物质性,重启了新的文化实践,"打开一个通向文化记忆的特有的通道"。⑤

　　正是在这个意义上,彼得斯声称,声音乃是一个"事件"(event)。⑥ "事件"的概念强调"形式"本身的运动对于社会的撬动,表现"过程和持续生成的意义"。作为事件的"声音",意味着"和它所连接的一切事物的一种独特联系,也是对它所连接的一切事物的新的转变"。⑦ 因此,有关声音的历史书写,我们不应只是简单地对声音进行分门别类,或是对其演变和"进化"历史进行"经典化"的叙述与分析,而是要把握其作为事件

---

① 黄旦:《听音闻道识媒介——写在"媒介道说"译丛出版之际》,《新闻记者》,2019 年第 9 期,第 46-50 页。
② Carolyn Marvin, *When Old Technologies Were New: Thinking About Electric Communication in the Late Nineteenth Century*, New York: Oxford University Press, 1993, p.190.
③ 西皮尔·克莱默尔编著:《传媒、计算机、实在性——真实性表象和新传媒》,孙和平译,北京:中国社会科学出版社,2008 年,第 75 页。
④ 约翰·杜翰姆·彼得斯:《对空言说:传播的观念史》,邓建国译,上海:上海译文出版社,2017 年,第 240-241 页。
⑤ 阿莱达·阿斯曼:《回忆空间:文化记忆的形式和变迁》,潘璐译,北京:北京大学出版社,2016 年,第 12-13 页。
⑥ 约翰·杜翰姆·彼得斯:《对空言说:传播的观念史》,邓建国译,上海:上海译文出版社,2017 年,第 240 页。
⑦ 查尔斯·J.斯蒂瓦尔:《德勒兹:关键概念》,田延译,重庆:重庆大学出版社,2018 年,第 119 页。

的本性。借用福西永(Henri Focillon)的思路,我们应该把声音(技术)嵌入社会的那一瞬间,理解成一种"破裂"现象,"不是平稳地插入年表,而是瞬间的突然出现。因此,我们应该给时代的概念加上事件的概念"。① 事件是一种断裂、一种陌异,也是马文所说的"常规"的重组,并产生新的联结。德勒兹把"事件"等同于"奇点"这个关键词,他说奇点是一个"敏感"点,是"熔断""转折"和"感染"。事件和意义即是一个不能还原为既定的平缓结构上的点,"它是突兀的,是褶皱的,它耸立在那里,成为一个奇观,最终事件或奇点打破了既有的宁静,让世界上涌动的潮流沸腾起来,让世界都围绕着奇点的节奏而流动,只有在那一刻,我们才能体会到事件或奇点降临的意义"。事件的发生意味着占据一个新的位置,让事物可以在新的位置和空间中发生彻底的改变。② 事件是一种"无中生有",本质上就是意义。如果从这个视角看过去,"德律风"作为一种"传语新法"进入上海城,带出的便不只是"千里一堂,无异一室晤言"的时空感的消弭,更生长出新的交流场景和互动形式。1914 年,《中华小说界》创刊号开篇就讲"电话"如何形塑新交往,生成新事件:"二情人未缔鸳盟,暌隔已久,偶尔聚合,因藉电话以通辞,所谓'飞来天外缠绵意,诉尽人间婉转心'者,正可为此咏也。"③

而对于 1980 年代的中国城市青年来说,他们在青春时代的某一天,轻轻按下录音机的播放键,就在那一个瞬间,似乎就此挥别懵然的旧时光。在这里,录音机哪里只是某种意愿和目的的工具,简直就是一种明确的生活方式。或者,我们不妨把透过录音机的"听",看成是人与世界打交道的方式。播音键一旦被按下,邓丽君的《浓情万缕》一旦响起,意味着周遭的人走进了录音装置当中。装置表现某种同一性并宣告了一个界域的范围,"它从环境中抽取出某些东西并把它拉进和其他环境的关系中。装置散开了,诸要素也就随之移动到了不同的关系和配置中"。④ 装置生成事件。作为事件的声音,就是一个"媒—介"活动,以及一个召唤、谋和、聚集、容纳、赋形,建构各种存在者并使存在"在起来"的场域。整个世界就是成为相互"媒—介"着的网络。⑤

四、结论

德勒兹说,"概念不是我们贴在事物之上的标签或名字,它们产生思考的向度与方向",概念抵抗定见,"创造那些超越了已知的或预设的思考的可能性"。⑥ 声音/听觉

---

① 福西永:《形式的生命》,陈平译,北京:北京大学出版社,2011 年,第 139 页。
② 蓝江:《面向未来的事件——当代思想家视野下的事件哲学转向》,《文艺理论研究》,2020 年第 2 期,第 150-158 页。
③ 周瘦鹃、骆无涯:《小说丛谈》,上海:大东书局,1926 年,第 60 页。
④ 查尔斯·J. 斯蒂瓦尔:《德勒兹:关键概念》,田延译,重庆:重庆大学出版社,2018 年,第 143 页。
⑤ 单晓曦:《媒介与文学:媒介文艺学引论》,北京:商务印书馆,2015 年,第 36-42 页。
⑥ 克莱尔·科勒布鲁克:《导读德勒兹》,廖鸿飞译,重庆:重庆大学出版社,2014 年,第 18-24 页。

所激发的问题意识,能够对媒介历史的表述重新进行提问和构思,反思各式各样的"定见"。由此,声音的物质性、听觉(技术)与感知之关系以及声音考古学等论题,也逐渐走进了媒介(史)研究的视野。

就本文而言,提出媒介(史)研究中的声音问题,用意并不在于罢黜视觉,转身膜拜耳朵。声音(听觉)并不是与视觉完全对立的东西,二者之间并不存在线性的接替关系。对于声音的关注,"不是试图提升感官上的弱者(听觉、嗅觉、味觉和触觉)以建立一种神秘或'丢失的'感官均衡或常识(就像麦克卢汉的目标一样),而在于重新提出感官中心性和总体的直接经验问题,在于批评基于一种感觉优越于另一种的'霸权'的观点"。① 也就是说,提出声音问题并不是要去比较"眼睛"与"耳朵"之优劣,而是从"看"与"听"的类型差异出发,以此促逼我们反思甚至跳出原有媒介叙事中视觉优先的前提预设,从声音/听觉的角度去重新理解媒介、社会与人,关注声音所形塑的人性、所构成的人,以及所生产的社会现实。而声音所勾连的城市与现代性呈现出更复杂同时也是独一无二的样貌。

---

① 刘昕亭:《反对听觉性霸权——兼与周志强和王敦教授商榷》,《探索与争鸣》,2018年第12期,第113-118页。

当口述史学与影像史学相遇*
——对口述史摄影的思考

蒋 蕾

(吉林大学新闻与传播学院)

摘要：口述史学与影像史学是史学研究新途径，口述史摄影是二者的交叉与结合。本文结合自身开展多年的口述史摄影实例，对口述史摄影的特殊意义、特点、难点、困境等进行分析探讨。研究认为口述史摄影与声音、动态影像共同构成完整的口述史记录，而目前摄影师是口述史研究的缺席者或边缘人；口述史摄影有助于口述史研究成果在平面媒体的传播；口述史摄影属于纪实摄影，以思辨的态度记录历史影像，与人像摄影、场影摄影、资料摄影等有明显区别。

关键词：口述史学；影像史学；纪实摄影

在口述史研究中，只要有录音、录像就可称为"完整记录"吗？不，摄影师缺席的口述史研究将留下永久的遗憾。

笔者自2007年开始与摄影师荆宏共同进行"寻访东北沦陷区文化人"口述史研究。在实践中，感悟到：口述史访谈常常是一次性的（延续时间较长也算一次），很难重复，一些受访者此后再也法接受访问。因此，如何最大限度利用口述史访谈机会，是需要认真思考的。完整记录不仅要有声音记录、动态影像记录，还应邀请专业摄影师加入，留下一份全面的照片资料。摄影师如能深度参与口述史研究，可以通过摄影的方式记录历史。这一类摄影作品从属于影像史学、影像人类学，既可与声音（文字整理）、动态影像一起构成完整的口述史研究成果，也可以独立构成摄影作品。

一、摄影师：口述史研究的缺席者或边缘人

口述史学与影像史学近年来颇受重视，史学界认为其与传统史学不同："通过录

---

* 本文原载于《口述历史在中国》（第二辑），桂林：广西师范大学出版社，2018年。

音、摄像、电影、电视、多媒体、互联网等现代技术进行展示,大大拓展了传统史学的叙述范围,并使普通民众对历史的认知变得触手可及。"[1]有学者称"口述史影像史""是一种以非文字形式阐释的另类史"[2]。

然而,真正参与口述史研究的摄影师却很少。口述史研究负责人一般擅长文字工作,虽然越来越重视影像资料,但一般更关注动态影像(有些形成了口述史纪录片),而忽略照片拍摄。很多口述史研究团队聘请摄像师,但很少邀请专业摄影师加入,有的会临时聘请一位摄影师,而摄影师在口述史研究团队里就是一个边缘人,只能承担配角工作。

这种局面的形成与以下三种看法有关。其一,动态影像能够记录全部过程,也包含了对瞬间的采集,因此有摄像师就够了,无须摄影师拍照;其二,摄影师在口述史研究中主要承担翻拍历史资料、拍摄采访花絮等任务,起到辅助记录作用,聘请一位临时摄影师就可以了;其三,口述史的主要任务是还原受访者对历史的记忆,声音和动态影像具有记录功能,而摄影只能留下访谈时的画面,对于还原历史没有作用或作用很小。

动态影像记录真能包含或替代摄影记录吗?由于现代影像技术的进步,的确可以从动态影像中任意截取画面了,有时可以勉强应付出版印刷需要,但由此获得的画面数据小,要想制作大尺寸摄影作品就不可能了。另外,截取画面费时费力,很难捕捉到最佳画面。摄影是对"决定性瞬间"的抓取,是摄影师凭借艺术直觉和敏感按动快门,这不是技术人员可以从连续画面中截取到的。如我们2007年冬天在北京访问梅娘时进行了全程录像,但却无法从中获得摄影作品。

其实,相对于"传统"的口述史访谈来说,摄影、摄像都是额外的,只有声音是必要条件,因为现代口述史是从"录音"开始的。美国哥伦比亚大学教授内文斯凭借现代录音设备记录人们对历史的回忆而创立了口述历史研究室,标志着美国现代口述史学的诞生;英国社会学家保尔·汤普森将自己的口述史研究著作起名为《过去的声音》。但现代口述史本身就建立在现代记录技术演化的基础上,影像记录已成为口述史资料收集的趋势。

缺少摄影师是口述史研究的常态,由此留下的遗憾却是明显的。在这个"读图时代",每当口述史研究成果要结集出版时,就会发现图片资料匮乏的问题。冯骥才是中国大陆较早采用口述史访谈方法收集资料的,他的《一百个人的十年》记录了29个亲历者的真实故事,讲述了"文革"劫难给他们带来的心灵创伤。冯骥才"对他们的口述照实记录,不做任何渲染和虚构"[3],撰写一代人的心灵史。然而,该书1991年首次出版就遭遇"中国摄影作品侵权第一案",原黑龙江日报社记者李振盛状告其盗用了4幅

---

[1] 全根先:《口述史、影像史与图书馆文献体系建设》,《图书馆界》,2015年第2期,第1页。
[2] 邓启耀:《我看与他观:在镜像自我与他性间探问》,北京:清华大学出版社,2013年,第290页。
[3] 冯骥才:《前记》,《一百个人的十年》,南京:江苏文艺出版社,1991年,第3页。

照片。该书2004年重新出版时仍然遇到该问题,形成了"《一百个人的十年》的10年官司"。① 虽然该书隐匿受访者姓名,但缺少必要的摄影记录还是一大缺憾。此外,定宜庄教授的代表作《最后的记忆——十六位旗人妇女的口述历史》出版于1999年②,书中访问了16位旗人妇女,但提供的受访者"近照"只有5张,其中3张是与访问者的合影,并且都不是专业摄影师拍摄的。此外,像《黑暗下的星火——伪满洲国文学青年及日本当事人口述》等以口述史记录为特征的专著虽然提供了不少资料照片,但缺少口述访问期间的照片,读者无法看到历史当事人今天的容颜。目前出版的大量口述史访谈成果一般只有说明性、注解式照片,很少有内涵丰富的摄影作品。

越来越多的口述史研究者开始意识到摄影的重要。天津大学冯骥才文学艺术研究院郭平博士在总结中国木版年画传承人口述史研究时提出要"充分利用现代科技,文字记录和录音、录像、摄影并举,实现立体的全面的记录"③。

从目前情况来看,摄影师缺席口述史研究,除了口述史研究者没有充分重视摄影的原因,也与摄影师"不进入状态"有关,当然还存在费用问题等。一些有机会参与口述史研究的摄影师,因为时间短暂,缺乏史学研究能力,不能真正"进入"研究,对于研究内容不甚了解,无法独立开展工作,只能从事简单拍摄工作——拍场景照、工作照或翻拍老照片等。摄影师没有全身心投入时,很难捕捉到传神的照片。

二、摄影给口述史研究带来什么?

摄影能给口述史研究带来什么?一位研究者说:"与基于声音的口述史实践和研究相比,影像技术的介入无疑使强调历史鲜活性与互动性的口述史以一种近乎全息式的历史'场',呈现出这一书写方式最为极致的魅力。"④在影像史学的观念之下,影像可以成为重要的史料,建构形象化的历史。因此摄影记录下的亲历者种种情态,虽然是"现时"而非"过去",但也是重要的史料。对此,中国国家图书馆研究员全根先撰文提醒:"口述史、影像史资料,作为一种新型文献类型,业已成为图书馆文献体系的重要成员"。⑤

摄影能够将"个人内心的体验,转化为一个时代共同的观看"⑥,能将历史记忆、现实思考凝为一幅幅充满意义符号的画面呈给观者。关于记忆,文字承载的是想象,而照片提供了充满意识的实体。

---

① 一鹤:《〈一百个人的十年〉的10年官司》,《市场报》,2004年8月17日。
② 定宜庄:《最后的记忆——十六位旗人妇女的口述历史》,北京:中国广播电视出版社,1999年。
③ 郭平:《年画传承人口述史田野调查回顾》,《年画研究》,2011年,第20页。
④ 谢勤亮:《影像如何记忆:年鉴学派视野下的中国纪录片》,北京:社会科学文献出版社,2012年,第129页。
⑤ 全根先:《口述史、影像史与图书馆文献体系建设》,《图书馆界》,2015年第2期,第1页。
⑥ 李楠:《看看,他们怎么说》,《影响:中国当代摄影精神交往录》,杭州:浙江摄影出版社,2013年。

从受众的角度讲,摄影作品一目了然,它比文字更易读,比动态影像更简洁。它记录的是瞬间、片断,是巨大研究中的一些小切片。但对于冗长的历史记录来说,小切片却更加吸引普通人。我们做东北沦陷区文化人访谈录制的影像累计已超过100小时,整理出来的文字已超过40万字,陆续发表过论文,撰写了一些研究报告,但从普通人视角来看,这些都不如发表在《新文化报》和参加过国内外摄影大展的摄影作品《东北沦陷区文化人群像》更明白易懂。一些研究者也表示对我们访谈中拍摄的照片更感兴趣。

摄影作品适合于在平面媒体上推广和传播。从我们的实践来看,文字成果会因整理时间等原因而迟滞,这些动辄十几万字或多少个小时的记录往往只对研究者有用,是一个相当窄化的小众传播。而图片传播却发表迅速,直观真切,让许多对于研究本身一无所知的普通读者产生阅读兴趣,适合大众传播。

三、实践感悟:渐进中的观念变化

我和荆宏(吉林省摄影家协会秘书长)在2007年至2013年间进行了"寻访东北沦陷区文化人"的口述史访问,一共对16位东北沦陷区文化人和20余位已故东北沦陷区文化人的家属进行了口述史访谈,摄影师荆宏承担其中全部摄影、摄像工作。2011年,荆宏在该口述史研究过程中拍摄的组照《东北沦陷区文化人群像》在平遥国际摄影展和丽水国际摄影展上展出,并分获"优秀摄影师奖";2012年,该作品参加中国武当国际摄影展。随着口述访谈工作的深入,口述者不断增多,到2013年《东北沦陷区文化人群像》的作品数量已由最初的8张扩展为13张(实际访谈对象为16人)。2013年8月该作品参加了云南大理国际影会;2014年11月这组作品在韩国首尔仁寺洞艺术区的耕仁美术馆展出,韩国参观者对照片主题的深刻理解和对作品人物的尊重态度让人深受感动。

把摄影引入口述史研究,并非我们的先知先觉,而是误打误撞。在这漫长的访谈与拍摄过程里,我们对摄影在口述史研究中的地位、作用以及拍影观念都有了渐进的了解。当我们以今天的想法来反思过去时,充满懊悔:为什么没能从研究活动一开始就以纪实摄影的观念去拍摄?为什么没有从一开始就重视对人物形象的刻画?有多少老人已经故去,有多少访谈不能重来。但又真的无法苛求当初,因为最开始对于能够找到哪些人、访谈到底能获得哪些重要信息都无法估计,无法判断该研究将形成何种观点,特别是我们对于口述史研究本身都处于摸索之中(注:口述访谈前,我们进行了近两年的纸本资料收集与研究),当然无法预先设计出有效的拍摄方案。起初,我们所能做的就是尽可能地去找人、见面、问和拍,研究主题的形成、对受访者性格特征的了解等等都是在接触中逐渐清晰起来的。今天回过头来看这拍下的1万多张照片,发现第一年只拍了些资料性照片,以后才渐渐深入受访者内心,了解他们的性格命运。我们的拍摄观念是随口述史研究深入而不断变化的。

梳理照片数据库,深感意识决定存在,观念决定作品。摄影师荆宏的拍摄思路,随着对口述史研究介入程度的深入和对摄影本身的思考,有过较大改变。起初加入"研究小组"时,他的初衷只有两个:一是协助蒋蕾尽早完成博士论文,二是尽可能地留下纪录历史的影像。因此最初思路就是"留资料"。这种想法构成了2007年夏天、冬天在哈尔滨、北京走访作家时的拍摄格局:以摄像为主,摄影为辅;摄影主要是翻拍和拍合影、工作照。这段拍摄遗憾很多,因为对有的受访者只有一次采访机会,比如梅娘。对于女作家梅娘的访问虽然进行了全程录像,但却未拍摄人物肖像,只拍了几张合影。类似问题也存在于对哈尔滨作家陈隄等其他作家的访问,但好在2010年夏天对陈隄再访时进行了补救性拍摄。

2008年底,蒋蕾完成了博士论文《精神抵抗:东北沦陷区报纸文学副刊的文化身份与政治身份》,对于东北沦陷区文化人口述访谈的研究主题和中心问题越来越明确了。通过大量纸本资料查证和口述史访谈调查后发现:东北知识分子在九一八事变之后进行了鲜为人知的"精神抵抗",他们的文学生涯与人生经历曲折传奇,他们在报纸副刊上创办了许多抵抗文学副刊,发表抵抗文学作品,而他们的命运不外乎三种:被捕、被杀或逃亡。我们所找到的东北沦陷区老作家中,有半数是坐过日本人监牢或被追捕而逃亡的,如陈隄、李民、徐放、鲁琪、张烈等,他们所进行的精神抵抗与东北抗联的武装抵抗共同构成了对日本殖民侵略者的反抗。在这样的研究背景下,摄影师荆宏对"东北沦陷区文化人"群体的精神实质有了进一步的认识,在研究过程中更深入地了解了历史,对受访者的人生命运、性格特点有了更加深刻的理解,开始试图用影像去勾画老人们的群像。当他用新的拍摄视角去参与口述史访谈时,拍摄内容和拍摄主题发生了很大变化,他更多地将焦点聚在受访者表情、神态上,突出表现人物的精神世界。他不再满足于过程拍摄、场景拍摄,常常为没能拍下老人们脸上那一闪即逝的光芒而感到苦恼。

四、纪实摄影是口述史摄影的主要观念

口述史摄影到底拍什么?它与场景摄影、人物肖像摄影等到底有何不同?总结实践经验,我们觉得口述史摄影是对历史记忆的影像书写,它以画面定格的形式来表现受访者的精神情态,蕴含着摄影师深度参与口述史研究的思考和理解。与文字整理的成果相比,它可算作"同题"而不同质的作品。

它忠实记录意识,尽可能地呈现受访者的生命史。一个口述史摄影的代表作品虽然只有精选出来的寥寥几张,但它是整个口述史摄影的"冰山"一角。一个口述史项目

所真正拥有的摄影作品相当丰富,它不仅收录对访问场景的花絮式摄影,包含对受访者拍摄的肖像摄影,还记录了口述者的日常生活图景,它用影像表达了对受访者生存状态与精神特质的思考。东北沦陷区作家陈隄、李民(已故)、李正中是我们访问较多的三位老人。陈隄自1942年元旦被捕直到1945年8月15日日本投降才出狱。李民在日本留学时就被捕,伪满时被监视,1943年逃亡北京。李正中在伪满时期是法官和作家。他们都经历坎坷又刚直不阿,他们都从年轻时起就练就健康体魄,一直保持着旺盛的生命力。对于他们,摄影师不仅寻觅那些光影效果好、能展现他们硬朗精神的瞬间,还拍摄记录了他们90岁以后的晚年生活:李民和汪玠玲夫妻俩对卧打吊瓶,陈隄90多岁还坐轮椅去市场,李正中挥毫泼墨……我们的访谈不仅仅让他们讲述过去的文学活动、文人生活,还关注到他们曲折传奇的生命史以及历经沧桑之后的晚年生存状态。随着摄影视角的变化,拍摄主题、研究主题都在发生转变,口述史研究内容也发生着变化。

它充满思辨,非自然主义记录让口述史研究从"钩沉历史"转向"思考现实"。在我们的访谈过程里,一个个无处求解的问题叩击着心灵。这些文化老人都曾是20世纪30—40年代东北文坛耀眼的明星,他们有天赋,有创造力,在晦暗岁月里进行过精神抵抗,有的还受过日本人迫害——监视、抓捕。然而,抗战胜利后,他们中的很多人却背负"汉奸"骂名,不再拥有写作权利,青年时代短暂的文学生涯竟成为一生创作的顶峰。20世纪80年代拨乱反正后,他们都被平反,却被遗忘。"遗忘"本不是口述史研究计划中的主题,但这被摄影作品清晰呈现出来,让人扼腕叹息。

五、口述史摄影的特征与难点

总结起来口述摄影有如下特征,而每个特征也正是摄影的难点所在。

第一,它是以人物为中心的影像写作,非人像摄影。

口述史研究是以人物为中心的,研究受访者的生命史。因此,口述史摄影是以人物为表现内容的影像写作。但它与普通人像摄影有很大不同,它不要求受访者端坐,不能摆拍,也不以光影效果为追求目标,它试图表现人物的历史感、沧桑感以及精神气质。其拍摄方法为抓拍,要在访谈过程中捕捉人物精神风貌的顶点——"决定性瞬间"。

口述史摄影以定格的静态画面表现动态的人物命运。摄影的本质是记录,既记录可见的物质世界,也记录不可见的精神世界。要想在方寸之间表现人物的曲折命运几乎不可能,但人物在瞬间展现的面容表情能够表达主人公对过往的回忆、思考、自省等,这样的画面也可说是"一图胜千言"。在选取口述史摄影的照片时,标准不是通常的人物形象"美",而是如何贴近人物心灵,贴近生存状态。如女作家朱媞(已故)堪称

"美女作家",年轻时气质超群,年逾九旬、身患重病时依然是出众的,但这组人物群像中没有选取她最漂亮的照片而是选了神情最忧郁的一张,我曾对此存疑,但最终觉得对于展现人物命运而言后者更恰当些。在挑选作家马寻的照片时也出现过类似困惑,实际上拍摄的马寻肖像中有很多面容慈祥的照片,但最后选取的是他一个人站在家中、面向观众、表情孤独复杂的一张。

口述史摄影的画面中不仅有人物,还有环境、常用的物件等,含有丰富的符号信息。这是口述史摄影与花絮拍摄、普通人物肖像照的不同,口述史摄影更重视对人物精神的再现和对人物生存环境的刻画。

第二,它是针对普通人的摄影。

我的一个亲戚在看过我们的摄影作品后"直言不讳"地说:"为什么不能像邓伟拍的那些人像那样光彩照人?"我说:"邓伟拍的多是国际政要,他们既是名人,也是'职业演员',他们在接受付费采访时能在短时间里释放出巨大的光芒。而我们拍摄的对象是普通人,普通人的特点是隐藏光芒,偶然释放,这与名人有着本质区别。"

受访者的普通人身份正是口述史研究的特征之一,口述史研究将对历史进行重构与解释的话语权交还给普通人。从我们进行的这个口述史项目来说,拍摄对象还不是标准的普通人,他们在 20 世纪 30—40 年代一度成为东北文学圈里的知名人士,但他们中的大多数在新中国成立后特别是"文革"后受到严重冲击,被迫"隐"起来,夹着尾巴做人,形成了小心翼翼的习惯。他们这种"普通人"色彩在拍摄时表现出来的就是光芒在脸上转瞬即逝,很难捕捉。这一闪即逝的光芒或者是平和淡然的表情,正是口述史摄影所要挖掘的。拍摄普通人要付出比拍摄名人大得多的艰辛。

但受访者的普通人与特殊人身份又是相对的。对受访者要发掘他们身上"特殊人"的一面,寻找他们独有的记忆资源。不久前,我看到某口述史项目对一位东北沦陷区作家的访问录像,真的把老人当成普通历史见证人,没有追寻只有他才了解的信息,比如文化现象、文学活动、知识分子的生活境遇等,这浪费了宝贵的受访者资源。口述史摄影要拍出受访者的"不一样",如对徐放、鲁琪的拍摄,像那样的闭目凝思或许只有经历沧桑的知识分子才会有。

第三,持续拍摄与时间成本。

绝大多数口述史访谈没有摄影师介入,其关键在于"成本"。很少有摄影师愿意花费那样多的时间成本去进行这样一个"低效率"的工作,也很少有工作组有足够资金买断一个摄影师几个月甚至几年的时间。针对每一个人物的口述史访问,时间成本都会以"月"为单位来计算。即使访谈时间只有十几个小时,但由于叙述者年事已高,每次讲述的时间都不会太长,访问活动也要频繁多次进行;再加上预先收集资料、翻拍资料等工作,摄影师要跟随一个口述史研究项目,需要消耗大量的时间。经费、时间及人员关系等客观原因,决定了摄影师与口述史研究的合作是极其有限的。比如我们曾观看中国电影资料馆从事电影口述史的工作人员对"满映"作家李民先生进行的口述史访问,他们两人一组,一人为主要研究者(负责资料收集与提问、文字整理等),另一人为摄像师,没有配备摄影师,几天的访谈结束后,访问者与受访者拍摄了几张合影。熟悉口述史研究的云南省社科院研究员李旭,曾与台湾摄影家林添福在《半个世纪的爱》的摄影工作中合作,参与采访和记录工作。像我们这样长期合作的例子极为少见。

这里围绕摄影师工作形成三个问题:

一是摄影时间安排:是长期接触还是片断介入?当然只有全程进入才能构成真正的口述史摄影。按快门只是摄影师在口述史摄影创作过程中的一小部分,重要的是他要参与研究、学习了解,这样才能深入理解口述史研究项目,抓住拍摄的灵魂。

二是摄影师的角色:主角还是配角,拍资料还是艺术创作?优秀的摄影师是具有自我意识的,缺少自我意识则会满足于"服务"。拍资料是必须的,但仅仅拍资料的摄影师就是配角、助手。

三是拍摄目的——过程摄影与灵魂探寻。口述史摄影的拍摄目标既包含全程记录,也包含用影像来探寻受访者灵魂,二者是不矛盾的,在过程摄影的基础之上才会有升华,才会接近受访者的内心。

第四,摄影活动与口述史访谈相伴进行。

首先,不是所有历史题材的摄影都是口述史摄影。

只有与口述史相遇,只有深度参与口述史研究,在口述史访谈过程中形成的摄影创作,才能是口述史摄影。它一定是伴随着口述史访谈而形成的。

其次,口述史摄影非得和口述史访谈同步进行吗?可否各自分工,分别进行?摄影师可否进行独立采访、独立拍摄?

我们的实践体会是:与访谈同步进行有利于口述史拍摄,个别补充访问也可以各自独立。我们曾多次探讨:如果没有访谈调动受访者情绪,能抓拍到那么好的瞬间吗?在访谈进行过程中,受访者陷入回忆,精神放松,摄影师更容易调度和把握镜头,可以从容不迫地记录。摄影师独自访问也是一种采访,也要与受访者进行交流,但一旦受访者把注意力都集中在摄影师身上,摄影师受到目光紧逼,反而不容易拍摄。这方面的反例是我们对田力健先生的采访。田力健是"满映"新闻电影编辑,也是伪满时期广播剧编剧、导演,我们费尽九牛二虎之力才在北京某小区找到他。2010年5月,蒋蕾独自去北京采访田力健,蒋蕾一人承担了访问、录音和摄像工作,实在没有精力和能力拍摄照片。时隔不久,荆宏两度去田力健家里补拍照片,但因为与访谈不同步,拍摄效果不甚理想。这个例子说明:一是在口述史访谈过程中,摄影是一项非专业人士所无法替代的工作;二是口述史摄影在与访谈同步进行时效果最佳。后来,我们基本形成了这样的默契:如果不能同时参加访问,访问计划就要取消。

六、结语

这是影像时代,也是全民摄影时代,专业摄影师们都在寻求突破,与口述史相遇的机会越来越多。当普通人可以容易地拍摄有形世界时,专业摄影师唯有去拍摄那无形的精神世界。因此,口述史摄影虽然存在着诸多困境,却仍有广阔的发展空间。观念、机遇、合作,是口述史与摄影相遇的必要条件。

媒介变迁与乾隆朝的社会异动[*]

程丽红

（辽宁大学新闻与传播学院）

摘要： 本文试图透过新闻传播领域的发展动态与趋势，管窥乾隆朝的社会变迁迹象。强权专制下的传播失控、新闻传播商业网络的拓展，以及媒介技术的兴替，预示着乾隆时期表面承平有序的新闻传播业，并没有在传统的轨道上停滞不前，蛰伏于传统社会肌体内的异质因素正蠢蠢欲动，蓄势待发。

关键词： 乾隆时期；社会变迁；传播失控；媒介技术；商业网络

作为末代王朝，清代在中国历史上极为特殊，一方面，它达到了封建社会的鼎盛；另一方面，它又开启了社会近代化的变迁之旅。而乾隆朝则更加特殊，不仅在于它适处"盛世"的巅峰，尤为重要的是，封建末世的诸多新变皆纷现于此。经由康熙"播种"、雍正"耕耘"，乾隆时期已是"收获"季节，经济上的丰盈自不必赘述。政治上，康熙朝的军事成功所带来的疆域稳定与民族融合，奠定了满族政权坚实的基础，雍正又进一步夯实了制度化建设的地基，极端君权在乾隆朝得以全面实现。文化专制登峰造极。据不完全统计，从康熙到乾隆，前后大约120年，大小文字狱案有90多起，大部分集中在雍正、乾隆年间，其中乾隆四十三年至四十七年（1778—1782）五年之间，就有将近40起。[①] 文字狱最终将知识分子的智慧圈囿于"考据"学问，做恭顺的良民。《四库全书》等鸿篇巨制在炫耀文化辉煌的同时，优雅地完成了满族统治者的历史话语夺权。报业也达到了封建社会有新闻事业以来最为成熟和有序的状态。清前期活动猖獗的小报在乾隆朝得以被有效遏止，以至于"永绝"[②]；作为邸报"翻版"的民间京报迅速成长、繁荣，进而拓宽了官方的信息与舆论渠道。表面上看，一切似乎都在封建政权可操控的轨道内运转，传统的社会政治、经济和文化固若金汤。然而，当拨开笼罩在乾隆朝外表

---

[*] 本文原载于《现代传播》2016年第7期，有修改。
[①] 白寿彝总主编：《中国通史》第十卷（修订本）上册，上海：上海人民出版社，2004年，第163-164页。
[②] ［清］萧奭撰，朱南铣点校：《永宪录》，北京：中华书局，1959年，第280页。

的绚丽迷雾,就会发现仍有一些鲜为人知的事实值得深思。仅就新闻传播而言,清前中期最大的两桩传播失控事件,都发生在乾隆朝;乾隆年间还是报业私有经济的大发展时期,甚至官报运作体系都渗透着浓郁的商业气息;再者,媒介技术的兴替也恰好于此间。这一系列变化如此巧合地汇集于乾隆时代,是作为封建制度与文化烂熟的自然表征,还是与传统结构、秩序背道而驰的新生素质?本文试图以乾隆朝的传播事件与媒介技术嬗变为线索,透过新闻传播领域的发展动态与趋势,管窥清代社会在乾隆时期的变迁实质。

一、强权专制下的传播失控——传统政治伦理的裂隙

居于专制制度顶端的乾隆朝廷,想必拥有着强大的社会控制力,对此,乾隆皇帝也一定相当自信,所以每当危机不期而至,他最初的反应总是过于乐观,以为铁血手腕、强权政治可以轻易解决问题。

乾隆朝伪孙嘉淦奏稿案,是清代史上的一件大案。它不但惊动了最高统治者皇帝躬行督办,而且耗时近三年之久,涉及云南、贵州、浙江、江西等17个内地行省,数以千计存有、传抄或接触过伪稿者受到牵连,以至被捕入狱。乾隆十六年(1751)八月,一份伪托吏部尚书孙嘉淦之名捏造的奏稿,在社会上广为流传多年之后,经云贵总督硕色发觉密奏皇帝。奏稿批评朝中权要,甚至指斥皇帝南巡,有所谓"五不解,十大过名目",并伪造了御批。乾隆对此案极其重视,先后下发20多道上谕,一面督促各省巡抚"选派贤员密加缉访,一有踪迹即行严拿奏闻请旨","勿令党羽得有漏网"①;一面派机要大臣参加此案的审理工作,会议有关案情及处理办法,并命令将有关案犯押解进京会审。搜寻伪稿源头的大网迅即在全国张开,然而破案却遥遥无期,进度异常缓慢,直到乾隆十八年(1753)正月才似有所获,查得江西抚州卫千总卢鲁生和南昌卫守备刘时达"虑及办差赔累",于是冒充素有"敢言"之誉的孙嘉淦编写奏稿,称乾隆皇帝失德,以谏阻其南巡。卢、刘二人被拿审讯,卢鲁生因在押期间病重,不待结案就提前于二月十一日被凌迟处死,他的两个儿子卢锡龄、卢锡荣和刘时达均被判斩刑,俱监候,秋后处决。② 至于他们是真正的始作俑者,抑或是失去耐性和信心的乾隆君臣找来的替罪羊,则不得而知。朝廷如此兴师动众办案,却落得个草率收场的结局,让人不禁对其治控能力产生怀疑。

由于卢、刘二人最早将伪稿假借为内阁发抄的邸抄,交提塘抄传③,又有多名提塘,安顺提塘吴士周、江宁提塘凌祖耀、江西提塘章锦、松江提塘陈公寿等涉案,所以新

---

① [清]王先谦辑:《东华续录》乾隆朝卷三十四,乾隆十六年八月。
② [清]王先谦辑:《东华续录》乾隆朝卷三十七,乾隆十八年三月。
③ [清]王先谦辑:《东华续录》乾隆朝卷三十七,乾隆十八年三月。

闻史学界习惯称此案为伪传邸抄案,它成为中国古代报业史上空前绝后的大报案。事实上,在伪稿抄传过程中,除个别提塘利用邸报的传报系统外,大多情况下,伪稿是借由更为广阔复杂的社会关系网络传播的,说它是伪传邸抄不免有些牵强,但此非本文关注的主题。令人饶有兴味的反倒是,上自各级官绅,下至书役、商贩,甚至旗人,伪稿的抄传者们似乎对其内容的真实性都未产生过怀疑,这显然不符合逻辑。试想,直接攻击皇上的奏疏怎么可能获得允准发布的御批?如此带有明显纰漏、大逆不道的"奏稿",竟然被各阶层人士当作"新闻"竞相传递①,所流露的恐怕不单是人们探知朝廷内幕的好奇心理,更可能是因不满积聚而产生的看热闹的旁观者心态。皇权的神圣、天子的尊严,在子民们长久的注视围观中,悄然消解。

伪稿案中尴尬抽身的乾隆并没有接受教训,事隔十几年后,在遭遇突如其来的"妖术"大恐慌时,仍然不假思索地采用强硬手段,重新演绎了一番虎头蛇尾的应对方案,将政府的无能为力展现得淋漓尽致。1768年,即乾隆三十三年,一种名为"叫魂"的妖术传闻在华夏大地上盘桓。术士们通过作法于受害者的名字、毛发或衣物,便可使其发病,甚至死去,并偷取他的灵魂精气,使之为己服务。②诸如此类离奇的情节借助于口口相传,产生了极速效应,"不到两个星期,浙江省叫魂的种种谣言便流传到了江苏"③。传闻起自江南,渐次延及山东、河南、直隶数省,乃至京城、热河亦"间有犯者"④,覆盖面极其广泛,"影响到了十二大省份的社会生活,从农夫的茅舍到帝王的宫邸均受波及",波及人口的总和超过两亿。⑤ 在叫魂案中嗅到了政治意味,深怀反叛忧虑的乾隆向各省总督巡抚紧急诏谕,在全国范围内清剿。⑥ 当然,配合弹压行动,官方宣传也及时拉开阵势。除了各级政府的辟谣公告,个别官员甚至开辟新的舆论战场,浙江巡抚熊学鹏便命令地方长官设立了一个由钱塘与德清两县知县组成的法庭,对涉案人员进行公审,以证明原来所谓的妖术竟是如此的荒诞不经!涉案的穆姓采药人、沈农夫以及计兆美一应人等,都在杭州城门口被戴枷示众,作为对盲目迷信的大众的一种警告,提醒人们倒是他们的轻信扰乱了民间的秩序。⑦ 公平地讲,熊巡抚此举表现了非凡的宣传智慧,本应有好的收效,结果却事与愿违,反而加剧了事态发展,谣言继续延伸扩散。

---

① 乾隆十七年(1752)三月二十九日"浙江巡抚雅尔哈善为复报审讯吴进义事奏折"中有"……或由提塘以新闻禀报"之语;乾隆十八年(1753)正月初十日"浙江巡庄有恭等为审理陈公绶等传送伪稿事奏折"中有"所有得的新闻一纸附上""而钱玉珍亦翻供,止认告诉新闻"之语。见中国第一历史档案馆:《乾隆年间伪孙嘉淦奏稿案史料选》(一),《历史档案》,1998年第1期,第15页。
② [美]孔飞力:《叫魂》,上海:上海三联书店,北京:生活·读书·新知三联书店,2012年,第1页。
③ [美]孔飞力:《叫魂》,上海:上海三联书店,北京:生活·读书·新知三联书店,2012年,第22页。
④ [美]孔飞力:《叫魂》,上海:上海三联书店,北京:生活·读书·新知三联书店,2012年,第190页。
⑤ [美]孔飞力:《叫魂》,上海:上海三联书店,北京:生活·读书·新知三联书店,2012年,第1页。
⑥ [美]孔飞力:《叫魂》,上海:上海三联书店,北京:生活·读书·新知三联书店,2012年,第157页。
⑦ [美]孔飞力:《叫魂》,上海:上海三联书店,北京:生活·读书·新知三联书店,2012年,第8-9页。

政府不断升级的追剿，皇帝对"妖术"传闻政治意义的过分敏感，助涨了民间的惶恐情绪，以至歇斯底里程度，惨案不断发生。在萧山，四个化缘的和尚被民众疑为妖人而遭到迫害最后入狱受刑，一名走街串巷的白铁匠被打死；在安吉县，一个口音生僻的外乡人被打死①；随后，苏州的三个乞丐被无辜卷入案中，其中浙江小贩张玉成冤死狱中；到苏州补充供给的净庄等六名和尚遭陷害，成为"叫魂"妖术的嫌疑案犯，被抓捕入狱；在汉阳府，一大群在街头观剧的人抓住了一个可疑的"妖人"，将他殴打致死，然后焚烧了他的尸体。②官方宣传与民间传闻博弈的结果，是前者节节败退。人们宁可偏听偏信荒诞不经的小道消息，也不愿意接受朝廷用心良苦的告诫警示。朝廷的卖力纠察，非但换取不了民众的信任和安全感，却徒增其"确有"妖术的判断，与其说是民众愚昧无知，莫如说是朝廷威信力的彻底丧失。"妖术"大恐慌在肆虐乾隆朝野将近一年之后惨淡落幕，涉案嫌犯的频繁翻供、案底记录的漏洞百出，让皇帝揪出隐藏在"妖术"背后反清势力的企图一次次落空，乾隆君臣一无所获，无奈之余终不了了之。

上述两案虽性质不同，却有诸多相似之处：都借助民间的社会关系网络传播，规模宏大，覆盖面广，波及各社会阶层……尤其是面对危机传播，政府干预皆显得软弱无力；而公众对官方信息与舆论体系——邸报、公告、公审……的拒斥，在昭示封建朝廷威信力锐减的同时，也意味着传统政治伦理——君以王道治天下，民以忠信敬天子，朝廷与民众之间信赖关系的破裂。看似专制制度高度强化的乾隆政权，实则已威权渐丧，露出败弱迹象。

二、新闻传播商业网络的拓展——传统社会经济结构的嬗变

经济基础决定上层建筑，传统政治伦理的松动，往往是以经济领域的变化为前提的。中国封建社会经济发展到乾隆时代，达到了顶峰，却也盛极而衰，孕育着新变。媒介即讯息，这种新变仅从传播领域即可窥其一二。

为了解释"叫魂"谣言何以传播如此迅速辽远，美国学者孔飞力对乾隆时期的社会生态进行了深入观察，他指出："在整个十八世纪，中国的人口翻了一番。以人数不断增加的大众为服务对象，一个稠密的农村市场网络应运而生。虽然还谈不上城市化，但区域性小市镇却不断扩散发展，并在实际上使得每一个中国农民都接触到了地区性的交易体系。"③"密集的商业网络在十八世纪的全景中占有重要地位，并几乎使每个人都同某一市场有着固定的关系。关于各种地区性与全国性事件的消息见闻，也沿着连接各个村庄与各个市镇的商路，随着商品和外出旅行者流传开去。那种在今天的中

---

① [美]孔飞力：《叫魂》，上海：上海三联书店，北京：生活·读书·新知三联书店，2012年，第15页。
② [美]孔飞力：《叫魂》，上海：上海三联书店，北京：生活·读书·新知三联书店，2012年，第32页。
③ [美]孔飞力：《叫魂》，上海：上海三联书店，北京：生活·读书·新知三联书店，2012年，第34页。

国作为对于由政府控制的新闻媒体的补充而显得特别重要的'小道消息',在帝国晚期便已经有了发展。而且,有足够的证据表明,中国各地的'小道'即便在那个时代便已同地区性和全国性的信息网络联系在一起。关于别的地方存在着什么机会,或有着什么危险的消息,是当时中国村民(更不必说城里人)的日常生活中须臾难离的。"①从而揭示了商业关系在当时社会生活中的重要意义,市场—商业网络正逐步取代传统的宗亲关系网络,成为人与人交往、联结的主要渠道。无独有偶,乾隆十五年(1750)伪稿的抄传路径亦背离人们习惯认识的官方信息传输系统,冲破了乡土、宗族的区域限制。据学者刘文鹏研究,它是沿着商业网络流转的,而"能够将伪稿跨省长距离传播的是商人群体"②。显见,商品经济的繁荣、市场的形成扩大,一定程度上打破了传统农耕社会的封闭与保守,商业网络同时作为信息网络,将广大农村与市镇紧紧联系在一起。

大众传播商业网络的形成,或许还不能充分证明乾隆年间社会经济结构的微妙变化,那么,私有经济主导民间报业,甚至广泛渗入官方报业运作体系,则可以提供更具有说服力的论据。

清代民间报业告别地下经营的非法状态,获得飞跃性的进展,亦适值乾隆时期。据专家考证,"清代民间报房的出现和兴盛,很可能是乾隆中叶以后的事情。保存下来的清代民间报房的报纸,均出版于乾隆中叶以后"。③ 从乾隆到清末,见于记载和有实物可查的北京民间报房,共21家。④ 其中,以公慎堂为最早。国内收藏家收藏的乾隆三十五年(1770)的邸报、日本国会图书馆收藏的乾隆三十六年至四十一年(1771—1776)及嘉庆六年(1801)的邸报,都是该堂出版的。⑤ 从乾隆三十五年至嘉庆六年,共31年,公慎堂以一家私营报房,能够拥有如此之长的历史,在充分显现其经营实力的同时,也说明报业作为一种社会行业已具有相当的稳定性。《京报》在某种程度上成为一种面向全社会的、商品化了的新闻传播媒介,因而"是在中国古代报纸发展过程中的一个更大发展,也是报纸由原始形态向近代形态发展的一个过渡"⑥。对比明末顺应新经济生态而兴的民间报业,令人不禁做异曲同工之想。

乾隆年间的报业进化,还表现在私营模式对官方报业体系的渗透,邸报运作展现出浓郁的商业气息。乾隆元年(1736),步军统领衙门破获了"违例将进呈以前题奏章疏预行抄录、分发邸报一案"。案子看似平常,细细品来却别有意蕴。据载,雍正十三年(1735)十二月,时任内阁供事的陈受益受兵部架阁科贴写方柱臣怂恿,将内阁未经

---

① [美]孔飞力:《叫魂》,上海:上海三联书店,北京:生活·读书·新知三联书店,2012年,第42页。
② 刘文鹏:《论清代商业网络传播与国家的社会控制力——以乾隆时期的伪孙嘉淦奏稿案为中心》,《清史研究》,2012年第1期。
③ 方汉奇:《中国新闻事业通史》第一卷,北京:中国人民大学出版社,1992年,第204页。
④ 方汉奇:《〈清史·报刊表〉中有关古代报纸的几个问题》,《国际新闻界》,2006年第6期。
⑤ 方汉奇:《清代北京的民间报房与京报》,《新闻研究资料》,1990年第52辑。
⑥ 黄卓明:《中国古代报纸探源》,北京:人民日报出版社,1983年,第101页。

进呈的题奏本底带至家中,雇张鉴三、魏廷英、庄锦文、吴文煜等抄写,再由方柱臣分卖与"各省塘报"。方柱臣供称:"上年十二月内,小的原向内阁供事陈受益商量,叫他将未经进呈之题奏本底带出来抄写了,交与汪九、吕九皋,经手转发各省塘报。言明每月直隶提塘给银十二两,广东给银九两五钱,山西给银五两,湖广给银六两,云贵给银二两二钱,四川给银二两五钱,江西给银四两,浙江给银二两五钱,东抄房给银五两,西抄房给银三两六钱,每月共得银五十三两六钱。"①

提塘自掏腰包购买新闻,不可能出于本职工作需要;而即便怀有讨好督抚的动机②,恐怕也不至于倒贴银两,何况是多省提塘的长期行为。那么,他们购买"进呈以前题奏章疏",是为了制贩小报以牟私利吗?答案显然是否定的,因为案底明明记载方柱臣等"违例将进呈以前题奏章疏预行抄录、分发邸报"。邸报作为封建官报,限于统治机构内部发行,不用于民间买卖,但情况很可能在雍乾年间发生了变化。如雍正五年(1727)浙江观风整俗使王国栋所奏:"臣到浙江时,访闻民间有胥役市贩合凑几家买阅邸抄者。臣思小民无知,不宜与闻国事。虽皇上所行率皆化民成俗仁育义正之事,无不可使人知者,但此辈一阅邸抄,每多讹传以惑众听。诸如此类,亦风俗人心所关。臣已严行戒饬,倘有犯者,立拿重惩。"③由于清代文献中"邸报"和"京报"常常混用,所以此处"邸抄"的具体指向,尚需辨别。按说可以公开买卖的,理当是京报;但如果是京报,又为何不许小民买阅?京报以一种社会行业,只有稳定的读者群,才能造就稳定的市场。而那些有邸报可读的各级官僚,能否单独支撑京报市场,尚且值得怀疑,何况由"胥役市贩"构成的商民阶层,恰是京报争取和培养的读者生力军,政府既准许民间自由办报,就没有理由阻止他们买报。由此推断王国栋所言"邸抄",实为只许在官绅之间传播的官方邸报,也就意味着早于雍正年间,有如浙江一类商品经济比较发达的区域,邸报已出现商品化的迹象。因而,便可以理解提塘为何需要购买新闻,编发邸报对其而言已不仅仅是一项应付了事的差事,而且是可以争得市场和读者的"私业",在完成官方供应之外,尚有余者用于赚钱取利。

历代邸报都有刊伪或者越轨行为,宋明两代溢出体制轨道的小报畅行,表达着报纸的商业化趋向,但多是小打小闹的地下经营行为,像清代这样的集体犯规,全国大半省份的提塘全部卷入,却委实不曾有过。它意味着邸报买卖已非个别现象,确是一种

---

① 中国第一历史档案馆藏,军机处录副奏折"步军统领鄂善等乾隆元年四月初十日请将违例预抄题奏章疏人犯交部严审定拟折"。
② 如乾隆十一年(1746)四月十二日所发上谕:"军机处系机要重地,凡事俱应慎密,不容宣泄。今乃有在京、直隶、江南、浙江等处提塘,串通军机处写字之人,将不发抄之事件抄寄该省督抚者。朕看此情节,在提塘等微末之人,不过以此博督抚之欢心;在督抚亦乐其不时私递,得闻京师信息。此皆浅陋之见,且非始于今日。朕已将督抚等从宽免其查究,但那苏图、尹继善、陈大受、魏定国、常安等,俱为封疆大臣,似此行私机密等事,甚不光明。若有见闻,即当据实查办,何得身蹈其事,不能自检,尚得谓之正己率属乎?著密行传谕申饬之。"见[清]梁章钜、朱智撰:《枢垣记略》,北京:中华书局,1984年,第1页。
③ 浙江观风整俗使王国栋奏,《硃批谕旨》第十七册,第49页,光绪间石印本。

报业领域的普遍态势,这是乾隆时期报业有别于以往的重要特征。在经济利益的驱动下,本应在官僚机构内部发行的邸报,却通过商品交易的方式流向民间。邸报的发行由传统的官方行政路径,扩张到民间商业领域,通过更广阔的商业网络向"胥役市贩"等社会下层扩散,无疑增加了其作为大众传播工具的特征。

邸报私营的倾向不断加剧,到乾隆二十年(1755)前后,已呈现另一番景致。有如乾隆二十年十二月初四日(1756年1月5日),御史杨开鼎"请除开设小报房之弊折"所揭:

> 窃查会典开载,各省提塘除传递公文及进呈本章奉旨科抄外,一概小钞,永行严禁,等语。是提塘一官,抄录科抄发递各省,其专责也。此外,向来有等无职之人,措设资本,计觅蝇头,遂赴六科具呈,求准开设小报房。科臣仍取具各省提塘保结,准其开设。此等小报房只是居廛射利,时开时闭,忽多忽少,俱属无常。即科臣之准开,亦非奏明定例,永远遵行者也。近闻各省提塘类皆省费惜劳,并不自办抄报,俱向小报房中转买抄报,递发各省,议给报资,以至纷争滋事,弊窦无穷。闻现在直隶提塘穆尧年因欠小报房报资,小报房揢不发报。直隶提塘恐误该省抄报,遂自行赴科抄录科抄等件,摆版刷印递发。经吏、兵二科以提塘擅行摆版,未经呈验参奏,奉旨交部在案。
>
> 臣查,该提塘原系应行办报之人,但其摆版未送科臣查验,自应参处。惟是现在各省提塘俱是于小报房内买抄递发,此等小报房大都无业游手,罔知顾及。因直隶一省拖欠报资,不发报。而提塘自行刷报,即干参处,恐各省提塘皆以办报为非己责,而小报房可以任意勒揢。是小报房之得开设,原凭提塘之保结,而提塘之得报不得报,转操纵于小报房之手。不独国家大公无我通行传宣之抄转得为市井居奇之具,且将来有讹传、私抄、泄露等弊。各省提塘仅借此谢责而莫所警惕矣,殊非所以重责成而崇体制。……①

据悉,"为了及时处理邸报的誊录发行等项工作,从清代初年起,就出现了提塘自设的报房"②。而提塘由于政务繁忙,不可能全权处理报房业务,往往需要雇人帮办。提塘与办报房之人在清初到底是一种什么关系,雇佣?委托?或者保结?受史料所限,无法确知。但起码可以肯定的是,乾隆初年为保结关系。如乾隆七年六月初九日(1742年7月10日)云南道监察御史邹一桂所上"议奏事件宜一体发抄折"云:"查六科乃纶音汇集之地,各省提塘官设立抄房。办抄之人于兵科出结,倘有遗漏不全、删改

---

① 中国第一历史档案馆藏,军机处录副奏折"福建道监察御史杨开鼎乾隆二十年十二月初四日为请除开设小报房之弊折"。
② 方汉奇:《中国新闻事业通史》第一卷,北京:中国人民大学出版社,1992年,第196页。

错误者,可以查诘。"①一方面说明了提塘设立抄房的合法化,另一方面也道出了提塘与办抄人的关系,是前者到兵科为后者保结,后者则对前者负责;办抄之人既须于兵科出结,报房的业务应已相对独立。业务的独立为办抄人在效力提塘之外图谋私利提供了空间。随着"私活"逐渐增多,报房转变为纯粹的商业营利性机构,脱离提塘,成为可能。所以,发展到乾隆二十年,小报房与提塘之间已无实际的所属关系,提塘保结不过是一道蒙混过关的必要的手续。小报房不仅在业务上,而且在权责上,已完全独立,提塘需要报纸,也得向小报房购买。尤为关键者,这已远非个别提塘所为,而是"各省提塘类皆省费惜劳,并不自办抄报,俱向小报房中转买抄报",成为普遍现象,甚至具有了一定的合法性,以致提塘"擅行摆版"反为非法。报房恐怕不会把提塘当作唯一的销售对象,拥有官网外的广阔市场是维系其生存的基本保证。由此可见,邸报的承办运营已初步形成系统的商业链条,一定程度上实现了私有化。没有什么比官方最重要的意识形态阵地渗入私有经济,更能说明乾隆时期社会经济结构的变化了。处于"盛世"之巅的乾隆王朝,正经受着滋生于其肌体内部的新因素的蚕食和解构。

三、媒介技术的兴替——"传""受"观念之变

纵观整个清代报业史,媒介技术之兴替也恰在乾隆朝,报纸得以批量生产和广泛流通的先决技术条件——印刷术,是在乾隆时期得以普及的。众所周知,早在公元7、8世纪的唐代就已产生了雕版印刷术,到了宋代,毕昇又发明了泥活字印刷术。随后,元代著名科学家王祯在继承毕昇泥活字印刷术的基础上,成功地创造了木活字,并发明了轮转排字架,将印刷术大大向前推进了一步。从此,木活字开始走入社会生活。木活字因为经济方便,在清代比元、明两代更被广泛使用。报纸印刷,由宋代开其端绪,不仅部分邸报采用雕版印刷②,而且民间非法小报已至"印卖""雕卖"③。邸报中辍于元,恢复于明。明代雕印邸报则始于万历年间,在当时极为稀罕。④ 报纸不同于书籍,有着较强的时效性,而且作为一次性印刷品,无须存版重印。传统的雕版印刷,不仅速度上不能满足要求,经济上也不合算,活版印刷遂显必需,所以,大致在明末,活版印刷邸报应运而生。如顾炎武所言:"忆昔时邸报,至崇祯十一年,方有活板。自此以

---

① 中国第一历史档案馆藏,军机处录副奏折"云南道监察御史邹一桂乾隆七年六月初九日议奏事件宜一体发抄折"。
② 方汉奇:《中国新闻事业通史》第一卷,北京:中国人民大学出版社,1992年,第85页。
③ 据神宗时期"监察御史里行张戳言,窃闻近日有奸佞小人肆意时政,摇动众情,传感天下,至有矫撰勅文,印卖都市,乞下开封府严行根捉,造意雕卖之人行遣"。见[清]徐松辑:《宋会要辑稿》第一百六十五册,刑法二之三四,北京:中华书局,1957年,第6512页。
④ 尹韵公:《中国明代新闻传播史》,重庆:重庆出版社,1990年,第132页。

前,并是写本"①,不仅道出了活版邸报产生的确切年代,也一定程度上佐证了万历年间开始的雕印邸报确属"稀罕",并未得到普及,直到崇祯十一年(1638)活版出现,邸报始终是以"写本"为主。

清沿明制,邸报亦然。但是,清初只是承袭了明代邸报的建制,并未采纳早在明末就已应用的活版印刷技术,邸报的编发,依然是"刷""写"并用。这一点,从康熙五十三年(1714)三月左都御史揆叙奏疏中有关"各省提塘及刷写报文者"②的记录,可以得到证实。又据康熙五十七年(1718)隆科多"奏报拿获于小抄内擅录妖言之人员折"所载:"本月初十日,自报房抄出之初九日小抄内载川陕总督鄂海折奏一事。等语。经奴才详阅,显系捏造杜撰者也。遂派参将陈武、笔帖式占泰拿获报房写小抄之绍兴府民金祥,讯据供称:'我系胡梦昭报房内抄报之人,帮抄本报之苏州府民金丕成带来此稿给胡梦昭看毕,交令我等缮抄是实'等语。遂拿问金丕成。据金丕成供称:'我乃胡梦昭、尹登久等雇来抄报之人。'……"③因之判断,此时的小报亦出自手抄。雍正以后,涉及报业活动的官方文献中,则通常使用"刊刻""刷印"等字样④,意味着印刷报纸得以逐步推广和普及。报纸是否印刷并不取决于印刷术产生与否,而在于有否需要。如果读者寥寥,无疑手抄比刻板后刷印更加灵活方便。显然,经历盛世前期的发展和积累,雍乾间经济升跃,人口增长,官绅群体膨胀,造就了报纸庞大的读者群,写本已无法供应需要。问题在于雍乾时期报纸印刷普遍应用的是雕版还是活版?乾隆年间监生袁栋的一段话做了很好的解答:"近日邸报,往往用活版配印,以便屡印屡换,乃出于不得已。即有讹谬,可以情恕也。"⑤说明清代活版印刷邸报是从乾隆时期开始的,那么于雍正间推广的当是雕印。雕版印刷实现的仅仅是规模化,应对及时灵活、成本低廉的办报需求,便失去了优势,活版印刷遂应运而生。

媒介作为容器,不仅以它所承载的内容记录历史,反映时代征象与时代变迁,同时,也通过其自身介质的变化传递社会变迁的信息。正如麦克·卢汉的著名论断"媒介即讯息",媒介技术的变化,一定不单是人类对技术进步本身的兴趣使然,而是顺应着社会新闻需要的变化。固然,比之古登堡的金属活字印刷术,活版印刷已嫌落后,但

---

① 顾炎武撰:《与公肃甥书》,《亭林文集》卷三;见《顾亭林诗文集》,北京:中华书局,1959年,第55页。
② 蒋良骐撰:《东华录》康熙朝卷二十二,北京:中华书局,1980年,第363页。
③ 中国第一历史档案馆编:《康熙朝满文朱批奏折全译》,北京:中国社会科学出版社,1996年,第1613-1614页。
④ 雍正六年(1728)议准:"嗣后除漏洩密封事件,仍照定例分别议处治罪外,其虽非密封,但未经御览批发之本章,一概严禁,不许刊刻传播。"(《清会典事例》卷一〇七,第十一册,第208页)乾隆二十一年议准"各省发递科钞事件,例应责令提塘办理,以杜讹传私钞漏洩之弊。嗣后小报概行禁止,令各提塘公设报房,遵照旧例,具结呈科查覈。其应行发钞事件,各提塘亲赴六科钞录,刷印送科查覈,转发各省。所有在京各衙门钞报,总由公报房钞发。仍令六城御史严行访察,如有讹传私钞漏洩等弊,交部治罪"(《清会典事例》卷一〇四,第十一册,第117页)乾隆三十八年覆准:"各部院衙门,如有奏准及议覆应行发钞事件,该承办衙门,即将原奏钞录钤盖印信,发交值季提塘,按日刊刻颁发。"(《清会典事例》卷六百二十二,兵部八一·绿营处分例九·奏章文册,第1052页)
⑤ [清]袁栋:《活字板·书隐丛说》卷十三,民国十年抄本(据乾隆九年刻本),第12页。

它却彻底摆脱了雕版需现刻的耗时费力和一次性使用的经济浪费,能够"屡印屡换",即根据不断变换的新闻内容调版重印,在满足新闻时效、降低报纸成本方面,优势显而易见。关键是这种早已发明并于明末投入使用的技术,为什么偏偏经历顺、康、雍三朝百年后,于乾隆朝方被采纳?显然不可能是前清报人对活版印刷的集体失忆,一个较为合理的解释就是社会变迁引发了新的需要——一种超越了初级数量追求的新需要。联想到明万历年间始现雕印报纸,崇祯末年方用活版印刷,而明中后期恰又是明史学者们津津乐道的"资本主义萌芽时期"[①],已现"近代的初曙"[②],两者之间有否共同的规律和轨迹可循?

要之,邸报作为封建官报,由各省驻京提塘负责编发,编发邸报为提塘分内之事,经费来源于各地方政府。提塘只需照章选录科抄内容,按时、准量提供邸报,就算称职。出于行政职责,提塘打破旧例,进取创新的动力显然不足,所以从清初邸报的刷、写并用,到随着需求量增加雍正时期开启雕版印刷,历经百年活版印刷被闲置。唯有经济利益的驱动,才会促使提塘产生效率与成本的追求,采用相较高效和廉价的活版印刷。而邸报运作体系内私有经济的广泛渗透,一定程度上改变了邸报的媒介属性,使它在单纯的政治工具之外增添了商品素质。邸报的编辑发行者提塘,也从官方政令与文化的机械传递者,转而拥有了政治新闻经营者的身份,为了迎合消费者的喜好,需要本着一定的编辑意识选取新闻,甚至不惜花费银两购买通过正常渠道无法获取的信息;而邸报读者,也不再完全是朝廷意志的被动接受者,他们的读者趣味,一定程度上牵动着提塘的编选旨趣。尽管这种建立在传统体制漏隙之上的新型"传""受"关系依然十分脆弱,专制政权的任何一次刻意打击都足以令其灰飞烟灭,它却折射了新闻传播观念在乾隆时期的微妙变化。

结　语

所谓"近代化",是指由传统封闭的自然经济社会向开放的资本主义经济社会的转化,以及相生相伴的社会政治体制、思想文化从集权专制向民主宪政、自由观念的进化。清末,由于殖民势力入侵,中国失去了自然进化的机会,因之,围绕中国社会近代化的根本动因问题,学界素有"外因"和"内因"之争。乾隆时期西方使节有关清帝国"停滞"的描绘,深深地烙进了西方的观念世界;19世纪早期来华传教士的进一步渲染,又为晚期帝国无力自身进化的观点增添了原始素材;以费正清为代表的美国中国

---

① 如傅衣凌先生系列著述:《明清社会经济史论文集》,北京:人民出版社,1982年;《明清时代商人及商业资本》,北京:人民出版社,1956年。李洵:《明清时期资本主义萌芽发展的阶段性及其特征》,《东北师大学报》,1981年第6期。
② 高翔:《近代的初曙——18世纪中国观念变迁与社会发展》,北京:社会科学文献出版社,2000年。

学学者,则从多方论证近代中国是外部势力的产物,为马克斯·韦伯式的西方标准提供了历史的实证,从而有了著名的"冲击—回应"模式的诞生。满族统治下的中国是"停滞的帝国",它缺乏基本的进化动力,是外国势力给中国带来了近代化,这一学说长期主导着学界有关清末中国历史发展的认识。直到20世纪80年代,"中国中心观"的研究趋势对曾一度占领学术制高点的"欧洲中心观"形成强烈冲击。"中国中心观"强调搜寻清帝国内部的生长因素,试图以其自身的内在动力重估中国的历史进程,为观察清代中国的社会变迁,提供了崭新的认识方法。

在新闻史学界,传统观点也一致认为中国近代新闻业的萌发,是由于外力作用。固然,在近世资本主义文明坐标中的清帝国,由于专制政治极端强化,邸报、京报等古代报刊内容长期僵化为政府严格把关的朝政信息,承担着维护封建政治的工具作用,新闻传播近代化步履维艰。伴随着西方列强的脚步,近代新闻事业由外人移植而来。但因此而无视外力干扰前中国社会信息体系内部的衍化更迭态势,也不尽客观。强权专制下的传播失控、新闻传播商业网络的拓展,以及媒介技术的兴替,毫无疑问,皆与传统社会素质背道而驰,它预示着表面承平有序的新闻传播业,在乾隆时期并不宁静,却与盛极而衰的封建社会经济一同,发生着微妙的变化。也许,用近代化来解释这种新变有些牵强,但起码它意味着,当封建帝国进入巅峰之期,作为上层建筑重要组成部分的新闻传播领域,并没有令人绝望地在传统的轨道内徘徊和停滞不前,蛰伏于其肌体内的异质因素正蠢蠢欲动,蓄势待发。

报刊、阅读与传播网络

"惟公言是听"：
梁启超与近代中国阅读文化之建构*

张仲民
（复旦大学历史学系）

摘要：清末的梁启超通过办报著书等趋新宣传活动，重新形塑了近代中国的阅读文化，为一众读者提供了可供选择吸收使用的大量新式思想资源。他虽然一度倾向革命，但最终仍归于坚持保皇和立宪一途，不过其文字宣传所起的作用却非常巨大，被视为"亡国之媒"，助推了近代中国革命浪潮与舍旧谋新崇拜的勃兴。为此，康有为、严复、梁启超等人都对清末民初这段历史及其间梁启超所起的作用进行了检讨和反思，并从不同角度反省了当时新学译介过程中存在的问题及其造成的社会影响。

关键词：《新民丛报》；梁启超；严复；"亡国之媒"

一、杂志时代

1903年10月21日，《国民日日报》上发表了一篇《近四十年世风之变态》的文章。在该文中，立场趋向革命的作者秉持社会进化论的观点，认为"政治之进化也，由专制以进于立宪，由立宪以进于共和"，而在这种进化途中，"必有无量之思想以胚胎之，必有无量之言论以酝酿之；而此思想、言论也，即为其事其物之母，其言论、其思想不可不察。举其最大之要点，为一时舆论之所趋向者，即为一时之世风"①。

在该文作者看来，足以代表太平军之役后中国过去四十年舆论趋向的，为六种出版物，这不同时期的六种出版物反映了不同时间段内中国的世风所好，"由制造以至洋

---

* 本文原载于《南京政治学院学报》2017年第2期，有修改。本文曾蒙广东行政学院张求会、湖南大学吴仰湘、复旦大学戴海斌等教授指教，特此致谢。
① 《近四十年世风之变态》，《国民日日报》1903年10月21日，转见张枬、王忍之编：《辛亥革命前十年间时论选集》第一卷下册，北京：生活·读书·新知三联书店，1960年，第740页。引文标点有所更动。

务","又由洋务而时务、而变法、而保皇、而立宪":

> 总括之,《格致汇编》也,命之曰制造;《经世文续编》也,命之曰洋务;《盛世危言》也,命之曰时务;《时务报》也,命之曰变法;《清议报》也,命之曰保皇;《新民丛报》也,命之曰立宪(此语似强)。①

这里暂且不论作者如此划分是否允当②,但该作者以此六种出版物来代表不同时代的风尚,确有所见③。因为这六种出版物在当时中国社会的阅读文化塑造中确实扮演了至关重要的角色,对时人观念的转变和思维方式的更新有很大的影响。有意思的是,从作者的表述中,我们明显可以看出时代风气变化的渐趋迅捷之势——自"《时务报》之世风"开始两三年即发生一次转变,以及上海与日本在其中所扮演的关键角色(前四种出版物均在上海出版,后两种杂志则在日本横滨出版)。同样,我们还可以发现这六种出版物,后三种其实都是同康有为尤其是与梁启超密不可分,梁启超一直是这三个杂志的主编和主要撰稿人,有时还不得不独立支撑杂志的运作。④ 三个杂志能够名扬天下,转移一时之世风,梁启超厥功至伟。

二、"惟公言是听"

在梁启超所主持的这三个杂志中,奠定任公在舆论界大名的是《时务报》,所谓"甲午挫后,《时务报》起,一时风靡海内,数月之间,销行至万余份,为中国有报以来所未有,举国趋之,如饮狂泉"⑤。但在梁启超事后看来,由于其学识所限,《时务报》的办报

---

① 《近四十年世风之变态》,《国民日日报》1903 年 10 月 21 日,转见张枬、王忍之编:《辛亥革命前十年间时论选集》第一卷下册,北京:生活·读书·新知三联书店,1960 年,第 743 页。引文标点有所更动。
② 如用《格致汇编》杂志来表征晚清讲求制造的风气,远不如以 1860 年代开始的制造局之译书事业为合适,毕竟《格致汇编》1876 年才由传教士傅兰雅在上海创办,而清廷朝野讲求制造的风气则始于 1860 年代的"洋务运动"或"自强运动"。
③ 吕思勉后来也持这种以杂志作为时代风气转换中枢的认知,他在讨论甲午以后中国三十年来之出版界情况时,即以《时务报》作为"新书新报之能撼动社会之始",认为杂志之力大于日报,更大于书籍,"三十年来撼动社会之力,必推杂志为最巨"。胡适当时也有类似见解,认为"廿五年来,只有三个杂志可以代表三个时代,可以说是创造了三个时代。一是《时务报》,一是《新民丛报》,一是《新青年》,而《民报》与《甲寅》还算不上"。参看吕思勉:《三十年来之出版界(1894—1923)》,收入吕思勉:《吕思勉遗文集》上册,上海:华东师范大学出版社,1997 年,第 373-384 页;胡适:《致高一涵、陶孟和、张慰慈、沈性仁》(1923 年 10 月 9 日),见耿云志、欧阳哲生整理:《胡适全集》第 23 卷,合肥:安徽教育出版社,2003 年,第 415 页。
④ 《新民丛报》主要系梁启超自己勉力支撑的结果,该杂志上的很多文字皆出其手,如梁启超自谓:"一人任之,若有事他往,则立溃耳","此间自开《新民丛报》后,每日属文以五千言为率"。《与康有为书》,丁文江、赵丰田编:《梁启超年谱长编》,上海:上海人民出版社,1983 年,第 272-273 页。
⑤ 梁启超:《本馆第一百册祝辞并论报馆之责任及本馆之经历》,《清议报》第 100 册,孔子二千四百五十二年十一月十一日(1901 年 12 月 21 日),第 5 页。关于《时务报》的情况及其影响,还可参看潘光哲:《〈时务报〉和它的读者》,《历史研究》,2005 年第 5 期,第 60-83 页。

水准并不高,"今日检阅其旧论,辄欲作呕,复勘其体例,未尝不汗流浃背也"①。三个杂志相比起来,一般都认为品质最高、影响最为深远者为《新民丛报》,"盖梁氏文学,以《新民丛报》为最盛之时"②。也如梁启超自谓:"国人竞喜读之,清廷虽严禁,不能遏,每一册出,内地翻版本辄十数"③。《清议报》居于二者之间。而后两个杂志之所以品质优于《时务报》,乃是因为梁启超流亡日本后学会日文,吸收了大量日本新思想的结果,如其自陈:

> 自居东以来,广搜日本书而读之,若行山阴道上应接不暇,脑质为之改易,思想、言论与前者若出两人。每日阅日本报纸,于日本政界、学界之事,相习相忘,几于如己国然。④

因此,后出的《清议报》和《新民丛报》因梁启超学识的增长而对读者显得更有吸引力,这也是当时很多读者的共识。如晚清浙江名士宋恕曾对《清议报》"期期读、字字读"后,感觉其"胜《时务报》万倍,恨不能销于内地"。⑤ 时尚与梁启超交好的章太炎在横滨读到新出的两册《新民丛报》后则认为《新民丛报》比《清议报》更佳:"任公宗旨较前大异,学识日进,头头是道",并认为此报的流行程度必超过《清议报》。⑥ 孙宝瑄在读到新出的《新民丛报》后亦认为:"梁卓如改《清议报》为《新民丛报》,议论较前尤持平,盖年来学识之进步也。"⑦事实上,连立场较为保守、大力反对新名词的樊增祥也夸奖《新民丛报》:"世间报纸惟《新民丛报》最易行销,言无文则不远,谁谓笔墨无用耶?"⑧而同属不那么趋新阵营的劳乃宣也称赞:"《新民丛报》中议论,近颇改变,归于评事,甚有益于后生小子。"⑨更甚者,连持革命立场的梁启超昔日同学黄世仲也表扬梁启超及《新民丛报》之品质,批评张之洞查禁《新民丛报》之举:

> 近者《新民丛报》其辞旨较《清议报》而尚觉和平,不过以发挥泰西富强之

---

① 梁启超:《本馆第一百册祝辞并论报馆之责任及本馆之经历》,《清议报》第100册,第5页。
② 《悼梁卓如先生》,《大公报》1929年1月21日,第2张第2版。
③ 梁启超:《清代学术概论》,收入朱维铮校注:《梁启超论清学史二种》,上海:复旦大学出版社,1985年,第70页。
④ 梁启超:《附录二:夏威夷游记》,《饮冰室专集之二十二》,收入林志钧编:《饮冰室合集》第7册,北京:中华书局,1997年影印本,第186页。
⑤ 《致饮冰子书》(1899年9月23日),胡珠生编:《宋恕集》上册,北京:中华书局,1993年,第603页。
⑥ 章太炎:《致吴君遂等书》,转见汤志钧编:《章太炎年谱长编》上册,北京:中华书局,2013年,第75页。
⑦ 孙宝瑄:《忘山庐日记》上册,上海:上海古籍出版社,1983年,第492页。
⑧ 樊增祥与缪荃孙,《艺风堂友朋书札》上册,上海:上海古籍出版社,1983年,第111页。关于樊增祥反对新名词的情况,可参看黄兴涛:《新名词的政治文化史——康有为与日本新名词关系之研究》,收入黄兴涛主编:《新史学》第3卷《文化史研究的再出发》,北京:中华书局,2009年,第118页。
⑨ 转见孙宝瑄:《忘山庐日记》上册,上海:上海古籍出版社,1983年,第588页。

政策与西儒平等自由之学说为本。有志之士方引领而祝曰:道人思想,开人脑筋,增人知识,庶几乎幸无中坠也。①

各种赞美表扬,均表明《新民丛报》比此前的《清议报》《时务报》更为成熟,更受读者欢迎,无怪乎徐兆玮会感叹:

> 梁任公之倡《新民丛报》也,明知《清议报》谈锋逼人太甚,故敛其芒,出之以和平,而我中国守旧迂谬之儒同声赞美,不胫而走,沪上行销几及万本,村塾僻陋亦置一编,任公之心思真不可及。②

其实,时人所乐道的这种情况在身为《新民丛报》热心读者的黄遵宪那里早有较为详细的预见和揭示。在1902年5月致梁启超的一封长信中,黄遵宪即大力表扬梁启超的学识与办报经验在不断"进步",对读者的影响也越来越大:

> 《清议报》胜《时务报》远矣。今之《新民丛报》又胜《清议报》百倍矣。《清议报》所载,如《国家论》等篇,理精意博。然言之无文,行而不远。计此报三年,公在馆日少,此不能无憾也。惊心动魄,一字千金。人人笔下所无,却为人人意中所有,虽铁石人亦应感动。从古至今,文字之力之大,无过于此者矣。罗浮山洞中一猴,一出而逞妖作怪,东游而后,又变为《西游记》之孙行者,七十二变,愈出愈奇。吾辈猪八戒,安所容置喙乎,惟有合掌膜拜而已。③

黄遵宪这里的褒扬并非一己私见,他的一个老朋友对梁启超的文字佩服得亦是五体投地:

> 以公之才识,无论著何书,必能风靡一世。吾有一三十年故友,谓公之文有大吸力,今日作此语,吾之脑丝筋随之而去;明日翻此案,吾之脑丝筋又随之而转,盖如牵傀儡之丝,左之右之,惟公言是听。吾极赞其言。④

孙宝瑄也不遑多让,他将书生梁启超同当朝炙手可热的实权人物袁世凯、盛宣怀两人并列,共称为中国"三大奇人",认为梁启超流亡日本后,全靠一支笔,声名遍及

---

① 参看黄世仲:《论张之洞之禁〈新民丛报〉》,原刊《天南新报》,转见《鹭江报》第29册,1903年4月27日,第6页。
② 徐兆玮1902年9月16日日记,李向东等标点:《徐兆玮日记》第1册,合肥:黄山书社,2013,第388页。
③ 陈铮编:《黄遵宪全集》上册,北京:中华书局,2005年,第429页。
④ 陈铮编:《黄遵宪全集》上册,北京:中华书局,2005年,第457页。

东亚：

> 高树一帜，日积其怨气热肠，化为闳言伟论，腾播于黄海内外、亚东三国之间，无论其所言为精为粗，为正为偏，而凡居亚洲者，人人心目中莫不有一梁启超，非奇人而何？梁能于我国文字之中，辟无穷新世界，余故服之。①

可以看出，《近四十年世风之变态》的作者虽然对梁启超的政治立场非常不满，在文中经常给予挖苦讽刺，但无疑他也看出了梁启超对时人的巨大影响。或可说，在近代中国的阅读文化打造过程中，不管是宣传启蒙，倡导新史学、新小说，还是运用来自欧美、日本的新思想来重新诠释中国传统，或者在对抗更为激进的革命与无政府主义宣传方面，梁启超一直是这个所谓"言论时代"的执牛耳者。他"最能以新学理解旧史实，引旧史实证明新学理"②，在对当时的趋新读者影响方面，无人能出其右。接下来，我们聊举几例说明之。

温州趋新士人张棡在读到从上海转寄来的《新民丛报》后记载道："是报均系梁任公主笔，议论精警，识见透到，洵中国近来报界之巨擘，细阅为之爱不释手。"③他后来不但订购《新民丛报》《清议报类编》《新小说》《政艺通报》等书报，还将《新民丛报》送给朋友读，并将其中的文章作为教材向学生讲授，还曾把梁启超主编的《新小说》中的内容讲给女儿听。在读了《新民丛报》第一号上发表的梁启超的《二十世纪太平洋歌》后，张棡在日记里记下读后感"悲壮淋漓，爱不释手"④，并将之抄录于日记中。在光绪二十八年（1902）六月三十日的日记中，张棡又记下他阅读《新民丛报》第十一号梁启超《论正统》（张棡日记中写作《正统史学说》。——引者注）一文的感受："鸿裁卓识，一时无两，梁任公真可爱才也。"后来在读了梁启超所著《现今世界大势论》和《灭国新法论》后，张棡认为两书是"痛切之谈，石人下泪，任公真有心人哉"⑤。之后，张棡日记中还有许多关于阅读《新民丛报》上刊登的梁启超文及其他梁启超著述的记载，如友人林左髓送给张棡两本《新小说》，张棡读了其中梁启超所著政论式的小说《新中国未来记》后，觉得此书"尤有无穷新理，不得与寻常小说一例观也"。在阅读了梁启超的《德育鉴》后，张棡认为该书"系梁任公辑，述先哲名言，详加跋语，字字皆切理餍心，发人猛省，洵保粹之兴奋剂也"⑥。隔了几年，张棡重新阅读了《新民丛报》第3、4、5号上刊登

---

① 参看孙宝瑄：《忘山庐日记》上册，上海：上海古籍出版社，1983年，第563页。
② 吕思勉：《从章太炎说到康长素梁任公》，《吕思勉遗文集》上册，上海：华东师范大学出版社，1997年，第398页。
③ 张棡日记，手稿整理本，光绪二十八年三月初七日。温州图书馆藏。此日记中材料蒙华东师范大学冯筱才、瞿骏教授惠赐，下同。
④ 张棡日记，手稿整理本，光绪二十八年三月十一日条。
⑤ 张棡日记，手稿整理本，光绪二十八年七月廿三日条。
⑥ 张棡日记，手稿整理本，光绪三十二年二月十三日条。

的《论中国学术思想变迁之大势》后,又在日记中记道:"其考核之精,眼光之阔,洵可谓一时无两者矣"①。种种阅读梁启超的记载,一致延续到1921年的日记中,这均显示出张棡对梁启超著作的嗜好程度。较之对同时代其他报刊如《中外日报》《同文沪报》等和他人著述如严复、林纾的阅读,张棡对《新民丛报》及梁启超著作的阅读,不但仔细持久,而且他从阅读中得到的收获也似乎是最多的。

较之温州地方士人张棡对梁启超著作及《新民丛报》的喜爱,徽州青年汪希颜则对《新民丛报》情有独钟,当时受到的影响似乎更大。他在1902年3月底于南京写给弟弟汪孟邹的信中表露了他阅读新书新报的体会,以及他对《新民丛报》的痴迷:

> 惟在上海购得新书、新报数种,日夕观览,大鼓志气,大作精神,大拓胸襟,大增智慧。其得力最多者为日本新出之《新民丛报》,其宗旨在提倡一国之文明,其体例则组织学界之条理,中外双钩于笔底,古今一冶于胸中。吾谓学游六年,不如读此报一年;读书十卷,不如读此报一卷。此报一出,而一切之日报、旬报、月报皆可废矣。何则?他报之能开风气者,述政艺不为不精,如《汇报》《政艺通报》等;唱民权不为不烈,如《国民报》《中外日报》《选报》《清议报》等;论外患不为不切,各报皆然,詈时局不为不快,亦各报所有,而惟《中外日报》《选报》《清议报》《国民报》为最,讲学术不为不新,而究未有本天演之公例、辟人群之义务、洞环球之全局、溦教育之根源如《新民丛报》者。②

在信中,初识新风气的汪希颜认为各报虽然各擅胜场,但都比不上《新民丛报》的水准,从读此报中他的收获远超过读其他新书报,为此汪希颜特意在信中告诉弟弟汪孟邹,并不怕花钱,也为汪孟邹订购了一份价格颇高的《新民丛报》,"负欠典衣,在所不顾,而此报终不可不阅也"。汪希颜这里还自道其受到《新民丛报》启发后的新志向与新打算,并希望其弟通过阅读《新民丛报》来读懂《天演论》:

> 自今以往,吾辈但无冻馁,不以富贵为可羡,不以贫贱为可忧,不以世俗之毁誉关心,不以浮名之得失为虑,努力求学,努力做事,务养成二十世纪上一个人之资格。盖世界不同,立于世界之法亦自不同。弟读《天演论》,未通其意,望再读一过,并俟此报寄到,参观互证,当必恍然有悟。③

虽然不如张棡、汪希颜那样钟爱《新民丛报》和梁启超著作,与汪希颜同为青年学

---

① 张棡日记,手稿整理本,宣统元年五月廿四日条。
② 汪希颜函,转见汪原放:《亚东图书馆与陈独秀》,上海:学林出版社,2006年,第2页。引文标点有所更动。
③ 汪希颜函,转见汪原放:《亚东图书馆与陈独秀》,上海:学林出版社,2006年,第2-3页。

生的钱玄同也有相仿的阅读感受。因为父亲早逝,与母亲一起在湖州生活的钱玄同(德潜)少年时并不太成器,不但喜好修饰,还诳骗母亲,不听其师让《瀛寰志略》《东洋史要》等新书的指示,"极恶新学"。但母亲去世后,钱玄同陡然感觉压力倍增,遂听从另外一个老师的劝告打算"稍读新书",不过钱玄同对当时流行的新学全不了然,其堂兄钱恂送他作新社出版的四种新译书籍——《世界地理》《万国历史》《国家学》《法学通论》,钱玄同竟"不知为何物,以为东籍也",直到有人告诉他新学门径可从《新民丛报》入手,"适有以《新民丛报》告者,因取阅焉"。钱玄同开始读《新民丛报》后,看到其上刊登的新书广告,"遂欲购上海新出之新书"。这时钱玄同也读已经停刊了的《清议报》,看到其中的"尊皇之论"后,钱玄同自己也受到感染,"遂有尧囚慨叹之心",事后钱氏反省说自己之所以如此,乃是因为"未知真理所在"。① 之后,钱玄同受到章太炎、邹容等倡导革命与"民族主义"的影响,但仍喜欢阅读《新民丛报》与梁启超的著作,"晚间无事,看旧时《新民报》"。② 后来钱玄同还曾购阅过《新小说》杂志第5、6号,《新民丛报》第73号③,亦曾翻阅过旧《清议报》,"颇觉有味,骨董诚足爱也"④。钱玄同在日记中还记下他读了梁启超主编的《新小说》、梁与孙中山合办的《中国秘史》杂志后,"觉甚有味"。⑤ 当读到梁启超发表在《新民丛报》第1号上的《二十世纪太平洋歌》一文时,如张棡一样,钱玄同感触颇深:"阅任公《太平洋歌》,直可当历史歌读,以记事之笔,作瑰奇之文,而又以种种新名词填入其中,而仍浑存自然,毫无堆砌之痕,真才子笔也。"⑥后来钱玄同在日本旅行时在一旅店墙壁上看到有梁启超题名的诗,钱玄同认为"梁氏文豪,而此诗殊不佳",进而钱玄同为梁启超辩护到,此诗可能并非梁启超所写,乃是他抄录日本人之作。⑦ 直到此后钱玄同受到《国粹学报》及章太炎的影响,转向保存国粹和反满革命立场,且日益激烈,他才从梁启超的著述中逐渐脱身,转而认同《民报》上发表的批判梁启超的文章⑧,甚至称梁启超被革命党殴打叫好为"快事!快事!"⑨

当时正在南京江南水师学堂读书的周作人也是梁启超著作的忠实读者。周作人1902年8月从同学处借得《新民丛报》第11号,阅读后大涨见识,"甚为兴奋",特意在日记中记下:"内好书甚多,率皆饮冰子所著,看至半夜,不忍就枕。善哉善哉!令我有

---

① 以上引文均见钱玄同:《钱德潜先生之年谱稿》,杨天石主编:《钱玄同日记》上册,北京:北京大学出版社,2014年,第4-5页。
② 钱玄同1906年2月21日日记,杨天石主编:《钱玄同日记》上册,北京:北京大学出版社,2014年,第23页。
③ 钱玄同1906年3月4日、3月6日日记,杨天石主编:《钱玄同日记》上册,北京:北京大学出版社,2014年,第26页。
④ 钱玄同1906年3月31日日记,杨天石主编:《钱玄同日记》上册,北京:北京大学出版社,2014年,第33页。
⑤ 钱玄同1906年4月26日日记,杨天石主编:《钱玄同日记》上册,北京:北京大学出版社,2014年,第39页。
⑥ 钱玄同1906年2月20日日记,杨天石主编:《钱玄同日记》上册,北京:北京大学出版社,2014年,第22页。
⑦ 钱玄同1906年3月28日日记,杨天石主编:《钱玄同日记》上册,北京:北京大学出版社,2014年,第32页。
⑧ 钱玄同1907年3月10日日记,杨天石主编:《钱玄同日记》上册,北京:北京大学出版社,2014年,第89页。
⑨ 钱玄同1907年10月17日日记,杨天石主编:《钱玄同日记》上册,北京:北京大学出版社,2014年,第108页。

余慕矣。"①不仅如此,周作人第二天还开始抄写《新民丛报》上连载的《饮冰室诗话》《尺牍》,并摘录《新罗马传奇》《新民说》等文章,并托人购买《饮冰自由书》《中国魂》二书。② 在读了梁启超的《中国魂》后,周作人还记下阅读感受:"其中美不胜收,令人气壮。"③而当知道鲁迅托人从日本给他带回《清议报》《新小说》等杂志的时候,周作人"喜跃欲狂"④,连日阅读鲁迅捎来的《清议报》后,周作人评价该杂志:"材料丰富,议论精当奇僻,足以当当头之棒喝,为之起舞者数日。"⑤通过这些记载,我们不难看出周作人对梁启超的著作及梁所主编杂志的嗜好程度,从中亦可看出梁启超的文字对周作人的深刻影响。

除了上海、南京这些大的中心城市比较容易读到或买到梁启超的著作及《新民丛报》外,内地其他一些地方也有《新民丛报》在流行。据《大公报》报道,《新民丛报》在四川成都"销路甚大,阅者亦多,通计共销一百五六十份"。⑥再如依照《大公报》上的读者来信可知,《新民丛报》在一向风气不够开通的徐州也颇为流行:"徐州来函云,该处士风向称顽陋,近于《新民丛报》出版后,购阅纷纷,且有嗜之成癖者。此可念我国民文明广播,思想发达,而该报膨胀亦速且大矣。"⑦时在湖北鄂州的小士子朱峙三由于家贫不能多买新书,但也受到趋新风气影响,经常主动借阅别人"所购时务新书,如《中国魂》《新民丛报》之类",他读后感觉"精神为快,可以开文派又一格矣",希望借此能在科考中取得好成绩。⑧

不仅仅是上述这些普通的学生和一般士人,即便在官场中,也有一些人喜欢购阅《新民丛报》等趋新书刊,像广东官场就存在此种情况,很多人喜欢阅读革命派在香港办的《中国日报》及梁启超主持的《新民丛报》。《大公报》对此也有所报道:"闻近日官场阅报纸极多,而于《中国报》及《新民丛报》则嗜之者尤众云。"⑨上述报道中透露出来的广东官场情况或许只是特例,但亦可显示出一些官员的阅读趣味及读书选择,这种情况也可以在恽毓鼎、徐兆玮等官员的日记中得到验证,内中都有不少阅读梁启超著述和《新民丛报》等杂志的记载。清廷趋新中级官员叶尔恺也喜欢读新学书报,他是通过朋友汪康年在上海代为订购《新民丛报》《浙江潮》《游学译编》之类书刊,然后邮寄

---

① 张菊香、张铁荣编:《周作人年谱》,天津:天津人民出版社,2000年,第46页。
② 张菊香、张铁荣编:《周作人年谱》,天津:天津人民出版社,2000年,第46页。
③ 张菊香、张铁荣编:《周作人年谱》,天津:天津人民出版社,2000年,第47-48页。
④ 张菊香、张铁荣编:《周作人年谱》,天津:天津人民出版社,2000年,第52页。
⑤ 张菊香、张铁荣编:《周作人年谱》,天津:天津人民出版社,2000年,第52页。
⑥ 《四川·报章畅销》,《大公报》1903年5月9日,第3页。
⑦ 《〈丛报〉膨胀》,《大公报》1902年8月17日,第4页。
⑧ 朱峙三光绪二十八年壬寅日记,十月十六日(1902年11月15日),参看胡香生辑录:《朱峙三日记》,武汉:华中师范大学出版社,2011年,第102页。
⑨ 《官场好学》,《大公报》1903年4月19日,第4页。

给他。①

而不少经受过梁启超著作洗礼的人在回忆中也都曾提及梁启超著作的流行程度与影响力。如据曹聚仁的回忆,其父也受到梁启超与《新民丛报》的很大影响,他进而还认为《新民丛报》的影响无远弗届,很多偏僻的地方都有《新民丛报》的流传:

> 《新民丛报》虽是在日本东京刊行,而散播之广,乃及穷乡僻壤。清光绪年间,我们家乡去杭州四百里,邮递经月才到,先父的思想文笔,也曾受梁氏的影响;远至重庆、成都,也让《新民丛报》飞越三峡而入,改变了士大夫的视听。②

柳亚子、郭沫若、顾颉刚、舒新城等在追忆当年阅读梁启超著作的情况时,也有大体相似的叙述,不但可与曹聚仁的回忆相印证,也可佐证前引钱玄同、周作人的阅读梁启超的经验。

柳亚子在1940年自撰的年谱中回忆1902年他16岁在吴江同里老家初读《新民丛报》时的情况说:"以《新民丛报》为枕中鸿宝焉。读卢梭《民约论》倡天赋人权之说,雅慕其人。更名曰人权,字亚卢,谓亚洲之卢梭也。"③同样,根据郭沫若的回忆,那时远在四川县城学堂读书的少年郭沫若读了梁启超发表在《新民丛报》上的《意大利建国三杰传》文章、《清议报》刊载的翻译小说《经国美谈》后,让他印象深刻,20多年后回忆时犹说:"他轻灵的笔调描写那亡命的志士,建国的英雄,真是令人心醉。"④较之郭沫若,顾颉刚回忆他昔日阅读梁启超的情形更为具体生动:

> 我的父亲的案头有了梁卓超在日本编印的《新民丛报》。那时我已在学习作文了,梁启超的文章这样的浅显畅达而又感情丰富,是我在古文里从来不曾读过的,因此我在私塾功课之外就自己选读这刊物,其中尤以《少年中国说》《呵旁观者文》等篇写得十分慷慨激昂,读得更高兴,俨然有古人"痛饮读《离骚》"的样子,把作者的感情和自己的感情融化而为一了。我从这刊物里认识了中国所以必该变法的道理和旧制度应当怎样改革的方法。我从他的《光绪圣德记》里更热爱了光绪帝,真觉得他是中国历史上所有的皇帝中最好的一位。不幸偏偏逢着这位只做坏事的西太后,把他关禁起来了。中国失去了这样好的一位领袖,怎么办呢?我又从梁启超的《新中国未来记》这部预言

---

① 叶尔恺致汪康年(二十一),上海图书馆编:《汪康年师友书札》,上海:上海古籍出版社,1987年,第2480页。
② 曹聚仁:《报章文学》,收入曹著《文坛五十年》,上海:东方出版中心,2006年,第31页。
③ 柳无忌等编:《柳亚子文集·自传·年谱·日记》,上海:上海人民出版社,1986年,第8-9页。
④ 郭沫若:《童年时代:沫若自传之一》,重庆:作家书屋,1942年,第168页。

性的小说里写的将来新中国变法立宪,人民选举光绪帝做第一任大总统,就希望将来真有这一天实现这最良好的愿望,并且赶走外国的侵略军,让全国人民都过着最良好的生活。①

与顾颉刚同龄的少年舒新城也是在湖南溆浦的学堂里读老师推荐的《新民丛报》中的论文选集,"更感到'男儿立志当如斯'",后又很快学会了做策论文章。② 同顾、舒同龄的毛泽东一样受到梁启超很大的影响,不过他是晚到1910年初才读到《新民丛报》,之后一直到"五四"新文化运动时期,毛泽东发起组织新民学会,均可以显示出梁启超对他的持久影响,而梁启超式的句法与文章风格,则一直让毛泽东终生受用。③

梁启超的影响还体现在清末的科举考试中,这既是其影响力造成的结果,也是其影响力进一步扩大的最好制度途径。清末科举改制策论代替八股文后,《新民丛报》《中国魂》之类刊物呼吁维新与批评清廷的文体、句式、新名词及其中引介的新思想资源,逐渐取代旧时的八股策论选本,被考官和考生当作典范,纷纷体现在考官的考题与考生的答卷中。梁启超的著述一旦同士子的功名利禄结合起来,那其具有的诱惑力就可想而知了。正像时人之言:

> 盖自科举改章,役心功名之徒,陡然失其所抱,不得不稍稍涉猎新书。而去岁适遇秋试,若辈更遑遑不知所措,乃百方以求足供抄袭之新书,为《大题文府》《策府统宗》之替代。而《新民报》适符其用,故一时竞购,大有洛阳纸贵之象。且秋试闱题,如"问西国学术"等,无不可剿新民氏之说者,于是若辈中十之九几无不读《新民报》矣,故数月之间进步大速。④

正如《申报》上一则"社说"所批评的,"今日应试之士","平日束书不观,迨届场期,则广搜坊肆怀挟之书,满纸陈言,令人可厌;号为知新者,则又矜奇吊诡,剽取《新民丛报》及近人所译和文诸书中各字面,诩诩自得,号为新奇"。此种做法"嚣张谬戾,不特有乖于学术,抑且有害于人心"。⑤ 进而该"社说"为时任湖北巡抚端方所出的"示预""简明章程七条"开始背书,希望士子引以为戒:"近日文体多歧,如改良、基础、目的、问题、二十世纪、四万万人之类,不可枚举,徒令阅者生厌……若夫革命、流血等说,则词

---

① 顾颉刚:《我在辛亥革命时期的观感》,载《中国哲学》第九辑,北京:生活·读书·新知三联书店,1983年,第512页。
② 舒新城:《我和教育》上册,台北:龙文出版社股份有限公司,1991年,第37页。
③ 参看李锐:《毛泽东早年读书生活》,沈阳:万卷出版公司,2015年,第61-64页;还可参看李运博:《中日近代词汇的交流——梁启超的作用与影响》,天津:南开大学出版社,2006年,第24页。
④ 仁和马世杰轶群:《与君逸庵论杭州宜兴教育会书》,《新世界学报》癸卯第3期(1903年3月13日),第114页。
⑤ 《书鄂闱文告后》,《申报》1902年9月7日。

涉悖乱……"故此,应考士子不要用"改良、基础、目的、问题、二十世纪、四万万人等语",否则不但贻笑大方,还会自毁前程。

吊诡的是,哪怕有端方及《申报》这样的警告①,哪怕张之洞查禁《新民丛报》及《清议报》等,不准翻印,不准购阅,厉声警告士子切勿"蹈袭康梁之书例",并恶评有"卢梭"等新名词字样的考生试卷②,哪怕外务部发公文"照会各省督抚,令其严禁《新民丛报》及《新小说》等书",屡次发布类似禁令③,但愈禁,被禁的书报就会销售得愈多,禁书政策倒等于给被禁的书报做了广告,"昔张之洞之禁《新民丛报》,而该报反添销数百份;假外人之力以禁《新小说》,而《新小说》如故"④。又如《大公报》的评论:

> 闻有某省某制军拟禁止学者阅《新民丛报》,谓系大逆不道、诱人为乱之恶本,并拟请朝廷严申禁令,而近日购《新民丛报》者较前尤为踊跃。压力愈大,涨力亦愈大,理固然也。⑤

饶是如此,官厅的查禁固然不会全无影响⑥,但经常是"禁者自禁,售者自售,阅者自阅",后来尽管清廷屡下禁书之令,仍难以阻挡住士子仿效梁启超文风、援引其论述的热情。他们依旧会在答卷中征引梁启超著述,模仿其文体,使用为其用过的新名词、新表达,四川乡试考场内还有人公然"以《新小说》报中之《槐花谣》刻印多纸,纷贴于场中者",造成"观者如堵"局面,"有某巡绰官见而怒曰:冯廉访止禁淫书,何人敢在场屋中布散康梁谣言?遂揭一张而去"⑦。不过,这也阻止不了其他士大夫、考官或大吏对这类行为的纵容乃至崇尚。故此,有士子堂而皇之袭用犯禁的《新民丛报》和梁启超的文章于答卷中,不但全然无事,还会借此获选。像江西考生熊季廉的答卷被江西学政吴士鉴"直奖其能摹梁文",由此而获"解元"⑧。此风一开,据说"以剿袭《新民丛报》得

---

① 不过端方后来很趋新,提倡新政不遗余力,其程度为清末地方督抚中少见,端方所反对的大概只是更激进的新名词与革命学说,尽管其目的或如胡思敬 1910 年在端方失势后所讥讽的:"藉是以要(邀)时誉"。参看《御史胡思敬奏立宪之弊折》,收入故宫博物院明清档案部编:《清末筹备立宪档案史料》上册,北京:中华书局,1979 年,第 346 页。
② 《两江总督张之洞通饬两江查禁〈清议〉等报札》,《大公报》1903 年 3 月 29 日,第 1 页;关晓红:《科举停废与近代中国社会》,北京:社会科学文献出版社,2013 年,第 69、75 页。
③ 参看《时事要闻》,《大公报》1903 年 4 月 2 日,第 1 页;《时事要闻》,《大公报》1903 年 4 月 8 日,第 2 页;《江西·禁卖新书》,《大公报》1904 年 6 月 18 日,第 5 页;《札禁悖书》,《申报》1904 年 6 月 29 日,第 2 版;《严禁邪书》,《大公报》1907 年 7 月 7 日,第 2 页。
④ 《投函》,《警钟日报》1904 年 5 月 28 日,台北:中国国民党党史会,1968 年影印本。
⑤ 《时事要闻》,《大公报》1903 年 3 月 26 日,第 1 页。
⑥ 如据《大公报》的报道,一些代售书商还是会对禁令有些许忌惮,会视其执行情况而变换卖书策略。参看《时事要闻》,《大公报》1903 年 5 月 21 日,第 1 页。
⑦ 参看《四川·科场纪事》,《大公报》1903 年 11 月 9 日,第 3 页。
⑧ 柴萼:《梵天庐丛录》,太原:山西古籍出版社、山西教育出版社,1999 年,第 1032 页。柴书最早由中华书局出版于 1926 年。

科第者,不可胜数也"。① 自然,梁启超所办报刊及其著述会被朱峙三这样的地方士子视为至宝,趋之若鹜,纷纷阅读仿效,"习其文体",因其系"科举利器,今科各省中举卷,多仿此文体者"。② 有此需要,聪明的上海书商自然同样无视禁令,也将《时务报》《清议报》《新民丛报》及梁启超著作大肆翻印③,并将之作为"乡试必携"书投放大量广告,提醒考生其为不可不备的"投时之利器"④。风行草偃,士子于是争相购阅模仿。像广西院试时即因主考官"颇重西学",导致"凡有八股之癖者,皆大失所望。而随考各书庄,亦利市三倍,闻《新民丛报》及《饮冰室自由书》一概售罄,因赴考者概以是书为利器云"⑤。一直到1909年《新民丛报》停刊将近两年后,一些参与"不科举之科举"——优拔考试的考生,"程度稍高者专购《新民丛报》"用以模仿应试。⑥ 凡此,正如李剑农所言:

> 到辛丑年科举程式改变,废弃八股,改用策论后,一班应考的秀才童生们骤然失去向来的揣摩工具,《清议报》和《新民丛报》就成了他们的小题文府、三山合稿了。政府尽管禁止,国内却是畅销无滞,千千万万的士君子,从前骂康梁为离经叛道,至此却不知不觉都受梁的笔锋驱策作他的学舌鹦鹉。⑦

透过以上诸多的叙述,我们能发现《新民丛报》被各地读者广泛购阅的情况,它在很多地方均能买到,其货源或主要由康梁派在上海的书商如广智书局、《新民丛报》支店提供,或其他一些上海书商及外地书商盗印、选印⑧,还有一些是从日本带回或寄回的,像周作人所读的部分《清议报》《新民丛报》就是乃兄周树人(鲁迅)从日本寄回或托人带回的⑨。《新民丛报》销行虽广,不过前引徐兆玮语所说《新民丛报》"沪上行销几

---

① 李肖聃:《星庐笔记·梁启超》,转见夏晓虹编:《追忆梁启超(增订本)》,北京:生活·读书·新知三联书店,2009年,第37页。王理孚也言:"其时清廷科举未废,一般学子多携此册(指《新民丛报》)入场,藉以获隽者,不乏其人。"见张禹等编注:《王理孚集》,上海:上海社科院出版社,2006年,第146页。
② 朱峙三光绪二十八年壬寅日记,十二月初十曰(1903年1月8日),胡香生辑录:《朱峙三日记》,第103页。
③ 梁启超曾因其著作在中国内地被大量盗版,"每一册出,内地翻刻本辄数十",以致自己与广智书局不能多从中获利弥补亏空,故向人抱怨"每出一书,必被人翻印,无异自盗心血,替他人赚钱,故愤极不欲著书。"参看丁文江、赵丰田编:《梁启超年谱长编》,上海:上海人民出版社,1983年,第488页。
④ 《乡试必携:〈时务〉、〈清议〉、〈丛报〉汇编》,《中外日报》1903年8月17日,第3版。
⑤ 《院试余闻》,《大公报》1905年3月3日,第2张。
⑥ 《考试优拔现形记》,《民呼日报》1909年8月1日,第3页。
⑦ 李剑农:《中国近百年政治史》,长沙:湖南教育出版社,2008年,第198页。
⑧ 如开明书店即曾翻印过梁启超的《新民说》《中国魂》,参看《文明绍介·开明书店》,《中国白话报》第7期,甲辰年二月初一日(1904年3月17日),第9页;南京明达书庄也曾"鸠集股本翻印"过《清议报》等杂志,参看《两江总督张之洞通伤两江查禁〈清议〉等报札》,《大公报》1903年3月29日,第1页。时在重庆府中学堂读书的任鸿隽,读的就是梁启超《灭国新法论》的盗版本,读后"因是种种感触",开始与同学"在校不以校课为满足,而时时作改革运动。"《任鸿隽自述》,胡宗刚整理,见《近代史资料》第105号,北京:中国社会科学出版社,2003年,第5页。
⑨ 参看张菊香、张铁荣编:《周作人年谱》,天津:天津人民出版社,2000年,第51-52页。

及万本",肯定是夸张的说法,这或系由上海转卖到中国各地的总数量。因为据1903—1905年初《国民日日报》《时报》和《警钟日报》先后做的各报刊销售数量的不完全统计(这无法包括旅客由日本或上海夹带到内地的数量,像前引周作人、朱峙三看到的部分《新民丛报》等违禁书刊即是通过这个途径)可知,在扬州、常熟、泰兴、泰州、武汉、镇江、杭州、衢州等地,《新民丛报》的销量除了不如传统的大报《申报》《新闻报》及新兴的《中外日报》《时报》等,在各地的杂志销量中大多处于第一的位置,累计起来统计,毫无疑问它就是当时最畅销的杂志。① 然而需要特别说明的是,一份报刊还可以由多个读者读,到底有哪些读者读过,在哪里读,为什么读,读后的具体回应情况如何,等等,都值得深入讨论,所以很难完全用报刊销量的多少来表征其影响力的大小,此处的叙述只是提供一个可供参考对比的简单数字,未必就足为凭信。

抑有进者,由于梁启超在当时舆论界的影响力太大,当时新创办的诸多杂志、报纸纷纷追随梁启超的文风、语汇及《新民丛报》的栏目编排和关注点,或者转载梁启超的文章。像当时上海颇有名气的《苏报》,就曾发表一个杭州读者侯井心的来函,该函直接批评该报"论说往往袭用《新民丛报》空调,亦今日文界中一奴隶也"。② 再如当时喜欢阅读新书新报的浙江名士孙宝瑄认为当时创办的其他刊物如《新世界学报》,"其中议论多袭梁饮冰之绪余"③,又认为"吾浙人之游学东国者创社报一种,名《浙江潮》。盖仿《新民丛报》之作也"④。北京一家打算开办的旬报,创刊之前即标榜其体例要仿效《新民丛报》:"观音寺之林屋洋行内之主人拟在北京设一旬报馆,月出二册,一切体例均仿《新民丛报》。"⑤商务印书馆1904年新创刊的《东方杂志》,虽然其创刊号《新出〈东方杂志〉简要章程》中自我标榜"本杂志略仿日本《太阳报》、英美两国《而利费》(*Review of Review*)体裁"⑥,但其更具体的模仿对象其实是创刊诸人不太容易说出口的《新民丛报》,我们只需比较一下前几期《东方杂志》与《新民丛报》的栏目设计就可以发现这个情况⑦。同样,革命派秦力山、戢元丞等人合办的《大陆报》虽然不断刊发攻击梁启超与保皇党人及《新民丛报》的刻薄评论,但从其栏目设计、体例、刊载的文章内容等方面来讲,亦是将《新民丛报》作为模仿的对象,进而又将之作为打倒的对象的。秦力山甚至还创办有《少年中国报》,从报名与发表的个别文章内容看,明显也是因为

---

① 关于清末各报刊的销量情况,笔者拟另文考察,此处不赘。
② 参看《侯井心来函》,《苏报》1903年7月3日,第3页。此材料由复旦大学曹南屏博士提供,特此致谢。
③ 参看孙宝瑄:《忘山庐日记》上册,上海:上海古籍出版社,1983年,第573页。
④ 参看孙宝瑄:《忘山庐日记》上册,上海:上海古籍出版社,1983年,第652页。
⑤ 参看《北京·拟开报馆》,《大公报》1903年6月6日,第2页。
⑥ 《东方杂志》第1年第1期,光绪三十年正月二十五日,第1页。
⑦ 关于早期《东方杂志》的研究,可参看丁文:《"选报"时期〈东方杂志〉研究》,北京:商务印书馆,2010年。该书对《东方杂志》早期的创办情况有比较好的梳理,只是并未注意到《东方杂志》模仿《新民丛报》的问题。

受到梁启超"少年中国"和"老大帝国"论述的影响。① 至于其他留学生创办的杂志如《游学译编》等均受到《新民丛报》体例和文体的很大影响。② 而包括一些官报在内的内地报刊转载或引用《新民丛报》上文章的现象更是比比皆是。③ 或可说,《新民丛报》就是当时报界的一个标杆,引起诸多后起杂志如《江苏》等效仿,对时人产生的影响之大,远非包括《大陆报》《民报》在内的其他杂志所及。对此,我们通过《正宗爱国报》上的一个记载也可略窥一二:"听说最近由东洋来了一种新报,名叫《民报》,每月销的很多。报的内容,我们没看见,可不知道好不好,揣度着,也必是《新民丛报》之类吧。"④

进言之,在当时清廷各级官方的文告、奏呈、报刊上的政论和商业广告,各类教科书、唱歌集、新的戏曲小说等文类中,乃至后来溥仪登基普告天下的诏书中,都充斥着梁启超式的叙述与表达,"支那""脑筋""黄种""国民""国家""少年中国""老大帝国""东亚病夫""醒狮""过渡时代""新民""新中国""新小说""新史学""四万万"之类梁启超率先揭橥或经其使用后始大放光彩的新名词、新表达都充斥于其间。⑤ 由此,洞察世事的黄遵宪在1902年12月写给梁启超的信中说:

> 此半年中,中国四五十家之报,无一非助公之舌战,拾公之牙慧者,乃至新译之名词,杜撰之语言,大吏之奏摺,试官之题目,亦剿袭而用之。精神吾不知,形式既大变矣;实事吾不知,议论既大变矣。⑥

另外一个曾目睹其事的同道亲历者与黄遵宪所见略同,他在纽约新创办的《中国维新报》序言中说道:

> 迩来《新民丛报》承二报(指《时务报》《清议报》。——引者注)之余烈,而大光之,士夫采之为国论,学堂用之为读本,薄海内外报馆林立,无论其宗旨如何,其议论如何,其尽天职与《新民》一揆,凡所输入国民新思想、新智识、新

---

① 笔者没有看到该杂志,是根据《鹭江报》上转载自该杂志上的一篇文章内容推知的。参看《介绍〈游学译编〉》,《鹭江报》第29册,1903年4月27日,第5页。关于秦力山等人创办《大陆报》《少年中国报》一事,以及《大陆报》的情况,参看《大陆报》,上海图书馆编:《中国近代期刊篇目汇录》第2卷(上),上海:上海人民出版社,1979年,第699-759页;冯自由:《秦力山事略》,收入冯著《革命逸史》,初集,第88页。

② 关于《游学译编》的情况,参看《游学译编》,收入上海图书馆编:《中国近代期刊篇目汇录》第2卷(上),上海:上海人民出版社,1979年,第762-766页。

③ 如《湖南官报》即曾转载了梁启超的《格致学沿革考略》一文。参看《湖南官报》第195号等。原报未署出版时间。其余如《大公报》《选报》《鹭江报》《东方杂志》《萃新报》《南洋七日报》《童子世界》《台湾日日新报》等报刊也不时转载或改编《新民丛报》上的文章。

④ 《〈民报〉畅销》,《正宗爱国报》第176期,丁未四月初九日(1907年5月20日),第3页。

⑤ 后来据研究者统计,仅经过梁启超使用后而在国内开始流行的源自日本的新名词,就有140余个。参看李运博:《中日近代词汇的交流——梁启超的作用与影响》,天津:南开大学出版社,2006年,第239-248页。

⑥ 陈铮编:《黄遵宪全集》上册,北京:中华书局,2005年,第449页。

道德,无非扬《新民》之波,而激《新民》之流,虽谓诸报皆《新民》之应声可也。①

诸如此类的表达,举不胜举,这均可反映出梁启超和《新民丛报》对于当时读者的吸引力与影响力,表明上引两人的称赞绝非溢美之词。正如曾亲受梁启超很大影响的史学家吕思勉所说:

> 《新民丛报》者,其转移风气之力,与《时务报》相垺。时清廷方貌行新政,以敷衍人民;书报禁递,已不甚严,故其销数亦几垺《时务报》。《时务报》多论政事,《新民丛报》则多贬针人民。欧西思想与中国不同之处,乃渐明了。自由、平等、热诚、冒险、毅力、自尊、自治、公德、私德诸多名词,乃为人人所耳熟。今日中年以上之人,其思想,尚多受诸此报者也。多载泰西名人学案传记,多数人乃渐知西方学术之真相。又多以新思想论旧学术,后此治新学者之喜研国故,亦实肇端于是焉。②

晚年蒋梦麟在回忆中所见略同:

> 梁启超在东京出版的《新民丛报》是份综合性的刊物(蒋梦麟这里记错,《新民丛报》是在横滨而非东京出版。——引者注),内容从短篇小说到形而上学,无所不包。其中有基本科学常识、有历史、有政治论著,有自传、有文学作品。梁氏简洁的文笔深入浅出,能使人了解任何新颖或困难的问题。当时正需要介绍西方观念到中国,梁氏深入浅出的才能尤其显得重要。梁启超的文笔简明、有力、流畅,学生们读来裨益非浅,我就是千千万万受其影响的学生之一。我认为这位伟大的学者,在介绍现代知识给年轻一代的工作上,其贡献较同时代的任何人为大,他的《新民丛报》是当时每一位渴求新知识的青年的智慧源泉。③

由上可知,在一定程度上,对于读者"别有一种魔力"的梁启超从"灌输常识"入手,

---

① 《中国维新报·序》,原见旧金山《文兴报》,转见《鹭江报》第36册,1903年7月5日,第6页。
② 吕思勉:《三十年来之出版界(1894—1923)》,《吕思勉遗文集》上册,上海:华东师范大学出版社,1997年,第375页。直到1946年发表的文章中,吕思勉还认为梁启超当年在《新民丛报》时代的论述,"都有许多暮鼓晨钟、发人深省的言论。读者若不厌其旧,求得而读之",可以作为学习理学尤其是王学的"阶梯"。吕思勉:《从章太炎说到康长素梁任公》,《吕思勉遗文集》上册,上海:华东师范大学出版社,1997年,第399页。
③ 蒋梦麟:《西潮·新潮》,长沙:岳麓书社,2000年,第57页。

受到的"社会之欢迎","乃出意外"①,实际是重新形塑了近代中国的阅读文化,为一众读者提供了可供选择吸收使用的大量新式思想资源,尽管这些新的思想资源不那么具有原创性②,甚至多由日文译述而来③,然而却契合了时代与时人的需要,仍致使"二十年来学子之思想,颇蒙其影响"④。故此在经过半个世纪后,曹聚仁才会下断语说:"近五十年间,中国每一知识分子都受过梁启超的影响,此语绝无例外。"⑤

三、"亡国之媒"

有意思的是,虽然清末时梁启超一度倾向革命⑥,但最终仍归于坚持保皇和立宪一途,为此他饱受革命党的口诛笔伐,经常被骂为"文妖",但这正从反面证实了梁启超的重要性。像激进的《汉帜》杂志上即发表了一篇挖苦"梁文妖"及《新民丛报》的文章,明指梁启超的影响力已经过时、"不文明",读者现在更愿意追随更"文明"的革命潮流:

> 近来种族革命之大思潮日益膨胀,有家藏梁文妖一部书者,必为全学界所不齿。某君壬寅来之最喜阅《新民丛报》,而现改过者也。一日,适有持梁氏报过其门者,曰速携去,毋坏我名誉。又某君者亦注意种界者也,适友人来访,戏夸己室内无一不文明之物。友指其床底下尘封之旧日《饮冰室文集》,笑曰:君室内真个好文明!尚有此妙品在耶!某大惭,即取出火之。日来梁文妖高树降幡,《新民丛报》店销路不通,骎骎于有倒闭之势。梁氏诸著,盖已视同禁书,而人无敢购阅矣。⑦

我们结合前一部分的讨论可知,这里对梁启超的批评显然是革命党人的想象之词与故意丑化之举,彰显的恰是梁启超之于时人的巨大影响力,以及革命党人对梁启超的忌惮程度。其实,不管当初这些论敌如何评价梁启超,其文字宣传所起的实际作用,都与革

---

① 梁启超:《鄙人对于言论界之过去及将来》,《饮冰室文集之二十九》,见林志钧编:《饮冰室合集》第4册,北京:中华书局,1997年影印本,第3页。
② 孙宝瑄曾批评梁启超:"梁任公《新民丛报》,新理盈篇累幅,我国人读之悚目惊心,而自日人观之,皆唾余也,其程度相去悬远。"孙宝瑄:《忘山庐日记》上册,上海:上海古籍出版社,1983年,第549页。
③ 有关的部分情况,可参看狭间直树所编《梁启超·明治日本·西方》(北京:社科文献出版社,2012年)中的一些研究。有关梁启超与明治日本的关系,还可参看夏晓虹:《觉世与传世——梁启超的文学道路》,上海:上海人民出版社,1991年,第177-200页。
④ 梁启超:《清代学术概论》,收入朱维铮校注:《梁启超论清学史二种》,上海:复旦大学出版社,1985年,第70页。
⑤ 曹聚仁:《梁启超》,收入曹著《文坛五十年》,上海:东方出版中心,2006年,第75页。
⑥ 民国元年梁启超归国对报界发表演说时,梁自谓在维新变法时期已有"种族之感","言之未尝讳也",后又专门办《新小说》"欲鼓吹革命",这虽有些"后见之明",也大体属实。参看梁启超:《鄙人对于言论界之过去及将来》,《饮冰室文集之二十九》,见林志钧编:《饮冰室合集》第4册,北京:中华书局,1997年影印本,第2-3页。
⑦ 亚朔:《挟书之禁》,《汉帜》第1号,1907年1月25日,第57-58页。

命党人殊途同归,共同助推了近代中国激进风气的形成,最终促成了革命浪潮的勃兴与民国的肇建。"自东京时代,梁氏与国民党为政敌,然其全盛时期之文学,实播殖中国革命之种子。"① 正像梁启超夫子自道:"平心论之,现在之国势政局,为十余年来激烈、温和两派人士之心力所协同构成,以云有功,则两俱有功,以云有罪,则两俱有罪。"② 所以民初有舆论认为梁启超依靠《新民丛报》等杂志的宣传,"其功"可为"造成民国"之"第一人":"故论造成民国之功者,咸以梁氏为第一人。"③ 犹如毕树棠从报刊史角度所做的回顾:

> 梁任公所办的《时务报》和《新民丛报》可算中国政治杂志的始祖,当时把十九世纪后半期西洋的学术思想和政治制度生吞活剥地搬运到中国来,唤醒其当时一般青年,造成一种要求新政的共同意识。当时所鼓吹的虽然是宪政,却间接的酝酿成了辛亥革命。那时在海外和边疆上虽然有国民党的激烈活动,然而在言论上促成革命的,以《新民丛报》的力量为最大。④

可以说,种瓜得豆,梁启超无意中起到了"避革命之名行革命之实"的作用。⑤

或许毕树棠等人上述之言太过宏观,我们还可以找到很多具体个案来表明其所言非虚。如对正在上海求学的少年胡适来言,梁启超文字中影响他最大的,"第一是他的《新民说》,第二是他的《中国学术思想变迁之大势》",这两篇文章都发表在《新民丛报》上,"我们在那个时代读这样的文字,没一个人不受他的震荡感动的"⑥。对于梁启超这一时期的文字事业与政治活动,胡适同样指出:"这时代是梁先生的文章最有势力的时代,他虽不曾明白提倡种族革命,却在一班少年人的脑海里种下了不少革命种子。"⑦ 无独有偶,郭沫若在自传《少年时代》中也回忆,他当时虽然不喜欢梁启超的保皇立场,但"却喜欢他的著书","当时的有产阶级的子弟——无论是赞成反对,可以说

---

① 《悼梁卓如先生》,《大公报》1929年1月21日,第2张第2版。
② 参看梁启超:《鄙人对于言论界之过去及将来》,《饮冰室文集之二十九》,见林志钧编:《饮冰室合集》第4册,北京:中华书局,1997年影印本,第3页。
③ 《新阁员之历史》,《大公报》1913年9月18日,第2张。
④ 毕树棠:《杂志小言》,《政治学报》1932年6月,第254页。
⑤ 有关这一阶段梁启超思想的转变情况及其宣传对革命的促进作用,可参看张朋园:《梁启超与清季革命》,《"中央研究院"近代史研究所专刊》(台北),1999年第11期。不过桑兵教授从政治史角度立论认为梁启超本就在暗中宣传革命,在"真心种豆",不存在种瓜得豆的问题。参看桑兵:《庚子勤王与晚清政局》,北京:北京大学出版社,2004年,第384-387页。桑兵教授的观点值得思考,笔者仍认为,这应该分三方面看:首先,就梁启超等对革命兴起所起的作用而言,如张朋园等人所论应该是种瓜得豆;其次,就梁启超等人的主观意愿来讲,他当时也应该是"真心种瓜";最后,从思想史角度就梁启超等人言论品质及其造成的社会效果来讲,他其实又是种豆得瓜,用捡拾来的西学/新学进行急功近利的启蒙,最后又造成一个"买椟还珠"的中国。
⑥ 胡适:《四十自述》,收入沈寂整理:《胡适全集》第18卷,合肥:安徽教育出版社,2003年,第59-60页。
⑦ 胡适:《四十自述》,《胡适全集》第18卷,合肥:安徽教育出版社,2003年,第55页。关于梁启超对少年胡适的影响,可参看张朋园:《梁启超与胡适——两代知识分子的亲和与排拒》,收入唐德刚等著:《我们的朋友胡适之》,长沙:岳麓书社,2015年,第114-152页。

没有一个没有受他(指梁启超)的思想的洗礼,文字的洗礼的。他是资产阶级革命时代的有力的代言者,他的功绩实不在章太炎辈之下的"。① 与毕树棠、胡适、郭沫若三人所见略同的是浙江人曹聚仁,他在回忆中也有类似看法:

> 孙中山虽是人人知道的革命领袖,他的思想,对于我们,可说绝无关涉。我读了当代文士的自叙传,都说到幼年时期,如何受《饮冰室文钞》的感动。清末,康、梁派的君宪党和孙中山派的同盟会,虽是对立的政党;《新民丛报》和《民报》虽是一直争辩着的战友,但唤醒一般人的革命情绪,扩大革命运动,梁启超的《新民丛报》,乃在同盟会的《民报》之上。梁启超所做的,可说是革命的前驱工作。②

毕树棠、胡适、郭沫若和曹聚仁这四个职业和政治立场不同但年龄相差最大只有十岁的人,看法如此一致,在在说明梁启超在近代中国的趋新事业与激进的政治实践中所扮演的关键角色。

与上述毕树棠、胡适等人评价梁启超的角度相似却立场相反的评论则有"仁和马世杰"、康有为、柴萼、严复等人,他们各有关怀,但都集矢于梁启超带来的巨大破坏力,其中严复结合当时中国现实所进行的批评最为全面详细,尤值得仔细分梳。

我们先看亦是梁启超和《新民丛报》热心读者的"仁和马世杰"的观察。他在回答陈逸庵关于杭州城现状的问询时说到杭州人近来开化很快,"于是推其故溯其因,乃悦然于《新民丛报》之动人也"。③ 在趋新的马世杰看来,威力巨大的《新民丛报》短时间内让时人"进步大速":"曩之埋首下帷咿唔咕哗,从事于八比试帖,诋西学如螫毒,詈维新为叛逆者,今几皆反而言革命、谈维新矣!"然而,马世杰担心这只是"开化"的表象,这些读者依靠《新民丛报》掌握的新学知识只是皮毛,其目的仅是在追逐时髦:

> 盖若辈今日之竞读《新民报》者,非能知《新民报》也,特以口谈一二新语为合时尚之用,博知新之名(原文为"民",应误。——引者注)耳!试一穷诘之,将瞠目缄口结舌,畏缩而无语矣!是若辈之开化,皮相焉耳!

马世杰最后又将批评的矛头对准《新民丛报》,认为《新民丛报》是"急进派之报

---

① 郭沫若:《童年时代:沫若自传之一》,重庆:作家书屋,1942年,第167-168页。
② 曹聚仁:《梁启超》,收入曹著《文坛五十年》,上海:东方出版中心,2006年,第75页。
③ 仁和马世杰轶群:《与陈君逸庵论杭州宜兴教育会书》,《新世界学报》癸卯第3期(1903年3月13日),第113-114页。

也","其主义专在激刺人脑,使人增感化力,故其所言皆激昂淋漓、叠叠动人之论"。① 这样很容易让"吾杭人之开化者""读数小册子之《新民报》而遂以为天下学问悉尽于此,不复致力于古来固有之学",结果导致"其所得必不实,而终且流为学术之奴隶"。②

相比时人马世杰立足于学术方面的忧虑和他试图以开办杭州教育会的方式挽回风气的努力,此时正热衷于宣传"物质救国"的康有为则直斥新名词导致风气大坏,还带来革命思潮:

> 而后生新学,稍拾一二自由立宪之名、权利竞争之说,与及日本重复粗恶名词,若世纪、手段、崇拜、目的等字,轻绝道德而日尚狂嚣,叩以军国民实用之学则无有,欲以御强敌乎,则空疏无用如旧,而风俗先大坏矣!③

康有为认为辛丑以后的中国社会,"自由、革命之潮,弥漫卷拍,几及于负床之孙、三尺之童,以为口头禅矣"④。他断言:"自由、革命、民主、自立之说,皆毒溺中国之药者也,其万不可从,不待言也。"⑤这些言论虽没有公开提及梁启超名字,但无疑也可被视为系康有为对梁启超的敲打与提醒,此种情况在康有为1910年8月5日致梁启超的一封私信中表现得尤其明显:

> 汝文气绝佳,惟久于东中,又声名已成,有意开新,乃撷拾东文入文,凡至恶俗之字,如手段、手腕,其它组织、目的、舞台、二十世纪,为字满目等亦日日入文,以至波荡成风。文笔芜漫,文调则不成,千古文章之入于地狱恶道矣,莫今日若。中国已百无所有,一切须变,独此道德、文章、衣服、饮食四者可存耳。若文章亦皆芜秽之,古复何有?此诚汝之罪也……⑥

可以看出,在该信中康有为明确批评梁启超用东语入文,造出许多流行的新名词,恶果极大,这正显示出康有为几年前对新名词及时人趋新风气的批评,实有其渊源所自,主要规诫的其实正是不太听从其教导与指示的高徒梁启超。

然而康有为的批评和提醒似乎并没有发挥多少作用,新名词泛滥之势不可抑制。

---

① 以上引文均见仁和马世杰轶群:《与陈君逸庵论杭州宜兴教育会书》,《新世界学报》癸卯第3期(1903年3月13日),第114页。
② 仁和马世杰轶群:《与陈君逸庵论杭州宜兴教育会书》,《新世界学报》癸卯第3期(1903年3月13日),第117页。
③ 康有为:《物质救国论》,姜义华、张荣华编:《康有为全集》第8卷,北京:中国人民大学出版社,2007年,第82页。
④ 康有为:《物质救国论·序》,姜义华、张荣华编:《康有为全集》第8卷,北京:中国人民大学出版社,2007年,第63页。
⑤ 康有为:《物质救国论》,姜义华、张荣华编:《康有为全集》第8卷,北京:中国人民大学出版社,2007年,第71页。
⑥ 康有为:《与梁启超书(1910年8月5日)》,姜义华、张荣华编:《康有为全集》第9卷,北京:中国人民大学出版社,2007年,第151页。

辛亥后，目睹清末民初新名词乱象的小文人彭文祖于是写作专书《盲人瞎马之新名词》，专门剖析某些流行新名词的系谱，极力挖苦乱用新名词的趋新者和利用新名词为谋利工具的商务印书馆、新学会社等出版商。在彭文祖看来，新名词兴起于甲午战败之后，"此留学生与所谓新人物（如现之大文豪梁启超等）者共建之一大纪念物也"，之后新名词所向披靡，到辛亥革命后更是"弥漫全国，小学蒙童，皆以竞谈新名词为能事"。① 不过彭文祖这里虽然极力强调新名词之危害，但他仅仅提到梁启超的"共建"作用，并未特别批评梁启超在其中扮演的角色。

与康有为类似，民初亦曾为留日学生的后来者柴萼在目睹"五四"新文化之强烈风潮后入室操戈，他从梁启超援引新名词对中国文学造成的伤害到最后导致白话文的崛起角度进行了批评：

> 数十年来，吾国文章承受倭风最甚……新会梁启超主上海《时务报》，著《变法通义》，初尚有意为文，其后遂昌言以太、脑筋、中心、起点。《湘报》继起。浏阳唐才常、谭嗣同和之，古文家相顾惶恐……及留日学生兴，《游学译编》依文直译，而梁氏《新民丛报》，考生奉为秘册务为新语，以动主司……梁益为《世界大势论》《饮冰室自由书》，以投时好（梁自言为赚钱、盖专为考生作也）。湖南则自江标、徐仁铸号为开新，继以阳湖张鹤龄总理学务，好以新词形于官牍。其时督抚亦招留学生入幕，西林岑春煊奏移广西省会于南宁，奏称："桂省现象，遍地皆匪。南宁为政事上要区、商业上中心。"新词入奏疏，自岑始矣。宪政论起，法政学生多主自治。所拟章程，召绅士讲习。于是手续、目的、机关、规则、场合、但书、成立、取销、经济、社会、积极、消极、有机、无机，种种新语，学官缙绅，颇能言其意义……迄宣统纪元，颁行《先朝宪典》，则"四万万人"见于上谕，闻秉笔者即东海徐世昌也。夫文字应时代而生，学术开海禁而变，日本译名，有出于倭（原文为吾，当为误。——引者注）书者，长沙杨树达考之最详；其定学名，确有雅（原文此处为"有确雅"，当为误。——引者注）于吾国者，海宁王国维称之最甚。即张文襄公深恶新词，至因此谴责幕僚，然其官牍，亦不能尽废。若端方批某生课卷，谓其文有思想而乏组织，惜用新名词太多，人传为笑……盖新学者不能读古书，而老生又不解西籍，二者交讥，而倭文乃流行于禹域……及至梁启超长法部，乃改取销为撤销，手续为程序，目的为鹄的。然大势所趋，不可挽救，学者非用新词，几不能开口动笔。不待妄人主张白话，而中国语文已大变矣。梁氏作俑，其罪讵可逭哉？②

---

① 彭文祖：《盲人瞎马之新名词》，东京：秀光舍，1915年，第4页。
② 柴萼：《新名词》，收入《梵天庐丛录》，太原：山西古籍出版社、山西教育出版社，1999年，第1031-1033页。引文标点有所更改。

由字里行间,可以看出反对白话文的柴萼对于新名词流行于中国的不满与无奈,而他认为开启这个恶劣风气的即梁启超与留日学生。

较之后来者柴萼对梁启超专攻一点的批评,亲与其役且同梁启超本人有过交往的严复则不管康梁之间的差异,将师弟二人捆绑在一起作为始作俑者一并清算。当严复目睹袁世凯复辟帝制失败导致的乱局及梁启超在反对袁世凯复辟过程中所起的作用后,大为不满,屡屡于致后辈密友熊纯如的信中严厉批评康有为、梁启超,特别是针对梁启超①。如在 1916 年 4 月 4 日致熊纯如的信中,严复反思甲午以来中国乱象之肇因,认为康梁师徒"于道徒见其一偏",却乱发议论,实为变乱中国之罪魁祸首,严复这里批评梁启超前后宗旨不一以贯之,"前后易观者甚众",却先后主持多个杂志,煽惑了众多读者听信其言,梁启超该为清亡社稷负责:

> 嗟嗟!吾国自甲午、戊戌以来,变故为不少矣。而海内所奉为导师,以为趋向标准者,首屈康、梁师弟。顾众人视之,则以为福首,而自仆视之,则以为祸魁。何则?政治变革之事,蓄变至多,往往见其是矣,而其效或非;群谓善矣,而收果转恶,是故深识远览之士,愀然恒以为难,不敢轻心掉之,而无予智之习,而彼康、梁则何如,于道徒见其一偏,而由言甚易。南海高年,已成固性。至于任公,妙才下笔,不能自休。自《时务报》发生以来,前后所主任杂志,几十余种,而所持宗旨,则前后易观者甚众,然此犹有良知进行之说,为之护符。顾而至于主暗杀、主破坏,其笔端又有魔力,足以动人。主暗杀,则人因之而偘然暗杀矣;主破坏,则人又群然争为破坏矣。敢为非常可喜之论,而不知其种祸无穷……以仆观之,梁任公所得于杂志者,大抵皆造业钱耳。今夫亡有清二百六十年社稷者,非他,康、梁也……至于任公,则自窜身海外以来,常以摧剥征伐政府为唯一之能事。《清议》《新民》《国风》,进而弥厉,至于其极,诋之为穷凶极恶,意若不共戴天,以一己之于新学,略有所知,遂若旧制,一无可恕,其辞具在,吾岂诳哉!一夫作难,九庙遂堕,而天下汹汹,莫谁适主。

接下来,严复进一步透露他针对梁启超的原因,仍在于梁启超剑走偏锋,言论过激,辱骂清政府不留余地,结果招致革命形势一发不可收拾,最后共和建立,中国却面临亡国形势,但康梁师徒却毫发无伤,反得享大名,回国后拥有左右舆论之力:

---

① 关于严复与梁启超的关系,可参看黄克武:《严复与梁启超》,收入黄著:《近代中国的思潮与人物》,北京:九州出版社,2013 年,第 274-303 页。

> 今夫投鼠忌器,常智犹能与之,彼有清多罪,至于末造之亲贵用事,其用人行政,尤背法理,谁不知之。然使任公为文痛詈之时,稍存忠厚,少敛笔锋,不至天下愤兴,流氓童骏,尽可奉辞与之为难,则留一姓之传,以内阁责任汉人,为立宪君主之政府,何尝不可做到。然则统其全而观之,吾国所全,顾不大耶!而无如其一毁而无余何也。至于今日,事已往矣,师弟翩然返国,复睹乡扮,强健长存,仍享大名,而为海内之巨子,一词一令,依然左右群伦,而有清之社,则已屋矣,中国已革命而共和矣⋯⋯

接下来,严复担心康梁师徒在袁世凯倒台后如再有作为,会导致中国局面更坏:"康、梁之于中国,已再摘而三摘矣。耿耿隐忧,窃愿其慎勿四摘耳。"①

在同年9月10日致熊纯如的信中,严复再一次批评康梁师徒从积极方面造成了清朝灭亡、袁世凯崛起,乃至袁世凯称帝失败后的"不得不成"的"大乱"。严复认为清朝虽系外族"为中国之主",但比较而论,"其暴君乱政,以视朱明、胡元,要为稀少",而其之所以灭亡,"向来执笔出报诸公,不得不谓其大有效力耳",其中以梁启超的作用最为巨大:

> 往者杭州蒋观云尝谓:梁任公笔下大有魔力,而实有左右社会之能,故言破坏,则人人以破坏为天经;倡暗杀,则党党以暗杀为地义。溯自甲午东事败衄之后,梁所主任之《时务报》,戊戌政变后之《清议报》《新民丛报》,及最后之《国风报》,何一非与清政府为难者乎?指为穷凶极恶,不可一日复容存立。于是头脑单简之少年,醉心民约之洋学生,至于自命时髦之旧官僚,乃群起而为汤武顺天应人之事。

严复这里又再次批评梁启超读书不精,不明了在中国皇室与政府是合二为一的关系②,不应分而视之,其为文多系来自"出风头"的考虑,而非真的在为救国谋划,结果在导致大乱之后又无能为力:

> 迨万弩齐发,隄防尽隳,大风起而悔心萌,即在任公,岂不知悔由是。则曰:"吾所极恶痛绝者政府,至于皇室,则向所保护者也。"嗟嗟任公!生为中

---

① 以上引文均见严复:《与熊纯如书(三十)》,王栻主编:《严复集》第3册,北京:中华书局,1986年,第631-633页。
② 严复在之前致熊纯如的信中也说过类似的话:"盖至辛亥、壬子之交,天良未昧,任公悔心稍萌见矣。由是薰穴求君,恩及朱明之恪孙,及曲阜之圣裔,乃语人曰:'吾往日论议,止攻政府,不诋皇室。'夫任公不识中国之制与西洋殊,皇室政府,必不可分而二者,亦可谓枉读一世之中西书矣。其友徐佛苏曰:'革命则必共和,共和则必亡国。'此其妖言,殆不可忏。而追原祸始,谁实为之。"参看严复:《与熊纯如书(三十)》,王栻主编:《严复集》第3册,北京:中华书局,1986年,第632页。

国之人,读书破万卷,尚不知吾国之制,皇室政府不得歧而二之,于其体,诚欲保全;于其用,不得不稍留余地,则其误于新学,可谓深矣。大抵任公操笔为文时,其实心救国之意浅,而俗谚所谓出风头之意多……任公既以笔端搅动社会至如此矣。然惜无术再使吾国社会清明,则于救亡本旨又何济耶?①

严复对康梁的挞伐还意犹未尽,在稍后9月22日致熊纯如的信中,严复又批评了康有为和梁启超,进一步分析康有为、梁启超的思想成因,认为康梁系受到外出赴美广东人带来的革命学说的影响:

康、梁生长粤东,为中国沾染欧风最早之地,粤人赴美者多,赴欧者少,其所捆载而归者,大抵皆十七、八世纪革命独立之旧义,其中如洛克、米勒登、卢梭诸公学说,骤然观之,而不细勘以东西历史、人群结合开化之事实,则未有不薰醉颠冥,以其说为人道惟一共遵之途径,傲而行之,有百利而无一害者也。

继之,严复总结梁启超思想激进的原因之一在于他主王学随良知而行,在言论导致恶果后追悔莫及。严复这里还认为受到梁启超影响的留日学生系被日本人利用:

任公文笔,原自畅遂,其自甲午以后,于报章文字,成绩为多,一纸风行海内,观听为之一耸。又其时赴东学子,盈万累千,名为求学,而大抵皆为日本之所利用。当上海《时务报》之初出也,复尝寓书戒之,劝其无易由言,致成他日之海,闻当日得书,颇为意动,而转念乃云:"吾将凭随时之良知行之。"任公宋学主陆王,此极危险。由是所言,皆偏宕之谈,惊奇可喜之论。全学识稍增,自知过当,则曰:"吾不惜与自己前言宣战"。然而革命、暗杀、破坏诸主张,并不为悔艾者留余地也。②

简而言之,严复对康梁尤其是对梁启超所起破坏作用的批评③,除却其有为自己辩护并凸显自己的先见之明之意,更多是对时局的忧虑、对晚近趋新思潮的批判,以及对清末民初历史的总结与反思。从中我们不难看出严复对当时的革命思潮与革命党人的态度,以及严复对清朝的认同情形。而严复这样的见解无疑也代表了民初诸多所

---

① 以上引文均见严复:《与熊纯如书(三十八)》,王栻主编:《严复集》第3册,北京:中华书局,1986年,第645-646页。
② 以上引文均见严复:《与熊纯如书(三十九)》,《严复集》第3册,北京:中华书局,1986年,第648页。
③ 严复1917年后对康有为看法有大的改变,开始将之引为同道。关于晚年严复与康有为的关系,可参看王刚:《"严熊书札"研究三题》,《东吴历史学报》第23期(2010年6月),第123-157页。

谓遗民的看法,他们之所以敌视民国,很多时候不是因为多么忠于清朝,而是因为民国之新、民国之乱破坏甚或颠覆了其得以安身立命的道德根本与文化寄托,让他们看不到希望。①

螳螂捕蝉,黄雀在后。当严复以局外人身份如此指责康梁之时,他大概没想到二十年后,面对日本大举侵华的局面,一位曾经留学美国的后辈学人梅光迪亦批评作为局内人的严复种豆得豆,其理据一如严复当年批评康梁:

> 我国严复氏,不明欧人学术源流,辄以其一时流行者,介绍国人,如所译之《社会通诠》,中分社会进化阶段:为图腾、宗法、军国。其影响于吾国当时思想界者至大,吾国人之自甘居于文化落后民族者,实此书作之俑也。②

其实面对这样的批评,聪明的严复早有预判,他在1906年为寰球中国学生会演讲时即留下为自己辩护的预言:"然吾党须知,口为祸福枢机,而世少听言之哲,万一我姑妄言,而愚者惊为至论,不求甚解,奉而行之,他日流弊见于人群,岂非公等阶之厉乎!"③

我们不确定梁启超是否知晓晚年严复对他的这些批评,但之前康有为对他的批评早已触动过他,故此善于"以今日之我攻昨日之我"的梁启超在1912年撰写的文章中就开始反省晚清传入的新思想资源对于中国的社会道德造成的负面影响:"自二十年来,所谓新学新政者流衍入中国,然而他人所资为兴国之具,在我受之,几无一不为亡国之媒"。④ 而于1921年撰写的《清代学术概论》中,梁启超对自己在晚清思想界的作为有深刻全面的自省,与康有为、严复等人对他的批评颇有呼应之处,如他自谓己为晚清"新思想界之陈涉":"启超之在思想界,其破坏力确不小,而建设则未有闻。晚清思想界之粗率浅薄,启超与有罪焉。"⑤接下来,梁启超这里又自我批评说自己涉猎广博,读书不够透彻,缺乏周全考虑,但却经常随意发表著作训导启蒙读者,造成误人子弟的局面:"启超务广而荒,每一学稍涉其樊,便加论列,故其所述著,多模糊影响笼统之论,甚者纯然错误,及其自发现而自谋矫正,则已前后矛盾矣。"⑥梁启超这个后见之明的

---

① 对于此种情况的肇因,康有为曾有很好的揭示:"今以前清为失政,而后发愤革之。虽然,昔者虽专制失道,而不闻悍将骄兵之日争变也,不至人民身家产业不保也,不至全国士农工商失业也,不至蒙回藏不统一而图自立也。故今者国民惴惴惕惕,或且悔祸,皆谓革命之举以求国利民福,不图共和之后反见国危民悴也。"康有为:《中华救国论》,姜义华、张荣华编:《康有为全集》第9卷,北京:中国人民大学出版社,2007年,第312页。
② 梅光迪:《近代大一统思想之演变》,《国命旬刊》第6号,1938年5月30日,第4页。
③ 孙应祥、皮后锋编:《〈严复集〉补编》,福州:福建人民出版社,2004年,第57页。
④ 梁启超:《中国道德之大原》,原见《庸言》第1卷第2号(1912年12月16日),收入《饮冰室合集》,《文集之二十八》,影印本第4册,第2页。
⑤ 梁启超:《清代学术概论》,收入朱维铮校注:《梁启超论清学史二种》,第73页。
⑥ 梁启超:《清代学术概论》,收入朱维铮校注:《梁启超论清学史二种》,第73页。

忏悔,可算是深刻的领悟与沉痛的反思,只可惜他在"五四"新文化运动时期又重蹈覆辙,跟风希图做青年导师、领导舆论,结果又遭到新旧各派的挖苦讽刺,甚至一度被作为卖国贼受到舆论谴责。

不仅进行自我解剖,梁启超在《清代学术概论》中还对清末以来输入欧美和日本的新学说、新思想的情况进行了回顾和反思,认为甲午战前译书局与传教士的译书只在讲求制造方面,当时中国人于此之外,对欧美其他学问无知,处于"学问饥荒"状态,且旧思想"根深蒂固",康有为、梁启超等人欲结合中西新旧,引入新思想,但为时代不容,为戊戌政变所阻。等到庚子事变后,中国青年留学海外特别是日本者渐多,翻译事业兴旺:

> 壬寅、癸卯间,译述之业特盛,定期出版之杂志不下数十种。日本每一新书出,译者动数家。新思想之输入,如火如荼矣。然皆所谓"梁启超"式的输入,无组织,无选择,本末不具,派别不明,惟以多为贵,而社会亦欢迎之。盖如久处灾区之民,草根木皮,冻雀腐鼠,罔不甘之,朵颐大嚼,其能消化与否不问,能无召病与否更不问也,而亦实无卫生良品足以为代。①

结合 20 世纪初年中国译介的情况,梁启超这里的批评的确是有的放矢,立论妥帖,恰可与严复当年的批评相互印证:"上海所卖新翻东文书,猥聚如粪壤。但立新名于报端,作数行告白,在可解与不可解间,便得利市三倍。"②吕思勉在近二十年后亦有类似看法,同样认为清末诸译作"率尔操觚之作多,而精心结撰之作少;所译之书,又多俯拾即是,鲜加选择;故其书流播不久",但吕思勉也承认,这些粗制滥造的译作"一时风起云涌,使社会耳目一新,亦不能谓其全无功绩也"。③ 吕思勉自己就受惠于这些译作甚多。

在对梁氏本人及留日学生的翻译工作进行总结之后,梁启超还对严复等西洋留学生的翻译活动及影响进行了评论,认为严复虽然翻译了"数种""名著",但这些译作"半属旧籍,去时势颇远,然西洋留学生与本国思想界发生关系者,复其首也"。进而,梁启超又感慨道:

> 晚清西洋思想之运动,最大不幸者一事焉,盖西洋留学生殆全体未尝参加于此运动。运动之原动力及其中坚,乃在不通西洋语言文字之人。坐此为能力所限,而稗贩、破碎、笼统、肤浅、错误诸弊,皆不能免。故运动垂二十年,

---

① 梁启超:《清代学术概论》,收入朱维铮校注:《梁启超论清学史二种》,第 79—80 页。
② 《严复与熊季廉书(八)》,收入孙应祥、皮后锋编:《〈严复集〉补编》,第 237 页。
③ 吕思勉:《三十年来之出版界(1894—1923)》,收入吕思勉:《吕思勉遗文集》上册,上海:华东师范大学出版社,1997 年,第 376 页。

卒不能得一健实之基础,旋起旋落,为社会所轻。就此点论,则畴昔之西洋留学生,深有负于国家也。①

在梁启超看来,东西洋留学生这些所谓的"新学家"都该为晚清思想界的问题承担责任,因他们太过功利,太过讲求致用,缺乏为学术而学术的精神,"其所以失败,更有一种根原,曰不以学问为目的而以为手段"。②

梁启超民初的检讨和反思,较之 1904 年他在《论中国学术思想变迁之大势》一文中表现出的自信与乐观,其间不啻有天壤之别:

> 惟侯官严几道(复)译赫胥黎《天演论》、斯密亚丹《原富》等书,大苏润思想界……戊戌庚子以还,日本江户为输迁新思想之一孔道,逾海负笈,月以百计,学术阗黉塾,译本如鲫鱼,言论惊老宿,声势慑政府。自今以往,思想界之革命沛乎莫之能御矣。今始萌芽,遂庞杂不可方物,莫能成一家言。顾吾侪今日只能对于后辈而尽播种之义务,耘之获之,自有人焉。但使国不亡,则新政府建立后二十年,必将有大放光明、持大名誉于全世界学界者……但使外学之输入者果昌,则其间接之影响,必使吾国学别添活气,吾敢断言也。③

真可谓后之视今,犹今之视昔。面对"已成"的"风会",不管是始作俑者的当事人,还是自居清流的旁观者,都只能被时代裹挟,时过境迁,以后见之明感叹种豆得豆,徒使后人复哀后人!

四、结语

曾有人在民初(1912)总结清亡教训时说道:"自古未有以学亡国者,有清之亡,实由于学。"④说此语的人乃湖南遗老文人程颂万,他在清末时亦曾热衷于学习西学和新学,时过境迁,今非昔比,程颂万也开始追悔往时。然而,不管处于后见之明的严复、梁启超和程颂万等人如何看待清末这段他们身在其中曾发挥巨大作用的历史,他们及与之有关的那批知识分子借助报刊等媒介,依靠写作、出版、翻译、宣讲等活动,共同促成

---

① 梁启超:《清代学术概论》,收入朱维铮校注:《梁启超论清学史二种》,第 80 页。
② 梁启超:《清代学术概论》,收入朱维铮校注:《梁启超论清学史二种》,第 80 页。
③ 中国之新民:《论中国学术思想变迁之大势》,《新民丛报》第 3 年第 10 号(原第 58 号,1904 年 12 月 7 日),第 33-34 页。
④ 赵启霖:《十发居士六十序》,收入易孟醇校注:《赵瀞园集》,长沙:湖南人民出版社,2012 年,第 74 页。林志宏教授亦从废科举带来的社会影响方面讨论过"新学亡国"的问题。参看林志宏:《世变下的士变:科举废除和知识阶层的定位(1900s-1930s)》,收入甘怀真编:《身份、文化与权力——士族研究新探》,台北:台湾大学出版中心,2012 年,第 416-419 页。

了清末民初中国"舍旧谋新"崇拜的形成,如康有为所言:"而今学者,乃以欧美一日之富强而尽媚之,以为无一不超出吾国者;见吾国一日之弱,遂以为绝无足取焉。"①而且这个崇拜的"权势"与时俱增,延续到现在,仍不少歇。当然,也正是这个崇拜,才使得清末民初以来的中国社会日趋激进化,新旧转换愈加快速:

> 新旧之见,近乃益甚,无定体也,无止境也。前之所为者,本新也,自今视之,皆旧也。人之所为者,本新也,自我视之,皆旧也。于是舍旧而谋其新,再越一时,再历一人,则见适间之,舍旧谋新之种种,又皆旧矣!于是又谋其所谓新者,纷更烦扰,将不知何时何地为得新之止境也噫!②

时人为功利而趋新,为时髦而趋新,为"文明"和强国想象而趋新,新则新矣,本则不顾,每下愈况。只是这时所谓的新,更多其实是表面上的新、形式上的新,是"伪"新、忘本的新,系对"新"的误解误用,"到了此时,风气大开,打这面旗儿的,也就一天多似一天,无论是人非人,乐得借此营生"。③小说《官场维新记》中亦有类似的讽刺:

> 目下虽然万口一词说维新维新,然却不可把维新两字看得认真。只可求形式上的维新,不可求精神上的维新。要晓得精神上的维新,乃是招灾惹祸的根苗,若换作形式上的维新,便是升官发财的捷径。④

时论亦有言曰:清廷所谓的立宪维新,"不过剿袭倭文,以饰观听,而于事业上无丝毫之进步"⑤。还有人所见略同:"近年内外上下表面均似开化,而按之实际毫无进步,且有一种乖诞议论,有识者易为所欺,无知者易为所慑,最为进化之魔。"⑥无怪时人会感慨:"守旧固拙,维新亦妄。"⑦守旧维新皆不可行,那只有期待革命的解决方案了。

只是随后发生的辛亥革命,也仅是革去了一个形式上的满洲皇帝而已,旧有的专制腐败现象依然照旧。恰似戴季陶在1912年3月发表的一个评论所言:

> 革命成功矣。革命者,革除中央政府之专制政治、顽固人物,而易以新政

---

① 康有为:《英国监布烈住大学华文总教习斋路士会见记》,姜义华、张荣华编:《康有为全集》第8卷,北京:中国人民大学出版社,2007年,第31页。
② 袁金铠己酉七月初四日(1909年8月19日)日记,袁金铠:《傭庐日记语存》,收入国家图书馆编:《中华历史人物别传集》第81册,卷二,北京:线装书局,2003年影印本,第470页。
③ 嗟予:《新党现形记》,《新新小说》第2号,光绪三十年十月二十日,上海:上海书店,1980年影印本,第1页。
④ 佚名:《官场维新记》,上海:古典文学出版社,1957年,第108页。
⑤ 《俳言》,《天铎报》1910年6月13日,第2版。
⑥ 许宝蘅1906年5月15日日记。见许恪儒整理:《许宝蘅日记》第1册,北京:中华书局,2010年,第75页。
⑦ 丁立诚致缪荃孙,上海图书馆编:《艺风堂友朋书札》下册,上海:上海古籍出版社,1983年,第696页。

治、新人物也。今则中央政府之已革去者,不过"大清帝国"四字而已。革命之起,起于地方,革命之终,亦终于地方。中央政府既未经事实上之改造,更未受思想上之淘汰,而遂标榜曰革命成功,是失败耳,何成功之有? 故此次之革命,非能革去恶政治也。所革去者,仅仅满洲皇室之主权耳,专制腐败犹旧也。呜呼!①

之后不断的"新陈代谢","重新估定一切价值",大家继续舍旧谋新,甚至不惜主张要"坐着摩托车往前跑"②,于是又有更新的势力出来,更新的革命出来,更新的主义出来,更新的"学"出来,只是"旧制度"、旧的集权思维和专制手段,非但没有作为"旧"的梦魇被舍弃或革除,反而在新的"学"乃至"文明"与"主义"名义伪装之下得到加强和"进化"。

---

① 戴季陶:《天仇文集》,收入桑兵等编:《戴季陶辛亥文集》下册,香港:香港中文大学出版社,1991年,第725页。
② 黄凌霜(文山):《Esperanto 与现代思潮》,《新青年》第6卷第2号,1919年2月15日,"通信",第236页。

集体读报：
新中国成立初期的上海读报组研究*

詹佳如

(华东政法大学传播学院)

摘要： 读报组形成的是以贯彻外在于个体的政治目标和集体精神为目的的"集体"，组群性质有其政治性。读报组阅读实践的特殊性在于阅读方式——以"集体"的形式读报。本文即以阅读方式的特殊性，将集体读报这种阅读实践区分为三个分析层面：第一，组群的形态、组群之间的关系多样，各自对读报运动的理解复杂多样，使读报组呈现不同形态，集体读报也就面貌多样；第二，集体和个体对集体读报的目的和意义，理解各不相同，集体读报得以维系，在于个体与集体之间进行着形式多样的调适；第三，集体读报转变了文本的印刷性质，读报员而不是印刷文本在阅读中的位置被突显出来，口头文本会形成与印刷文本不同的社会心理和社会影响，这中间就创造出新的矛盾和张力。由此，这三个层面呈现出集体读报作为特定阅读实践类型的特殊性，既不同于私人独处读报，也不同于首属群体或者次属群体意义上的聚集读报。读报组或将丰富我们对于阅读实践的历史多样性和丰富性的理解。

关键词： 读报组；集体；形式；阅读；实践

如果我们认可阅读是一种实践，那么，个人独坐僻室的阅读和众人围坐一起的阅读，显然是完全不一样的阅读方式。笔者打算以此来考察1950年代初期在上海出现的读报组。

法国新文化史家罗杰·夏蒂埃(Roger Chartier)曾质疑将文本或者读者置于阅读史核心的合理性，强调"阅读实践的创造力"。他提出要恢复理解文本接受过程的"复杂性"，"需要思索三个极点——文本本身、传达文本的客体，以及了解文本的行为——之间紧相结合的关系网络"。由此，他试图说明，除了文本本身的变化外，传达文本的

---

* 本文原载于《新闻与传播研究》2018年第11期，有修改。

客体(如手抄本还是印刷本、不同的印刷形式等等),以及不同的阅读实践(如是默读还是大声朗读,是一个人读还是聚集起来读),都将对文本的解读施加影响,"读本,它并不是一种抽象物,它是通过它传播的形式而存在的"。夏蒂埃的研究对象是17—18世纪法国的阅读文化,在他看来,书籍不一定产生一致的理解,从而导向革命,反而是阅读方式的转变——"人们对书籍集体的和崇敬的关系——以恭顺与服从为内核,让位于一种更自由、更随意的和更具批判性的阅读方式"——是更大范围的世俗化进程的组成部分,这或许是法国大革命的"文化起源"。① 这样看来,历史学中的阅读史研究,基本上还是围绕着文本内容和读者展开,既较少涉及影响阅读的物质限制,也鲜少有关于不同阅读实践方式的讨论。② 读报组的相关研究也基本循此思路,聚焦于文本的意义和规则是如何发生影响和效果的。③ 这为研究者留下进一步探讨的余地。

新中国成立初期,读报组在上海大规模组建起来,从纵向上看,读报组与民国时期上海的那种消闲的、私人的市民读报方式差异很大。就其阅读形式而言,读报组倒与西方中世纪到现代早期那种一家人一起诵读圣经的方式有某种相似性,它们都是一种具有群体特征的阅读行为。④ 然而,读报组与家庭一起阅读又不完全一样,人员构成和组织、阅读的要求、阅读者之间的关系以及与文本的关系,均有其特殊性,由此构成了特定类型的阅读实践。本文就试图聚焦于阅读实践本身的特殊性:兴盛于延安时期的读报组,在上海这样的都市社会中,是怎样安置读者、文本与组织之间的关系,这对阅读本身的影响是什么?我们又如何理解这样一种阅读方式在1950年代的上海兴起的意义?

一、"集体读报"的兴起

1950年4月21日,政务院批准了《中央人民政府新闻总署关于改进报纸工作的决定》(以下简称《决定》),此后全国各地建立了大量的读报组。《决定》指出:"报纸应当把建立和领导通讯员网和读报组的工作当作重要的政治任务","读报组应当是报纸

---

① [法]罗杰·夏蒂埃:《书籍的秩序——14至18世纪的书写文化与社会》,北京:商务印书馆,2013年,第101页。[法]罗歇·夏尔提埃:《文本、印刷术、解读》,林·亨特编:《新文化史》,台北:麦田出版社,2002年,第228页。[法]罗杰·夏蒂埃:《法国大革命的文化起源》,南京:译林出版社,2015年,第84页。[法]罗杰·夏蒂埃:《过去的表象——罗杰·夏蒂埃访谈录》,李宏图、王加丰选编:《表象的叙述——新社会文化史》,上海:上海三联书店,2003年。
② 代表性的研究,如潘光哲先生的《时务报》阅读史研究,围绕不同知识背景、社会位置、人生经历的读者对《时务报》文本的反应,或者是依据《时务报》的文本来推测读者可能有的反应。参见潘光哲:《晚清士人的西学阅读史(一八三三〜一八九八)》,台北:"中央研究院"近代史研究所,2014年。
③ 王晓梅:《建国初党报领导下的读报组发展探析——以〈解放日报〉"读报组"发展为基本脉络》,《新闻与传播研究》,2010年第6期,第15-22页;周海燕:《意义生产的"圈层共振":基于建国初期读报小组的研究》,《现代传播》,2017年第9期,第27-38页。
④ [美]罗伯特·达恩顿:《拉莫莱特之吻:有关文化史的思考》,上海:华东师范大学出版社,2011年,第147页。

内容的经常的和有组织的学习者和宣传者。读报组同时应当向报纸报告地方情况和群众意见"。① 从《决定》看，中央将建立读报组视为一项长期的制度性措施，提到"政治任务"的高度，令各报社强制执行。读报组的角色定位，从由上至下的角度看，它是报纸内容的"学习者"和"宣传者"，而且是"经常的"和"有组织"的；从由下至上的角度看，它有报告"地方情况"和"群众意见"的职能，是中央了解基层的有组织的通道。

这个决定吹响了全国范围内组建读报组的号角，上海亦在其列。② 读报组是"有组织"的读报，至于读报组如何组织，又读什么呢，《决定》却没有细说，但时任国家新闻总署署长的胡乔木在全国新闻工作会议上已有说明。首先，读报组有明确的责任机构，由报社来负责组织。组织的对象是那些"积极分子"，以此来吸引其他政治上消极的人。所谓"积极分子"，有文化是其一，更重要的是有政治觉悟，这些人是"充分地（经过我们的教育）懂得我们国家的前途、懂得我们事业的前途，而且积极地参加这个事业"。读报的内容也是有选择的，"把群众的兴趣逐步引导到政治上，建设工作上去，使大家关心我们的建设工作"。③ 可见，读报组的"有组织"，是以报社为责任机构，以特定内容为重点，以积极分子为核心的一个阅读集体，既不是家庭阅读式的首属群体，也不是库利（Charles Horton Cooley）所说的次属群体。

集体，作为社会主义革命和建设的一种组织形式，在革命史和政治史上都不陌生。作为特定的群体组织方式，出于对现实世界重新组织的特定需要，十月革命之后苏联就展开了对"集体"的研究。④ 教育工作者更是将"集体"看作最为重要的教育手段，列宁夫人、前苏联教育体系的奠基者娜·康·克鲁普斯卡娅（Надежда Константиновна Крупуская）说："他们取得政权，是为了以社会主义即集体主义的方式改造整个生活……即把个体生产者的经济力量联合起来的办法，以集体主义的精神重新教育广大人民群众。"⑤苏联教育学家马卡连柯（Антон Семёнович Макаренко）认为，作为社会主义

---

① 《中央人民政府新闻总署关于改进报纸工作的决定》，中共中央宣传部办公厅、中央档案馆编研部编：《中国共产党宣传工作文献选编》（三），北京：学习出版社，第61-62页，引见第62页。
② 《人民日报》对各地读报组进行了多次报道、统计，由于数字变化快速，不同时期数字有矛盾，但亦可大致了解其规模。报道集中在西北、华北、华中地区，1951年年中，全国有6万多个读报组，人数超过68万人，有些省几乎村村有读报组。川北在1951年8月有3万多组，山西、宁夏、青海各自超过5万组。一年后光是陕西就有4万多组。青海还有藏文读报组，西宁的清真寺据说有持续的读报活动。大城市报道较少，南京市在1951年9月已有2400多组，组员超过4万人。重庆厂矿统计有800组左右。参见《人民日报》报道：《应当重视读报组工作》，1951年8月15日第3版；《党组织要加强对读报组的领导》，1952年1月13日第3版；《重庆市各厂矿的读报组》，1951年6月19日；《江西省的农村读报组》，1951年6月19日第3版；《在少数民族地区怎样开展读报工作？青海日报组织读报组经验介绍》，1952年3月5日第6版；《读报组活动》，1951年12月12日第6版；《中共陕西省委及山西日报号召 六月底前发展六万个读报组》，1952年5月10日第2版。
③ 胡乔木：《关于目前新闻工作中的两个问题》，中共中央宣传部办公厅、中央档案馆编研部编：《中国共产党宣传工作文献选编》（三），北京：学习出版社，第38-56页，引见第47、49页。
④ 集体心理学是苏联社会心理学的重要内容，19世纪末20世纪初，别赫捷列夫发表了《集体反射学》，20世纪20年代动物学家瓦格纳又发表了《群体心理学和集体心理学》。
⑤ 转引自[苏]苏霍姆林斯基：《培养集体的方法》，合肥：安徽教育出版社，1983年，第1页。

教育的基本形式,集体不是"单单聚集起来的一群人",讽刺这种看法充满了"生物学的气味"。集体是"具有目的的个人集合体,参加这一集体的每个人是被组织起来的,同时也拥有集体的机构。所以,集体是"具有一定的共同目标的那种集体"。对他来说,不同集体成员之间有组织的关系是教育过程中"最具有决定意义"的东西。由此,依据集体之间的关系,人与人之间或者是服从的关系,或者是集体工作中功能职责上的依存关系。①

这很大程度上反映的是社会主义社会设计者们的设想和初衷,但是,"集体"总是需要外在于个体的共同目标、原则,来塑造个体的思想和行为,并以此重新定义人与人的关系。那么,读报组是如何成其为集体的?按照《决定》的设计,读报组由报社直接组织,实现以党为中心的上通下达的关系。它通常由中心人物"读报员"和少则几人、多则几十人的读报组成员构成。他们以政治上"积极"为共同的要求,人们之间是以特定动员目的结成的政治关系,与日常生活中所结成的同事、邻里、同学关系有别。读报组的中心——读报员通常由政治组织指派、培训和指导,很多时候本身就是其成员,并根据组织要求选择、讲解读报材料。这些关系设置决定了读报组的性质乃是政治性的,组织目的是为了贯彻一定的政治目标和集体精神。这样来看,此时出现的集体读报,与 1930 年代那些左派人士、中国共产党背景的报章所推崇的集体学习、集体读书,就完全不是一回事。两者在组织目的和性质上差异很大,后者虽名为"集体",但很难将其组群性质与具有共同志趣的松散的同人群体区别开来。② 新中国成立初期的读报组,与延安的集体读报,倒是有渊源关系。胡乔木也是将读报组的历史追溯至"农村经验",透露出新中国成立初期所组织的读报组的特定性质。③

延安读报组的兴起,响应的是毛泽东在陕甘宁边区文化教育工作座谈会上的倡导。④ 延安所塑造的读报组典型是陈德法(亦作"发")读报组,据报纸报道它有这样一些特征:第一,读报组就是以村为单位的生产互助组织"变工队",是变工队集体读报;第二,变工队的中心人物,是被评为"劳动模范"的陈德法,担任读报员,读报活动由其发起并组织;第三,阅读内容是报纸所刊登的"先进经验",变工队对此效仿,以巩固组

---

① [苏]谢·卡·马卡连柯:《马卡连柯全集》第五卷,北京:人民教育出版社,1956 年,第 102、204-205 页。
② 此时"集体学习"是与传统独自的书斋苦读相区别的学习方法,要求自发组织朋友,就某个论题(不必是政治性的)共同读参考书,轮流由一人主讲多人讨论,以获得知识。在当时人看来,学校生活与"集体学习"在本质上差别不大。参见李伟:《国难教育和集体学习》,《读书月刊》,1936 年第 9 期,第 394-400 页;冯兰瑞:《我与集体学习》,《青年生活》,1939 年第 6 期,第 7 页;《在集体中生长》,《学习半刊》,1939 年第 6 期,第 132-135 页;《关于集体学习的问题》,《学习》(1934),1940 年第 10 期,第 238-240 页;《集体读书与思想运动》,《学习半月刊》,1939 年第 7 期,第 1-7 页。
③ 胡乔木:《关于目前新闻工作中的两个问题》,中共中央宣传部办公厅、中央档案馆编研部编:《中国共产党宣传工作文献选编》(三),北京:学习出版社,第 38-56 页。
④ 毛泽东:《报纸是指导工作教育群众的武器》,中央文献研究室、新华通讯社:《毛泽东新闻工作文选》,北京:新华出版社,1983 年,第 112-118 页。

织形式和提高劳动效率。① 作为生产合作组织的变工队,组织本身就有明确的纪律和规程,又集生产与政治动员等功能于一身;变工队的集体读报面貌,就受到变工队这一特定组织性质的影响。延安同时也组织了商人、市民读报组,与以变工队为基础的读报组,性质上接近,但由于构成人员、人员关系、立基组织的严密性和纪律性等方面不同,形态面貌就不大一样。

延安读报组的组织者,除却像陈德法那样的的"劳动模范",还有区乡干部、政府工作人员,以及小学教师等文化工作者,等等。② 随着统治区域从延安扩展到全国,有一个统一的组织对报刊文本进行一致的选择和解读,可能更符合中央政府统一全国思想和宣传贯彻方针政策的诉求。这样,新中国成立后的读报组在形式上就明确了在延安时期作用并不突出的报社的领导角色。但报社领导的集体读报模式,却很快在现实中遭遇困难,被指"有名无实"。③ 之所以"有名无实",主要是报社组织资源和组织能力有限,承担不了组织者的功能。于是,许多组织包括行政村、教育馆、学校、工会、居委会、妇女会、青年团……甚至还有个人④,就组织了各种读报组。多样化的组织参与引起上层的注意,1951年底到1952年初,中共中央机关报《人民日报》连续发表社论,试图规整读报组的组织关系,要求各地党组织来组织、检查、监督读报组。⑤

简言之,阅读者是以特定政治目的组织起来,这影响了阅读行为本身,集体读报就不再仅是读者与文本间的交互行为,组织的因素牵涉其间,形塑着阅读实践的性质。同时,前述展开也透露出,即便都是聚众读报,阅读者都形成了"集体"性质的组织,但组织具体情况不同,面貌也是各有不同,阅读实践呈现出复杂多样的状况。那么,在上海这样的都市社会中,错综复杂的政治组群和组群关系又是如何构成集体读报的实践呢?

二、"集体"读报

如上所述,按照《决定》的设计,读报组的主导机关是报社。上海推行读报工作可

---

① 《安塞马家沟的新创造 读报组推动了生产 大大提高了群众的文化水平》,《解放日报》,1944年3月24日第1版;《安塞马家沟读报组成为团结全村的中心》,《解放日报》,1944年5月15日第2版;《新华社延安通讯:读报组推动了生产/〈苏中教育〉》,上海档案馆,档案号(以下简称"上档")B35-2-34-5。
② 《关于群众读报办报与通讯工作的决议》,《群众》,1945年第3-4期,第123-124页。
③ 《党组织要加强对读报组的领导》,《人民日报》,1952年1月13日第3版。
④ 个人主要指有邮递员为增加报纸销量,组织读报组。参见岳媚德:《学习邮工王文举! 组织农民读报组》,《人民日报》,1947年7月10日第2版;《湖南邮区邮信投递员与稽查员帮助农民组织读报组》,《新华社新闻稿》,1951年第387期,第449-450页。
⑤ 本报读者来信组:《报纸应该加强对读报组的政治领导和思想领导——介绍绥远日报领导读报组的经验》,《人民日报》,1951年12月19日第6版。

能晚于其他各省,迟至 1950 年 10 月底才看到各报社上报计划。① 不光是报社,工会、青年团、机关、学校、妇联和里弄也逐步组建起大量读报组。从统计数据来看,成绩斐然。根据 1953 年青年团上海市委宣传部的一份报告,上海十个区②超过 11 万青工中,吸收了 3 万多青工参与到 3169 个读报组中,团员参加的比例高达 90%。③ 1952 年 5 月,当时上海已建立起 2500 个居民委员会,管理着 320 万人口,"基本上将全市散在工、青、妇和各行业组织之外的居民组织和管理起来"④。9000 多个读报组就是在逐街发展居民委员会,把 80%的"非单位人"组织进里弄居委会的过程中而建立的。⑤

读报组得以在上海广泛建立,与政府对城市的逐步掌控有关。"三反""五反"之前的读报组据说是"皆不正常"。⑥ "三反""五反"等政治运动组织了大大小小的批斗会和诉苦会,人们从中感受到了政治压力,报纸说有许多人此后是"自动"地参加了读报组。⑦ 这也与党团组织力量扩展有关。1949 年,上海总共有户籍人口 502.92 万人。⑧ 解放前上海的党员不足万人,解放以后又随军进入不到万名党员。分布在基层的党员仅占人口数的万分之十三。"三反""五反"运动后,才开始快速发展党员,到 1954 年底上海已有党员 12 万余人。青年团方面,1949 年团员人数不足 4 万,到 1953 年已超过 17 万人。党团尽管发展迅速,相比总人口数仍然薄弱,而其他群众团体的组织规模却要大得多,1950 年 2 月成立的上海总工会,下属会员有 88 万人。⑨ 工会一度成为读报工作的重点。

不同的组织力量分头并进组建读报组。报社建立各自报纸的读报组,妇联组织妇女读报,里弄居委会组织里弄居民、干部读报,学校组织学生读报,工会组织工人、店员、职工读报,青年团组织青年工人、团员读报。妇女读报组的建立、支持与领导,总不

---

① 《中央人民政府新闻总署办公厅关于贯彻新闻工作会议决议并为1951年发展读报组计划上报的通知》,1950年10月25日,上档 B35-2-34-5。
② 指老闸、黄浦、新城、虹口、普陀、榆林、江宁、闸北、常熟、嵩山十区。
③ 《青年团上海市委宣传部关于进一步贯彻"在私营企业团内外青年中加强读报工作的指示"的意见》,1953年,上档 C21-2-413-57。
④ 杨奎松:《新中国巩固政权的最初尝试——以上海镇反运动为中心的历史考察》,《华东师范大学学报》(哲学社会科学版),2004年第5期,第1-20页,引见第12页。
⑤ 张济顺:《远去的都市:1950年代的上海》,北京:社会科学文献出版社,2015年,第48页。
⑥ 参见《青年团上海市工作委员会关于在私营工厂商店团内外青年中开展读报工作的情况汇报及今后进一步开展的意见》,1952年12月,上档 C21-1-161-21;《中共上海市大场区委宣传部关于读报组情况的报告》,1952年,上档 A71-2-896-46。
⑦ 《通过五反运动加强组织生活,蓬莱区建筑行业工人三千人自动参加读报组》,《新民晚报》,1952年4月27日第4版;《参加读报组后政治认识提高 青工赵才保积极搞生产 改进生产工具产量提高一倍》,《新民晚报》,1952年5月10日第1版。
⑧ 上海市通志编纂委员会:《上海通志》第1册,上海:上海社会科学院出版社、上海人民出版社,2005年,第666页。
⑨ 上海市通志编纂委员会:《上海通志》第2册,上海:上海社会科学院出版社、上海人民出版社,2005年,第762-763、1031、1044-1045页;中共中央组织部等编:《中国共产党组织史资料》,北京:中央党史出版社,2000年,第413页。

乏妇联与居委会的合作。① 青年工人、团员又经常同时隶属于团报读报组和工会读报组。这些不同组织部门的读报组，因为读着《人民日报》《解放日报》或者《文汇报》，又同时是这些报社的读报组。形形色色的读报组就处于多种组织关系之中。

组织读报组是一项政治任务，不同组织的态度也有差异。积极投入的有之，视之为麻烦，消极怠工的也不在少数，据说长宁、静安、徐汇三个区就"没有人管读报工作"，还有几个区只是"生硬地把指示往下撒"，布置完了事。② 有些单位主观上就不重视，问起为何读报工作开展不力，就说是"工作忙，运动多，没抓这一工作"。③ 报社是中央文件确定的组织者和领导者。1952年7月，《解放日报》专门成立了读报工作组，但到1953年1月这个读报工作组就撤销了。④ 一份工作报告显示，报社一开始将重点放在工厂，由"社会服务部"与各种读报组联系，却面临种种困难。首先，《解放日报》自身人力不足：读报工作组只有6人，有3人专门负责国棉九厂的读报工作，剩下3人要负责与400多组读报组的联系工作。另外的困难，像里弄读报组是因为其本身组织还未扎稳根基，"尚无健全的领导"，报社就无从下手。机关学校的读报组，用报告人的话来说是"总觉得不去联系他们也会搞"，也就说报社以为文化人自己也会读，无须领导。可见报社自己还没有认识清楚，组织读报有特定的政治目的，不是为了读而读。总而言之，《解放日报》出于种种理由只能专注于工厂，而工人读总工会所属的《劳动报》，实际的负责单位是工会文教部门，《解放日报》就认为与之联系"帮助不大"，指导积极性就不高。所谓"帮助不大"，就是说既然读的是《劳动报》，即使指导这些读报组也无法提高《解放日报》的销量。即便如此，《解放日报》仍然是想方设法让工人们在《劳动报》外，能读一点《解放日报》。《解放日报》的读报组主要读的却是《劳动报》，这是组织间（工会与报社）竞争和妥协的结果，可见组织关系对读报内容的影响。⑤

报纸领导读报组的方式有其自身组织的特色。像《文汇报》就利用报纸版面发布《读报组讨论提纲》，引导各组以《文汇报》有关报道作为阅读、讨论内容。⑥《文汇报》还会给读报组专门举办政治常识讲座、时事讲座⑦，又将读报组作为特定的信息来源渠道，不仅发表读报组来信，还将那些愿意写稿且写得好的读报组员发展为正式的通

---

① 《妇女读报组》，《文汇报》，1951年7月9日第7版。
② 《青年团上海市委宣传部关于进一步贯彻"在私营企业团内外青年中加强读报工作的指示"的意见》，1953年，上档C21-2-413-57。
③ 《上海市总工会宣传部关于工厂读报员辅导讲座的情况汇报》，1963年12月2日，上档C1-2-4249-1。
④ 张伏年：《五十年代初的读报工作》，解放日报报史办公室编：《〈解放日报〉、〈新闻日报〉报史资料》第二辑，1993年，第59页。
⑤ 《解放日报社读报组关于工作情况的报告》，1952年，上档A73-1-97-1。
⑥ 《给读报组》，《文汇报》，1951年5月15日第5版。
⑦ 《帮助读者进行理论学习 社会大学举办政治常识讲座 期间暂定十周参加者以读报组为限》，《文汇报》，1951年7月27日第5版。

讯员①。报社组织文艺晚会,也是将读报组员与通讯员一起作为特定的观众类别,发放门票。② 不独《文汇报》,《新民晚报》等报刊也有类似做法,这些通过读报组附带培养通讯员的做法,既不违背《决定》对读报组报告地方情况和群众意见的职能的设计,又能扩充自身的组织网络和资源。

同时,报社积极地参与读报组工作,也不排除有推销报纸的意图。成为该报的读报组,就要订阅该报纸,五到十人的读报组,订一份《文汇报》,递交一张申请表,就能成为该报的读报组。③《解放日报》则要求 3 人以上订一份报纸就可成组。④ 报社开"编读往来"栏目,作为读报组联系的特定版面,以"答第××××组读报组"为题,解释各种专业名词。就笔者所见,文汇报以五位数的形式来给它的读报组编号,至少编到了"50015",似乎《文汇报》读报组的规模以万数计。⑤ 同时期,政治资源更加丰富的华东区委机关报《解放日报》不过组建了几百个读报组。所以,《文汇报》极有可能是使用了特定的编号方式,造成规模巨大、参加者众的印象,来吸引人订阅。

也就是说,报社在执行"政治任务"的同时,已悄然渗入了自身组织的利益和诉求。工会、青年团、妇委会等组织,或许也都免不了在读报组工作中"夹带私货"。更有甚者,因为各自的诉求、利益不同,而发生互不相让的现象。团组织推广《青年报》《中国青年报》是很积极的,甚至有"只管订报,不管读报"的倾向。⑥ 工会则着力推广其机关报《劳动报》,"使劳动报成为工人读报的主要材料",成为工会自上而下要贯彻的目标。⑦ 当不同组织所依赖的资源有重叠和交叉的时候,比如在工人、店员、职员这些群体中,同时为工会和团组织的力量所渗透,冲突的发生也就在意料之中。1953 年 4 月,青年团上海市工委宣传部发出通告,支持工会读报组,全面取消了团报读报组的形式。

据材料反映,工会对团报读报组的指控是,后者与工会读报组在人员、时间上形成了全面的竞争,最后导致"团报读报组搞垮了工会读报组"。⑧ 有的团员参加团报读报

---

① 《文汇报读报组组织办法》,《文汇报》,1951 年 4 月 3 日第 5 版。
② 《发动群众展开生产捐献运动 本报今晚举行读者晚会 欢迎读者、读报组、通讯员踊跃参加》,《文汇报》,1951 年 6 月 21 日第 1 版。
③ 《文汇报读报组组织办法》,《文汇报》,1951 年 4 月 3 日第 5 版。
④ 《解放日报读报组组织办法》,解放日报社编辑部编印:《解放日报、青年报通讯与读报》,1951 年第 19 期,1951 年 8 月 15 日,上档 C25-2-5-37。
⑤ 《关于伊朗问题 答第五〇〇一五读报组》,《文汇报》,1951 年 10 月 3 日第 5 版。
⑥ 《上海市教育局、青年团上海市委、邮电部上海邮局关于积极开展中国青年报、青年报暑期发行、读报工作的通知》,1955 年 6 月,上档 C21-2-574-72;《青年团上海市委宣传部关于目前工厂读报工作中存在问题和意见》,1955 年 7 月,上档 C21-2-691-8;《青年团上海市委、上海市教育局关于改进团报在中等学校发行读报工作试行办法的通知》,1954 年 9 月 10 日,上档 C21-1-292-47。
⑦ 《上海市委工业生产委员会关于要求职工读报问题的通知》,1952 年 5 月 30 日,上档 A38-1-149-26。
⑧ 《青年团上海市工作委员会关于在私营工厂商店团内外青年中开展读报工作的情况汇报及今后进一步开展的意见》,1952 年 12 月,上档 C21-1-161-21。

组很积极,但是工会读报组就推托忙不去参加。丽新纱厂有一团员,甚至在工会读报组读报时洗起脚来。青年工人和团员之所以轻慢工会读报组,一个原因是,他们觉得团报读报组更有趣。有人反映:"团报读得好,真有劲,工会读报没劲。"有人则说:"参加工会读报,就与成老年职工在一起,他们很落后了。"① 另一个原因是,团报读报组将读报与团的组织建设结合在一起。组织者将参加团报读报组作为入团的前提,将青年工人、团员在阅读能力上分等,将团报读报组建为经过筛选的、有能力阅报的"积极分子"的组织。筛选程序"条件苛刻、手续繁复",先由组长物色人选,挑选那些组织纪律性强,在政治运动中表现积极的人,确定对象后,先找其个别谈话,令其订一份读报公约,再逐一征求团员的意见,方能进入读报组。② 在当局看来,正是这种组织的形式有问题,指责团报读报组"成立了一套组织机构与系统",变成了"纯粹的青年学习组织"。③ 于是将许多"落后""中间"的宣传对象(主要指成老年职工)摒弃于外;又因为这种形式在与工会读报组的竞争中更有优势,而挤垮了后者。④ 从这里就可看出,不同组织关系中的读报组,不仅读什么报不一样,阅读者之间、阅读者与组织的联系的紧密性也不一样,读报的面貌自然大相径庭。

当局的处理也表明,团与工会在读报工作中所形成的竞争关系并不受到支持,特别是当这种竞争关系不利于读报工作开展的时候,不断提醒读报工作是要在"党的统一领导下",其角色为"党的助手"。⑤ 与此鲜明对照的是,与工会的这种竞争关系,据说团的干部之前是心知肚明,并且是有意以这样的组织方式来为其赢得竞争。⑥ 冲突之后,团报读报组的组织形式被取消,团就不再是一个独立的组织者,而只能是作为党和工会的协助者来参与读报工作。团也重新定位了其与党、工会在读报工作中的关系,将其与工会的竞争关系,转化为以党、工会为主导,其从旁协助的合作关系。⑦ 所以,这场冲突所透露出的是,党、团以及工会,围绕读报组具体应如何组织起来的一系列问题,比如怎样筛选阅读者、阅读者之间的关系、阅读者与读报组的关系、组织之间应该

---

① 《青年团上海市工作委员会宣传部关于一定要协助工会搞好工会读报工作的报告》,1952 年,上档 C21-2-308-21。
② 《青年团上海市工作委员会关于在私营工厂、商店中团报读报工作情况的检查报告》,1953 年 4 月 1 日,上档 C21-2-364-83。
③ 《青年团上海市工作委员会关于在私营工厂、商店中团报读报工作情况的检查报告》,1953 年 4 月 1 日,上档 C21-2-364-83。
④ 《青年团上海市工作委员会宣传部关于一定要协助工会搞好工会读报工作的报告》,1952 年,上档 C21-2-308-21;《青年团上海市工作委员会宣传部关于在私营工厂、企业、商店中团报读报工作的意见(草案)》,1953 年 4 月 8 日,上档 C21-2-364-81。
⑤ 《青年团上海市工作委员会宣传部关于在私营工厂、企业、商店中团报读报工作的意见(草案)》,1953 年 4 月 8 日,上档 C21-2-364-81。
⑥ 《青年团上海市工作委员会宣传部关于一定要协助工会搞好工会读报工作的报告》,1952 年,上档 C21-2-308-21。
⑦ 《青年团上海市委宣传部关于当前读报工作的意见》,1954 年,上档 C21-2-520-15;《关于加强读报工作,取消"团报读报组"组织形式给各团区(工)委宣传部的通知》,1953 年 6 月 13 日,上档 C21-2-413-50。

具有怎样的关系等,彼此之间的理解其实各不相同,也因而导致了冲突。由此可见,维系集体读报的集体精神就不是统一的、有一个本质的东西,而可能是非常多样的。

三、集体"读"报

组织性的读报,是要在读报活动中贯彻集体的目标和精神,但个体亦有读报的习惯、利益、兴趣与目标,那么,集体读报又是如何展开的呢?

1951年,《解放日报》社所主办的业务刊物《通讯与读报》,在处理"为什么要集体读报"的问题时说:"更重要的是集体读报可以推动工作,加强组员的集体观念和团结互助。"① 读报组被定位为"时事政治教育经常化"的手段,通过读报,自上而下的政治目标和集体精神应当内化为读者的共识,从而共同投入到此起彼伏的政治运动当中。② 实现这一目的,首先要选择阅读的内容。上海市委宣传部曾经调查过机关干部的读报情况,将"经常关心国内外时局的变化;关心重要的社论、论文及中央的各项政策、计划、法令;并注意各地和本地的群众活动及各项重要工作"列为认真读报的行为,而将"只看大标题,只看与自己业务有关的内容,只看行情、电影、戏剧、广告等,或单纯从个人兴趣出发为消遣"列为不认真的读报行为。③ "不认真的读报行为"其实反映的是一种凭个人兴趣和利益的阅读行为,要让位于一种从阅读内容到如何理解都经过组织把关的阅读行为。

实际的情况是,组织者本身对集体读报的目的和意义,认识就不一致。为什么要集体读报?《新民晚报》是这样为读者做解释的:"三个臭皮匠凑个诸葛亮,碰到困难,大家可以在讨论中解决"。④《新民晚报》是读报工作的组织者,这样来理解读报组的目的,可见其也没有真正领会《决定》组建读报组的用意所在。不独《新民晚报》,国棉十五厂的俱乐部主任对读报也有类似看法,车间工人需要组织读报组,但是科室管理者不用,因为他们"自己能阅读"。⑤ 联想到《解放日报》认为机关学校的文化人在读报问题上不需要领导,组织者们对集体读报的性质和意义的认识,时常偏离《决定》的设定。

至于个人对集体读报的理解,参加的目的和诉求,更是五花八门,难以一律。组织

---

① 解放日报社编辑部编印:《解放日报、青年报通讯与读报》,1951年第19期,1951年8月15日,上档C25-2-5-37。
② 《上海总工会文化教育部关于开展读报工作的决定》,1951年,上档C1-2-578-9。
③ 《中共上海市委宣传部关于检查机关干部读报情况的通知》,1952年8月15日,上档A71-2-896-1;也可参见《中共上海市真如区委宣传部关于机关干部读报情况的报告》,1952年8月30日,上档A71-2-896-47;《中共上海市吴淞区委宣传部关于机关干部读报情况汇报》,1952年9月2日,上档A71-2-896-36;《中共上海市江湾区委宣传部关于机关干部读报情况的综合报告》,1952年9月5日,上档A71-2-896-40。
④ 《组织读报组的好处》,《新民晚报》,1951年2月16日第3版。
⑤ 《解放日报社发行工作调查宣传推广组、人民日报社发行工作调查宣传推广组座谈会会议记录(二)》,1956年3月9日,上档A73-1-272-29。

与个人之间,在集体读报的目的、意义,读什么、怎么读等问题上不能一致,不能读起来的不在少数。报纸报道大学生对组织读报的典型态度是:"小组读报形式是不合我们需要的,还是各人自己去看吧。"①看来从组织到个人都有不少认为集体读报只是为了适应那些识字困难的群众需要,一边认为无须领导,一边则认为无须一起读,因此无法组织读报的情况应该是不少。有工厂把读报时间放在中午,就因食堂远,工人吃饭时间长,读不起来报。② 也有的工厂,"有的组因天气炎热,工人们工作完毕需要洗澡洗衣服,晚上进夜校读书,这样子而垮台的计有二十六个组,占全区读报组14.7%弱"③。也就是说,新中国成立初期的上海工人并不一定都将集体读报的优先性,放置于吃饭、洗澡、洗衣服等个人需求以及其他政治学习形式之前,如前所述还有工厂女工在读报时洗脚的情况。所以,组织者与工人以及工人之间,对读报的重要性各有理解,难以协调时间,故而使读报组搞不起来的情况很多。有些暂时搞起来的也很快不了了之。据一条工厂档案,到了20世纪50年代中期,一开始全厂"推开"的集体读报,大多已经垮台不读了。还在坚持的车间读报组,也已无人管理,逐渐成为无组织者的集体读报。④他们能坐在一起,依靠的是组员(同事)之间对"集体读报"的共同理解,依靠共同的阅读兴趣。这种集体读报显然已不是当局所推行的那个集体读报了。

至于那些有组织的读报组,得以维系的,就得益于组织者对个体之间共同的生活需求、阅读兴趣的"迁就"。船民协会组织的一个读报组,先是主观确定读报时间和地点,当局希望将读报组定在早上8—9时,人一天之中精力最为集中的时刻,地点与基层办公处在一起,从而将读报界定为严肃的、与工作相当重要的活动,群众对此意见很大,几乎要被"搞垮"。经过妥协,时间被挪到每天晚上7—8时,可能是人一天之中最寻求放松的时刻,而地点则安排在文娱室,从而将读报组的活动置于放松休闲的背景之中。读报组也得以维系下来。⑤

所以,压制和强迫形成不了集体读报的实践。要集体读报,组织的政治目的与个体兴趣、利益总是处于相互配合的微妙之中。八仙桥恒茂里的居民,据报纸说是一个个被叫到居民区的空地上来听报,一边是宣传组织者的"委曲求全",一边是读报群众的"勉为其难"。⑥北站区亦村的读报组,读报员是一个60多岁的老太太,为了让那些

---

① 《华东师大部分同学读报流于形式》,《文汇报》,1952年6月14日第4版。
② 《解放日报社发行工作调查宣传推广组、人民日报社发行工作调查宣传推广组座谈会会议记录(二)》,1956年3月9日,上档A73-1-272-29。
③ 《中共上海市新市区委宣传部关于读报组情况的调查报告》,1952年6月10日,上档A71-2-896-27。
④ 《解放日报社发行工作调查宣传推广组、人民日报社发行工作调查宣传推广组座谈会会议记录(一)》,1956年3月8日,上档A73-1-272-26。
⑤ 《上海市船民协会筹备委员会新甲工作委员会新昌光复支会1954年读报工作总结》,1955年3月15日,上档B59-1-150-268。
⑥ 《读报要读大家关心的事 八仙桥恒茂里一个读报组 读报方式改变后摸到门道》,《新民晚报》1952年5月31日第1版。

家庭主妇有时间参加读报组,要帮助组员照顾小孩、家务。① 甚至于有不少妇女读报组,为了让妇女可以一起读报,都要帮忙解决带小孩问题,为此还成立了托儿互助组。② 组织用柔软的手段将个体诉求和利益一并吸收,包裹在读报活动之中。至于妇女参加读报组,究竟是为了有地方安顿小孩,自己又能社交休闲一下;还是为了提高政治觉悟,不得不将孩子放入托儿所? 恐怕难以说清。

宣传工作者在介绍经验之时,都将安排读报组内活动视为一种技巧,通常是将娱乐休闲、工作需要打包在政治学习之中,来吸引人们。可见,组织者也不是都将政治动员目标作为一种排他性的东西,强行灌输。就像船工们读报之前,要先唱一段江淮小调,读报后,附带一些业务通知或码头上的生产事务。③ 里弄读报的组织者,可能是自己都觉得只是读报过于单调枯燥,会请社会青年来表演沪剧、快板。④ 拟 1965 年出版的《怎样读报》还将这种技巧写入读报业务指南:"夏夜乘凉的场地、雨天修补农具的厅堂都可以变成读报的场所。有的生产队遇到社员在田头休息的时候,读报员掏出报纸讲一段美帝国主义在越南南方连吃败仗的新闻。"⑤ 从前述的船民读报、八仙里居民读报、妇女读报,到这里的田间休息时读越战新闻,读报活动在不同的场景中对不同参与人有着不同的意义。

同样普遍的是,人们在读报活动中所领会和习得的政治知识、立场、观点、态度等等,与组织者所要传递的,也有落差。普通人甚至是读报员,对报纸使用的一些概念,如"亚细亚""中共中央华东局书记""中苏友协理事""基层"就不能理解,用他们的话来说就是"字都认识,却不懂意思"。⑥ 与此相关,有一条档案,说的是中苏关系恶化以后,上海青年团组织工人读报员学习《人民日报》《红旗》编辑部所发表的九篇回应苏共中央公开信的文章(即"九评")。一个冶炼厂的读报员,回去给工人读报,工人听完是这样理解"赫鲁晓夫为什么反对斯大林"的问题:"斯大林在肃反个辰光差一眼眼把赫修(推校一采采弄死依),现在秃头怀恨在心,所以要反对他了。"⑦ 有趣的地方在于,这个工人将对苏共内部路线之争的官方定调,演绎成他日常能够经验到的"个人报仇",阅读中意义不仅来自官方所试图传递的世界观,同时交织着人们从日常生活中习得的

---

① 《亦村姊妹们认真读报,组长周老太太领导有成绩》,《新民晚报》,1951 年 12 月 23 日第 4 版。
② 《上海市妇女联合会宣传教育部关于 1952 年下半年读报组总结》,1952 年,上档 C31-2-142-37;《我们的家庭妇女读报组》,《新民晚报》,1952 年 2 月 15 日第 3 版;《解除家庭妇女读报时的实际困难 同安里举办临时托儿所》,1952 年 5 月 24 日第 4 版;《小孩子有人照顾 大姊们安心读报》,《新民晚报》,1952 年 6 月 19 日第 2 版。
③ 《上海市船民协会筹备委员会关于南码头和关桥支会读报工作的情况报告》,1955 年 3 月,上档 B59-1-150-274。
④ 《一个生气勃勃的里弄读报组》,《新民晚报》,1962 年 2 月 14 日第 4 版。
⑤ 《怎样读报》,1965 年 11 月 13 日,上档 B167-1-727-59。
⑥ 《速成识字情况的初步调查报告》,1953 年,上档 C8-1-49-94。该条材料的使用,是在新报刊书写团队一月一次的读书会上,受到董倩、郭恩强的提醒。
⑦ 《上海市总工会宣传部关于工厂读报员辅导讲座的情况汇报》,1963 年 12 月 2 日,上档 C1-2-4249-1。该条材料的解读受到冯筱才教授的影响。

价值观、情感逻辑。

因此,集体读报的展开,得益于集体精神和政治目标,与个人兴趣、诉求之间的妥协、调整和适应,而不是以强迫和压制的方式,自上而下地无差别地贯彻组织意图。但集体读报的目标和意义究竟是什么?所要自上而下贯彻的集体精神又究竟是什么?不同读报组理解不一,这中间存在着各种各样的错位、误解,个体与集体之间的认识差异普遍存在,不同的组织之间,地方组织与中央层面的理解错位也是相当广泛的。个体要领会的集体精神和政治目标,差异也就很大。同时,为了维系集体读报,个体和集体都要不断地对对方的诉求做出反应,在其与自身诉求之间寻找平衡。令情况更为复杂的是,彼此妥协、适应和调整的方式和状况,又各有不同,没有固定的模式。不过,即使集体读报具体展开的差异很大,个体在其间总能或多或少地感受到某种外在于自身的要求。

四、集体读"报"

文本的性质在集体阅读的形式中发生转变,一人读而众人听,阅读的对象不再是冷冰冰的印刷物,而是他人充满温度的身体——语调、情绪和情感。报刊的印刷文本转换为口语,这一点就使它与私人读报区别开来,形成了另一种阅读实践。从某种意义上说,人们不再是读报——阅读印刷文本,而是阅读读报员的"声音",身体感官方式就不同了。

在组织者主观感受上,读报就是需要技巧的:"读报员在读报之前事先准备好,把要读的新闻重新组织,用自己的话讲出来,要讲的生动活泼,有声有色有表情,这样便一定会吸引住大家的注意力。"[1]因此,说是读报,可能用"讲报"来表述更为准确。读报组真要"读报",效果是很差的,有的读报员"闷倒了头,吞吞吐吐,像小学生念书,有时把一个整句子读成了两段,读'动员大会''卷入生产热潮''广泛性'等名词,也就是读过算数,不加以详细的解释"[2]。有的读报员"死照报上的字句一一念下,枯燥无味,一点也引不起大家的兴趣"。[3] 也就是说对报纸内容生硬而机械地照搬,试图在读报组中强调作为"报"(书面语言)的特性而不是"读"(口头语言)的特性,很难被人接受。

既然是"读"报组,那么就必须对报刊文本的书面语言进行全面的再造,适应口头传播的需要。首先,是要求要"讲报"而不要"读报",还得"有声有色","要像马路上说

---

[1] 《怎样组织和搞好读报组》,解放日报社编辑部编印:《解放日报、青年报通讯与读报》,1951年第19期,1951年8月15日,上档C25-2-5-37。
[2] 《怎样把读报组搞好》,解放日报社编辑部编印:《解放日报、青年报通讯与读报》,1951年第19期,1951年8月15日,上档C25-2-5-37。
[3] 《建立读报组应注意的几点》,《文汇报》,1951年9月19日第6版。

书一样","像说水浒传、三国演义一样"。① 国棉九厂邱春山读报小组介绍了一次成功的读报:"当说到朝鲜前线中国志愿军,一挺机枪,打退美军十二次的进攻,从怎样瞄准,一梭子打过去,美军如何被打倒,如何滚下山区,如何后退,说得有声有色,好像他亲眼看见的一样,大家都一声不响地听呆了。"② 读报员越是能够绘声绘色地"讲报",读报效果就越好。这样,读报员就会有意识地挑选有故事性的通讯、特写来讲,组织者也深谙此技巧:"讲报题材力求故事化","要短小精悍,不宜长篇大论,并适当的找些故事性的材料"。③《文汇报》以"既是读报员又是故事员"为题介绍北站来安里 17 个读报组的共同经验,将讲革命故事作为读报组活动的固定节目,据说效果很好。④ 讲故事成为读报组的重要经验,早前就有读报组专门培养讲故事人才,举办讲故事培训班。⑤ 不仅要会"讲报",还要运用音调、情绪来感染别人。1965 年出版的《怎样读报》对读报员是这样要求的:"读报员带着阶级感情读,爱憎分明,就能以自己的无产阶级感情,去影响群众、教育群众。这种阶级感情是自然的流露,不一定像演戏那样有表情、有动作,更不是矫揉做作,摆噱头。"⑥ 由于集体读报与私人阅读在感官的调动方式上不同,前者侧重于听觉,后者侧重于视觉,所以,对口语技巧的强调,就不仅仅是因为文盲、半文盲群众多,接受能力差,同时也是不同的阅读实践类型对传播方式提出的全新要求。

  集体读报对文本性质的转化,会引发新的矛盾。在私人独处读报中以印刷形式出现的文本,能自上而下无差别地传播,利于中央控制广袤的空间,正如麦克卢汉所说:"印刷物的心理和社会影响之一,是将其易于分裂而又整齐划一的性质加以延伸,进而使不同的地区逐渐实现同质化。"⑦ 而在集体读报中转化为声音形式的文本,却是具体的某个读报员的声音,读报员借由"讲报"突显出其在阅读中的角色和位置。在以口语为主导的社会中,人比文本享有重要性,俗话说"师传生受,口耳相传"。⑧ 在私人读报中,政治目标可经由高清晰度的印刷文本而精确传输,在集体读报中却因人(读报员)而异。也就是说,与私人独处读报相参照,虽然都是读报,集体读报的形式给原本依赖

---

① 《读报员要读得有声有色》,解放日报社编辑部编印:《解放日报、青年报通讯与读报》,1951 年第 19 期,1951 年 8 月 15 日,上档 C25-2-5-37。《怎样做一个优秀的读报员——给各厂读报员的一封信》,解放日报社编辑部编印:《解放日报、青年报通讯与读报》,1951 年第 20 期,1951 年 9 月 10 日,上档 C25-2-5-64。
② 《读报员要读得有声有色》,解放日报社编辑部编印:《解放日报、青年报通讯与读报》,1951 年第 19 期,1951 年 8 月 15 日,上档 C25-2-5-37。
③ 铁军:《我们怎样搞好读报工作的?(下)——法电新车间读报组的一点经验》,《文汇报》,1951 年 7 月 13 日第 5 版;《不识字的人也可以讲报,虹口保安里讲报组讲得津津有味》,《新民晚报》,1952 年 5 月 23 日第 4 版;《一个生气勃勃的里弄读报组》,《新民晚报》,1962 年 2 月 14 日第 4 版。
④ 《既是读报员又是故事员》,《文汇报》,1965 年 4 月 1 日第 2 版。
⑤ 《上海市船民协会筹备委员会关于南码头和关桥支会读报工作的情况报告》,1955 年 3 月,上档 B59-1-150-274。
⑥ 《〈怎样读报〉初稿》,1965 年 11 月 13 日,上档 B167-1-727-59。
⑦ [加]马歇尔·麦克卢汉:《理解媒介:论人体的延伸》,南京:译林出版社,2011 年,第 208 页。
⑧ [美]沃尔特·翁:《口语文化与书面文化:语词的技术化》,北京:北京大学出版社,2008 年,第 4 页。

印刷文本的那种控制方式和效果带来了变化,创造出新的矛盾。

印刷文本的权威受到竞争,非当局所乐见。这或许也是为什么"讲报"的提法更符合读报工作的要求,却不直接叫"讲报组",而是要叫"读报组"。"读报"强调的是文本的权威性,利于政治权力的空间控制;而"讲报"强调的则是同时在场的讲报人相对于听报人的权威性,读报员讲得越是出色,文本的作用越是淡化。① 除却讲报的形式外,读报还有对白读报、唱报、演报,当局认可这些形式,却又认为"不能作为经常性读报方式"。② 相比讲报,后者诸种形式去文本化的意味更明显。1951年,青年团上海市委宣传部在学校读报工作的指示中称:"政治和思想的领导即是读报工作的灵魂","读报内容必须结合政治运动,党的宣传中心和同学的思想情况及学习来进行"。③ 官方希望读报组重点讲的是文件、政策,故事则被指有违这一目的,"如果只单纯地迎合群众的兴趣,只讲故事性强的新闻,不读社论,不读重要的长文章,便不能提高群众的政治认识,便失去了组织读报组的真正意义了"。④ 对读报组相关的报章报道、档案材料的时间分布的粗略统计,也可以提供佐证,官方对读报组的兴趣在1951—1952年间最高,以后就转淡。⑤

五、结语

读报组的特殊性在于其特定的读报方式,以集体的形式读报。集体读报的形式勾勒出这种阅读实践的"行动的图式"(米歇尔·德·塞托语),它不再仅是文本与读者二者之间的交互行为,而是文本、读者与组织三者之间的交互行为。⑥ 通过关系的连接和设置,以贯彻特定的政治目标和集体精神为目的,读报组所形成的是政治性质的组群。组群的形式以及组群的政治性质构成了特定类型的阅读实践,这既不同于私人独处阅读那种以静默或者朗读的方式直接面对文本,也不是首属群体或者次属群体那种

---

① "讲报""读报"提法的区别,受到第五届传媒视野下的中国研究论坛上与会学者们讨论的启发。
② 解放日报社编辑部编印:《解放日报、青年报通讯与读报》,1951年第21期,1951年9月30日,上档C25-2-5-95;《青年团上海市委市政建设工作委员会关于在进行"积极培养青年共产主义道德,抵制资产阶级思想侵蚀"宣传中,加强读报和团报发行工作的意见》,1955年2月14日,上档C30-2-43-1。
③ 《青年团上海市工作委员会宣传部关于学校读报工作之领导问题的意见》,1951年,上档C21-2-211-21。
④ 《为啥要读这条新闻?》,解放日报社编辑部编印:《解放日报、青年报通讯与读报》,1951年第20期,1951年9月10日,上档C25-2-5-64。
⑤ 对1950—1960年《人民日报》《文汇报》《新民晚报》进行以"读报组"为标题的报道的搜索,《人民日报》关于"读报组"文章的分布情况:1950(10条)、1951年(17条)、1952年(28条)、1954年(1条)、1957年(2条);《文汇报》的分布情况:1950(4条)、1951年(39条)、1952年(22条)、1955年(1条)、1958年(1条);《新民晚报》的分布情况:1951(7条)、1952年(67条)、1953年(2条)、1955年(1条)。上海档案馆所留存的关于读报组的材料也集中于1951—1952年,在1953—1958、1963、1967年仅有少量分布。
⑥ 如今对阅读的看法,受20世纪60—70年代兴起的审美接受理论和读者理论影响很大,尽管其具体观念和取向差异很大,但都将阅读看作读者与文本之间的交互行为。参见[德]沃尔夫冈·伊瑟尔:《阅读活动——审美反应理论》,北京:中国社会科学出版社,1991年。

聚集性质的阅读，是以特定政治目的和集体精神组织起来的阅读实践。这种阅读伴随着个体对外在于自身的政治目标、集体精神的感受和体验。从这个角度来说，读报组有助于丰富我们对阅读实践的历史多样性和丰富性的理解。

从形式中可以抽象出面貌多样的集体读报中某些规律性的东西，但本文并不主张这种阅读由此就处于"客体化的社会结构和系统的确定性控制"①之下，完全为政治动员的目标而支配和服务。即使都是政治性质的组群，在上海这样的都市社会中，所形成的具体面貌也是多种多样的。不同集体领导方式、纪律性、组织严密程度、传统乃至文化等方面的差异，形成了多样化的集体形态和集体关系，这影响了阅读实践的具体面貌。更不要说，基层组织、个人在实际操作层面，对中央组织读报组的目的和意义，理解和把握程度不一。集体精神和目标，本身就是复杂多样的；读报组得以维系，又需要与个体的读报诉求、利益相适应，彼此调整，因之而形成的某种集体精神和目标，正是个体与集体之间互动的结果。个体的集体读报经验，是与对具体的、差异化的集体精神和目标的体验联系在一起的。最后，集体读报转化了印刷文本的性质，原本在私人读报中借由印刷文本而实现的从上而下传递的政治目标那种运作方式，在集体读报中发生转化、生变。这些都给集体读报增添了不确定性，偏离甚至有违中央推动读报运动的初衷。

读报组呈现了文本传递的组织形式所可能拥有的力量。新中国成立后，与集体读报相关，以集体的方式进行的阅读行为（非常广义的程度上）如学习小组、诉苦会、俱乐部、集体观影、集体观看幻灯片、集体观看文艺演出、集体大合唱等等形式，都在伴随着新政权的建立而在全国范围内普遍兴起。我们很难确切地知道人们在这些活动中有何体验和感受，个体差异可能是巨大的；但是，"集体"的形式却赋予了那些形形色色的阅读实践以某种共性，它创造了阅读行为发生的特定情境，制造了连接，使得某些关系必须发生互动，某些东西又必须在场。由此形塑特定的阅读行为：这是个体与集体、他人同时在场并相互影响的阅读，集体与他人无法强制个体如何解读文本，但是个体在这种阅读活动中也无法置身事外、无动于衷，集体的目标和精神总是会被或多或少地感受到。可以说，以"集体"为形式的各种阅读实践（对象绝不仅限于印刷文本），是1950年代社会文化和政治文化的某种构成性的力量。

---

① ［美］西奥多·夏兹金：《导言》，［美］西奥多·夏兹金等编：《当代理论的实践转向》，苏州：苏州大学出版社，2010年，第1页。

甲午前后的报刊地理、
新闻呈现与读者阅读的回想 *

蒋建国

(华南理工大学新闻与传播学院)

摘要：甲午海战是一个划时代的历史事件，它直接动摇了清廷的统治基础，在士绅社会产生极大的影响。士绅的阅报记录中夹杂了对时局的看法，通过报刊，他们与外部世界建立了"意义之网"，对时局、对"他者"充满着想象与关切，报纸拉近了他们与新闻事件的"距离"，让他们体验到新闻所产生的巨大影响，从而加深了对甲午海战的认知，对国家和民族的命运有了更为深切的忧患意识。从这个意义上看，甲午时期读者的读报活动，与政治危机、思想启蒙和社会变革运动密不可分。

关键词：甲午时期；报刊阅读；影响

引 论

王德威认为，"五四"其实是晚清以来中国现代性追求的收煞——极匆促而窄化的收煞，而非开端。没有晚清，何来"五四"？② 甲午海战作为晚清社会的标志性事件，也因此被学界称为"过渡时代"的起点。梁启超曾言："过渡时代者，希望之涌泉也，人间世所最难遇而可贵者也。有进步则有过渡，无过渡亦无进步。"③ 在"过渡时代"，对旧制度的幻想和对新思想的渴求相互抵牾，报刊作为社会启蒙的媒介，在其中扮演着核心的角色。与之相对应的是，启蒙者的组织形式也完全不同。德国历史家里夏德·范迪尔门（R.van Dülmen）提出社会启蒙的三个重要的媒介和机构：一是启蒙者建立了他们思想的团体，在一个受到保护的空间里讨论；二是他们创建了超越所有等级界限

---

* 本文原载于《学术月刊》2018 年第 12 期，有修改。
② 王德威：《没有现代，怎样文学？》，台北：城邦文化事业股份有限公司，1998 年，第 38 页。
③ 梁启超：《过渡时代论》，《清议报》第 82 册，1901 年 1 月 1 日。

的非官方的团体,有广泛的书信往来;三是一个早就建立起来的期刊业和不断扩大的文学市场,尽管有检查制度,但它仍然成为独立的文化市场的一个重要因素。① 而以甲午海战为标志,中国进入"过渡社会"之后,其主要变化有二:一是报纸杂志、新式学校及学会等制度性传播媒介的大量涌现,一是新的社群媒体——知识阶层的出现。② 然而,在甲午之前的数十年间,新式报刊已在中国传播数十年,却一直没有发挥出应有的影响。而甲午一战,却成为知识分子主动利用报刊的"转捩"。李仁渊认为新式传播工具在 1895 年以后的政治化是最主要的关键。③ 可见,报刊传媒作为"过渡社会"呈现的"思想纸""政治纸",乃是推动现代性的重要动力。正如王汎森所言,每一个时代所凭借的"思想资源"和"概念工具"都有或多或少的不同,人们靠着这些资源来思考、整理、构筑他们的生活世界,同时也用它来诠释过去、设计现在、想象未来。④ 甲午时期,报刊作为"思想资源"与"概念工具"的作用,随着时局阽危所面临的严重困境,而逐步受到了读书人的关注,而报刊的价值与功用,也在剧烈的社会动荡中体现出来。

正是由于甲午海战的标志性意义,在过往的研究中,报刊成为论者阐述清末社会思潮的基本史料来源。尽管张灏、王汎森、罗志田、王德威、潘光哲、李仁渊等学者都从不同角度阐释了新式媒体对知识分子所产生的深刻影响,但以往对甲午海战的研究,大多集中在对相关人物、战局及其影响的探讨,对报刊读者的主体研究较为少见。而甲午时期,报刊的传布并不广泛,读者数量也非常有限。因此,对于这一时期的报刊阅读,很少有人关注。而恰恰是之后流行的一些反映甲午海战的书籍,如《中日战史》《中东战记本末》等,为更多的读书人所了解。如王闿运在 1896 年 10 月 22 日的日记中写道:"看《中日战纪》,全无心肝人所作也。"⑤然而,从新闻文本本身的角度看,甲午之前报刊如何吸引读者并逐步向城镇社会扩张,甲午海战如何被报刊报道,如何经由各种途径被读者阅读并逐步认知,报刊营造的舆论如何影响到读者对时局的研判,这些"历史的想象"是否可以通过读者这一主体来进行"还原",或者说,我们能否通过部分读者的读报记录来反映报刊在这一事件中所起到的媒介作用,从而在读者的亲身描述中来回溯事件的进程。基于此,本文通过甲午时期一些士绅的日记、回忆录乃至抄报纪录,至少可以部分地呈现甲午前后的一些新闻细节,体现出报刊传媒在塑造新闻场域的同时,拉近了读者与历史事件的时空距离,反映出波谲云诡的时局对读者思想世界的影响,从而为我们理解甲午海战为何作为"过渡社会"的肇始提供一些新的线索。

---

① [德]里夏德·范迪尔门:《欧洲近代生活》第三卷《宗教、巫术、启蒙运动》,王亚平译,北京:东方出版社,2005年,第 251 页。
② 张灏:《中国近代思想史的转型时代》,《二十一世纪》总第 52 期,1999 年 4 月,第 29-39 页。
③ 李仁渊:《晚清新式传播媒体与知识分子》,台北:稻乡出版社,2005 年,第 103 页。
④ 王汎森:《中国近代思想与学术的系谱》,石家庄:河北教育出版社,2001 年,第 150 页。
⑤ 王闿运:《湘绮楼日记》第 4 册,长沙:岳麓书社,1997 年影印本,第 2117 页。

一、甲午之前报刊发行、传播与阅读

在1880年代,宗教报刊就比较注重开拓发行渠道,增设发行网点,以吸引更多的读者。如《甬报》创办之始,就声称:"外埠如上海、镇江、南京、芜湖、九江、汉口、宜昌、重庆、牛庄、烟台、北京、天津、杭州、温州、台湾淡水、厦门、福州、汕头、广州、琼州、北海等处,均有寄卖。此外各埠有欲寄卖者,均函致宁波北岸钰记钱庄甬报馆开明台住址,照数奉寄。"①可见,该报的发行网络已通达全国重要城市和交通较为便利的通商口岸。

在甲午中日战争之前,广州的报刊对当地社会的影响日益深刻。由于《广报》《述报》《中西日报》等报注重刊登本地新闻,尤其关注社会新闻,由此形成了"地方文化空间",并对地方文人产生较为强烈的吸引力,《广报》在创立之初,就将广东新闻列为新闻的重要内容,置于论说之后,占到新闻版面的一半以上。特别是广州社会新闻的报道较为频繁,使读者能够及时了解"身边的故事"。为了增强阅读的时效性,《广报》规定:"本局所出报章,凡本城地方,向例皆即日派到,以供快览。如即日未有报送到者,即是派报人之误。"②本城读者可以看到当天的日报,这在当时已非常难得。

而创刊于1886年的天津《时报》,则非常注重发行,规定"每纸取大钱十文,所有送报人均优给工食,不准加价,并于城厢内外专托铺户悬有寄卖《时报》招牌,以便诸君就近购阅。"③光绪十四年(1888)正月二十五日,途经天津的文廷式,便有机会读到《时报》,并记载"云南地震,死万人"④的新闻。文廷式夜宿紫竹林之"佛照楼",在天津停留的时间不长,但却在旅途中读到当地报纸,这也说明在天津寻获《时报》并不是特别困难。

《时报》注重发行时效和读者反响。对于天气原因所致的报刊发行延误和缺失,《时报》特地进行说明:"本馆抄报前因天水雨淫,地水河涨,以至驿程阻水,猝非力所能为。计所及施京津之间,轮蹄绝迹者累日,迨月之二十二日……加以设法变通。嗣后当无断续,至所缺抄报,亦经陆续补登。"⑤这一申明,是力图消除读者的误解,加强与读者的联系和沟通。由于深受洋务运动的影响,《时报》注重翻译和刊登外洋新闻,并力图在全国各地设立代销处,扩大在读者中的影响。该报宣称:"凡省会……海外如朝鲜、台湾、日本,尚有店铺公所、提塘报馆,愿为本馆经销《时报》者,望在本埠觅一保家,

---

① 《本馆谨启》,《甬报》第1卷,第1页,光绪七年(1881)正月。
② 《广报》1887年11月25日,第1页。
③ 《时报》1886年9月20日,第1页。
④ 文廷式著,汪叔子编:《文廷式集》下册,北京:中华书局,1993年,第1116页。
⑤ 《本馆告白》,《时报》1886年9月20日,第1页。

来馆订定,即当按日如数将报寄上。"①可见,该报已推向各省会城市和海外市场,表明它要进一步寻求更广泛的关注,获得更多读者的青睐。对于《时报》推广阅读的诉求,作为读者的张佩纶有着特殊的感受。他在 1889 年 7 月 14 日的日记中记道:"《时报》中有盘谷氏者,拟余为陆立夫、何根云,评之曰:'误国殃民,伤天害理。'夫误国何敢辞?下六字则非其罪也。此盖不逞之徒造言泄忿,其意以要人多阅《时报》,借此倾之耳,可笑可鄙。"②这位好议朝政的"清流",在看到《时报》对自己的议论后,大为愤懑,他将《时报》对自己的非议视为"扩大销路"之策,虽有些主观臆测,但也反映出《时报》以言论获得读者关注的用意。

而随着《申报》发行范围的扩张,京师一些开明官员也开始阅读《申报》,如翰林院编修朱一新在 1880 年代初期便对《申报》上的新闻比较关注。他在《复楼芸皋大令》的信中就提道:"嗣于《申报》中得委署之信,未审以何日赴任?……"③1883 年,法军强占越南,觊觎广西、云南,朱一新对法军侵略动态颇为关注,通过阅读《申报》上《法事风传》之类的新闻④,上疏朝廷,力主解除边境危机。尽管如朱一新之类的读报官员并不多见,但《申报》提供的时政新闻,能够为一些官员认识世界大局和分析国内危机提供实证材料。

在 1880 年代,《申报》的发行网络已延伸到江浙地区的一些县城。如在浙江龙游、新昌等地任知县的杨葆光,于光绪六年(1880)一月二十日"支《申报》钱百十"⑤,三月五日"支《申报》本日止找钱二百九十"⑥,这表明杨葆光已自费订阅《申报》,并在"出纳"一栏中详细记载。由于一般读者很少记载订阅《申报》的支出,杨葆光的报刊消费记录颇具实证价值。从 1880 年开始,他在日记中对所付《申报》报费都详加记录,如光绪十一年(1885)十二月三十日"支少伯申报洋三元"⑦,光绪十二年(1886)一月二十七日"支本年《申报》钱二千七百"⑧,十一月二十九日"支《申报》钱五十六"⑨,光绪十四年(1888)八月二十四日"支《申报》钱九百卅"⑩,十月十日"支《申报》等洋一元"⑪。尽管

---

① 《广招外埠经理售报人启》,《时报》1887 年 12 月 10 日,第 1 页。
② 张佩纶著,谢海林整理:《张佩纶日记》(上),南京:凤凰出版社,2015 年,第 217-218 页。
③ 朱一新:《佩弦斋杂存》卷上,第 34 页。见朱一新:《拙盦丛稿》,《近代中国史料丛刊》第 28 辑之 272 册,台北:文海出版社,1968 年影印本,第 1634 页。
④ 《法事风传》,《申报》1883 年 8 月 15 日。1883 年至 1884 年,中法战局的报道成为《申报》的一大主题,包括《述报》等中文报刊,也大量引用《申报》的报道。时人对战局的了解,大多来自《申报》《述报》以及相关书刊的二次传播。
⑤ 杨葆光著,严文儒等校点:《订顽日程》第二册,上海:上海古籍出版社,2010 年,第 1040 页。
⑥ 杨葆光著,严文儒等校点:《订顽日程》第二册,上海:上海古籍出版社,2010 年,第 1050 页。
⑦ 杨葆光著,严文儒等校点:《订顽日程》第三册,上海:上海古籍出版社,2010 年,第 1621 页。
⑧ 杨葆光著,严文儒等校点:《订顽日程》第三册,上海:上海古籍出版社,2010 年,第 1630 页。
⑨ 杨葆光著,严文儒等校点:《订顽日程》第三册,上海:上海古籍出版社,2010 年,第 1714 页。
⑩ 杨葆光著,严文儒等校点:《订顽日程》第三册,上海:上海古籍出版社,2010 年,第 1917 页。
⑪ 杨葆光著,严文儒等校点:《订顽日程》第三册,上海:上海古籍出版社,2010 年,第 1933 页

1887年他没有订报的支出记录,但他在当年七月初三日的日记中记载:"散之交二月廿四《申报》,而本月以前俱全。"①光绪十五年(1889),他虽然很少提及《申报》,但在七月二十三日,他"送居垣《申报》五"②。从杨葆光阅读《申报》的记录看,他对官员升迁、科考结果比较关注。如光绪十四年(1888)十月二日,他"阅《申报》,知孟平中北榜";十月四日,他读《申报》,"闻梅先凶耗。知铸江南榜高魁,王廷材亦获隽"③。另外,杨葆光与《申报》的编辑人员亦有来往。如他曾在光绪六年(1880)正月二十日,"致澹翁,《申报》孔姓、伯齐、韵溪、竹屏诗函"④。

在江苏东台县(今东台市),通过信局寄递《申报》,一些文人也有机会开始读报的历程。出生于1867年的吉城,于光绪十三年(1887)十二月二十八日,在自家开设的"吉泰和"店内,开始阅读《申报》,并记载格致书院考题为"水旱灾荒平日如何预备临时如何补救论"⑤。光绪十四年(1888)他读《申报》的次数大增,三月二十五日,他读《申报》知"镇江本月十二日地震之信是实,并非一处然也"。他通过报刊新闻来证实书信消息,开拓了新闻来源。二十八日,他"阅《申报》数十事",虽未标明何事,但说明对报刊新闻已颇为重视。时年21岁的吉城热衷于科举考试,平时苦读经史,对报刊上的科考消息颇为留意,其二兄经常从外地寄回《申报》。九月十八日,他接到其二兄信并附"《申报》四纸",记载"广东、广西、湖北、河南四省榜已发。湖北元毛荫桐、广西元毛荫蕃,名字颇复相似"⑥。光绪十五年(1889),其二兄与少芝兄也陆续寄回《申报》,九月十四日,他特地记载"总理衙门覆奏遵等铁路折稿,颇详晰"⑦。他关注修建铁路的新闻,说明他读报的视野较之前较为开阔,铁路等新事物对他的观念世界有着一定的影响。值得注意的是,吉城收阅《申报》,并不算迟缓。光绪十六年(1890)四月初九日,他"接二兄来信并初四日《申报》"⑧,这说明他能在东台县城看到五天前出版的《申报》。东台位于江苏中部,地理位置并不优越,如此的报刊传递速度,在当时已较为难得。

值得注意的是,在安徽桐城西乡挂甲山,17岁的新科秀才姚永概在潜心攻读经史之际,于癸未年(1883)十月二十九日,有机会"阅《申报》"⑨。尽管在他这一年的日记中,《申报》仅出现过一次,且他并没有抄录该报的任何内容,但在1883年的安徽桐城的乡下,《申报》的出现却值得关注。这张报纸很可能是"辗转相传",流布于姚家,但它进入乡村社会的事实,说明《申报》的影响日益广泛。

---

① 杨葆光著,严文儒等校点:《订顽日程》第三册,上海:上海古籍出版社,2010年,第1782页。
② 杨葆光著,严文儒等校点:《订顽日程》第三册,上海:上海古籍出版社,2010年,第2004页。
③ 杨葆光著,严文儒等校点:《订顽日程》第二册,上海:上海古籍出版社,2010年,第1310-1311页。
④ 杨葆光著,严文儒等校点:《订顽日程》第二册,上海:上海古籍出版社,2010年,第1040页。
⑤ 吉城:《鲁学斋日记(外二种)》第一册,北京:国家图书馆出版社,2010年影印本,第31页。
⑥ 吉城:《鲁学斋日记(外二种)》第一册,北京:国家图书馆出版社,2010年影印本,第48-49、84页。
⑦ 吉城:《鲁学斋日记(外二种)》第一册,北京:国家图书馆出版社,2010年影印本,第180页。
⑧ 吉城:《鲁学斋日记(外二种)》第一册,北京:国家图书馆出版社,2010年影印本,第180页。
⑨ 姚永概著,沈寂标点:《慎宜轩日记》上册,合肥:黄山书社,2010年,第145页。

随着发行网络的扩大,《申报》的影响力与日俱增。正如该报的一则评论云:"向之书馆学生、店铺小伙,一遇闲暇则相率以嬉,自有华文日报以来,得暇即看日报,其初亦格格不相入,渐而久焉,亦多有融会贯通者,令之握管作一札,居然通矣。"① 尽管论者说得有些夸张,但也说明当时的读者群体已延伸至"店铺小伙"此类的下层民众,"读报"成为通商都会的一道文化景观。

尽管学术界通常认为甲午战争对知识分子的影响极为深远,但在 1880 年代,尤其是中法战争前后,一些报刊对时局的分析和对西学的介绍,已对当时的读者产生了较大的触动。如曾任《蒙学报》主编的叶瀚出生于 1863 年,在中法战争期间,他通过读报了解时政,并决心改变"素习",学习西学,主张变法革新。他在日记中记道:"生阅报,愤甚。知欲重过富强,非变法不可。欲变法,非由学士大夫改其素,学习世界语言,娴科学,精制造不可……生乃发愤自期,欲外游以求师友,冀徐达其本旨。"② 虽然叶瀚没有指出具体的报纸名称,但由此可知读报对他产生的影响较为深刻。

同样深受报刊与新学影响的周星诒,于 1885 年购到《化学卫生论》一书,他在日记中记道:"《化学卫生论》向在《格致汇编》中另行见之,今汇订成册另出,疑为全帙,而仍为上册,不知何以不全译出也。……近傅兰雅译授格致馆生,始于己卯,讫于壬午,仅得三之一耳。"③ 傅兰雅翻译《化学卫生论》在 1879 年至 1882 年间,并在《格致汇编》上刊出,周星诒回忆曾读过《化学卫生论》的部分内容,也应该在此期间。这时周星诒尚在福建建宁知府任上,他对《格致汇编》的记忆如此深刻,说明他当时读报是颇为细致的。而在 1889 年,任冀州知州的吴汝纶也有机会阅读"西报",他在日记中对气枪、水雷制造原理的介绍,就源于"阅西报"所获得的知识。他感慨道:"西人精于化学,渐能用之于行军资仗,可谓日新月异矣。"④

随着《申报》《时报》《字林沪报》等商业报刊的影响不断扩大,如何引导读者读报的问题,已成为报刊的一个重要议题。早在 1890 年,《字林沪报》的一则评论便对读报的益处从五个方面进行了论述,其文云:

> 仆谓报馆为当世急务,阅之者,其益有五……君子观其微即能知天下事矣,此知时务者之益一。……惟有报纸,则如披风俗之书,何去何从,自无误蹈,此欲羁旅者之益二。……物植之丰歉,市面之盛衰,朗若列眉,逐日详报,以是为的,胜于与子贡、陶朱论贾矣。此有志商务之益三。……人有善事则

---

① 《中国宜开洋人报馆说》,《申报》1884 年 9 月 12 日,第 1 页。
② 叶瀚:《愧余生自纪》,民国间抄本,转引自李艳利:《〈蒙学报〉与晚清中国儿童文学的觉醒》,华东师范大学 2011 年硕士论文。
③ 周星诒:《客闽日札》,见周星誉、周星诒著,刘蔷整理:《鸥堂日记·窥橫日记》,石家庄:河北教育出版社,2001 年,第 66 页。
④ 吴汝纶撰,施培毅、徐寿凯校点:《西学上》,见《吴汝纶全集》(四),合肥:黄山书社,2002 年,第 515 页。

美词以赞之,人有慝德则婉词以谏之。苟为自好之人,未有不求誉而畏毁者。则为善之志或因此而愈奋,为恶之念或因此而稍除。此欲全名誉之益四。……报纸则搜罗甚广,月异日新,凡宇宙之奇闻,朝野之轶事,俱能穷形尽相,录于报中,日手一篇,胜于读齐谐多矣。此有广于见闻之益五。①

甲午中日战争前后,全国各地读书人对时政新闻颇为关注,日报的时效性优势也日益明显。1891年,《申报》的一则评论谈到当时报纸的现状时指出:"日报之设始于泰西,至各口通商始流传至中国……嗣是而上海,而汉口,而宁波,而广州,而天津,报馆如林,后先继起,而议论渐求宏富,事迹争尚新奇。各省风行,几如布帛粟菽之不可一日缺。"②此说虽有夸张之嫌,但在甲午前后,日报已在通商口岸广为传布却是不争的事实。针对当时一些人不关注报纸的现状,许多有识之士提出了强烈的批评,认为一些人"惟是资为谈助,藉遣睡魔,往往视同小说、闲书、不甚措意"③。

对于读报的益处,《新闻报》创办后的第二天,就在评论中指出:

> 本报所布,无美不备,无善不收。日出一纸,以集思广益之盛。……要之,集万国之事,成万国之言,以万国之言助万人之益。将见为上阅报可尽操纵之妙,为下阅报可得风气之先。文人阅报益在多闻;商家阅报益在善贾;农工阅报益及操作。一报而万益备,一阅而万益开焉。虽然本馆非敢自夸,其能立言也,不过假本报之新闻述本报之新说,愿以报中益言与阅报诸君子共证之者可耳。④

《新闻报》所论,与其广开销路的经营策略有关。彼时,《申报》已立足报界21年,《新闻报》要放眼世界,为士农工商服务,让各类读者从中受益。这显然是一种理想主义的情怀。

当然,读书人对报刊的关注,与其交往网络有直接关系,也与报刊发行网络有关。1891年,在瑞安乡下任塾师的张棡就开始记录从报纸中获得的新闻。如他在6月26日记载:"报中又详言近日各处匪徒闹事,焚毁夷人教堂。湖北之武穴、安徽之芜湖,又有安庆、镇江、南京、丹阳、九江等处。"⑤时年31岁的张棡被瑞安著名学者孙诒让、诒泽兄弟聘为诒善祠塾主讲,而孙家为当地望族,张棡所读报纸,应为孙家所订阅。而在1893年,任江苏海门镇军赵永铭幕僚的符璋,则已是《申报》的订户。当年正月初九

---

① 《论阅报有益》,《字林沪报》1890年3月11日,第1页。
② 《劝人勿入讼庭以免名登日报说》,《申报》1891年7月5日,第1页。
③ 《劝人勿入讼庭以免名登日报说》,《申报》1891年7月5日,第1页。
④ 《论阅报之益》,《新闻报》1893年2月18日,第1页。
⑤ 俞雄选编:《张棡日记》,上海:上海社会科学院出版社,2003年,第245页。

日,他"又付乙元与杨某,属由信局带《申报》"①。五月五日,他"付赵哨弁处《申报》洋乙元"②。第二年,符璋仍订阅该报,如十一月九日记载,"付福顺泰店《申报》洋乙元"③,这说明他委托别人或信局订阅《申报》,每次付款一元,可能是短期订阅。而他阅读《申报》,侧重于关注官场和科举动态。如当年十二月九日,他阅《申报》后记载:"浙抚放廖毂士方伯,而以浙藩调豫藩,亦奇矣哉。"④第二年九月八日,他阅报,"见初一日懿旨,启用恭邸"⑤。十天后,他又读《申报》,"知何见石比部中北闱副榜第六名"⑥。尽管他特别关注官场与科场消息,但《申报》却将他从海门与外部世界联系起来。

甲午之前,随着口岸城市国际航运能力的提高,《申报》等报刊在海外的邮递与传播也成为现实,一些驻外使节和随行人员有更多的机会阅读国内报刊。如甲午之前出使德、俄等国的许景澄,不仅经常翻译俄文报刊供国内参考,还经常在上海寄来的"洋报"上获知国内新闻。他在致友人的信中,对《申报》有关"美员(翻译)已折回,其人是否北洋托通使所募"⑦一事,向友人进行核实。《申报》对时政新闻的报道,使远在他国的出使人员也能够了解国内时局,从而在新闻时空上实现了跨越式的延展。

二、报刊地理、甲午时局与士绅的读报活动

在人类历史处于中心位置的,是各种相互交往的网络。⑧而交往网络的发展,往往与媒介的"介入"有密切的关联。报刊打破了读书人的传统交往方式,使不同"地方"的读书人可以通过"新闻"建立联系,同时,"新闻"改变了读书人的时空观念,使"个体"能够与周遭世界建立广泛的网络。"新闻"的消费能够"产生"意义,并与现实社会建立广泛的联系。新闻纸强调"当下"的价值,注重挖掘"消息"的意义,从而打破了邸报对官方新闻的垄断地位,使读者在阅读过程中被赋予了"主体"地位,读报刊不仅可以知晓天下事,更能获得新的阅读趣味和象征资本,并建构了日常生活的意义网络。1880年代,随着电报新闻的运用,"电报对诸如《申报》那样的中文报纸的影响深远,它不仅限于提供政治信息,同时还传播社会、文化、经济和军事新闻。电报报道缩短了从事件发生到新闻报道触及公众所需的时间,并能及时提供有关事件进展和公众反应的追踪

---

① 陈光熙点校:《符璋日记》上册,北京:中华书局,2018年,第3页。
② 陈光熙点校:《符璋日记》上册,北京:中华书局,2018年,第25页。
③ 陈光熙点校:《符璋日记》上册,北京:中华书局,2018年,第117页。
④ 陈光熙点校:《符璋日记》上册,北京:中华书局,2018年,第57页。
⑤ 陈光熙点校:《符璋日记》上册,北京:中华书局,2018年,第105页。
⑥ 陈光熙点校:《符璋日记》上册,北京:中华书局,2018年,第109页。
⑦ 许景澄:《致谢子大令》,《许文肃公书札》(卷二),上海:上海陆征祥1918年至1920年铅印本,第13页。
⑧ [美]约翰·R.麦克尼尔、威廉·H.麦克尼尔:《人类之网:鸟瞰世界历史》,王晋新、宋保军等译,北京:北京大学出版社,2011年,第1页。

报道,从而提升了新闻对大众的影响力"①。尽管在甲午前后,报刊尚未广泛进入读书人的阅读视野,但如《申报》之类的商业报刊已有20余年的发行历史,其通过各种途经"介入"读者的努力,已经在读书人的日记中得到印证。

读者读报具有时间与空间的双重面向。"报纸出,则不得观者观,不得听者听。"②"只有报纸,才能在同一时间将同一思想灌注于无数人的脑海。"③报刊在时空延展中为读者提供了"相遇"的机会,"原本可能难以或根本无法彼此交谈的人们,通过印刷字体和纸张的中介,变得能够相互理解了。"而被报纸所聚结的读者群体,"在其世俗的、特殊的和'可见之不可见'当中,形成了民族的想象的共同体的胚胎"。同时,报纸所形成的同时性(simultaneity)概念,对于信息的共享具有重大的意义,即使是"世界性事件"也都会被折射到一个方言读者群的特定的想象之中。④

读报纸就是读社会、读时代。商业性报刊的职业化分工,使其新闻更具可读性。《申报》《汇报》《新报》《述报》《广报》等报刊对地方新闻和时政新闻的重视,有利于商业性报刊的地域性扩张。中法战争前后,报刊对新闻时效性更为关注,读者往往将重大时政问题作为日记中的议题。但是,由于阅读观念、传播技术与邮政条件等方面的原因,在"甲午"之前,整个社会精英阶层中读报人的数量十分有限,至于下层民众,则很少有机会接触到现代报刊。报刊发行主要集中于通商都会,城镇社会的民众亦难有机会订阅,一般乡村社会更是置若罔闻了。报刊作为中国现代化的缩影,主要集中在几个口岸城市。即便读书人具有读报倾向,但报纸的"可得性"是一个现实的难题,从地理空间上看,北方地区的读者接触到现代报刊的相对较少。

甲午中日海战,使中华民族陷入"亡国灭种"的危机,也是中国社会进入"过渡时期"的重要标志。报刊对战局的报道,成为读者关注时局的重要资讯来源,尽管当时的读者大多为社会精英,但他们的读报记录却能反映战局变动及其对他们的深刻影响。由于报刊地理上的差异,当时的报刊读者主要集中在上海、广州、天津等口岸城市,以及江浙、福建等风气较为开通的地区。而从清末一些高级官员的日记记录读报的经历看,督抚衙门及京城六部衙门是有可能订阅报刊的,如1894年,在北京担任翰林院编修的蔡元培,则从农历九月开始,多次阅读沪报,记载当时列强侵略中国的情形。而在南昌之类的省会城市,阅读《申报》的机会是存在的。如甲午海战极大地影响了皮锡瑞的阅读世界,彼时,他任教于南昌经训书院,他经常阅读《申报》,将国难的忧愤与报刊新闻、友人议论和诗词感慨结合起来。甲午期间,他的日记明显异于前几年对"阅课

---

① [美]周永明:《中国网络政治的历史考察:电报与清末时政》,尹松波、石琳译,北京:商务印书馆,2013年,第75页。
② 谭嗣同:《〈湘报〉后叙》(下),《湘报》第11号,1898年3月18日第1页。
③ [法]托克维尔:《论美国的民主》(下卷),董果良译,北京:商务印书馆,2016年,第698页。
④ [美]本尼迪克特·安德森:《想象的共同体——民族主义的起源与散布》,吴叡人译,上海:上海人民出版社,2011年,第43、60页。

卷""读典籍"的烦琐记载,对国家命运的极度忧虑使他不断通过读报体现一个学者的担当,时局剧变引发的读报活动,使得他的思想发生巨大转变。"甲午"之后,皮锡瑞对报刊传媒极为关注,除了经常阅读《申报》之外,《时务报》《知新报》《湘报》《中外日报》等报刊常在他的日记中呈现,而他与黄遵宪、梁启超、谭嗣同等维新人士的密切往来,进一步促使他从书斋走向南学会的讲堂,在湖南维新思潮的传播中一度充当着舆论领袖的角色。① 可见,读者所处的地理空间,与报刊的"可得性"有着直接的关系,读书人向读报人身份的转变,只有在报纸触及的"地点"才有可能。而读书人由于游历或交往网络的扩大,也有可能与报纸"偶遇",一些文人因游历上海而读报,而报纸在辗转借阅中,可以"介入"更多读者的阅读世界。

甲午海战震惊中外,各种传闻难以辨认,即便是作为李鸿章最信任的僚属之一——担任北洋机器局总办的傅云龙,也难以获知战局的可靠资讯。其子傅范翔随侍身边,详细记载了光绪二十一年(1895)正月至三月间傅云龙的公务活动及甲午海战的情况。尽管傅云龙在京津官场人脉甚广,消息灵通,但正月十五日前,傅云龙、傅范翔在京过年,关于甲午海战的各种消息,却大多来源于"听闻",傅范翔的日记中提到的"闻荣城去岁十二月廿五日失陷""闻东抚大胜倭贼""闻威海失守""闻烟台失守"②等消息,均未注明出处,表明他对前方战事并没有准确的把握。正月十八日之后,傅云龙父子来北洋机器局办公,可以"阅合肥咨机器局密札",直接阅读李鸿章带来的机密消息,还直接拜见了李鸿章,并被告知:"廿三□开议,带随员十二,有马建忠及其季子李经芳(方)云云"。③ 此类机密,傅云龙父子因与李鸿章有私交方可获取。而在李鸿章赴日本议和之后,傅范翔对战局的了解仍然多源自"听闻"。一月二十日之后,傅范翔的日记中出现了"阅报"的记录,但对报刊记载的战时新闻却难得一见。其时,天津《直报》初办,但他很少有阅读该报的记录。对于李鸿章在日本被刺一事,各种传闻莫衷一是,傅范翔也被电文和各种"听闻"弄得一头雾水。三月一日,他通过读报得知:"二十八日下午四点半钟,钦差全权大臣李中堂会议回寓,被倭人用小手枪行刺,击伤腮颊,流血极多,铅子尚未取出。"阅读报纸新闻是他对传闻进行比较的一种方式,第二天,他才确证"李鸿章身死是误传"④。可见,傅云龙父子虽身处天津,消息来源广泛,但报刊的战时新闻并没有充分地进入他们的阅读视野。

而在甲午年,时年19岁的包天笑,却因为苏州邻近上海的地理优势,已经有了近十年的阅报经历。其时,他虽要参考科举考试,却对新式报章颇有兴味。他回忆:

---

① 蒋建国:《维新前后商业报纸的时政报道与读者阅读》,《新闻大学》,2018年第4期,第43页。
② 《傅范翔日记》,见傅训成整理:《傅云龙日记》,杭州:浙江古籍出版社,2005年,第325-326页。
③ 《傅范翔日记》,见傅训成整理:《傅云龙日记》,杭州:浙江古籍出版社,2005年,第331页。
④ 《傅范翔日记》,见傅训成整理:《傅云龙日记》,杭州:浙江古籍出版社,2005年,第335页。

> 那一年是甲午年吧,我国与日本为了朝鲜事件打仗,上海报纸上连日登载此事。向来中国的年青读书人是不问时事的,现在也在那里震动了。我常常去购买上海报来阅读,虽然只是零零碎碎,因此也略识时事,发为议论,自命新派。也知道外国有许多科学,如什么声、光、化、电之学,在中国书上叫做"格物",一知半解,咫闻尺见,于是也说:"中国要自强,必须研究科学。"①

在包天笑看来,甲午海战对他的阅读生涯有着深刻影响,尽管他还在"旧学"中谋求仕进,但是报刊给他带来的新学的基本概念,他以"新派"自况,说明报刊为他开启了通向"西学"的窗口。其时,包天笑作为求知欲极强的青年,虽然尚未完成由传统读书人向现代知识分子的身份转变,但他由阅读新闻而重视新学,表明两者之间有着内在的关联。

值得注意的是,甲午之前,报刊已经由温州城向乡村社会传播。如平阳县的刘店离温州城虽然较远,但在1890年,这里的一位23岁的秀才刘绍宽已经开始订阅《申报》。1894年,刘绍宽已在乡下教读多年,他交游交广,经常到城里了解各种信息。当年的大年初一,他阅黄源初的《东游日记》,记载:"源初谓东人学会甚多,甚为有益,鄙意亦如此云。"②这一年,他频繁地阅读《申报》,二月九日,他读《申报》,记载:"两江总督刘岘庄帅开局自铸银圆。去年浙闱舞弊案周福清定谳,斩监候。瑞安周伯龙珑茂才随龚仰蓬星使照瑗出使义、比,现时以出使参赞随员为终南捷径也。南皮张香帅督两广,制造银圆,四开、八开者已流行于沪上。"③二月十六日,他又记载:"《申报》论市务,谓中国用银,以银为数。外洋用金磅,以先令为数。中商欲收购洋货,必须以银易先令,然后照先令作算,前此中银壹两易五先令,近不过易二先令有奇。"除了对金融问题感兴趣外,他的阅报记录中也不乏趣闻。他接下来写道:"西人好酒,与华人嗜鸦片同。法人每年所饮之酒约有廿三牙兰,每牙兰计四大瓶,约共五斤之谱,然则一百一十五斤矣。"④第二天,他又写道:"报谓近日男子衣服大率取法优伶,女子衣服大率取法娼妓,可觇世风也。"⑤

三月,刘绍宽对《申报》的关注便偏向于军事新闻,彼时,甲午海战虽未爆发,但刘绍宽对海防问题颇为关注。至十月一日,他读报得知:"天津某员采办军火,侵肥至二百余万,以废坏无用之药弹、火枪滥行充数,枪炮厂尚留用倭人,总其事者毫无觉察。"⑥这时,关于甲午海战的报道还很少见到。十一月一日,他阅报并记载:"刘岘帅

---

① 包天笑:《钏影楼回忆录》,北京:中国大百科全书出版社,2009年,第135页。
② 方辅仁、陈盛奖整理:《刘绍宽日记》第一册,北京:中华书局,2018年,第83页。
③ 方辅仁、陈盛奖整理:《刘绍宽日记》第一册,北京:中华书局,2018年,第87页。
④ 方辅仁、陈盛奖整理:《刘绍宽日记》第一册,北京:中华书局,2018年,第87页。
⑤ 方辅仁、陈盛奖整理:《刘绍宽日记》第一册,北京:中华书局,2018年,第88页。
⑥ 方辅仁、陈盛奖整理:《刘绍宽日记》第一册,北京:中华书局,2018年,第103页。

署直督,张香帅署两江总督。现我军由平壤退至义川,退至九连城、退至凤凰城,退至大高岭。"①甲午战争的报道引起他的关注,之后,他对战局极为留意,抄录大量相关新闻。五天后,他读报后记录:"十七日至廿二,倭已占据金州,船驶入大连湾,在口门安放水雷,以御华军攻入。"②当月二十三日,他读报得知议和的新闻:"倭人议和,索银四百兆圆,且谓已占之地归倭管辖,高丽国政中朝不复与闻。"③第二天,报载"旅顺失守"④,形势对中国极为不利,至第二年一月,"中日议和不成,张荫桓于十二日由山海关抵沪"⑤。

中国海军甲午战争的惨败,在朝野引发极大震动。远在温州平阳乡下的刘绍宽不仅关注报刊的有关报道,还常与师友相互讨论,评论时政。如光绪二十一年(1895)二月七日,他到平阳县城拜见其老师吴祁甫,吴祁甫对他说:"日本之祸由李傅相,使海军及早整顿,必不溃裂如此。"⑥吴的观点,在当时颇有代表性,在许多士绅的议论中,李鸿章成为甲午败局的罪魁祸首。但仅仅讨论败因于事无补,和谈并无进展,形势对中方极为不利。当天,刘绍宽又看正月十二日至二十六日共半个月的《申报》,坏消息触目惊心,先是"山东荣成于客腊廿五日失守",接着,又是更多的坏消息:"刘公岛失守,定远铁甲船被倭人水雷轰沉,其余北洋各兵船从口内驶出,不知何往。来远、威远亦被击坏。威海失守,丁禹廷军帅汝昌已尽节。"刘绍宽心绪极为恶劣,哀叹:"三十年之功毁于一旦,此真可为痛哭流涕长太息者也。"⑦

败局无可挽回,主战派已无力回应,被迫议和便成为主流声音。消息传来:"廷旨授李傅相全权往日议和,以王文昭为北洋大臣、直隶总督。"⑧对于战争损失,刘绍宽特抄录了一则新闻加以证实:"自中日开战至光绪二十年十二月初五日,被倭劫去军中各物值银七百卅一万二千圆,计大炮六百零七尊,洋枪七千四百枝,炮弹六十万一千七百四十一颗。"⑨然而,这仅仅是战争本身的损失而已。随着山东文登、荣城、宁海等地进一步被日本侵占,中方在议和中的处境更为艰难。二月十四日,刘绍宽读报得知:"倭以五款要挟中国:一、不还所踞之地,如金、复、海,盖诸处尚可商量,旅顺则竟思久假;二、索取兵费六万亿两;三、未还清之前,以台湾为质;四、交出前悬赏格拿办倭奸之人;五、政事与倭商酌。"⑩但是,这仅仅是报纸的传言,日本在进一步图谋台湾等地,牛庄、

---

① 方辅仁、陈盛奖整理:《刘绍宽日记》第一册,北京:中华书局,2018年,第104页。
② 方辅仁、陈盛奖整理:《刘绍宽日记》第一册,北京:中华书局,2018年,第104页。
③ 方辅仁、陈盛奖整理:《刘绍宽日记》第一册,北京:中华书局,2018年,第105页。
④ 方辅仁、陈盛奖整理:《刘绍宽日记》第一册,北京:中华书局,2018年,第105页。
⑤ 方辅仁、陈盛奖整理:《刘绍宽日记》第一册,北京:中华书局,2018年,第108页。
⑥ 方辅仁、陈盛奖整理:《刘绍宽日记》第一册,北京:中华书局,2018年,第111页。
⑦ 方辅仁、陈盛奖整理:《刘绍宽日记》第一册,北京:中华书局,2018年,第112页。
⑧ 方辅仁、陈盛奖整理:《刘绍宽日记》第一册,北京:中华书局,2018年,第112页。
⑨ 方辅仁、陈盛奖整理:《刘绍宽日记》第一册,北京:中华书局,2018年,第112-113页。
⑩ 方辅仁、陈盛奖整理:《刘绍宽日记》第一册,北京:中华书局,2018年,第113页。

营口等地又被日本占据。二十八日,报载李傅相与伊藤议后回署途中,被倭人小山放枪轰击,面部受伤,……澎湖已为倭人所得。① 至四月二十八日,刘绍宽读报得知中日合约的最新消息:"偿兵费二万万,割辽东、台湾与倭,计辽所失有七州县,本年缴费一万万,馀分六年带缴,五厘起息。"② 六月十九日,他抄录了中日议和后的一则台湾新闻:"全台绅民欲立刘渊亭军门永福为民主国大总统,军门固却不受。"③ 至此,刘绍宽关于甲午海战的阅报活动基本结束。尽管他很少发表自己的感想,但对战争过程的新闻抄录,比较全面地展示了这场战争的具体进展。作为一位居住在平阳乡下的儒生,他虽以馆课为业,但内心对国家的前途和命运极为关注,体现出强烈的爱国情怀。

甲午年,浙江海宁的王乃誉开始报刊阅读。他在二月八日的日记中记"午前看报"④一事。虽然没有点出具体看何报,但他在家里读报的记载,已表明报刊进入了他的"生活记录"。而安徽桐城的姚永概,早在1883年就读到《申报》,之后的十年几乎没有读报的记载。甲午年,他赴京参加最后一次会试后,在河北武邑县谋得教职。他对中日战局颇为关注。七月八日,他在日记中记载:"前数日,闻叶军全覆,愤极,至终夕未眠。近又闻未覆,但廿七夜日人偷破一营,退驻公州。《申报》又载初五日我军又捷,究竟无真消息。"⑤ 这表明姚永概在河北武邑可以读到三天前的《申报》,《申报》已进入北方的城镇社会。同时,姚永概对《申报》关于战事的报道感到怀疑,对照平时的听闻进行分析。其洞察力极为难得。第二年三月四日,他在江苏通州(南通)"闻合肥在日本为刺客用枪击伤面频"。但是,关于这则新闻,"《申报》则言已死,《新闻报》则言未死"⑥。这再次印证了当时某些报刊新闻真伪难辨。

江苏东台的秀才吉城,在甲午之前潜心攻读诗书,期待能够鱼跃龙门。他通过阅读《申报》了解时政。光绪十八年(1892)六月二十七日,他见《申报》,"有辨志文会案,陈培寿词章列头等……","感叹吾乡多英,令我增愧"。⑦ 他13岁就考中秀才,尽管此后屡次科场失意,但对于报刊应试和科考消息仍然颇为关注。当然,他也记载"李爵相得类中疾"⑧此类小道消息,以及"张香涛为徐致祥所劾"⑨之类的官方新闻,也有"日本

---

① 方辅仁、陈盛奖整理:《刘绍宽日记》第一册,北京:中华书局,2018年,第116页。
② 方辅仁、陈盛奖整理:《刘绍宽日记》第一册,北京:中华书局,2018年,第119页。
③ 方辅仁、陈盛奖整理:《刘绍宽日记》第一册,北京:中华书局,2018年,第123页。
④ 王乃誉著,海宁市地方志办公室编:《王乃誉日记》第一册,北京:中华书局,2014年影印本,第301页。
⑤ 姚永概著,沈寂标点:《慎宜轩日记》上册,合肥:黄山书社,2010年,第583页。对于甲午战事,当时《申报》《新闻报》的报道多有失实,姚永概在乙未年(1895)六月六日的日记中记载一则传闻:"云香帅(注:张之洞)见《新闻报》所载刘永福屡胜倭人事,密遣人至澎湖访之,竟为子虚乌有之谈,而中国方扬扬得意替相传述也,不可耻也乎。"(姚永概著,沈寂标点:《慎宜轩日记》上册,合肥:黄山书社,2010年,第618页)
⑥ 姚永概著,沈寂标点:《慎宜轩日记》上册,合肥:黄山书社,2010年,第608页。
⑦ 吉城:《鲁学斋日记(外二种)》第二册,北京:国家图书馆出版社,2010年影印本,第58页。
⑧ 吉城:《鲁学斋日记(外二种)》第二册,北京:国家图书馆出版社,2010年影印本,第70页。
⑨ 吉城:《鲁学斋日记(外二种)》第二册,北京:国家图书馆出版社,2010年影印本,第169页。

崎中里旧有圣庙,今李伯行星使撤重修"①此类海外新闻。但在甲午前四年,他记载读《申报》的次数有限。

至甲午年,吉城同时订阅了《申报》《沪报》,由于两报可能隔天或者数天后方能到达东台,他在私塾教学和读书之余,一般每次阅读一至四日左右的报纸。如正月十六日,"阅初五、六两报,纪内外臣工以万寿盛典,蒙赏赐者不一其人";十七日,"阅初七、八、九三报";十八日,"阅初十、十一、十二三报";二十一日,"阅十三、四两报";二十二日,"阅十五日报";二十六日,"阅十六日报"。② 此后的两年多时间里,他坚持不定期地阅读一天或数天的报刊,仅当年一月至三月,他有25天在读报,并将所阅报刊具体日期列于日记首行。对他而言,读报是当天的头等大事。每当接到数日的报刊,他会集中时间阅读,并作为一种日常的仪式得以持续。这在当时的文人报刊阅读记录中是不多见的。从三月开始,他对甲午时局甚为关注,读报后往往简要摘录和评论。三月二十一日,他记载"台湾省会改建于台北",十二月十日,他写道:"闻有和议矣。"③

光绪二十一年(1895),他对中日战争与和谈进展甚为关注,通过阅读《申报》《沪报》,用"一句话新闻"概括重要事件。如一月七日:"山东登州有警";十七日:"威海又有失去炮台之信";二十九日:"威海刘公岛皆炭炭";二月二十日,"东抚得一胜仗";五月十八日:"台湾见立为民主国,五月初二日公举唐景崧为总统";二十二日:"台北危矣";闰五月一日:"台湾亦无好消息"。④ 此类"一句话新闻",在吉城的阅报日记中有着重要价值,他平时读报,如无要事,仅记载所读报纸日期,在中日战争期间,他所记录的重要事件,大体可以勾勒出战局的动态。

时局的发展,对吉城的内心有着极大的冲击。光绪二十一年(1895)六月二十七日,他在日记中记载了读其二兄来信后的感想:"规予云,好古遗今,非有用之才也。噫予之不闻箴戒也久矣。年来颇有金石之癖,读经读史又时□为琐屑考据,名曰好古,实则无用耳。"对于兄长批评其"终身迷此不醒"⑤,吉城并没有直接回应,但从其甲午前后的读书情况看,几乎都是经史著作,其"厚古薄今"的读书倾向非常明显。对于这位少年成名的秀才而言,"金榜题名"仍然是他孜孜以求的目标。尽管他通过读报关注时政,感受外部世界的巨变,但是,"新学"并没有进入他的阅读世界,报刊也没有引发他调整知识结构的努力。从这个层面上而言,甲午战争仅仅是过渡时代的开端,许多旧式文人一方面有机会接触到报刊新知,但另一方面又是旧学的拥趸。

---

① 吉城:《鲁学斋日记(外二种)》第二册,北京:国家图书馆出版社,2010年影印本,第60页。李伯行即李经方,字伯行,号端甫,为李鸿章长子,当时为钦差大臣出使日本。
② 吉城:《鲁学斋日记(外二种)》第二册,北京:国家图书馆出版社,2010年影印本,第279、281、283页。
③ 吉城:《鲁学斋日记(外二种)》第二册,北京:国家图书馆出版社,2010年影印本,第307、390页。
④ 吉城:《鲁学斋日记(外二种)》第二册,北京:国家图书馆出版社,2010年影印本,第405、407、413、421、451、453、457页。
⑤ 吉城:《鲁学斋日记(外二种)》第二册,北京:国家图书馆出版社,2010年影印本,第469页。

但是,有机会接触"新学"的文人对报刊的态度却大不相同。如在河北故城县信都书院就读的贺葆真,由于其父贺涛系桐城派的重要人物,贺涛与吴汝纶有密切交往,且对新学非常关注,并强调"阅书不及阅报章,以事愈新愈切要也"①。他执掌的信都书院,因而对新式书报有着特别的关注。在1892年,19岁的贺葆真除了平时苦读经典之外,还"将上海时报中之京报取出,订为一册,以便流览"②。这里所言的"时报",应包括上海出版的各种报刊,它表明当时信都书院至少订有数种报刊。这在较为偏远的故城县,是较难得的"媒介景观"。由于贺涛强调读报比读书重要,对于信都书院的学生而言,报纸则成为极为重要的知识类型,对改变他们的"知识仓库"起着极为重要的作用。

三、抄报活动:《鸡林记事》与甲午时局的新闻呈现

与读者在日记中摘录报纸新闻不同,抄报则是对报刊新闻的持续性抄录,形成较为完整的文本,且很少夹杂抄录者个人的评论。与古代抄书人所形成的知识垄断不一样,抄报人是为了记录新闻并使之成为留存的文本,从而有利于新闻的"记忆"与二次传播。抄录者不遗余力地选择重要新闻进行汇编,一方面说明报刊本身较为稀缺,且不易流传;另一方面也说明抄录者对时政新闻有着极为浓厚的兴趣,希望在抄录中获得主体的价值和存在感。从早期宗教报刊的传播来看,魏源、徐继畬、梁廷枏等人就有抄录报纸的习惯。随着商业报刊的发展,同光年间,已有读者对抄录报纸新闻颇感兴趣。如一位自称"如皋白蒲人"的佚名士人,从咸丰六年(1856)开始记载历次战乱,坚持40余年而不辍,撰就《咸丰同治光绪兵事日记》六卷,为了解江浙一带的战乱状况、民俗人情、日常生活留下了弥足珍贵的资料。作者见闻颇广,在光绪七年(1881)之前,对兵事的记录,多来自"闻说""听闻"。而当年九月五日,他的日记中第一次出现了《申报》,他抄录了该报的一则新闻:"浙江台州反贼杀官名黄金满闹事,刻下聚集各路兵,水陆并进。"报刊为他提供了一手资讯,虽然他是偶尔读报,却开辟了另外一条获取新闻的重要途径。之后,他在日记中还将"听闻"与《申报》新闻加以对比。如光绪十年(1884)中法战争期间,他对战事颇为关注,五月五日,他在日记中记载:"闻法国已求和,大约是换军机大臣要决战心怯,是以求和。"对于这一说法是否靠谱,他便引用报刊新闻加以证实:"据《申报》云:已有条约数条,定于十六日立约。"显然,作者是根据《申报》对"听闻"加以证实,而不再以"未知确否"悬疑。当日,他还记载另外一则新闻:"左

---

① 贺葆真著,徐雁平整理:《贺葆真日记》,南京:凤凰出版社,2014年,第35页。
② 贺葆真著,徐雁平整理:《贺葆真日记》,南京:凤凰出版社,2014年,第7页。

宗棠进京作相","两江总督再为另放,现在曾国荃署理四月",并指出"此话亦是《申报》说"①。这说明他引用《申报》新闻已非常"放心",无须质疑真伪。如"裴大中、罗绶章均革职"②之类的一句话新闻,大约是他看《申报》后最需记载的重要事件。但是,对于《申报》自身无法确证的消息,他也抄录存疑。如光绪十一年(1885)十一月十三日,他记载"天上星四边流散,据云星流如织,不知主何吉凶"。虽然《申报》"登载已有二十一日",但"未下断语"③,他还是据实记录。报刊作为新式传媒对这位热衷记录"兵事"的作者留下了深刻的印象,这在当时的乡绅生活中是极为难得的"景观"。翻阅晚清士绅日记,在1881年之前有读报记录者甚少,即便是一些当朝显贵,也很少在甲午之前阅读报刊。尽管我们无法了解作者是通过何种方式获取《申报》的,但从其长期在如皋小城生活的记录看,他手头的《申报》应该来自本地。这说明该报至少已在如皋传播,留心时政新闻的乡绅才有机会与现代传媒"相遇"。这位乡绅在读报之后的抄录活动,作为他"兵事记录"的组成部分,充实着他的"知识仓库"。对"甲午"之前的抄报人而言,报刊作为一种新型的知识和新闻资源,提高了他们观察时政和了解时局的能力,为他们的新闻记录提供了新的养料。

光绪年间,也有人抄录地方官衙告示、报刊新闻并汇编成册,大约有记录存档的目的。如《光宣政书杂钞》《清末报纸摘钞》《京报摘钞》等,均抄录了不少报刊新闻,尤以《申报》《新闻报》《京报》的新闻为多。这表明,手抄新闻对于报刊的二次传播起到了一定的作用。

与日记的新闻记录不同,手抄新闻具有连续性,对于读者了解新闻事件的进程有着特殊的价值,如《鸡林纪事》便是抄录者摘录的甲午海战新闻汇编。关于《鸡林记事》稿本的抄录者,桑兵主编的《七编清代稿钞本》标注为李傅相,即李鸿章,但稿本并没有注明作者,从抄录的日期和内容看,尤其是有关李鸿章在议和期间的新闻,如《傅相被刺》之类的报道,不太可能为李鸿章亲自抄录,因此,作者应为佚名。④ 稿本记录了

---

① 佚名:《咸丰同治光绪兵事日记》,见桑兵主编:《五编清代稿钞本》第201册,广州:广东人民出版社,2013年影印本,第513页。
② 佚名:《咸丰同治光绪兵事日记》,见桑兵主编:《五编清代稿钞本》第201册,广州:广东人民出版社,2013年影印本,第540页。
③ 佚名:《咸丰同治光绪兵事日记》,见桑兵主编:《五编清代稿钞本》第201册,广州:广东人民出版社,2013年影印本,第524页。
④ 根据该稿本记录甲午中日战争的新闻来看,作者多处提及的李傅相就是李鸿章,作者抄录的稿本以"鸡林"名之,大约借用"诗入鸡林"的典故,可能是为了表明甲午战争时期重要新闻的价值和意义。由于稿本集中记录了李傅相(李鸿章)在中日和谈中的诸多新闻,从每日抄录的新闻和抄录者的口吻看,忙于政务的李鸿章不太可能每天抄录各类报刊新闻与电文,尤其是对其和谈中涉及自己的各种新闻,以李傅相自称之,且对自己被刺一事,采用报刊新闻详细披露,却毫不表明自己的态度。且抄录者在农历二月二十七日李鸿章遇刺后,于农历三月二日就抄录"傅相被刺"的新闻。(佚名:《鸡林记事》卷五,见桑兵主编:《七编清代稿钞本》第307册,广州:广东人民出版社,2015年影印本,第143页。)彼时,李鸿章在养伤并忙于和谈,不可能在四天内对国内报刊报道的这一重大新闻进行抄录。因此,稿本作者佚名较为妥当。

1894—1895年间,甲午战争前后发生的重大事件和时政新闻,尤其对李鸿章在中日战争与和谈中的经历进行了详细记载。但六卷稿本,并未按照时间顺序排列,每卷抄录的内容各有侧重。除了报刊新闻之外,抄录者还选录了一些电文。由此可进一步猜测抄录者可能为督抚衙门的幕僚或书吏之类的杂佐人员。从抄录报刊的内容看,主要来自《申报》《新闻报》《中西日报》《博闻报》,还有部分"西报"和"香港报纸",可见,抄录者能够详阅多份报刊,并对抄写内容有者明显的时政偏好。尤其是对甲午海战前后的重大时政新闻,抄录者特别留意记录,而抄录者对李鸿章议和的新闻特别关注,且以"傅相"尊称之,表明其对李鸿章并无恶感。围绕着甲午海战过程中的新闻,抄录者以四字新闻标题,并简要抄录新闻要点,如乙未年(1895)八月二十九日抄录的新闻标题为《台帅降倭》,其内容如下:"廿六日香港报纸云:廿三日接厦门来电云,闻日兵已夺据嘉义,复率大队往攻台南,并谓英领事弃本国兵船往见日官,代刘大帅往和云云。"①此类新闻,言简意赅,反映出抄录者对新闻内容的总体把握能力比较全面。

抄录者一日或隔一二日抄录新闻,以某日"报"作为开头语,说明抄录者是抄录当天获取的新闻内容,这说明抄录者能够获取当时较为稀缺的新闻资源。甲午前后,各种电报和报刊在一般州县不太可能每天都能收到,作者能抄录如此多的新闻,至少表明他在督抚一级衙门就职,尤其是一些重大战事电报,如果不是督抚一级大员身边的幕僚和随从,很难获得如此详细的新闻资源。但抄录者在抄录报刊新闻时,除了几处标明出自《申报》《中西日报》《博闻日报》外,其他新闻很少标明具体报刊出处,但抄录者集中记录甲午时局,重点抄录与战事相关的新闻。如乙未年(1895)九月六日抄录的便是一则外交新闻:"西报言,俄德法三国各派船偕同赴烟台致哀……"②从抄录的标题看,大多符合当时报刊新闻标题的"四字"风格,且大多与甲午前后的时局有关。从抄录时间看,主要集中于乙未年(1895),并按照中日海战的进程,记载了整个事件中的重要新闻。如正月五日抄录的新闻是《捷音叠至》《击毁倭船》《辽阳军要》《回王效命》,正月六日记载的新闻有《误触地雷》《倭犯登州》《军火将到》《西舰开行》。③ 正月十一日抄录的新闻云:"闻有日兵贰万五千在距威海卅五英里泳清湾登岸,沿岸炮火早被日船火炮轰毁。"正月二十日抄录的新闻标题为《威海失守》,其文云:"十三日上海《申报》云,昨晚七点钟发来电云,'威海失守'四字。"④抄录者特别注明新闻源自七天前的《申报》,表明他看到这一重要新闻的时间较晚,但"威海失守"意味着中国已彻底溃败,被

---

① 佚名:《鸡林记事》卷二,见桑兵主编:《七编清代稿钞本》第306册,广州:广东人民出版社,2015年影印本,第163页。
② 佚名:《鸡林记事》卷二,见桑兵主编:《七编清代稿钞本》第306册,广州:广东人民出版社,2015年影印本,第179页。
③ 佚名:《鸡林记事》卷五,见桑兵主编:《七编清代稿钞本》第307册,广州:广东人民出版社,2015年影印本,第3-7页。
④ 佚名:《鸡林记事》卷五,见桑兵主编:《七编清代稿钞本》第307册,广州:广东人民出版社,2015年影印本,第12、39页。

迫开启和谈之门。同时,抄录者还关注"西报""倭报"的消息,如正月二十五日抄录"西报译登",其文云:"倘中倭不听俄国友睦之言相劝,则俄国必以干戈渊事,争取朝鲜云。"当月二十七日,又进一步报道中俄议和的新闻:"倭人悉李傅相年迈,不宜远涉重洋。现择旅顺地方为聚议之区,英俄北京两使亦同调处云。"①之后,关于和谈的新闻便不断出现。显然,中日海战已牵涉英、俄等国,列强均虎视眈眈,图谋利益。

从当年二月至三月,抄录者对甲午战局和中日和议进程极为关注,几乎每日都摘录报刊相关新闻。如二月二日,抄录"廷旨授李傅相为全权大臣,以云贵总督王夔名文韶为北洋大臣、直隶总督"的新闻,六日,先抄录"威海炮台均已失守、刘管带殉难、戴观察自尽"的新闻,又抄录"饮恨而死"专题新闻,其文云:"当倭兵在荣城登岸时,丁军门即电请某僚,愿统率兵舰前往邀击,讵某僚回电不准出威海一步。并云若违节制,定参等语。"当天,抄录者还抄录《倭相复文》《苏州余话》的新闻。② 三月一日,又抄录西报云:"倭军已过辽河,欲前进攻,为宋军所击而退云。"③三月二日,抄录者特别关注《傅相被刺》这则新闻,并记载:"廿七日,李傅相由马关商议和款,回寓途次在馆内被倭匪徒高也马年廿一岁者,用六响连枪轰伤其面。"④同日,他还摘录了日本《日日新闻》的消息:"丁禹廷在刘公岛致倭将咨函各一件。"两天后,他又抄录《傅相无恙》的新闻云:"劳打电云,傅相被倭匪枪上,由倭主简派医官调治,刻下医有起色。"但坏消息仍然不断,第二天,他抄录"西报"的报道:"各口严禁米粮出口,不能载至闽广两省,均为可忧。"⑤显然,清廷在甲午一战的惨败,其后果已不堪设想。报纸不断报道各种不利消息,抄录者虽不做具体评论,但是这些新闻的串联,已表明甲午之后,兵败如山倒。

不仅如此,俄、德、法等国乘虚而入,从中攫取各种利益,在日本侵略台湾之际,进一步介入中日和谈。九月六日抄录的新闻云:"俄、德、法三国各派船偕同赴烟台,致哀的美敦书于日廷,限至月底将辽东、高丽退出云。"⑥之后,抄录者进一步抄录了中日战争的一些具体情况,如《论中日军务》《日本兵制》等,这些新闻对日本战胜中国的内在原因进行了详细分析。另外,另外,《鸡林记事》还记录了不少朝鲜时政新闻,抄录者还对《防俄论》之类的论说也加以关注。这说明其新闻视野较为广博,对国际局势颇为留

---

① 佚名:《鸡林记事》卷五,见桑兵主编:《七编清代稿钞本》第307册,广州:广东人民出版社,2015年影印本,第48、52页。
② 佚名:《鸡林记事》卷五,见桑兵主编:《七编清代稿钞本》第307册,广州:广东人民出版社,2015年影印本,第69-72页。
③ 佚名:《鸡林记事》卷五,见桑兵主编:《七编清代稿钞本》第307册,广州:广东人民出版社,2015年影印本,第139页。
④ 佚名:《鸡林记事》卷五,见桑兵主编:《七编清代稿钞本》第307册,广州:广东人民出版社,2015年影印本,第143-144页。
⑤ 佚名:《鸡林记事》卷五,见桑兵主编:《七编清代稿钞本》第307册,广州:广东人民出版社,2015年影印本,第151、155页。
⑥ 佚名:《鸡林记事》卷二,见桑兵主编:《七编清代稿钞本》第307册,广州:广东人民出版社,2015年影印本,第179页。

意。当年十月之后,抄录者对战后时局颇为留意,抄录新闻内容颇为广泛,如《使俄改派》《韩乱不已》《闻姓招商》《铁路再商》《俄争高丽》《新抚交替》《租界绘图》《日使驻苏》《商约未定》《祝帅驻旅》《壁垒一新》《遣使余闻》《俄倭互防》《台乱继起》《新抚程期》《圣恩宽大》《加冠改期》《高王失计》《上相赴俄》《偿费传闻》《法商联合》《俄路招商》《日本使臣》《矿务续谈》《洋案又翻》《傅相到港》《香江杂记》《邮政拟设》《越迎傅相》等等,这些新闻来源于当时的报刊,大体每日一记,重点突出。可见,抄录者注重抄录国际新闻和重大时政新闻,对时事颇为留意。

此外,抄录者还抄写《中西日报》《博闻日报》的评论和新闻,这两份报纸都出自广州,抄录者予以留意,也许与其工作和阅读经历有关。如《中西日报》乙未年(1895)闰五月十七、十八日刊出的两篇时论,抄录者全文抄录,其一为《论重设海军亟宜变通整顿》,其二为《录台湾捷报书后》;闰五月二十八日,抄录该报的《论俄人之心志》一文;六月三日,又抄录该报《讬孤原书》一文。① 抄录者还摘录光绪八年(1882)李鸿章的一份奏折,并转录港报的言论,为李鸿章的甲午兵败陈说理由,这又进一步表明抄录者是李鸿章的拥趸。

从总体上看,《鸡林记事》集中记录了甲午中日战争时期的重要时政新闻,其内容大多来自国内报刊,抄录者大多每日一记,虽多未标明新闻来自何种报刊,但通过新闻标题表明抄录的可靠性。抄录者意识到这些重要新闻的史料价值,通过详细抄录报刊,形成甲午中日战争的史料汇编,抄录者对战局重要细节的抄写,具有证实事态发展历程的意图,尤其对一些重要新闻的前后连贯性抄录,为了解时局真相提供了较为可靠的资料。显然,抄录者对报刊新闻的阅读和摘录,体现了其留心时事的态度和眼光。这在报刊传布不广的甲午时期,是十分难得的。

四、结语

新闻史研究中较为流行的观点认为,"维新"之前,报刊发行量极少,影响力甚微,读报者更是寥寥无几。梁启超、姚公鹤等报人的回忆更是作为例证被广为引用。如梁启超说:"《中外公报》(应为《中外纪闻》)……其言之肤浅无用,由今思之,只有汗颜,当时安敢望有人购阅者,乃托售京报者随宫门钞分送诸官宅,酬以薪金,乃肯代送。"② 姚公鹤则回忆道:"彼时社会以帖括为唯一学问,而报纸所载亦实多琐碎支离之记事,故双方愈无接近之机。"③ 这两则史料都说明了早期报刊发行颇为困难,购阅者甚少。但

---

① 佚名:《鸡林记事》卷三,见桑兵主编:《七编清代稿钞本》第 306 册,广州:广东人民出版社,2015 年影印本,第 309-366、375-393、401-403 页。
② 梁启超:《鄙人对于言论界之过去及将来》,《庸言》第 1 卷第 1 号,1912 年 12 月 1 日。
③ 姚公鹤:《上海闲话》,上海:商务印书馆,1927 年铅印本,第 176 页。

是,本文通过甲午前后的读报活动研究说明:新式报刊传媒在 1880 年代之后的十多年间,已通过各种途径从都市社会渗透到城镇社会,尽管读者的总数并不多,但读报人通过报刊与周遭的世界已经建立了更为复杂的"意义之网",简单地否认甲午前报刊的阅读与影响可能有失偏颇。

  甲午海战震动朝野,触动国人灵魂。面临前所未有之"国难",在"国将不国"的危局中,报刊为士林制造了新闻与言论网络。在士绅阶层向知识人转变的过程中,在古典与现代、保守与前卫、中学与西学之间,读书人面临着身份认同与价值取舍。而读书人能否接触新式报刊传媒,与际遇与时空相关,也与立场与观念相关。甲午前后,报刊的发行网点也进一步扩大,读报刊的可能性进一步提高。如张棡、刘绍宽、姚永概、吉城等乡绅能在江浙乡下通过读报而评论甲午时局,尽管这些文人学士在日记中零星地记载了读报的内容与感受,但是,报纸作为"思想纸"对他们精神世界的影响却较为深刻。他们的阅报记录中夹杂了对时局的看法,这与传统士绅摘录邸报内容有着极大的差异,报纸在建构读者观念系统方面的作用更为明显。他们往往能够观察到报纸新闻背后的"危机"与"凶险",对国家的前途与自身的命运深以为忧。正如理斯曼(David Risman)所言:"他们有了自己独特的见解,不再受传授者的观点的限制而阅读,读者接受的信息无论在深度、广度还是变化上都更宽泛了,印刷品因此成为促进社会变化的重要因素之一。"[①]尽管对于大多数社会精英而言,读报并非"日常仪式",但是,报纸毕竟进入了一些士绅的"精神世界",通过报刊,他们与外部世界建立了"网络",对时局、对"他者"、对"国家"充满着想象与关切,报纸拉近了他们与新闻事件的"距离",让他们体验到"战时"新闻所产生的巨大影响,从而加深了对现实社会的认知,对清廷腐败无能和民族命运有着更为深切的忧患意识,从"满盘皆输"到"变法自强"的观念转变看,甲午海战在士林中所产生的巨大影响,通过报刊舆论与新闻场域也可观其端倪。从这个意义上说,甲午时期读者的读报活动,与政治危机、思想启蒙和社会变革运动密不可分。

[①] [美]大卫·理斯曼等:《孤独的人群》,王崑、朱虹译,南京:南京大学出版社,2002年,第 89-90 页。

"丝绸之路"名称概念传播的历史考察[*]

邬国义

(华东师范大学历史系)

摘要:19世纪末、20世纪初,通过译著的介绍,在汉文文献中已谈到丝绸之路。自20世纪20年代起,在中文相关译作中采用了"古丝商之路""蚕丝贸易通路""运丝通路"等不同的称呼;至迟于20年代末,已开始使用"丝路""丝道"等译名。从30年代初起,由于斯坦因、斯文赫定等在西北新疆等地探险活动的直接推动,以及中西交通史学科的形成和发展,又与这一时期"开发西北"的呼声和思潮相联系,缘此诸因,经学人的译介引进和报刊传媒的作用,"丝路"的名称和概念逐渐在中国传播开来,并为国内学界接纳和采用。最初称谓尚不统一,呈现出命名多样化的状态,之后渐而趋向集中于"丝路""丝道"的名称。一些学人陆续采用了这一外来的新概念和新名称,并使之成为学术表述的一种概念工具。1940年代之后,其得到了相当普遍的运用,流行于学术界和一般的报刊传媒。最具标志性的是"丝路""丝道"的名称及具体介绍还被直接写入了中学的史地教科书,成为一种官方定型化的标准话语,其概念和内涵也得以基本定型。这一时期已约定俗成地称"丝路"或"丝道",其概念业已进入大众视野,传播普及到了广大的学生和普通民众层面。不少论著进而展望丝路的未来,论述其在经济、文化方面重要的战略意义。虽说此后政局发生重大变化,其名称和基本概念仍保留并传承下来。

关键词:丝绸之路;名称;概念;传播;历史考察

近年来,随着国家"一带一路"("丝绸之路经济带"和"21世纪海上丝绸之路")倡议的提出,"丝绸之路"成为一个十分热门的话题。这一倡议,不仅具有极为重要的现实意义,同时也推动了包括历史学在内的学界的学术研究。作为中西交通往来的丝绸

---

[*] 本文原载于《学术月刊》2019年第5期,有修改。

贸易之路,虽说在历史上已经存在了近两千年,然而"丝绸之路"这一概念本身,则是19世纪70年代以来外国学者首先提出来的,而在汉文文献中,"丝绸之路"这一名称的最初采用及其传播,却也是一个不易说清的问题,有不少似是而非的说法,还有待于澄清、说明与解释。另一方面,国外学者对此也极感兴趣,很希望搞清楚中国本土是何时开始使用"丝绸之路"这一名词的。如法国学者布尔努瓦夫人(Lucette Boulnois)在《法国对丝绸之路的研究》中即表示:在这一问题上,"大家很希望知道,中国史学家们确实地是在什么时候自己开始使用'丝绸之路'这个外来名词的,它今天在中国出版物中已获得了极大的成功!"①因此,基于上述内外两方面的双重需要,从学术史的角度,由原始资料出发,深入发掘相关文献,考察这一外来名词如何传入中国及其译介、传播具体的历史进程,显然很有必要,并具有十分重要的意义。

一

众所周知,虽说历代不少中外著作对丝路这条交通路线都有所记载和研究,但是,将其称之为"丝绸之路"却是近代19世纪的事。关于"丝绸之路"名称的提出,学术界一般均认为,是德国著名的地理学家李希霍芬(Richthofen)在其1877年出版的《中国:个人旅行的成果和在此基础上的研究》(*China:Ergebnisse eigener Reisen und darauf gegründeter Studien*)第一卷中正式提出的。

日本学者长泽和俊《丝绸之路研究的回顾与展望》一文说:"给这条道路命名的,是德国著名的地理学家李希霍芬,他把'从公元前114年到公元127年间中国与河间地区(指中亚的阿姆河与锡尔河之间的地带——译者)以及中国与印度之间以丝绸贸易为媒介的这条西域交通路线'叫做Seidenstrassen。丝绸之路(Silk road)是它的英文译名。"之后,把李希霍芬"所谓的从中国到河间地域进而又扩大到遥远西方的叙利亚的,是德国东洋史学家阿尔巴特·赫尔曼"。赫尔曼的这个主张,"后来得到了鲁耐·格鲁赛等许多东方学家的支持和阐述,从十九世纪末到二十世纪初期,许多中亚的探险家也曾不断地使用丝绸之路或丝绸贸易之路的名称"②。以上简明扼要地说清了"丝绸之路"这一新的学术概念在19世纪以来西方学界发展演化的大体进程。概言之,1877年李希霍芬最早提出了Seidenstrassen(丝绸之路)的概念。1910年,德国历史学家阿尔伯特·赫尔曼(A. Herrmann)著有《中国与叙利亚间之古代丝路》(*Die alten Seidenstrassen zwischen China und Syrien*),率先将Seidenstrassen引入作为书

---

① [法]布尔努瓦:《法国对丝绸之路的研究》,[法]戴仁编,耿昇译:《法国中国学的历史与现状》,上海:上海辞书出版社,2010年,第378页。
② [日]长泽和俊:《丝绸之路研究的回顾与展望》,原载日本《史观》杂志1977年10月号,译文载《世界历史译丛》1979年第5期。

名,书中对丝路考证甚详,由此确立了"丝绸之路"的名称。继而法国汉学家沙畹(Edouard Chavannes)、格鲁赛(René Grousset)等提出丝路有陆、海两道的概念,瑞典探险家斯文赫定(Sven Hedin)著有《丝绸之路》(*The Silk Road*)等,向世界详细介绍了丝绸之路的状况,此后研究者一直持续不断。

那么,中国人是什么时候开始使用"丝绸之路"这样一个名称的呢?其传播进程又是如何的呢?据笔者所见,在汉文文献中最早谈到丝绸之路的,为1899年出版的日本桑原骘藏著、樊炳清等翻译的《东洋史要》一书,其中说:

> 支那之于世界,实蚕丝产地也。蚕丝所制之缯彩,美丽坚固,夙投他国嗜好。经支那以西诸国民之手,次第传西方。盖自上古最远之时,已开贩路于波斯、印度。亚历山大东征以来,更输入欧洲罗马。市人得之,珍重不置。缯儿支那音同瑟儿,故指行贾之者曰瑟列司,盖绢商之义也,指其地曰瑟里加,绢布产地之义也。①

书中谈到"已开贩路于波斯、印度"云云,虽说还比较笼统,但所说为"丝绸之路"无疑。后此书又有1908年上海商务印书馆金为重译本,名为《重译考订东洋史要》,译文略有差异。② 此后,国人在叙述丝路的历史时,往往大多采纳、沿用了这一相关论述。较早的如1909年出版的陈庆年编《中国历史教科书》、沈曾荫编纂的《最新中国实业史》③,论文如1910年《交通官报》第28期殷绳戊《说世界交通之发达》,1912年《地学杂志》丁义明《自汉以来中国与西域之交通颇繁兵威所及使节所经及商人高僧之行迹能详其通路证以今名欤》④,包括后来王桐龄编纂的《新著东洋史》、金兆丰的《中国通史》,乃至吕思勉的《中国制度史》等⑤,大多采用了上述论述。

在20世纪初期,虽或有论著谈及贩丝之道,但未见明确提出"丝路"的名称和概念。如观云刊于1903年《新民丛报》的《中国人种考》,谈到中外贸易之道,指出"商贾往来之孔道,盖由中亚细亚集中于波斯湾头之美索不达尼亚,而吾尔实为商业系统之中心。……而中亚洲一道,初不待后世由中国贩丝至罗马,罗马上等人以着中国丝为

---

① [日]桑原骘藏著,樊炳清译:《东洋史要》卷上第四篇《佛教东渐》第四章《东汉与西域诸国之关系》,上海:东文学社,1899年,第26页。原文见桑原隲藏:《中等东洋史》卷二第四篇《佛教の東漸》第四章《東漢と西域諸國との關係》,東京:大日本圖書株式會社,1898年,第122-123页。
② [日]桑原骘藏著,金为重译:《重译考订东洋史要》,上海:商务印书馆,1908年,第33页。
③ 参见陈庆年编:《中国历史教科书》,上海:商务印书馆,1909年,第8页。沈曾荫也说,当周秦之际,"蚕丝之品,早开贩路于波斯。亚力山大东征以还,更输丝于罗马,市人宝之,价颇不廉"云云。见沈曾荫:《最新中国实业史》,畿辅实业学堂,1909年,第107页。
④ 分别见《交通官报》1910年第28期,《地学杂志》,1912年第3卷第5、6期。
⑤ 分别见王桐龄编纂:《新著东洋史》(上),上海:商务印书馆,1922年,第85页;金兆丰:《中国通史》,广州:中华书局,1937年,第649页;吕思勉:《中国制度史》,上海:上海教育出版社,1985年,第31页。吕著初稿写成于1920年代,名为《政治经济掌故讲义》,后曾修订改称为《中国社会史》。

贵服,当日中国丝皆由中亚洲取道贩往。之队商而始开"。又说:"观后代罗马贩丝之队商,犹取此道。"①1905年梁启超撰写《世界史上广东之位置》,在"东西交通海陆二孔道"一节讲到:古代东西交通之孔道有二,其一曰北方陆路,其二曰南方海路。并称汉代张骞通西域,"实为东亚(西)两文明接触之导线",其影响所被盖甚广,"如葡萄、苜蓿、胡桃、安石榴等诸植物,皆由希腊传来,其名称皆译希腊音,班班可征。当时我国输出品之大宗曰丝绢,其销场广及于罗马,罗马国中,至金、绢同重同价。其末叶之生计界,因此蒙非常损害。此西史所明著也"。②梁启超据"西史"所说,较早谈到了东西交通二道及与罗马的丝绢贸易问题,但也仅止于此。

现尚不清楚由李希霍芬最早提出的 Seidenstrassen(丝绸之路)一词首次传入中国的时间。不过,传教士创办的《万国公报》,很早就报道过他在中国的调查活动。1903年,鲁迅在《中国地质略论》中也提到,"德人利忒何芬 Richthofen 者"入中国考察,"历时三年,其旅行线强于二万里,作报告书三册"云云。③ 据现掌握的资料,中国人最早获得李希霍芬《中国:个人旅行的成果和在此基础上的研究》原著的,是当时留学德国的张星烺。其父张相文是近代著名的地理学家,1909年创建中国地学会,并任会长。1911年,张星烺在《地学杂志》第2卷第16期上,撰文专门介绍了李氏的著作:

> 支那　此书德文名 China,为德国已故男爵李希德和芬 Freihen Ferdinandvon Richthofen 所著。凡四巨册,每册约八百页,幅长一尺(英尺),宽八寸。所附图画,不可胜计。每册价三十六马克,共一百四十四马克(约合中国七十五元)。
>
> 支那地质图　此亦李氏所著,附于前书者也。第一册为北支那之地质图,分绘各色,以为标识。其篇次为山东、盛京、直隶、山西、陕西、河南、甘肃、四川八省。共二册,第一册价六十马克(约合中国三十元),第二册尚未出版,发行所为德国柏林。Dietrich Reimer Buchverlag Berlin

上述两书,即李氏著《中国》及所附两册中国地质地图集。张氏称:"此二书鄙人幸于柏林书肆中购得之,粗阅一过,为之舌挢不下者久之。"指出我国凡稍治西文者,莫不闻知李氏之名,"然其著书之原委,或有未能详知者,今请略言之"。文中指出,1863年间德意志联邦尚未成立,普鲁士首相毕斯马克(即俾斯麦)出于争霸野心,深嫉英法诸国在海外属地,而日耳曼无之,以中国政治腐败,国民愚陋,有隙可乘,因此派李希霍芬

---

① 观云:《中国人种考》,《新民丛报》,1903年第40、41合期,1904年第3卷第11期。
② 中国之新民(梁启超):《世界史上广东之位置》,《新民丛报》,1905年第3卷第15期。
③ 索子(鲁迅):《中国地质略论》,《浙江潮》,1903年第8期;又见鲁迅:《集外集拾遗补编》,《鲁迅全集》(8),北京:人民文学出版社,1981年,第4-5页。

等人漫游中国十几年，"而于山河险要、地质矿产、海港形势，皆悉心考察，一一笔之于书"。归国后，又耗费心力，乃成此书，"真所谓体大思精、绝世之作也"。同时揭示其撰写此书，告诉德人在中国有浙江、江苏和山东胶州湾等三大良港，皆可占据，而胶州湾尤为最胜，由此可知1898年德国占领我国胶州湾之事蓄谋已久，"而倡其议者，实漫游之李氏也"，表示了对李氏及其书的警惕。虽说此文中并未涉及李氏提出的丝绸之路问题，但通过其介绍，无疑使国人比较清楚地了解到该书的基本内容。张氏最后还指出，就李氏此书而移译之，固非难事，苟得同志五六人，"分门译之，则二三年内，中土之研求地质矿产者，亦得最良之参考书，其有造于中国前途，岂浅鲜哉！是固鄙人所深望者也"①，希望有人能将此书翻译出来，作为对中国有益的参考。

最早谈到德国史家赫尔曼《中国与叙利亚间之古代丝路》一书的，则是刊于1917年《地学杂志》第8卷第11、12合期的黄昌寿译的《亚欧交通之历史》。其中说：

> 亚尔褒特赫尔门曰：中国与小亚细亚之交通甚古，惟其交通乃系间接而非直接，两地货物之往来，必经多种人之手，始能达到。……考其互相交通之路，大概先由叙利亚海岸，经美索不达米亚，横穿波斯，及阿富汗斯坦北部布哈尔，至费尔干而分歧。一越兴都库什山脉而入印度，为普通之路。一越开白尔岭入印度。尚有一路，从费尔干之北、俄领亚细亚之南部，经西土耳其斯坦，至伊斯色克库尔附近达于古尔卡 gulcha（在费尔干省首府浩罕东约五百里）。

并解释说，普通达印度之路，即亚历山大所利用者，"其至中国，则从费尔干入山路，经特内克达蛮岭，及巴希尔连山诸岭，至东土耳其斯坦，即抵今之新疆喀什噶尔地方。自此又分三路，经塔里木河，过罗布泊而达中国"。又说："亚尔褒特赫尔门氏之名著《中国与叙利亚间古代之绢贸易》云，经塔里木河流域之东西贸易，西纪前一百十五年以来，达于隆盛之域，又足征也。"文中还简略记叙了海上交通路线，谓"前此东西货物之交易，专由陆路。迨亚历山大时希腊商人与素负胆略之马昔里亚出身之希腊国人等，始由印度航海……自亚历山大之印度洋记录出，希腊人与罗马人对于东方之见闻范围愈益扩充矣"。②

文中所说亚尔褒特赫尔门及其名著《中国与叙利亚间古代之绢贸易》，即阿尔伯特·赫尔曼所著《中国与叙利亚间之古代丝路》一书。不过，原书名"*Die alten Sei-*

---

① "绍介图书"，《地学杂志》，1911年第2卷第16期。
② 另一处又谈道："亚尔褒特赫尔门氏又谓，自西纪前百十四年至西纪后二十三年，又自西纪后八十七年至百二十七年，此两时期间，每年由多数人马骆驼，编成商队，经过塔里木河流域，有十余起之多。"参见黄昌寿译：《亚欧交通之历史》，《地学杂志》，1917年第8卷第11、12合期；后又转载于《东方杂志》，1918年第15卷第5期。但此译作未标原文出处，故不清楚原文的作者和原刊何处。

denstrassen"并未译作"古代丝路",而被译作"古代之绢贸易"。尽管如此,以上所录确是迄今尚见的赫尔曼这一专著及有关丝绸之路描述最早的资料。此文后又转载于《东方杂志》1918 年第 15 卷第 5 期,自然更扩大了其传播的范围,而这一论述确实对此后产生过一定的影响。①

之后,对赫尔曼著做稍详的介绍,已在 20 世纪 20 年代。1923 年《史地学报》第 2 卷第 5 期曾刊载"史地界消息",地理类有《古代华人西域地图之再造》,文中介绍说:"最近德人海尔孟 Albert Herrmann 披露一文,题曰《中国古代之中亚与西亚地图》(*Die alten Chinesischen Karten von Zentral und Westasien*,载在 1919—1920 年德国《东亚杂志》*Ostasiatishe Zeitschrift* 第八卷第 185 至 198 页),纯由地理方面,补订夏氏之书。海氏志在蒐辑元前二世纪至元后七世纪间汉文典籍,据以再造中亚与西亚地图,且进而解释其假定焉。"海尔孟即赫尔曼。文中并附有地图,称"上图略示海尔孟君根据隋裴矩(605—606 H.D.)《西域图记》而再造之地图",并注明此"图中直线即自中国赴远西之三大道",也即丝绸之路的三条道路。指出观海氏此图,"由敦煌(在罗布泊东 350 英里)首途西行,大道凡三:北道经哈密,涉药杀、乌浒二而趋拂菻。中道经今之克什噶尔、撒马尔干而抵第格里斯河(即达曷水)。南道经于阗、拔尔克(Balkh)、伽士尼(Ghazni)等处而达西海滨之北印度"。又说:佚图的再造,异说纷纭,莫衷一是,钩稽排比,"正讹增纂,是所望于中国之学者"。② 又,同年《史地学报》第 2 卷第 6 期所载"史地界消息"历史类有《纪元后七百年时之东西商路》,也指出:"近德人 Dr. A. Herrmann 出其积年之研究,著一论文,名 *Die Verkehrsuege Zwischan*, *China*, *Indien*, *und Romum* 100 *Nach Chr. Geb*,于 1922 年由 Leipzig 之 J. C. Hirrichs'sch Huch- handlung 出版,论东西通商之事。"③此文摘录自英国皇家《地学杂志》,进一步较详地介绍了赫尔曼有关东西商路的考证研究成果。通过上述译介,国人对赫尔曼的著作及其对丝路的考证研究有了初步的了解。

事实上,20 世纪 20 年代起,中文文献中已陆续出现"古丝商之路""蚕丝贸易通路"等不同的称呼;至 20 年代末,则已开始使用"丝路""丝道"等名称。如 1922 年《史地学报》第 4 期刊登了美国克兰普(Frederich G. Clapp)著、张其昀译的《黄河游记》,其中讲到:甘肃的省会皋兰于 1909 年建成黄河铁桥,"此实黄河上唯一之巨构。桥上行旅往来络绎不绝,为世界最大孔道之一(古丝商之路),凡自西安西赴新疆、青海及中亚细亚者胥由于是"④。文中称之为"古丝商之路",还是一个较泛的称呼。1927 年《东方

---

① 此后武堉干所撰《中国国际贸易史》,即约略引述了此内容。参见武堉干:《中国国际贸易史》,上海:商务印书馆,1928 年,第 3-4 页。
② 《古代华人西域地图之再造》,《史地学报》,1923 年第 2 卷第 5 期。此文"译自美国《地学季报》今年四月号"。
③ 《纪元后七百年时之东西商路》,《史地学报》,1923 年第 2 卷第 6 期。
④ [美]克兰普(Clapp, F. G.)著,张其昀译:《黄河游记》,《史地学报》,1922 年第 1 卷第 4 期。原文载美国《地学季报》(*The Geographlcal Review*)1922 年正月号。

杂志》刊登了德国兰柯克(Albert von Lecoq)著、武育干翻译的《东方与西方:德人新疆考古的新发现》一篇译作。兰柯克是德国考古学家,20世纪初曾在甘肃敦煌和新疆高昌、库车、吐鲁番等地探险考古。此文原载于1927年11月伦敦"The Sphere"图画周刊,自述其在新疆考古的经过。文中开头便指出,在阿拉伯人开通中国和西方的海路交通以前,中西通路仅只由中国新疆通中亚细亚这几条贸易路线,"中国的丝输出印度、波斯以及带希腊风的东方国家,再由此等国家输入它们的土产,都是在吐蕃(Turfan)会合,那时它的都会高昌真要算是最繁盛的区域"。又论述西方希腊艺术对东方的影响,"这种新艺术便藉赖一种新信仰,由这条蚕丝贸易通路传播到中国、日本;不过因其他各种势力之羼入,颇多修正罢了"。① 文中所说"蚕丝贸易通路",即 Seidenstrassen,"丝绸之路"的意思。

自1928年第2期起,《地学杂志》曾连续刊登了斯坦因(A.Stein)著、孙守先译《亚洲腹部之地理及其在历史上之影响》。其中谈到:由地理上观察,有南北两大干路,在贸易方面则北路更为重要。指出饶玲逊、玉尔(Sir Henry Rawlingson,Sir Henry Yule)两大学者曾由研究所得,"证明此路确与托里陌《地理》中所言之古代商队,由中国贩丝至乌浒河流域及大夏诸地之道路相符也","此诚古代东西商业关系极饶兴趣之一瞥;以此关系,希腊化之西亚及叙利亚诸地,遂与远东产丝之国发生接触"。又讲道,"此道殊能引起绝大历史上之兴趣,因其为中国及中国蚕丝贸易最先与中亚及西方接触之道也"。② 而由楼兰所掘得的彩素绢缯观之,"足证精美且饶艺术价值之中国丝织品,系遵此道越楼兰而西也","因其恰被保存于古代丝品贸易之途中也",故对研究古代东西关系具有重要价值。指出这些丝织品"且皆带希腊色彩者。无论此种纺织品系属土产,抑系自中亚以西输入者,对此古道在数百年中曾为文化交互影响之冲途,吾人已得明显证据矣"。还说:"于是亚立山大城地理家托里陌(ptolemy)遂藉之诏示吾人以古代商队,由遥远之塞里克(Serike,塞里斯人,Seres之地,即中国也),贩丝到达西方之路径。"③

值得提出的是,1929年《地学杂志》第1、2期刊登了英国赖提摩尔(Owen Latimore)讲、田嘉绩译《亚洲腹地之商路》。此文原名 Caravan Routes of Inner Asia,系1928年11月5日他在英国皇家地理学会的讲稿,讲述关于蒙古及中国新疆的地理及商路。其中论述说:公元1世纪中,"强武之匈奴部落,曾据巴里坤塔格岭一

---

① [德]兰柯克(Albert von Lecoq)著,武堉干译:《东方与西方:德人新疆考古的新发现》,《东方杂志》,1927年第24卷第23期。
② [英]斯坦因(A.Stein)著,孙守先译:《亚洲腹部之地理及其在历史上之影响》,《地学杂志》,1928年第2期。此文原名为 Innermost Asia: Its Geography Asia Factor In History,系斯坦因在英国皇家地理学会的讲稿,刊于该会出版的《地学杂志》第65卷第5、6期。
③ [英]斯坦因(A.Stein)著,孙守先译:《亚洲腹部之地理及其在历史上之影响》,《地学杂志》,1929年第17卷第1、2期。

带(Bar Kol Tagh),扼由甘肃至哈密、吐鲁番、乌鲁木齐商路之冲者甚久,遂迫华人另辟艰难险阻之'丝道',即由罗布淖尔荒野以至南部中国土耳其斯坦之大道也"。又称:"横的交通之所以兴盛,似由于通行税之发达;而中国开辟'丝道',在历史期上,实为此地通行税之权舆也"。还讲道:"现时中国土耳其斯坦之通行大道,即沿天山之南北二道;至于沿阿尔泰之'游牧进行方向'及由罗布淖尔荒地经过之'丝路',已陷于废弃矣。"①可注意者,文中同时使用了"丝道""丝路"的名称。这是目前笔者所见最早使用该词翻译的例子。另,1929 年《辅仁学志》第 1 卷第 2 期德国柯劳斯(F.E.A.Krause)著、从吾译并注的《蒙古史发凡》,在注中列有参考文献:"哈曼博士(A.Herrmann)《中国叙利亚间的老丝道》1910.p.18-20",将赫尔曼的原书名"*Die alten Seidenstrassen*"译作"老丝道"。② 姚从吾留学德国柏林大学多年,时任波恩大学东方研究所讲师,姚译作"丝道"比之前"绢贸易"显然更准确到位。以上数例,可证至 20 世纪 20 年代末,在相关译文中已开始使用"丝路""丝道"的名称。

与此同时,在中国人自撰的论著中,也开始出现有关丝绸之路的论述。如武堉干不仅翻译了前述德国兰柯克的一篇译作,还撰写了《中国国际贸易史》,1928 年由商务印书馆出版。在第一章《导言》中,便引述了赫尔曼《中国与叙利亚间之古代丝路》一书,指出"惟据亚尔褒特赫尔门(A.Halma)所云,中国与小亚细亚(Asia Minor)之通商,当时均系间接而非直接"云云,"此则纪元前与中亚细亚通商大概情形也"。③ 而在前一年,他即讲述过《中国国际贸易史及现代中国国际贸易述略》。④ 在其专著第二章《与罗马之贸易》中,更详细做了具体论述,如论及魏晋南北朝对外贸易时说:

> 在此期中,中国与罗马之主要商品,其由中国输入罗马者,仍以丝为最重要。良以此际中国制丝方法尚守秘密,而罗马又需丝甚殷,此中国之丝所以仍源源输入君士但丁堡等处也。在西历五二七至五六五年时(梁武帝大通元年至陈文帝天嘉六年),罗马皇帝交斯第尼(Justinian)之主要对外政策,即在"重开华丝通路"。盖此等运丝通路,前为波斯萨珊王朝(Sassanid)所阻塞,而罗马君主因欲恢复华丝贸易之通路,乃不惜与阿卑色尼亚之王结盟,强迫波斯重开,此其重视中国之丝,可见一斑焉。未几运丝道路通后,罗马之景教徒来中国者渐多;而中国养蚕制丝之术,亦遂由此辈景教徒,自西域陆路方面,潜传以至罗马,此实开欧洲育蚕制丝之权舆焉。(参考 T.F.Cartor:"*The*

---

① [英]赖提摩尔(Owen Latimore)讲,田嘉缋译:《亚洲腹地之商路》,《地学杂志》,1929 年第 2 期。原文载英国皇家地理学会创办的《地学杂志》1928 年第 72 卷第 6 期。
② [德]柯劳斯(F.E.A.Krause)著,从吾译并注:《蒙古史发凡》,《辅仁学志》,1929 年第 1 卷第 2 期。又见《蒙古史发凡》,出版社不详,1930 年,第 100 页。
③ 武堉干:《中国国际贸易史》,上海:商务印书馆,1928 年,第 3-4 页。
④ 武堉干讲,潘厚培记:《中国国际贸易史及现代中国国际贸易述略》,《上海总商会月报》1927 年第 7 卷第 9 期。

Invention of Printing in China"第十二章第 87 页）[①]

文中多次说到重开"华丝通路""运丝通路"，欲恢复"华丝贸易之通路"及"运丝道路"等。其论述所参考的书籍，综计有 Sochill（苏希尔）*China and the West*（《中国与西方》），H.G.Wells（威尔思）*Outline of History*（《世界史纲》），日本桥本增吉《东洋史》转引 Yule（玉尔）*The Oldest Sea—Route to China*（《中国最古老的海上航线》）书中所述，以及 T.F.Carter（卡特尔）*The Invention of Printing in China and Its Spread Westward*（《中国印刷术之发明及其西被史》）和日本内田寿《支那贸易事情》等论著。

由上所举，可证自 20 世纪 20 年代起，在中文相关译作中已采用了"古丝商之路""蚕丝贸易通路"等不同的称呼；而至迟于 20 年代末，已开始使用"丝路""丝道"等译名。相应地，在国人所撰的论著中，也出现了"华丝贸易之通路""华丝通路""运丝通路""运丝道路"等不同的记载，这可以说是中国知识界最初接受外来的"Seidenstrassen"或"Silk road""Silk Route"的名称和概念，并见之于译著或论著早期接受状态的反映。因此，并非如之前学者所说的那样，推测"应该可能是在上世纪 30 年代就开始用"此名词，甚或认为直至 20 世纪 30 年代仍未见到使用"丝绸之路"这一名称。

二

如果说，在 1920 年代末以前，"丝路""丝道"的名称还仅是零星地出现在专业杂志上的话，那么，1930 年代初以来，有关"丝路""丝道"的说法已在不少译著、论文中出现，尤其是 1935 年之后，已逐渐流行于学术界和一般的报刊传媒。

从译著方面来说，1931 年天津《大公报·文学副刊》第 159—163 期刊登了觉明（向达）译的《斯坦因第三次中亚考古略记》。文中称斯氏 1901—1916 年曾三次至中亚考古，因取 *Innermost Asia* 第一册之《导言》择要译述，借当介绍。斯坦因称自己 1915 年 7 月中旬，始启程赴俄属帕米尔及妫水上游，"自阿拉山谷迤逦而下，循马立努斯（Marinus）所云中国向西之古丝道而行"，以达阿尔楚尔及大帕米尔，当时他以继续"追寻古代中国与中亚交通往来之商道军路，藉考古所得与夫中国史书上之一二纪载，互相印证，竟克觅获此道"。在哈剌特斤（Kara-tegin）觅获"古代丝商到大夏之故道

[①] 武堉干：《中国国际贸易史》，上海：商务印书馆，1928 年，第 16 页。

以后,余乃越不哈剌群山,趋撒马尔罕",此后乘外里海铁道而至波斯。①

从 1931 年第 4 期起至 1933 年间,《地学杂志》曾连载德国考古学家勒哥克(Albert von Lecoq)著、陶谦译述的《中国土耳其斯坦地下的宝藏》。在《叙论》中,便多处论述到"丝道"的问题:"如是佛教和它的艺术,因此达到中国土耳其斯坦的各国,以后并沿着著名的'丝道'向东方走;在北则沿天山,在南则沿昆仑。这些丝的道路,互相交叉于吐鲁番的水草地中,而库车古城就是最重要连络点。"又从历史的角度,指出在各时期中,当一个强大的王朝据有王位时,"中国必被迫地在丝道经达各国的地方,沿途设置防营,加以保护,并且中国对于附庸的无数小邦,每具有极大的权威"②。1934 年蒙藏委员会又出版了完整的郑宝善重译本,题名《新疆之文化宝库》。在《导言》中分析指出:

> 佛教之文化既输进新疆,更继续东进,经旧日之丝路(昔日欧亚交通,中国丝绸运往欧洲,即系此路),越天山直达昆仑之南,所过之地,类多沙漠。吐鲁番附近之高昌(此地发现有旧城,及各种建筑),为昔日交通之重要市镇,凡印度人足迹所及,无不施之以佛教之文化。此为四种文化,自西徂东,输入新疆之一。

书中还讲到,8 世纪以前,"新疆确为东西贸易市场之中心,丝路之经过,或在天山之南,或在天山之北,皆为中国与印度、波斯及东罗马帝国之货物交易场"。同时指出中国每朝当隆盛时,"于丝路沿线,必设卫保护,威权所及,凡新疆之印欧侨民,莫不为其统辖"。又叙述说:"厥后中国至波斯之海路通行,而欧亚间之丝路,人迹渐稀。游牧之蒙民既多,而文化亦逐渐衰落。"③两种译本均有"丝路""丝道"的相关论述。

在这段时期中,"丝路"的名称得以有较多的传播,从现实因素来说,与国外著名的探险活动家斯坦因、斯文赫定的几次考察活动直接相关。19 世纪末、20 世纪初以来,伴随着西方列强对中亚与我国西北地区日益浓烈的兴趣,一些国外的探险活动家在中国组织了一系列的考察活动,其中尤以斯坦因、斯文赫定两人的探险考察活动最为引人注目。如 1930 年斯坦因组织新疆调查团,斯文赫定先是于 1927 年组织中亚细亚探险队赴新疆考察,1933 年又受中国政府委托,率领考察队前往西北勘察。这些活动当时在国内还引起了一些风波。

---

① 觉明(向达)译:《斯坦因第三次中亚考古略记》,《大公报·文学副刊》(天津)第 159-162 期,1931 年 1 月 26 日、2 月 2 日、2 月 10 日、2 月 16 日。后收入[英]斯坦因(A.Stein)著,向达译:《斯坦因西域考古记》,附录一,上海:中华书局,1936 年,第 244、246、247 页。
② [德]勒哥克(Albert von Lecoq)著,陶谦译述:《中国土耳其斯坦地下的宝藏》,《地学杂志》,1931 年第 4 期。
③ [德]勒库克(Aloert von Lecoq)著,[英]巴维尔(Barwell)译,郑宝善重译:《新疆之文化宝库》,南京:蒙藏委员会,1934 年,第 2、3、6、29 页。原书 1926 年 8 月于柏林出版,此又转译英国伦敦 1928 年巴维鲁的英译本。

1930年代以来,在报刊上即有一系列关于斯坦因、斯文赫定等探险活动的报道。从当时前后报道来看,多已谈到"中国运丝赴罗马之故道""中国运丝往欧洲之路"等,均与"丝路"密切相关联。如 1930 年 7 月 17 日,《大公报》的一篇标题为《斯坦因新疆调查团已取道印度出发,觅纪元前中国罗马相通之故道,深饶历史价值之一种艰险事业》的文章,开头说"加尔各答六月三十日合众社讯 奥人斯坦因爵士 Sir Aurel Stein 本日自此间出发赴新疆,探觅耶稣纪元前中国运丝赴罗马之故道",并称"此举在历史上性质颇为重要,且行程甚为艰险,往返行程约计有五千英里"云云。① 同时,其他如 1930 年《时事月报》第 4 期《新疆考查团何多》报道说,近据加尔各答消息,斯坦因所率探险队已自加尔各答出发赴新疆,称斯氏在之前探险时,曾在沿路觅得遗留的罗马、希腊帐幔及中国古锦,"此次斯氏前往,系在探觅耶稣纪元前中国运丝赴罗马之故道"② 云。《湖北省政府公报》也载《斯坦因新疆调查团已经取道印度入新》,称"奥人斯坦因爵士本日自此间出发赴新疆,探觅耶稣纪元前中国运丝赴罗马之故道"云云。③ 此后 1933 年吴绍璘编著的《新疆概观》一书,便沿用了上述的相关报道。④

对斯文赫定的探险活动也有多种报道。1933 年 10 月 22 日《大公报》报道说,瑞典著名探险家斯文博士于昨晨由平出发,赴新疆探险,路透社记载颇详,兹为译志如次。称赫氏首次探险在 1893 年 10 月,"此次赫氏任国府特别顾问,此行将探觅一自新疆通海岸之汽车路线"。赫氏抵归化后,将渡戈壁直趋哈密,"由彼处将视察塔里木河下游,以期发现二千年前中国运丝绸至罗马之故道"。⑤ 次日又称,赫氏"现在又要到新疆去探险,想寻觅两千年前中国运丝绸到罗马的故道,为直通海岸的汽车路线,以古稀的高年,在异国作万里的长征,这是何等伟大的壮举!"⑥ 之后《大公报》更有一系列的跟踪报道。如次年 11 月 3 日《大公报》刊载《斯文赫定已由新疆东返》,称他于 10 月离迪化东返,"此次考察目的在测量新疆至东方之汽车路,一为经过蒙古大沙漠之古代贩丝所经之路,一为甘肃之大道。斯氏在该处考察,已有一年"⑦。1935 年 1 月 1 日又载中央社瑞典京城哈瓦斯电:"瑞典著名探险家斯文赫定奉命勘察古代中国运丝赴欧洲之路,现已行抵甘肃省肃州城……大约将于明年三月后始能返国云。"⑧

其他如《时事月报》《申报月刊》等均有这方面的报道。如 1933 年《时事月报》刊载《斯文赫定氏再赴新疆探险》,同年 11 月《申报月刊》载《斯文赫定往新疆探险的行

---

① 《大公报》,1930 年 7 月 17 日。
② 《时事月报》,1930 年第 3 卷第 4 期。
③ 《湖北省政府公报》,1930 年第 106 期。
④ 参见吴绍璘编著:《新疆概观》,南京:仁声印书馆,1933 年,第 314 页。
⑤ 《新疆探险,斯文赫定由平出发,拟探觅通新疆汽车路线》,《大公报》,1933 年 10 月 22 日。
⑥ 《天生的福人》,《大公报》,1933 年 10 月 23 日。
⑦ 《大公报》,1934 年 11 月 3 日。
⑧ 《斯文赫定在甘勘查赴欧道路,现到肃州,将赴凉州》,《大公报》,1935 年 1 月 1 日。

程》。① 当他次年归来时,《时事月报》又有《斯文赫定由新疆东返》的报道。② 直至 1935 年还报道《斯文赫定行踪》称:"瑞典探险家斯文赫定奉我国铁道部命勘察西北交通路线,其所注意之路有古代中国运丝往欧洲之路"云云。③

受此推动与影响,当时还翻译出版了斯坦因、斯文赫定的两种考古探险著作。一是斯文赫定著《亚洲腹地旅行记》。作为著名的瑞典考古探险家,斯文赫定曾写过一本叫 My Life as an Explorer 的书籍,记述了他在亚洲腹地尤其是在我国新疆、西藏一带探险考察的经历和见闻。1924 年此书脱稿后很快风靡世界,以多种文字出版。在 1930 年代,该书已有两种中译本:一为孙仲宽译本,书名为《我的探险生涯》,为西北科学考察团丛刊之一,1933 年出版;一为李述礼译本,书名为《探险生涯:亚洲腹地旅行记》,开明书店 1934 年 3 月初版,一年后即再版。李译所据为德文本,前有徐炳昶的序。两种译本中均谈到了"运丝大道",如孙译本第四十一章《埋没在沙漠中的楼兰城》,论述作为中西交通枢纽的楼兰古城的重要性,称它"是边境的锁钥,是亚洲中部古代大道——尤其东方之中国和西方之波斯、印度、叙利亚和罗马间往来运丝的大道——的门户"。④ 李译本此段译作:"照恭拉底的推定,楼兰盛行着'一种古代与现代、野蛮与中国的混合文明'。因为楼兰是一座边境的堡垒,是亚洲腹部古道,特别的介乎东方的中国与西方的波斯、印度、叙利亚和罗马之间'运丝大道'旁边之一个前站。"⑤

二是斯坦因著《斯坦因西域考古记》。此书原名 On Ancient Central-Asian Tracks(《中亚古道探访记》),记述作者四次探险的经过,它与斯文赫定的自传《我的探险生涯》齐名,并称"中亚二记"。该书先后也有两种不同的译本。早些有王竹书翻译的《新疆南路探访记》,连载于 1934 年《边铎月刊》《天山月刊》。⑥ 其第二章《中国拓地至中亚细亚及诸大文化之接触》,有"中国丝业输出之路由"一节;第九章《在罗布海底上寻觅古道》,称其此行目的之一,是寻觅自楼兰东去中国的古道。在楼兰遗址发现了多种精美的丝织品,"可以表现当日经楼兰西去之中国丝织品美术式样及工艺之绝技。此等中国丝织,皆基督降世前后之物,又即保留于最古丝业商道上,传诸我辈,此中实具有一种特殊之兴味"⑦。此书共 21 章,王译似乎未刊登完。

更出名的是向达译本。如前所述,向达先曾译有《斯坦因第三次中亚考古略记》,

---

① 分别见《时事月报》1933 年第 9 卷第 6 期,《申报月刊》1933 年第 2 卷第 11 期。
② 《时事月报》,1934 年第 11 卷第 6 期。
③ 《时事月报》,1935 年第 12 卷第 2 期。
④ [瑞典]斯文赫丁(Sven Hedin)著,孙仲宽译:《我的探险生活》,西北科学考察团,1933 年,第 303 页。
⑤ [瑞典]斯文赫定(Sven Hedin)著,李述礼译:《亚洲腹地旅行记》,上海:开明书店,1934 年,第 359 页。
⑥ [英]斯坦因(A.Stein)著,王竹书译:《新疆南路探访记》,连载于《天山月刊》1934 年第 1 卷第 1-4 期,《边铎月刊》1934 年第 1 卷第 2 期、第 2 卷第 1 期。
⑦ [英]斯坦因(A.Stein)著,王竹书译:《新疆南路探访记》,《天山月刊》,1934 年第 1 卷第 4 期。

之后又全文翻译了《斯坦因西域考古记》,1936 年由上海中华书局出版。在第二章《中国之经营中亚及各种文明的接触》中写到,这些使节所带中国土产之中自然有著名的丝绸等物,"自此以后丝绸遂由安息同叙利亚以达于地中海,号称'织绸人'的中国人的声名,不久就达到希腊同罗马文明的大中心城市了"。在第九章《循古道横渡干涸了的罗布泊》中,指出"中国之同中亚以及辽远的西方直接交通,因而开了这一条古道,就是由于古代的丝绸贸易,这种情形我用不着多说了"。又说这里所获得的五彩和红色美丽的花绢,"十足可以表现贸易仍取此道经过楼兰以向西方的中国丝织物美术方面的风格以及技术上的完美。西历纪元前后中国织物之残遗,其所以引起特别注意,乃是因为这些东西是就在最古的丝道上保留到今的"①。

两书出版后,受到了当时读者尤其是青年学生的欢迎。徐炳昶在李译本《序》中便推荐说:"我希望这个译本不久能成了全国青年学生最爱好的读物,那对于国民精神的振发,将有不可限量的良好的影响了。"②陈豪楚推介两书说,本书现已译成中文,这是很可喜之事,称道"两种译本的文字,同样地忠实可靠,青年读者将藉此书而与这位世界著名探险家握手"③。吴绳海在《介绍几本暑假中可读的书:亚洲腹地旅行记》中指出:"本书是游记式的体裁,但同时又未尝不是一部极有趣的小说,在暑期中是极适当的读物。"④上述两书的出版与推介,无疑对于丝绸之路的介绍和传播起了重要作用,自然也扩大了"丝路"在社会上的影响。

有关探险的演讲活动则进一步推动了"丝路"在社会上的影响。如斯文赫定曾多次在国内做考古探险活动的演讲。1930 年,他最早在中国地学会的一次讲演中,谈到他率领的西北科学考察团在考察新疆罗布淖尔时,在沙漠中发见了楼兰古城,"楼兰当古代东西交通大道,罗马及波斯丝贩多至其地"⑤。在 1934 年西北勘路活动完成后,当时的报纸杂志还多次报道了中外记者的采访与他本人演讲的情况。如 1935 年 3 月 18 日,清华大学邀其做公开演讲,题目为《新疆公路视察记》,原题作 *Sing－Kiang Highway Expedition for the Government of China*,由侯仁之译述,刊载于《禹贡》杂志。其中指出,楼兰城在历史上的位置,可以说是保护东西贸易大道的一个堡垒,"在耶苏生时的前后,潼关、西安、楼兰、疏勒、喀什噶尔、葱岭、波斯、亚拉伯以至罗马,乃是东西贸易交通的一条大道。贸易物品即是丝。丝之贸易那时乃是全世界上最大的贸易,中国丝在罗马是很受欢迎的"⑥。赫氏后又至上海,《晨熹》杂志刊登有关报道称,

---

① [英]斯坦因(A.Stein)著,向达译:《斯坦因西域考古记》,上海:中华书局,1936 年,第 13、108 页。
② [瑞典]斯文赫定(Sven Hedin)著,李述礼译:《亚洲腹地旅行记》,上海:开明书店,1934 年,第 3 页。
③ 陈豪楚:《书报评介:亚洲腹地旅行记 我的探险生涯》,《浙江青年》,1934 年第 1 卷第 2 期。
④ 吴绳海:《介绍几本暑假中可读的书:亚洲腹地旅行记》,《教与学》,1935 年第 1 卷第 1 期。
⑤ [瑞典]斯文赫丁(Sven Hedin)博士讲,张星烺教授口译、聂崇岐笔记:《罗布淖尔及最先发见喜马拉雅山最高峰问题》,《地学杂志》,1930 年第 2 期。
⑥ [瑞典]斯文赫定(Sven Hedin)演讲,侯仁之译述:《新疆公路视察记》,《禹贡》,1935 年第 3 卷第 3 期。

赫氏应聘入疆探路,历时18个月,现"已由京抵沪,向中西记者报告考察经过"。又一次谈道:"三月至库车,发现古城洛伦(译音,即楼兰。——笔者注)……又古代中国丝绸,亦经此而运送至地中海,转运赴罗马。"①其他如天津《益世报》等也多有转载。②

直至1936年斯文赫定返回欧洲后,《申报周刊》还以"德国通信"之名,刊登了华人记者冯列山在德国对他的访问。在《斯文赫定访问记》中,冯氏称斯文博士去年回到欧洲后,"他的行踪,他的言论便成为各国报纸的材料",特别是德报对他的记载更为详尽。他此次在德国各城演说,"就大受德人热烈的欢迎,入场券售价三四马克起码,而每场仍有人满之患。风头之健,较之中国的梅兰芳先生有过无不及"。采访中谈到欧亚交通的古代"丝路"问题,记者问:"你受了我们政府的嘱托,考察欧亚昔日交通的旧'线路'(赫定博士的解释,罗马时代中国丝织物曾由此路运至欧洲。——记者),可否请你将此次考察的结果,关于这种交通问题的可能性解释一下?"斯氏回答说:"昔日欧亚两洲交通的旧'路线',据我考察的结果,目前极可以改造为汽车公路。"他还透露了自己的一个著述计划,说他"此刻所预备写的是一本大书,书名就是《线路》。我打算将全部旅行的经过并对于中国的整个印象都包括在此书中去"。③ 此《线路》实即斯文赫定于本年撰成的 The Silk Road(《丝绸之路》)一书,后以瑞典文、德文分别在瑞典斯德哥尔摩、德国莱比锡出版。

除在国内几次演说外,斯文赫定返回欧洲以后,还曾在世界各地演说,对此国内也不乏报道。1936年《西北导报》上,即以《欧亚通商之始原,新疆欧亚"丝路"远在数千年前》为题,报道了"斯文博士在挪京演讲":

> 外部据驻挪威使馆电告,瑞士考古家斯文赫定博士,倾在挪京澳斯麓,应文化团体之敦请,讲演在中国新疆一带考古经过,深谢中国当道之赞助,并谓彼在新疆时,曾探得中欧"丝路"为历史上极有价值之发现,此项"丝路"负有欧亚交通商务之重要使命,乃为欧亚航海途程未开辟以前,中国丝商运丝赴欧所经之途径,现在虽多已破坏,或湮没,但仍可寻觅其蜿蜒之遗迹,可见中欧交通商务远在数千年以前,即已相互往来,文化之沟通亦可于斯路得其梗概。彼并谓中国为一土地广博之伟大民族,世界无与伦比,现在全国上下,正努力于开发与复兴工作,前途实不可限量云云。④

---

① 《查勘绥新公路之斯文赫定到沪详谈考察经过》,《晨熹》,1935年第1卷第5期。
② 如天津《益世报》1935年3月2日《斯文赫定抵沪谈》,上海27日通讯说:"余于四十五年前,曾一度探险至彼,发现喜马拉耶山并行之山脉,及汉代之罗兰古城,盖数千年前欧亚交通,胥由此广大沙漠,经新疆而至西安也,唐时中国丝即由此径运往罗马"云云。
③ 冯列山:《斯文赫定访问记》,《申报周刊》,1936年第1卷第2期。
④ 《西北导报》,1936年第1卷第5期。

同年,《外部周刊》上刊登了《驻那威使馆通讯》(第 56 号),其中载"斯文赫定博士在挪京大学演讲考察新疆情形"(附照片)。报道说,本年 1 月 15 日,挪威地理学会请斯文博士在挪京大学演讲,是日赴会听讲者,除当地人士及学者外,挪威国王、王太子及瑞典公使等均被邀前往,本馆王代办及夫人亦准时出席。其中也谈到,"在昔原有所谓'丝路',为中华丝茶运往欧洲经行之路线,惟日久湮没,不复可考",故建筑公路,必须事前实地查勘云云。[①]

以上这些报道及斯氏的演讲活动、记者的采访等,说明丝路已成为引人注目的话题,不仅引起了学界和知识分子的重视,而且扩展到了普通的民众和学生,在社会上引起了较为广泛的关注,无疑在当时对丝绸之路起了积极的推广作用。

因此之故,在此后时段中,中国学界一直表现出对海外"丝路"研究的热忱与持续的关注。1935 年斯文赫定从西北探险归来后,编著了三部著作:*Big Horse' Flight*(《大马的逃亡》)、*The Silk Road*(《丝绸之路》)和 *The Wandering Lake*(《游移的湖》)。《丝绸之路》一书于 1936 年分别在斯德哥尔摩出版瑞典文版,在莱比锡出版德文版;1938 年在纽约出版英文版;1939 年又出版了日文版。在纽约英文版出版后不久,1939 年上海《国际月刊》创刊号上,即以《丝路》的书名,介绍了他的这部重要著作:

> 英文本名 The Silk Roads,Sven Hedin 用瑞典文原著,美国纽约 E.P. Dutton & Co. 出版,定价美金五元。

文中评论说,斯文赫定在年近七十时还接受中国政府的聘请,领导一个探险远征队,"从中国出发到新疆,设法调查是否可以沿着那条古时的丝路——古时从西安到撒马尔罕及欧洲去的马车道路——而砌造一条现代化的汽车公路";称道说:"赫定博士决定产生一部'三段曲',所以对罗布泊的荒漠插曲,同时积聚了整个的插话,以便写成关于'丝路'的第三本书。"[②] 对此书做了很高的评价。同年 12 月,作者"筠"在《图书季刊》又推荐介绍了这一著作:

> The Silk Road.(丝路纪行),(瑞典)斯文赫定,Sven Hedin 著
> London, George Routledge & Sons,1938。
> 322 p. with 31 plates and a map.

文中指出,斯文博士为研究我国地理者之权威,著述宏富,为世所重,此行考察结果,已刊行的著述计有三书:一为《大马逃亡记》(*Big Horse' Flight*),二为《罗布诺尔湖之变

---

① 《外部周刊》,1936 年第 107 期。
② 文原:《丝路》,《国际月刊》(上海),1939 年第 1 卷第 1 期。

迁》(The Wandering Lake),三为即《丝路纪行》,述此行沿途的经历、趣闻与感想等。文中指出:"所谓'丝路'者,为秦汉之际丝运入中亚细亚及欧西等地之古道。由洛阳、西安经敦煌出玉门关,以楼兰为中心,而入印度、波斯、西欧各地,汉武帝时,通西域,击楼兰,迨亦取道于此。"又解释其书名的来源:"按'丝路'之名,非中国所沿用,乃见于德国地质家 Baron von Richthofen 'dei Seidenstrasse',赫氏乃引用之以记其书名。"指出新疆地大物博,此线之成有助于抗战建国者至巨,并称道赫氏以古稀之年,长途跋涉,"查勘此国际交通路线,厥功至伟,至其记叙生动,文笔风美,尤其余事也"。①

由上可见当时中国学界对其的重视和推介。其实,不只是广告书评,1939年文史社编辑的《史地论丛第一辑》,在"编后记"中指出:"西北国际路线古已有之。数年前瑞典 Sven Hedin 氏奉国民政府之命实地考察通新疆的道路,乘便探访古代蚕丝贸易的路线,归著《丝路》一书。今闵乃杰女士译《中国与罗马的蚕丝贸易》一文,可与前书对照阅读"云云。② 此期李长傅还译出了斯文赫定所撰《罗布泊考》。文中论述说,楼兰"为昔日中欧交通道之外堡也。当时中国骆驼队商,运丝绸赴罗马极多,供帝国艺妓歌舞装饰之用。此商道取途罗布诺尔岸边"。文中还指出,赫尔曼博士已于1910年"在其著作 Die alten Seidenstrassen Zweischen China and Syrien 内,将二千年前中国至罗马之运丝大道叙述明确。并于中亚图上表明此大道由中国本部经南山北麓,而至敦煌及玉门关",以及此后分为北、南二路的情况③,对赫著做了甚高的评价。在当时相关论著中,也往往将国外研究丝路的一些著作列为重要的参考书。如王云五著《编纂中国文化史之研究》,在《外国学者编著之文化史》"中外交通与贸易"部分,即列出了赫尔曼的德文论著等。④ 这些均表现出当时学界对海外"丝路"研究学术动态的及时关注,及其在学者群体中的影响力。

三

"丝路"名称、概念的译介与传播,又与20世纪30年代中西交通史学科的发生、发展密不可分。中西交通史是20世纪二三十年代一门新兴的学科,如向达所说:"中西交通史在中国的史学上是一门新兴的学问,现在国内究心于此的很不乏人。"⑤张星烺、冯承钧、向达、朱杰勤、姚宝猷等均是其中重要的人物,在他们的努力开拓垦殖下,

---

① 筠:The Silk Road(《丝路纪行》),《图书季刊》,1939年第1卷第4期。
② 文史社编辑:《史地论丛第一辑》,上海:文史社,1939年,第145页。
③ [瑞典]斯文赫定(Sven Hedin)著,李长傅译:《罗布泊考》,《新亚细亚》(南京),1935年第10卷第5期。
④ 著录为:"HERRMANN, ALBERT: Die alten Seidenstrassen zwischen China und Syrien (Quellen und Forschungen zur alten Geschichte und Geographie, Berlin)……1910."王云五:《编纂中国文化史之研究》,《东方杂志》,1937年第34卷第7期。
⑤ 向达:《中西交通史小引》,向达著:《中西交通史》,上海:中华书局,1934年,第2页。

其译著和文章中多有关于中西交通和丝路介绍的内容。

作为这门新兴学科的奠基者之一,冯承钧翻译了大量法国的汉学著作。我们知道,继李希霍芬之后,法国著名汉学家沙畹在 1903 年所撰《西突厥史料》(*Documents Chinois Sur Les Turcs Occiden taux*)中,提出"丝绸之路"有陆、海两条,书中指出:

> 中国之丝绢贸易,昔为亚洲之一重要商业。其商道有二,其一最古,为出康居(Sogdiane)之一道;其一为通印度诸港之海道,而以婆卢羯泚为要港。当时之顾客,要为罗马人与波斯人,而居间贩卖者,乃中亚之游牧与印度洋之舟航也。罗马人曾欲解除居间贩卖之弊……Justinian 为求丝绢,曾谋与印度诸港通市易,而不经由波斯,曾于五三一年遣使至阿剌壁(Arabie)西南 yémen 方面,与 Himyarites(Homérites)人约,命其往印度购丝,而转售之于罗马人,缘其地常有舟航赴印度也。①

沙畹明确提出"丝绸之路"有陆、海两道的概念,冯译于 1932 年译成,1934 年由商务印书馆出版,最早将此概念比较完整地传递给了中国学界和读者。

在海外研究丝绸之路的学者中,法国汉学家格鲁赛也是重要人物之一。在同年出版的冯译《蒙古史略》第三卷《中国之蒙古帝国》中,"马可波罗时代之东亚商业"一节讲道:

> 复次马可波罗之旅行,同 Pegolotti 所撰之《贸易习惯》,皆证明蒙古之侵略曾使中国与欧洲相接触。十三世纪时,东西交通之陆地大道有二:(一)为钦察道,经行敦煌、哈密、别失八里、阿力麻里、讹答剌、玉龙杰赤、Sarai、Astrakhan,而抵于 Crimée 半岛之 Caffa 同 Tana 等港之 Génes 人商场。(二)为波斯道,经行敦煌、罗布泊、天山南路、葱岭、巴达哈伤、呼儿珊、Irak Ajemi、Tabriz 等地,或抵于 Trébizonde 之 Génes 人同 Venise 人之商场,或抵于 Lajazzo(Ayas)。东亚货物由此两道径达欧洲。
>
> 此二道或名丝道,皆属陆道。蒙古人之侵略且将海道或香料道重行开辟。前此伊兰之黑衣大食朝及色尔柱朝,对于西方之人皆闭关自守,波斯之蒙古汗则将门户开放,一任基督教之传教师与商人经行海道而赴中国。自哈里发国之灭亡,迄于回教之得势,通过伊兰之拉丁旅行家往来不绝于途。自 Tabriz 达于忽里模子,从忽里模子登舟,前赴俱兰、泉州。而印度同中国之

---

① [法]沙畹(Edouard Chavannes)著,冯承钧译:《西突厥史料》,上海:商务印书馆,1934 年,第 166-167 页。后此书曾多次再版,有 1934 年 8 月再版(中华教育文化基金董事会编译委员会编辑)、商务印书馆 1935 年 3 月初版、《万有文库》第二集、《汉译世界名著》等。

货物来自泉州、俱兰,经过瓮蛮海及波斯湾,并由忽里模子运输至 Tabriz,而转运至 Lajazzo 或 Trébizonde 者亦如川流不息。

文中指出,由是中国、土耳其斯坦、斡罗思、波斯诸国皆统治于共奉同一法令的大帝国之下,诸大汗都能保障商队的安全,"遂将古代以来阻遏不通之世界海陆通道重再开辟"。"就实际言,历史中中国、伊兰与西方相接触者,是盖为第次"。①

冯承钧首先译介了陆、海两道丝绸之路的概念及其具体内容,通过以上冯译的介绍,国人就比较清楚地了解到"丝路"的概念与内涵,对此后中西交通史和中国历史的研究也是颇有影响的。这里仅举两例。如稍后武伯伦撰写《西汉奴隶考》,即引用了冯译《西突厥史料》上述的一段论述;1940 年楼祖诒著《中国邮驿发达史》,在第四章中"元驿研究"一节,即摘录《蒙古史略》中的上述文字,作为考察欧亚驿路路程的补充。②于此可见其影响之一斑。顺便提及一下,20 世纪 40 年代初,冯承钧还翻译了郭鲁柏(Goloubew)的《西域考古记举要》,也论及斯坦因论著中"古丝道"的问题。③

在中西交通史翻译方面,朱杰勤也是重要的一位。1935 年他翻译美国路易丝·华勒斯(Louise Wallace Hackney)《西洋美术所受中国之影响》,其中谈到,征诸历史,"中西之交通实以丝为媒介耳"。在罗马倾覆之后,"丝路久为波斯之沙散里(Sassanian)势力所封闭,西历五二七—五六五年,竟为查士丁尼(Justinian)及其继位者设法打通之,此举殊可称为外交政策最精采之一段"。④次年翻译的查尔斯沃思(M.P.Charlesworth)《古代罗马与中国印度陆路通商考》中,也谈到当时极有趣的文献中有一短小的旅行记,"为差力士(Charex)地方之以锡度氏(Isidore)所辑成者,所述为运丝之路,而苏马至巴克特里亚之站,亦详载无遗"。文中论述了古代罗马与中国通商贸易状况,并指出,斯坦因在塔里木流域之米兰(Miran)的发现尤为壮举,"在此荒芜之炮垒中,乃竟有旧丝路之壁画及绘画掘起,且此画品又为印度、希腊美术之混合品,出于此地,人所快睹者"。⑤朱杰勤还将这些译作集合成《中西文化交通史译粹》,于 1939 年由中华书局出版。

与此相关联,在论述中西文化交流,特别是中国印刷术的发明及其西传时,作为其

---

① [法]格鲁赛(R.Grousset)著,冯承钧译:《蒙古史略》,上海:商务印书馆,1934 年,第 84-86 页。
② 分别见武伯伦:《西汉奴隶考》,《食货》,1935 年第 1 卷第 7 期;楼祖诒:《中国邮驿发达史》,上海:中华书局,1940 年,第 283 页。
③ [法]郭鲁柏(Goloubew)撰,冯承钧译:《西域考古记举要》,《华北编译馆馆刊》,1942 年第 1 卷第 1 期。其中谈道:"统观这些种类,可以令人想到位置于古丝道上沙漠诸窝集中那些纯血种或混血种之混杂,迄今尚然。"
④ [美]路易丝·华勒斯(Louise Wallace Hackney)著,朱杰勤译:《西洋美术所受中国之影响》,《史地周刊》(广州《军声报》周刊),1935 年 9 月 11 日;又载《现代史学》,1937 年第 2 期。又见朱杰勤译:《中西文化交通史译粹》,上海:中华书局,1939 年,第 143-144 页。本文译自 *Guidepost to Chinese Painting* 一书。
⑤ [美]查尔斯沃思(M.P.Charlesworth)著,朱杰勤译:《古代罗马与中国印度陆路通商考》,《食货》,1936 年第 4 卷第 2 期;又见朱杰勤译:《中西文化交通史译粹》,第 107、119 页。本文译自《罗马帝国之商路及商业》(*Trade Routes and Commerce of the Roman Empire*)第六章。

传播重要途径的"丝路"也常被提及。最早如张德昌1933年在《新月》上评论美国学者嘉德(T.F.Carter)《中国印刷术之发明及其西渐》(*The Invention of Printing in China and its Spread Westward*),该书由哥伦比亚大学1925年出版,1932年又出修正版。文中指出印刷术的发明是中国对世界文化的一种最重要的贡献,"在外国人谈中国事情的许多著作中,这是一本值得介绍的书"。接着说:

> 印刷术怎样传到西方去的呢?这个问题作者只给了几条可能的途径。作者先叙述自汉以来在丝路(Silk way)的大道上——由中国经西域、月氏而达小亚细亚——文化交流的情形。说明中西文化从来不曾间断过。①

其中即用了"丝路"(Silk way)的名称。此书后由刘麟生译述,以《中国印刷术源流史》之名,连载于1936年《商务印书馆出版周刊》。在第三编《中国雕版印刷术之西渐》中,指出欲研究印刷术西渐情形,宜先明了最初东西文化交通之形势:

> 东西文化之灌输,实由丝绸为之媒介。近人往中亚考察,不绝于途,又复探讨古代载籍,发现丝绸贸易,实与东西文化有关。当时罗马帝国需要丝绸,惟中国产有此物,因此欧洲陆路贸易遂辟一新路线,由土耳其斯坦至波斯,由波斯经叙利亚,以达于地中海各国,如腓尼基及巴力斯坦(圣地)诸商港。吾人无以名之,名之曰"丝绸来往之大道"。

文中称中国对于西方之贡献,"最早者莫如丝绸",其输入欧洲约在基督降生以前。昔时东西交通要道,"东土耳其斯坦地方(新疆),今只为一片大沙漠,其实当日东西文化之灌输,固皆借重于此丝绸往来之大路"。举其荦荦大者,则有罗马帝国、月支王朝、天方国与唐代,无不奖励国外贸易。又说,"在此丝绸往来之大路上,能跋涉全程者,厥为阿拉伯人"。② 此书后有商务印书馆1938年版,文字略有更动。

世界史著作的翻译也是一条重要的途径。1933年世界书局出版了美国卡尔登·海士(Carlton J.H.Hayes)、汤姆·蒙(Parker Thomas Moon)著,伍蠡甫、徐宗铎翻译的《上古世界史》。本书原名 *Ancient History*,为美国中学古代史教科书一册,中译本将其分为《上古世界史》《中古世界史》两册出版。在第四篇《远东的古典文明》第十二章《中国与印度和近东的接触》中叙述说:

---

① 张德昌:《中国印刷术之发明及其西渐》,《新月》,1933年第4卷第6期。
② [美]卡德(T.F.Carter)原著,刘麟生译述:《中国印刷术源流史》,《商务印书馆出版周刊》,1936年第198、199、200期;又见刘麟生译述:《中国印刷术源流史》,长沙:商务印书馆,1938年,第99、103-104页。

> 武帝的武功和运丝的路径(Silk Route) 前汉的几个皇帝,一面提倡孔教,一面更致力于国土的扩张。武帝这名字,在美国的读者或许不甚熟悉。但武帝的地位的确可与亚历山大、凯撒、查理曼(Charlemagne)等并列。他在位很久(纪元前一四〇年至纪元前八六年),重新克复扬子江的南部,合并高丽的一部,但他最大的武功,是开辟一条到西方去的运丝路径。

在记叙了汉武帝派遣张骞出使西域和军队开辟丝路的历史之后,又指出:"这些武功的结果,不但给中国增加了东土耳其斯坦的地方(新疆),并且还使中国在商业和文化上,与印度、波斯互相接触。远东从此不再和其余的世界完全隔绝了。"①书中更以整整两页多的篇幅,以浓墨重彩十分详尽地叙写了丝绸之路的情况。我们知道,在此之前中国流行的世界史译本,是1926年上海商务印书馆出版的英国韦尔斯(H.G.Wells)著,梁思成、向达等译的《汉译世界史纲》,虽说在叙写罗马文化时也简单提及了中西丝绸贸易,但十分简略,也没有"丝路"的记载。②两相比较,卡尔登·海士的《上古世界史》则大大加重了这方面的分量,这显然是以往的世界史译著所不能比拟的。此种世界史教材一年后即再版,以后又多次重印,由此更扩大了有关"丝路"的传播及影响。

在其他相关译著中,1936年之后仍多有这方面的叙述。如法国裴化行(H.Bernard)著、萧浚华译《天主教十六世纪在华传教志》,上编第一章称,"自从十四世纪末叶,正式的运丝之路,确已被跛王帖木儿在亚洲的西部掐断(一三六九)——大概这是天主教中断的主要原因"。第二章《佛郎机商人初次来华的经过》中说,"他们这次所走的路,并不是早先欧洲人为到远东来所走的'丝路'",由于陆路梗阻,此时唯一能与中国取得联络的方法只有海路。书中同时还谈到了"香料之路",称"在起始作商业的远征时,他们的本意,是为寻找'香料之路',那知正在沿着印度洋中的商业航程向东行时,不期然而找着中国"③。丹麦汤姆森(V.Thomsen)著、韩儒林译《蒙古之突厥碑文导言》指出:"例如与东罗马帝国交涉,则俨然为一自主可汗,共通使原因首在昔为嚈哒人所经营之丝道,而今突厥人欲夺取之,至于希腊人,当时正欲包围波斯人也。"④法人邵可侣(Jacques Reclus)著、郑绍文译《伊兰尼亚与不达米亚》论述说:"它与世界各处接触,还是近代的事情。当初伊兰人的势力与以后希腊人的领土没有越过这个高的锡

---

① [美]卡尔登·海士(Carlton J.H.Hayes),汤姆·蒙(Parker Thomas Moon)著,伍蠡甫、徐宗铎译:《上古世界史》,上海:世界书局,1933年10月初版,1934年11月再版本,第335-336页。此书后又有1937年版。
② 书中第二十八章第二节《罗马文化之极点》仅说道:"远若中国,亦与之通商;人口以丝为大宗,盖其时蚕桑二事,尚未移至西方也。丝至罗马,价等黄金,然用之者众,故金银乃如水东流。"见[英]韦尔斯(H.G.Wells)著,梁思成、陈建民、向达等译:《汉译世界史纲》,上海:商务印书馆,1926年,第393页。
③ [法]裴化行(H.Bernard)著,萧浚华译:《天主教十六世纪在华传教志》,上海:商务印书馆,1936年,第35、43、45页。
④ [丹麦]汤姆森(V.Thomsen)著,韩儒林译:《蒙古之突厥碑文导言》,《禹贡》,1937年第7卷第1、2、3合期。

尔河流域,穿过山脉,由商人攀登,伸向辽远之中国的'丝道'就从此处起点。"①诸如此类,不一而足。

以上所论,一般都经由欧美的介绍而来,而从传播的来源与途径来说,也有来自日本学者方面的论著。如长泽和俊所说,日本对丝绸之路的研究,是从东方史的塞外史研究开始的,白鸟库吉、桑原骘藏、藤田丰八、羽田亨等学者的研究取得了迄今仍很重要的成就。② 这些对中国学界也产生了相当的影响。

日本学界一般将丝绸之路称之为"绢の路"或"绢の道",也有称为"玉绢输出之道"的。如1933年三宅米吉著、姚微元译《古代欧亚大陆交通考》,指出玉之一物,中国人自古重视,又说:"蚕原产中国,而绢则早播西域。犹太经典,希腊古籍,均尝载其邦人赞美绢布事。太古于阗人,自中国得绢,复转运至西方诸国。(据Biruwood's The Industrial Arts India)拔底延(Bactria)人直通中国,在汉代以后,亦专事绢布之交易。据'Periplus maris Erytheraei'著者不详,西历一世纪内出版,有英译本。书中,谓自名'支那'之一大部,输出茧丝织绢,其商路自Bactria出Bartuigaza(or Bharoch)或自恒河而至Limurike。其后波斯人兴,继续此项通商。大食人(即阿拉伯人)又从海道传播云云。"文中论述了中国与西域交通的两条主要路线,称"此太古西戎入寇之所由,亦即玉绢输出之道也。自张骞通西域后,僧贾之往来,悉循此道,中西交通,乃益频繁矣"。③ 同时的姚玄华在所撰《西北交通之史的研究》中,便采纳了上述说法,称"此太古西戎入寇之路,亦玉绢输出之路也"。④

又如藤田丰八等著、杨鍊译的《西北古地研究》,在《鄯善国都考》中论证新疆楼兰扜泥城位置时,指出此事已有讨论,"然为何如此,尚不乏当检核之处。故除采用信任Herrmann主张之《贩绢路由考》与《唐书》之文外,更有进一步考究之必要"⑤,即引证了赫尔曼的著作《中国与叙利亚间之古代丝路》。1938年白鸟库吉著、王古鲁译《塞外史地论文译丛》,在《拂菻问题的新解释》中说,据前引《西域图记》序文,自敦煌至西海共有三道,"其中'南道''中道'系自古以来东西客商时常往来的一定的通商路径,华丝大抵由此输入西域,所以今日的东方学者称之为'丝路'。"同时分析论证说,"今日的东方学者,如果称'中道'与'南道'为'丝路',则'北道'应当亦可呼为'毛皮路'了"。又指出汉魏时代的华人出西域的路径有南、北两道,隋代则有南、北、中三道,"试推究其地理,则前者的'南道'与后者的'中''南'二道相当,即所谓'丝路'是也。前者的'北道'

---

① [法]哀利赛·邵可侣(Jacques Reclus)著,郑绍文译:《伊兰尼亚与不达米亚》,上海:文化生活出版社,1937年,第46页。
② [日]长泽和俊:《丝绸之路研究的回顾与展望》,《世界历史译丛》,1979年第5期。
③ [日]三宅米吉著,姚微元译:《古代欧亚大陆交通考》,《地学杂志》,1933年第2期。
④ 姚玄华:《西北交通之史的研究》,《新亚细亚》,1933年第6卷第5期。
⑤ [日]大谷胜真:《鄯善国都考》,藤田丰八等著,杨鍊译:《西北古地研究》,上海:商务印书馆,1935年,第12页。

与后者的'北道'性质相同,即余所谓'毛皮路径'是也"。① 因而,我们不仅要注意到西方译著对中国学界的影响,同时也应看到中国学界与日本学者互动的一面。

在上述译著引进输入的影响下,20 世纪 30 年代之后,"丝路""丝道"等名词逐渐在中国传播开来,并为中国学人接纳和采用。不过,就学界对其的接受采用而言,也有一个渐进演化的发展过程。如前所述,20 世纪二三十年代美国学者嘉德撰写《中国印刷术之发明及其西渐》时,还说"吾人无以名之,名之曰'丝绸来往之大道'"。可见即使在当时的欧美学界,关于丝路(Seidenstrassen, Silk Road, Silk Route, Silk way)的名称,其实尚未有统一的定名。在国内学界同样存有各种不同的称呼,或称之为"蚕丝贸易通路""运丝赴罗马之故道""运丝往欧洲之路""丝绸来往之大道",或称之为"运丝之路""运丝大道""贩丝之道""丝路""丝道""大丝路""老丝路""旧丝路""古丝道"等,其他还有诸如"绢路""绢道""玉绢输出之道""毛皮路""丝茶路"之类的。海道则被称之为"香料路"或"香料之路"。从而呈现出命名多样化的繁复样态。这种多样性正表明,一个新名词的产生、传播和被接纳并非一蹴而就,尚有待时日的考量,而国人对此也有个逐渐接受和自主性选择的过程。

证以相关资料,中国学界在 20 世纪 30 年代之后,已开始逐渐使用上述名称。最初名称并不统一,如丝路起初也被称为"蚕丝路"。1931 年贺昌群发表《西北的地理环境与探检生活》,文中论述说:"帕米尔高原在古代是东西交通的必经之路,古代乌浒河流域与塔里木河流域的商业、文化的交流,都依此为命脉,西方古地理学者谓之为'蚕丝路'。"② 也有称之为"绸缎之路"的,如 1933 年《北辰》第 14 期发表的葆水的《戈壁大沙漠的秘密》,其中称:"土耳其斯坦,是欧亚两洲往来的最大通衢。有所谓'绸缎之路'的,是汉朝张骞出使大月氏的道路。在 Lobnor 湖(罗布泊)的附近一带,这时尚可看见当日从中国运绸缎到巴比仑,Tyr, Alexandrie 罗玛诸城的车马辙迹。"③ 也有称之为"丝路"与"玉道"的,如 1937 年邵可侣著、郑绍文译《社会进化的历程》,在论述民族"迁徙与商业"时指出,"至于东方则有所谓'丝路'(Route de soie)与'玉道'(Route de jaoe)的历史路线"。④ 而在此名称和概念形成过程中,其重要的趋向则是渐而集中于"丝路""丝道"的名称。

考察这一发展进程,我们可以发现,采用"丝路""丝道"的名称,较早大多出现在专业性较强的论著中。如前所述,1933 年张德昌在评论嘉德《中国印刷术之发明及其西

---

① [日]白鸟库吉著,王古鲁译:《塞外史地论文译丛》第一辑,长沙:商务印书馆,1938 年,第 303-304、318 页。
② 贺昌群:《西北的地理环境与探检生活》,《中学生》,1931 年第 16 期;又见中学生社编:《发掘与探检》,上海:开明书店,1935 年,第 98 页。虽说唐代李白《送友人入蜀》诗中,有"见说蚕丝路,崎岖不易行"之句,但此"蚕丝"指传说中古代蜀地的开国帝王,诗中代称蜀地,谓蜀道崎岖难行,并非丝绸之路的意思。
③ 葆水:《戈壁大沙漠的秘密》,《北辰》,1933 年第 5 卷第 14 期。
④ [法]哀利赛·邵可侣(Jacques Reclus)著,郑绍文译:《社会进化的历程》,上海:文化生活出版社,1937 年,第 88 页。

渐》时,最早直接采用了"丝路"(Silk way)一词。1935年朱杰勤撰写《华丝传入欧洲考》,也借鉴参考了之前自己的译著成果,文中论述说,古代中西交通,实以丝为开端,罗马与中国通商,亦大抵以丝为媒介,"欲考华丝传入欧洲之情况,不可不先探其丝路。据吾所知,丝业及交通之文字,纪载盖尠,所希望之证据,惟有于吉金贞石求之"①。作为西北科学考察团的成员,陈宗器在《罗布泊与罗布荒原》考察报告中也较早采用了这一名称。1935年出版的《中国科学社第二十次年会记事》,包括记事、报告、演讲录、论文提要等九部分。此年会在广西南宁举行,部分论文用英文写作。在"论文提要"中,即载有"LOP NOR AND LOP DESERT,罗布泊与罗布荒原,By Parker C. Chen(陈宗器)",其中讨论的内容之一就包括"Silk road"。② 此文后载于1936年《地理学报》第3卷第1期,其中专门有一节讨论"丝道":

> 楼兰为西域重镇,乃运丝大路(Silk road)之中道所必经之点:发敦煌,西行过苏勒河,经三陇沙、居庐仓,过碱滩及白龙堆以至楼兰,而趋营盘,为中国与波斯、印度、叙利亚、罗马间交通之孔道,途中崎岖缺水,但路程较他道为近。
>
> 从赫定及斯坦因氏所采掘之文字记载推论,经由楼兰之运丝大路,在纪元前二世纪已开始通行。当汉武帝派张骞通西域时(纪元前一二二年)实开西行之路,由之以达地中海希腊罗马文明之中心,"丝"为汉所专利者垂数百年,于经济上甚为重要。因丝路时为匈奴所扰,汉代有将长城向西延长之必要,以是自敦煌西达玉门关,西之榆树泉,长城及烽火墩之遗迹,沿途皆是,以保护此丝道之安全。

文中交叉使用了"丝路""丝道"。还指出,"此丝路终止之时,约在纪元后三三〇年",原因有二,一是由于河道变迁而水量缺少;二是土地含碱太多,不适宜耕种,因居民之迁徙,"楼兰渐成荒废,而丝路亦不得不随而改道"。③ 陈氏曾多次随西北科学考察团到新疆罗布泊、楼兰考察,显然受到斯文赫定、斯坦因等的影响,并较早接受了这一名称而写入论文中。

姚宝猷也是中西交通史研究的重要学者。1937年他撰写了数万字的长篇专论《中国丝绢西传考》,分七个专题,详考中国丝绸西传欧洲的历史。他认为,我国丝绢西传,"固先遵陆而后循海也。至于陆上西传之路线,虽有南北两道,惟汉代丝绢实以循

---

① 朱杰勤:《华丝传入欧洲考》,《文史汇刊》,1935年第1卷第2期;又见朱杰勤译:《中西文化交通史译粹》,第292、297-299页。
② 本书编写组编:《中国科学社第二十次年会记事》,上海:中国科学社,1935年,第39-40页。
③ 陈宗器:《罗布淖尔与罗布荒原》,《地理学报》,1936年第3卷第1期。

南道西输为主要"。在注释中指出,有些历史学家"谓丝绢在昔当亦曾由此大黄西输之路传入欧洲;并以为罗马帝国对于 Armenia,Iberia,Cimmerian,Bosphorus 诸地之政策,其决定亦与此丝路有关。其实,丝绢并非由此路西传"。又谈到纪元前后欧人对于丝国,"称其产地之住民或贩卖丝绢之商人为'赛里斯'(Seres);称其贩运之路为'赛里斯之路'(Road of the Seres)"云云。① 此后他又在此基础上,于 1944 年出版了《中国丝绢西传考》一书。此时在中国人自己编著的世界史著作中,也出现了"丝路"的说法。如 1937 年何鲁之编著的《欧洲中古史》,在第七编《欧洲之曙光》"地理知识与航海术之进步"中叙写说:"时丝路与香料路皆为亚拉伯人所把持,而当时欧洲人又不明亚洲之地理,只笼统称呼以上诸地为印度。"②指出欧洲人地理大发现之第一动机,即在寻求通往印度的新路。又,1939 年,文原和筠分别在上海《国际月刊》和《图书季刊》推荐斯文赫定 *The Silk Road*(《丝路纪行》)这一著作时,均采用了"丝路"的名称。

除专业性较强的论著外,在一般著述和报刊中也出现了有关"丝路"的论述。如 1936 年蒋军章编著的《新疆经营论》,在阐明"新疆在国防上的地位"时指出,中国通使西域虽始于汉武帝时的张骞,"但是张骞以前,实已早有往来。中国的丝,汉以前已由西域传往希腊、罗马,外人称为'丝路'"。③ 在新闻报道中,1939 年 1 月《申报》有一则哈瓦斯电《苏联赶工修筑公路通至新疆惠远》说,"古昔所谓'丝路',乃系印度、波斯各国与中国通商必由之路",当时的骆驼队均自苏联塔什干城等通至库尔嘉城(即新疆惠远城),"兹为便利交通计,又复决定予以修复",开始在苏俄境内建造公路。④ 同年 11 月 1 日又有美联社报道《蒋委长犒奖回军筑路》称,中国西北各省公路多由马氏回军协助筑成,包括甘肃、新疆间直达苏联边境的公路,全线长 1172 公里,"所经之处,即为往者之丝道,两旁植有林木,诚一壮观"云云。⑤ 在上述著述与报道中,便分别使用了"丝路""丝道"的名称。

通过以上史料的爬梳,可以清楚地看到,从 20 世纪 30 年代初起,由于斯坦因、斯文赫定等在西北新疆等地探险活动的直接推动,以及中西交通史学科的形成和发展,经学人相关论著的译介和引进传入,缘此诸因,"丝路""丝道"等名称和概念开始在中国传播流行。就其过程而言,起先大多出现在相关的译著、译文中,由此其名称和概念渐渐为人们所熟悉、接受。一些学人在撰写论文和专著时,也陆续采纳使用了这一外来的新概念和新名称。1935 年之后,运用这一名称的明显增多,并作为表述学术思想的一种概念工具。至 30 年代末期,在一些论著和新闻报道中,也出现了有关"丝路"的

---

① 姚宝猷:《中国丝绢西传考》,《国立中山大学研究院文科研究所历史学部史学专刊》,1937 年第 2 卷第 1 期;又见姚宝猷:《中国丝绢西传史》,重庆:商务印书馆,1944 年,第 19、24 页。
② 何鲁之:《欧洲中古史》,上海:商务印书馆,1937 年,第 219 页。
③ 蒋军章编著:《新疆经营论》,南京:正中书局,1936 年,第 2 页。
④ 《申报》,1939 年 1 月 11 日;又见同日《新闻报》,标题为《新疆通苏境修筑公路一段业已完成》。
⑤ 《申报》,1939 年 11 月 1 日。

论述。不过,实事求是地说,从总体上来看,在国人自己的论著中,采用此称谓在数量上还是不多的,即使是研治中外交通史的学者本身,也还习惯以"中外交通史""南道""北道"等词汇来加以表述,而较少采用这一名称和概念。只是到了 40 年代以后,这种情况才有了很大的改变。

以上主要从学术史发展的角度,考察探讨了 20 世纪 30 年代以来丝路名称和概念的形成与传播。而从更大更为广阔的时代环境而言,应当说丝绸之路的备受关注,又与这一时期"开发西北"的呼声与思潮相联系。在 1911 年辛亥革命以后,孙中山先生就曾提出西北开发的构想和计划,但由于军阀混战,时局动荡而未能实行。而在 1928 年全国基本统一后,尤其是 1931 年日本发动九一八事变,东北沦亡之后,西北的地位更激引起国人的重视,于是"开发西北"的呼声日益高涨。正如李华庭在《斯坦因探险新疆之经过及今后吾人对于西北应尽之天职》中所说,自东北事变发生,我国于经济方面受巨大损失,"于是国人率皆高唱开发西北,以资救济"。① 正是在这种历史环境与条件的转折之中,西北的战略地位凸显,而丝绸之路作为西北的重要交通线路,其重要性显得尤其突出,从而引起了时人的强烈关注。当时有如《西北》《新西北》《开发西北》多种杂志纷纷创刊,在社会上产生了不小的影响。由此,对有关丝绸之路的知识、认知与实际传播,也催发了学界与知识阶层乃至普通民众的兴趣。从政治、军事、社会诸层面来说,这些显然也是重要的因素和推动力。由于篇幅关系,这方面的情况就不展开讨论了。

四

1940 年代之后,在相关译著与国人的论著中,有关"丝路""丝道"的记载已经屡见不鲜,并得到了相当普遍的运用。

这不仅体现在持续不断的译著中,如 1940 年出版的德国巴克霍森(Joachim Barkhausen)著、林孟工译《成吉思汗帝国史》中说:"那个有名的'丝路',即自西徂东的商队要道,的确也可以同样从波斯或从突厥领土经过,波斯人曾有组织的扰乱这个交通。"② 美国约翰·干瑟(J.Gunther)著、王一之等译《亚洲内幕》第十章《巨大的中国》称:"甘肃与其省会兰州在战略上很居重要地位,因为它们控制着从中国到新疆与苏联的通商大道,旧日的'丝道'。"③ 苏联蔼·夏逊卡斯著、仲持等合译的《远东新形势》指出:"新疆原是中国和中亚细亚重要的商业转运的中心。穿过新疆的几条道路,所谓'丝绸路'又使中国联络着近东和地中海,不但把丝绸而且把丝绸工业传布到中亚细

---

① 《进展月刊》,1933 年第 2 卷第 10 期。
② [德]巴克霍森(Joachim Barkhausen)著,林孟工译:《成吉思汗帝国史》,昆明:中华书局,1940 年,第 25 页。
③ [美]约翰·干瑟(J.Gunther)著,王一之等译:《亚洲内幕》(上卷),重庆:时与潮社,1940 年,第 334 页。

亚,再从那里流传到欧洲。"① 1941 年美国拉铁摩尔(Owen Lattimore)著、赵敏求译《中国的边疆》论述说,"在历史上这一条路叫做'丝路',从甘肃西部到罗布泊,然后又沿昆仑山麓到和阗、莎车、疏勒",环绕着天山南麓的天山南路,"它在疏勒与'丝路'会合,完成包围大戈壁的环"。书中指出,张骞发现西域以后,汉族开始伸展其势力于今日新疆的沃洲,"由于新知识的取得,中国贸易由丝路经中亚细亚,要求新市场,国力渐渐到需要一个殖民地帝国,以及遣派军队征服新土地的结果"。但他认为,"西方的作家们都以为中国要维持'丝路'的交通",其实这个贸易多半掌控在中亚细亚商队商人及中间人手里。②

在世界史译著方面,1941 年出版的重新修订的美国卡而登·汉士(Carlton J. H. Hayes)等合著、邱祖谋新译的《世界史》,成为一种重要的世界历史教科书。在第四篇第十二章《中国和印度及近东的接触》中,更清晰地叙述了丝路的情况。且让我们读一段教材中的原文:

> 【运丝的大路 Silk Route】古代中国的西方,被巨大的戈壁沙漠(Desert of Gobi)和荒凉的西藏高原围绕着。但是约在公元前一二〇年时,伟大的汉武帝竟开辟了一条长距离的运丝路径,使中国商人能和印度、波斯、叙利亚和近东各处相接触。……无论如何,几年以后,武帝便派大军驱逐匈奴,并开辟一条经过山谷到塔里木河(R. Tarim)再到阿母河河谷的商路。此后不多时(公元前一一四年)中国的骆驼队便沿着这条路直达土耳其斯坦(Turkestan)和波斯。这条商路渐成为著名的向西方运丝的大路,使中国得和印度及近东发生商业和文化的接触。汉武帝最重要的胜利便是开辟这条"运丝的大路"。

书中还以"沿着运丝的大路""中国的丝""一个有价值的秘密"等几个小标题,分述了历来丝路的贸易发展状况。在此书"中华帝国"一节中,又有"武帝与运丝大路"的论述。③ 此书在 20 世纪 40 年代印行了多版,影响甚大。又,该书后还有大孚出版公司的另一种译本,为美国海思(Canrlton J. H. Hayes)等著、刘启戈译的《世界通史》,在第四卷第十二章《中国与印度及近东之接触》中,并有专门"丝道"的介绍及"汉武帝与丝

---

① [苏]蔼·夏逊卡斯著,仲持、宾符、梅益合译:《远东新形势》,上海:远东出版公司,1940 年,第 190 页。
② [美]拉铁摩尔(Owen Lattimore)著,赵敏求译:《中国的边疆》,重庆:正中书局,1941 年,第 115-116、323-324 页。
③ [美]卡而登·汉士(Carlton J. H. Hayes),帕克·多玛斯·蒙(Parker Thomas Moon),约翰·蕙兰(John W. Wayland)原著,邱祖谋译:《世界史》(上册),上海:正行出版社,1941 年,第 159-161、163 页;又有 1946 年第二版。

道"的论述。①

其他如英国斯坦普(L.D.Stamp)著、冯绳武译《中国地理》中论及:"两千年来中国经常输出丝绸于欧洲诸国,并由驮队商人,顺便运输瓷器、玉石、漆及其他艺术产品,越过中亚细亚的古丝道。"又谈到甘肃省会兰州的桥梁,称直至平汉铁路铁桥建成以前,"此桥为唯一横越黄河之桥,往中国土耳其斯坦的著名的古'丝道',越过此桥"②。这一时期,吴传钧还译出了斯坦因著《罗布沙漠考察记》,这是斯氏新疆考古的第三次考察报告(1913—1916)。在"沙漠旅行的准备"一节说道:"我自己的工作是探发由楼兰东去的古丝路遗迹……根据以往考察的结果,我确信古丝道的路线是由楼兰绕过罗布泊,向东南行,不过这段路程十分艰难"。有关"逗留在楼兰"一节叙述说,考古发现中最新奇的是美丽的彩绸、锦缎织品、地毯等,"丝是中国古时对外贸易的大宗,能够在古丝路的附近找到丝织品,不能不说是一件极有意义的事"。③

甚至在一般性的环游论著中,也不乏这方面的例子。如美国威尔基(Willkie)著、刘尊棋译的《天下一家》,系作者1942年环游世界后所写的见闻录。在第七章《中国西部的开发》中写道:"我们觉得这些卡车在这条古代的丝路上——也许是历史上最古的驼道了,马哥孛罗到古代的中国去就是走这条路的——委实不相称。"④其他如静霞译《沿着运丝的古道前进》,文章开头就说:"这个伟大的运丝路!当一里长的骆驼商队满载着香料或侵略的游牧部落在一步一步的前进着,我们将用什么话才能描写出这奇观呢?"文中描写了一汽车旅行团沿着运丝古道,从巴黎横贯欧洲和半个亚洲直到印度德里的旅程,第一节便是"运丝和香料的古道"。⑤ 这些都表明,在这些译著中,"丝路""丝道"已成为常用的称谓。

如果说,以上所说还仅见于译著的话,那么,这一时期在中国学者的论述中,"丝路""丝道"等也成为一种相当常见的词汇。一些专业性的史学论文,如1940年张芝联在《古代的中西交通》中论述说,汉武帝通西域的主要目的最初是攻匈奴,以后是要"威德遍于四海"。西方通中国的主要目的乃是通商,"尤其是丝商,因为西方不知道产丝的方法。历史家甚至名汉代中西交通的路线为'丝路'(Silk Route)"。⑥ 杜光简撰《唐宋两代产丝地域考》指出,"当时中国之丝绢,经新疆运至中亚,又辗转而至罗马。此种贸易孔道,外人称之为'Silk Route'(运丝之路)。迨至唐代,海上贸易发达,中国之丝

---

① [美]海思(Canrlton J.H.Hayes)等著,刘启戈译:《世界通史》(上),上海:大孚出版公司,1948年,第225-227、232页。
② [英]斯坦普(L.D.Stamp)著,冯绳武译:《中国地理》,出版地不详:亚新地学社,1944年,第34、38页。
③ [英]斯坦因(A.Stein)著,吴传钧译:《罗布沙漠考察记》,《新中华》(复刊),1944年第2卷第5期。
④ [美]威尔基(Willkie)著,刘尊棋译:《天下一家》,重庆:中外出版社,1943年,第97页。
⑤ 静霞译:《沿着运丝的古道前进》,《学生之友》,1942年第4卷第2期。原文译自美国《地理杂志》。
⑥ 张芝联:《古代的中西交通》,《文哲》(上海),1940年第2卷第2期。

绢,乃分由水陆两道运至中亚及欧洲,而宋代海上丝绸贸易,尤为繁盛"①。马元材撰《自张骞至班超之丝路经营》,更直接以"丝路经营"作为论文的标题。②

1942年龚骏撰写的《两汉与罗马的丝贸易考》,则多引据赫尔曼的考证,具论汉代西域交通南、北、中三条干线。文中分析说:"所谓'丝路'创自李查丰(氏著 China 一书,一八七七年柏林出版),惟李查丰所指的丝路,仅限于中国(汉代)和中亚(即阿母河 Jaxartes 流域)各国以及印度的一段。赫尔曼则认为此路应由中亚伸引而西至叙利亚(*Die Alten Seidenstrassery* 一〇页)。塞克斯更把这两条路即中国和西亚及中国和印度的丝路连贯起来,成为古代中国对外丝销的交通网(氏著上引书译本三六页一图),大体上和赫尔曼 Atlas of China 二六至二七页亚洲一全图所指出的相符。"指出"但吾人则以赫尔曼的考证为最详尽而正确",并引用其结论,认为"然无论如何,两汉时代与罗马的丝路,必经大宛、康居、大月氏、安息而至罗马帝国东境的叙利亚,大体上即前此亚历山大或叙利亚帝国的范围"。指出由此我们"对于两汉时代的丝路及其种种演变的过程,已不难窥其梗概"。③ 此后在《甘英出使大秦考》中,他又进一步论述安息沟通中国和罗马间古代丝路的三条路线。④ 可以说,龚骏是引据赫尔曼之说最多的一位学者,由此反映出赫尔曼之说在中国学界的重要影响。

在论述中国西北地区尤其是甘肃、新疆的书籍中,使用"丝路""丝道"名词更是司空见惯。如1941年地理学家胡焕庸著有《地理与国防》讲演集,在《陕甘在国防上的地位》中即阐述了其重要性:"这里自从汉朝以来,就是中原通达西域的唯一要道,也是中国的丝运到罗马去,平常所称的'丝道'。"隋唐以后中国与印度之间的陆上交通,以此路最为便捷。⑤ 陈正祥在所著《河西走廊》《塔里木盆地》两书中,论述河西走廊地处冲要,东西交通以敦煌为总汇,"三路比较,中路最捷,当时为运丝大道,烟墩相望,往来频繁",后以罗布泊变迁,楼兰古城荒废,乃移于南北二路,下迄隋唐,形势犹然,"元明以后,海运大开,丝路乃渐弃不用"。⑥ 塔里木盆地自古为东西陆路交通要道,汉代的丝绸经此西去罗马,晋唐的高僧亦由此以通印度,"因两道皆在南疆,故称为'南路',历史上著名之丝道,亦即指此而言"。指出"丝道乃当时国际贸易之动脉,因其常为匈奴所

---

① 杜光简:《唐宋两代产丝地域考》,《责善半月刊》,1941年第2卷第5期。
② 马元材:《自张骞至班超之丝路经营》,《舆论》半月刊,1941年第2卷第11期。此文未见,此据《马非百自传》后附《马非百主要著作目录》,见晋阳学刊编辑部编:《中国现代社会科学家传略》(第三辑),1983年,第49页。
③ 龚骏:《两汉与罗马的丝贸易考》,《文史杂志》,1942年第2卷第5、6期。
④ 文中论述安息横跨中国和罗马东西两大帝国,自然地成为交通孔道,"即李查丰(Richthofen)所谓古代丝路(Old Silk Route)。据赫尔曼的参证,当时安息通往罗马东境的交通干线,共有两条,一经斯宾,由陆路通叙利亚,一经于罗,由海道通埃及。但除此之外,据《汉书》《后汉书》的记载,还有从安息西北绕海和从条支西行或度海的三条路线。"参见龚骏:《甘英出使大秦考》,《东方杂志》,1944年第40卷第8期。
⑤ 胡焕庸:《地理与国防》,重庆:正中书局,1941年,第46页。
⑥ 陈正祥:《河西走廊》,《国立中央大学研究院理科研究所地理学部丛刊》1943年第四号,第20-21页。

扰,乃将长城西展至玉门关外之榆树泉"。① 邓静中在《河西南疆间之交通路线》中指出,此道自楼兰西行,出葱岭以达叙利亚及罗马,"商贾络绎不绝于途,中国之丝成为罗马贵族最重要之衣饰,欧人称之为运丝大道(Silk Road),前之南北二道相形减色。因此路兼具经济与军事之价值"。② 张之毅在《新疆之经济》"前言"中说:"新疆与内地商路之确立,远溯前汉。中国之丝经此远销罗马,故有丝路之称。丝路有南北中三道,均以敦煌为起点,疏勒为终点","现丝路大都荒废,所存者仅疏勒至于阗及疏勒至哈密数段而已"。③ 李烛尘的《西北历程》记载了其去兰州、迪化、伊犁等地考察经过,书中写到,中国在通海以前,"欧亚交通实循西域经中亚细亚、波斯,出地中海而至罗马,所谓汉以前之'丝路'也。东西文化之沟通已负莫大之任务"④。

即在一般论撰与报刊中,采用此名词概念的也屡见不鲜。如1942年张熙写的《委座访印》说,中印的交通路线约有三条,"一由印度北部沿印度河上源出阿富汗,接欧亚交通大路之'丝路'以达西安"云云。此下还加注说明:"汉时,中国丝由长安出葱岭经大夏、安息以达大秦,因名这路为丝路。"⑤1942年9月《大公报》记者高集采写的《河西四郡·西北纪行之七》中称,河西走廊在中国的历史上曾几度有过灿烂的光芒,"自汉武帝开四郡后,这条走廊便一直是内地和西域(今日之新疆)关系的枢纽。汉唐的声光远播到中亚、欧洲,也是这条走廊的作用。有名的'丝路'便是由河经天山南路至中亚细亚的大道"⑥。1944年11月《新疆日报》载《印度驻华专员梅农乘牛马遵丝路来迪》,报道梅农循陆道来华,抵新疆赴喀什后,"乃同支总领事循丝路东来,行十三日即抵迪化",称"是路为过去中印文化交流动脉",印象极为深刻。⑦ 水建彤撰《伊犁河西》,其中《八杂市赶集》一篇描绘当地民间贸易集市,称此或是"当年中亚为中国古丝路时队商往来的遗风",犹如今日庙会赶集的风俗。⑧ 等等。

值得注意的是,1941年出版的《西北问题论丛》第1辑,还专门刊登了"丝路"的条目来解释这一名词:

> 丝路起于汉武帝派张骞通西域之时(纪元前一二二年),东方特产之丝因之畅销达于地中海希腊、罗马等地方。其路凡三:中路自敦煌西行过苏勒河,经三龙沙、居庐苍及白龙堆,以至楼兰而趋营盘,以达波斯、印度、叙利亚、罗

---

① 陈正祥:《塔里木盆地》,《国立中央大学研究院理科研究所地理学部丛刊》1944年第五号,第27-28页;又见陈正祥:《西北区域地理》,重庆:商务印书馆,1945年,第86页。
② 邓静中:《河西南疆间之交通路线》,出版地不详:中华书局,1944年,第11页。
③ 张之毅:《新疆之经济》(国立中央研究院西北科学考察团报告),上海:中华书局,1945年,第4-5页。
④ 李烛尘:《西北历程》,重庆:文化印书馆,1945年,第186页。
⑤ 张熙:《委座访印》,《中等教育》,1942年第4辑。
⑥ 《大公报》(重庆版),1942年9月15日。
⑦ 《新疆日报》,1944年11月21日。
⑧ 水建彤:《伊犁河西》,出版社不详,1945年,第24页。

马等地。北路由古玉门关折而西北至吐鲁番,经焉耆,西南行与楼兰之道合,经库车、阿克苏而至疏勒。南道由敦煌西南行,经婼羌、和阗,而至疏勒。三路之中,以中路道程较近,贸易亦最盛。①

此条目文字不长,比较简明扼要地解释了丝路的历史及道路状况。由上可知,在20世纪40年代之后,无论是在译著还是在史学论文、专著等方面,抑或在一般的论撰中,有关"丝路""丝道"等名称和概念已经相当普及,成为人们耳熟能详的惯用名词。

就名称的厘定来说,当时报纸杂志大多称之为"丝路""丝道"或"运丝之路""运丝之道"等,而极少有称之为"丝绸之路"的。笔者唯一所见的一例,是1943年2月《申报》上选民撰写的《马来亚纵横谈》,其中有关"列强侵略史要",叙述了16世纪葡萄牙人占领印度和马六甲,在当地设立商馆,为向东进窥的根据地。"当时还没有橡胶,也无石油与锡,欧洲人所追求的是南洋特产的香料,所以,当时北循陆路越天山以至中国以取丝的道路,叫做'丝绸之路',而南越马六甲出南海以取南洋香料的路就称为'香料之路'。"②此处以"丝绸之路"与"香料之路"对举,一指陆上,一指海上,可以说是在报刊媒体上最早使用"丝绸之路"一词的先例。不过,在整个20世纪40年代,此词只是偶然一见,并未流传,事实上,当时通行习用的还是"丝路""丝道"。需要指出的是,这一时期在众多的译著、论著中,无论是"丝路"还是"丝道",均是丝绸之路的正式译名和名称,不少还特意注出其外文(如Seidenstrassen、Silk Road、Silk Route、Silk way)。由此可见,"丝路""丝道"并非"丝绸之路"的简称,而是其正式的名称。从今天来说,"丝绸之路"显然是一个更为流行的名词和概念,而这一名称的真正流行则要在中华人民共和国成立以后,至1950年代后才表现出其强大的生命力。因此,如果回到历史的语境,显然我们不能因为"丝绸之路"这一概念在今天的重要性,而反过来认为"丝路""丝道"即"丝绸之路"的简称。

1945年抗战胜利之后,上述态势在译著中仍在继续。这里略举几个典型的例证。如1946年美国葛德石(George B. Cressey)著,张印堂、刘心务合译的《亚洲之地与人》论述说,新疆地当欧亚大陆东西之通路,早有大道穿过本省以联络古代中国与罗马世界,"安西以西之古丝道便进入新疆,沿塔里木盆地之南经罗布泊以至叶尔羌"。③ 尤可注意的是,1947年中华书局出版了英国李约瑟(Joseph Needham)著,尼达姆、徐贤恭等译的《战时中国之科学》,较全面地论述了抗战时期中国科学的发展状况。在《中国西北部之科学与工艺》中指出,西北甘肃走廊为古代蚕丝出口必经之路线,兰州为走

---

① 《西北问题论丛》,1941年第1辑。
② 《申报》,1943年2月24日。
③ [美]葛德石(Cressey Gevrge B)著,张印堂、刘心务合译:《亚洲之地与人》,上海:商务印书馆,1946年,第122-123页。

廊的入口,"此诸城市,有些为马可孛罗(Marco Polo)由丝路(即环绕新疆塔里木盆地之南路)进入中国时所经过,并且他必定也经过中国大汉朝代之西北门户玉门关"。文中还谈到"最近由丝路改修的汽车公路"为中国主要的路线,因苏联帮助中国抗战所供给的物资主要经此路线运来,"汽车队所经过的道路为古时丝路与兰州以南的大动脉"。① 此外,1948年吉林书店出版的胡蛮编译的《中国美术史》,叙述了中国绘画和织染艺术传入西方的史实,谈道:"从汉代起,就有了输出到西方的丝路。希腊文的 δηρ, ξηρεσ 和 δηρικ,συ,拉丁文的 Sericurn,都是从中文的丝字音(S)翻译的变音。"② 有关这方面论著甚多,这里不一一列举。

在国人的论著尤其是有关中国西北的书籍中,采用"丝路""丝道"名称与概念的更是比比皆是。如1945年底陈希豪在《新疆史地及社会》"前言"中指出:"由此足见新疆自古即为中西交通之要地。有名之运丝古道,即以疏勒为吞吐之中心。故新疆在思想上文化上国际贸易上,均占有重要之地位。"③1946年何敏求等编著《中国地理概论》,在第六章《农业》中谈到我国历史久远,不愧"丝国"之称,"汉唐开通西域,丝织经天山南路以入中亚,称为'古丝路'。海禁既开,丝茶同为出口大宗,民初且曾列出口首位"云云。④ 叶祖灏编《宁夏纪要》,是他在宁夏进行考察的纪要,书中指出:"汉代通罗马的唯一要道,所称之'丝路'(Silk Road)亦即在此,斯文赫定(Sven Hedin)且有专著《丝路》(*The Silk Road*)一书,以申论其事。于此益足证明弱水流域一带地方,实为我国古代文化之一摇篮地。"⑤ 其他如吕敢《新新疆之建设》、倪超《新疆之水利》、陈澄之《伊犁烟云录》等,均多处论及"丝路""丝道"及其在中外交流中的重要作用。倪超的《新疆之水利》,记述作者1945年对新疆水利考察情况,指出阳关北、南两道"为古代通西域最主要路线,吾国之丝织品由此输运西方,故外人名为'丝道'"⑥。陈史坚《中国的地形》讲述西北地带时,叙说从我国的古都长安有一条大路通西方,"这条路是通达古罗马帝国的运丝大路,欧洲人叫它做丝路。沿着这条路,过了兰州,就是甘肃走廊"。⑦

尤为值得指出的是,不少论著不仅回顾历史,并进而展望丝路的未来,论述其在经济、文化上的重要的战略意义。这方面的论述也应引起我们的重视。如吕敢著《新新疆之建设》,在《绪论——新疆的重要性》中指出,从交通地理观点来看,新疆为海洋时代以前欧亚两洲交通的要道,"倘能恢复古代的丝路,延长陇海铁道经甘肃而入新疆,

---

① [英]李约瑟(Joseph Needham)著,尼达姆、徐贤恭、刘建康译:《战时中国之科学》,上海:中华书局,1947年,第63-64页。
② 胡蛮编译:《中国美术史》,长春:吉林书店,1948年,第88页。
③ 陈希豪:《新疆史地及社会》,南京:正中书局,1947年,第1页。
④ 何敏求等编著:《中国地理概论》,重庆:正中书局,1946年,第114页。
⑤ 叶祖灏编:《宁夏纪要》,南京:正论出版社,1947年,第108-109页。
⑥ 倪超编:《新疆之水利》,上海:商务印书馆,1948年,第24页。
⑦ 陈史坚:《中国的地形》,北京:生活·读书·新知三联书店,1949年,第30页。

再由阿富汗、伊朗、小亚细亚而直驱欧洲,可为东西交通的唯一捷径。"①陈澄之所撰《伊犁烟云录》,更以《"丝路"现代化》作为标题,指出整个欧亚腹地分剖为两个腹地,东半个亚洲腹地正以我国的伊犁为中心,我国西北确当亚洲腹地的枢纽。书中从地缘政治角度出发,论述中国的复兴与振兴西北问题,文中论析指出:"根据政治地理的'堪舆',中国今后复兴,宜先以全力兴西北。西北兴,先要恢复西北古代的繁荣;至少先要重见当年'丝路'现代化的实现。中国要成了能左右全球的一个新兴国家,一定要利用地理上所赋予我们的优越位势,以全力形成伊犁为中国西北上的中心,至少先要重整十八、十九世纪伊犁曾表现过的重要性。如此,我们才算开始对中国的西北尽了部分的责任。"书中还记叙他途经塔什干时,曾和中亚一位史家讨论中国民族文化中心的发源,并且说:"中国历史上历朝历代,都竭力沟通'丝路',其最大目的是惟恐文化泉源的断绝。"②上述这些论述,较为深入地阐明了"丝路"重大的战略意义,揭示其在经济、政治、文化上的巨大价值和深远内涵,即使对于我们今天在新形势下开发丝绸之路,这些认识仍具有十分重要的现实启迪意义。

这一时期最具标志性的是"丝路""丝道"的名称及具体介绍还被直接写入了中学的史地教科书,成为一种官方定型化的标准话语。当时一批国定教科书陆续出版发行,如1946年,由教育部教科用书编辑委员会编纂的《初级中学地理》,在第三册第三编《北部地区》第75课《甘肃省》中叙述说:

> 旧式大车和骡马在本省交通上仍很重要,从西安、兰州经河西到新疆的道路,是古代中西交通的要道。那时,中西交通以敦煌为总汇,西向循新疆南部,可以通到印度和亚洲西部诸国,当时从中国运往西方的货物,以丝绸为主,所以这条大路也叫做"丝道"。③

此初级中学地理教科书共六册,封面题"教育部审定初级中学地理",由国定中小学教科书七家联合供应处印行。据书前《编辑要旨》,"本书遵照民国二十九年(1940)教育部公布《修订中学地理课程标准》编辑"④,可知是教育部审定的部颁标准教材。本书每课后均附学生作业,很有意思的是,在此课后面"作业"中还附有两个复习题,其中之一为:"甚么是'丝道'?'丝道'在古代中西交通上有甚么重要性?"⑤由此可见,丝路已

---

① 吕敢:《新新疆之建设》,上海:时代出版社,1947年,第5页。
② 陈澄之:《伊犁烟云录》,上海:中华建国出版社,1948年,第51、67页。
③ 任美锷编:《初级中学地理》第3册,国定中小学教科书七家联合供应处,1946年,第65-66页。最早为1945年10月上海白报纸本第一版,至1946年9月上海白报纸本第115版。该书后多次重版,有大中国图书局1948年修订本等。
④ 任美锷编:《初级中学地理》第3册,国定中小学教科书七家联合供应处,1946年,第1页。
⑤ 任美锷编:《初级中学地理》第3册,国定中小学教科书七家联合供应处,1946年,第67页。

成为教材中的一个重要概念,是学生必须掌握的基本知识点。

又如,由任美锷编辑的《初级中学地理》第四册第110课《新疆省》叙述说:

【交通】古代我国与西方的陆路交通,都取道天山南路,从甘肃的敦煌西行,有两条路线,南道循昆仑山北麓,经且末、和阗,北道循天山南麓,经库车、阿克苏,两者西端都终于疏勒,从疏勒越帕米尔高原可到中亚和西亚、东南欧,汉唐时候我国输出的丝绸,都循这条路线运往欧洲,所以这条欧亚大路也叫做"丝道"。从疏勒西南行,越过喀喇昆仑山,可通印度,唐代玄奘到印度求经,即是经由此道。唐代以后,从敦煌到疏勒这条大道,逐渐荒废。到清代左宗棠平定新疆,开辟从甘肃安西经星星峡到哈密的大路,从哈密越过天山,可通迪化,从哈密循天山南麓,可通库车和疏勒,于是哈密便成为新疆与其他省区交通的咽喉。①

文中清晰扼要地描绘了丝道的走向、取名由来及其至近代的沿革变迁等。

再如,1947年邓启东编著的高中《本国地理》,在第二编《蒙新地方》第26课《塔里木盆地》中写道:

【内外交通】本区当亚欧陆上交通的冲要,自古为东西要道所经,汉代的丝绸经此西去,罗马晋唐的高僧由此以通印度。按汉唐与西域交通,多出敦煌玉门关,经楼兰分南北两道:南道循昆仑山北麓西行,以至疏勒;北道循天山南麓西行,以至疏勒,以在南疆,故称"南路",历史上著名的丝道,即指此而言。当时东西往来频繁,商务很盛,故沿途城廓珠连,烽火相望,为我国与印度、波斯、叙利亚、罗马交通大道,也是当时国际贸易的大动脉。后以罗布泊迁徙,楼兰古城毁灭,丝道随之废弃。清代左宗棠平定新疆,乃辟由安西经星星峡以至哈密一道;由内地至本区,也多取道哈密经吐鲁番、焉耆以达库尔勒,南路更少人行。本区与内地古今交通路线变动情形,从此可见。②

此书封面题"新中国教科书高级中学本国地理",系"遵照三十年(1941)修正课程标准编著"。这种地理教科书的发行量很大,1947年9月初版,至1948年10月已达20版,可见其再版之多及销行量之大。

此外,一些非官方的地方性的教材,如1948年田世英编著的《开明新编初级本国地理》第五册,在第二编《西部地方》第二节《新疆省》中,介绍"省内交通"南北两路的情

---

① 任美锷编:《初级中学地理》第4册,国定中小学教科书七家联合供应处,1946年,第72-73页。
② 邓启东编著:《本国地理》(下册),南京:正中书局,1947年,第149-150页。

况,指出南路交通由哈密至甘肃安西,但且末以东,沙漠迫近山麓,荒凉异常,行人极少,"但在古时却为通路,唐朝玄奘取经,元朝马可孛罗东来,都曾在这里经过。还有古时我国输出到欧洲的丝绸,也经过这条大道,所以有'丝道'之称"①。

初中、高中地理教科书是中等教育的重要教材,尤其是作为教育部审定的部颁教材,具有意识形态层面的指导意义。至此,经历了由译著而论著及报刊传媒一系列的演化过程,"丝路""丝道"由名词进而成为基本的概念,进入中学的教材体系,成为中学史地教科书的重要术语。这说明它已赢得了教科书编者的青睐,并获得官方的认可与肯定,成为一种官方定型化的标准话语。可以这么说,基于官方的态度,教科书中"丝路""丝道"的概念和内涵也得以在这一时期基本定型。作为标准化的课本,教科书的发行量巨大,其读者受众和影响面更为广泛深远。总之,这一时期"丝路""丝道"的概念业已进入大众视野,深入人心,传播普及到了广大的学生和一般民众层面。虽说此后由于国共内战,国家的形势发生了根本的变化,但"丝路""丝道"作为教科书的基本概念,仍保留并传承下来。在 1949 年 10 月中华人民共和国成立,1950 年代之后的一段时期中,事实上仍然沿袭了原先的名称与概念。它既说明语言包括名词、概念等的连续性与继承性,也显示出其演变嬗递的一般历史进程。

至 1940 年代末,在专业性的历史学领域,其反响也颇可一谈。一些著名的考古学家、历史学家,以"丝路""丝道"等名词入自己论著的不在少数。如考古学家黄文弼早年曾参加西北科学考察团,此时结集出版了《罗布淖尔考古记》一书。其中论证说,中国以产丝著闻于世,据《后汉书·大秦传》等记载,"则中国丝织品,由安息输入于罗马,益可信也。但当时贩丝之道,必经塔里木盆地,而楼兰扼其咽喉"。指出罗布泊为东西交通必经之地,"现欧洲人称古时罗马人常贩丝于中,经行中国通西域古道,因称此道为罗马贩丝之道"②。贾兰坡所撰文中称:"敦煌是通往拉萨、蒙古和南西伯利亚的道路皆辐集于此,也是自新疆省和阗、叶尔羌和疏附到内地来的人们必由之路,元代客卿马哥博罗称谓'丝绸大道'。"③裴文中在《史前时期之西北》中认为,"著者更有一种印象,张骞通西域之前,即所谓丝路(Silk Road)未开之前,东西洋交通之主要路线,非甘肃之河西走廊,实为此青海至南疆之路(即现青新公路)。惟此说,尚待将来考古学家之证明"④。周谷城著《世界通史》论述说,罗马在恺撒时代,丝的需求量就已很大,"当时东罗马皇犹斯迪尼(Justinian)发觉由东方运丝的道路常被波斯阻断,乃雇请久居中国的波斯人,为他服务,替他自中国传入丝种"⑤。季羡林在《近十年来德国学

---

① 田世英编著:《开明新编初级本国地理》第 5 册,上海:开明书店,1948 年,第 14 页。
② 黄文弼:《罗布淖尔考古记》,中国西北科学考察团丛刊之一,北京:国立北京大学出版社,1948 年,第 70、109-110 页。
③ 贾兰坡:《敦煌莫高窟二日游》,《西北通讯》,1948 年第 3 卷第 8 期。
④ 裴文中:《史前时期之西北》,南京:西北通讯社,1948 年,第 15 页。
⑤ 周谷城:《世界通史》,上海:商务印书馆,1949 年,第 324 页。

者研究汉学的成绩》中也谈到,赫尔曼很多年以前"写过一本关于横亘中亚的丝路的书,论到中西交通的问题"。[①] 在一些史地书中,运用此名称的也所在都有。如胡秋原《近百年来中外关系》在论述"鸦片战争前夜之中外关系"时指出:"古代中西交通有二条路线:一是经中亚陆路,这是古代'丝路',二是经两河之间出波斯湾东航的海路,亦即波斯、大食胡贾的路。马可波罗也是经这两条路来往的。"[②] 吴本中《巴尔干问题研究》称,里海之南,波斯湾之北,实为东西两世界之十字路口,水陆兼通,"西史称我先烈所开之'丝道'(法文:Route de la soie),西出玉门关,绕葱岭以达于此;而自巴比伦东南下,陆路沿海滨,水路航波斯湾、阿曼湾入阿剌伯海,亦可至印度孟买"云云。[③] 这均清楚地表明,其在学术论著中的使用已很普遍。

通过以上学术史的梳理,可以比较清晰地勾勒出"丝绸之路"名称和概念在20世纪上半叶的译介、传播进程,展示出其发展的主要线索和基本样貌。19世纪末、20世纪初,通过译著的介绍,在汉文文献中已谈到丝绸之路。之后中国人逐渐知晓、接触到李希霍芬、赫尔曼的重要著作《中国》和《中国与叙利亚间之古代丝路》。自20世纪20年代起,在中文相关著作中已采用"古丝商之路""蚕丝贸易通路""运丝通路"等不同的称呼;至迟于20年代末,已开始使用"丝路""丝道"等译名。从30年代初起,由于斯坦因、斯文赫定等在西北新疆等地探险活动的直接推动,以及中西交通史学科的形成和发展,又与这一时期"开发西北"的呼声和思潮相联系,缘此诸因,经学人的译介引进和报刊传媒的作用,"丝路""丝道"的名称和概念逐渐在中国传播开来,并为国内学界接纳和采用。最初称谓尚不统一,呈现出命名多样化的状态,之后渐而趋向集中于"丝路""丝道"的名称。一些学人陆续采用了这一外来的新概念和新名称,尤其是1935年之后,运用这一名称的明显增多,并成为学术表述的一种概念工具。1940年代之后,有关"丝路""丝道"的记载已经屡见不鲜,并得到了相当普遍的运用,流行于学术界和一般的报刊传媒。最具标志性的是"丝路""丝道"的名称及具体介绍还直接写入了中学的史地教科书,成为一种官方定型化的标准话语,其概念和内涵也得以基本定型。不少论著进而展望丝路的未来,论述其在经济、文化方面重要的战略意义。概而言之,这一时期已经约定俗成地称"丝路"或"丝道",其概念业已进入大众视野,传播普及到了广大的学生和普通民众层面。虽说此后政局发生重大变化,其名称和基本概念仍保留并传承下来。

---

① 《大公报》,1947年5月28日。
② 胡秋原:《近百年来中外关系》,上海:中国文化服务社,1946年,第19页。
③ 吴本中:《巴尔干问题研究》,《世界月刊》(上海),1948年第3卷第3期。

哈哈镜中的社会相：
民国时期的自杀漫画研究[*]

侯艳兴

(华东师范大学马克思主义学院)

摘要：民国时期的报刊媒体产生了大量的自杀漫画。通过汉堡学派的图像分析方法，这些自杀漫画可以从三个层面进行解读。在自然意义上，自杀漫画的基本特征从创作风格到象征主义再到空间叙事，呈现出自身特点；在社会意义上，自杀漫画从多方面通过自杀的棱镜折射出种种社会面向；在文化意义上，自杀漫画蕴含了阶级意识、性别观念及国族想象。通过意义之解构，这些自杀漫画不在于讽刺政治、讥笑个人，而在于揶揄人生、批判社会，起到了映射时事、反思人性、珍视生命、改良社会的作用。

关键词：民国时期；自杀漫画；图像

民国时期正值社会转型，在此背景之下，产生了种种社会问题。自杀问题就是当时非常严重的一种社会问题。笔者在研究此问题时搜集了自杀漫画100余幅。本文尝试对这些自杀漫画进行图像研究。在研究的过程中，借鉴了汉堡学派图像研究的方法。1939年汉堡学派的代表性人物潘诺夫斯基把图像的解释分为三个层次，分别对应艺术作品的三层意义。第一个层次是前图像学的描述，关注图像的"自然意义"；第二个层次是图形学的分析，关注"常规意义"；第三个层次是图像研究的解释，关注"本质意义"。[①] 另外，本文的写作还受到文化人类学家吉尔兹的启示。吉尔兹强调解读图像需要关注图像的意义，也就是研究图像所传达的信息，而不是生硬地寻找结构。他主张把图像和文本当作思想方式来读，研究它们的意义。[②] 循着这一理路，具体到民国时期自杀漫画上，笔者的问题意识是：这些自杀漫画的"自然意义"，即基本特征是什么？这些自杀漫画的"社会意义"，即自杀漫画是如何通过自杀呈现社会时事及社会

---

[*] 本文原载于《中国美术研究》2019年第2期，有修改。
[①] ［美］彼得·伯克：《图像证史》，北京：北京大学出版社，2008年，第43页。
[②] CliffordGeertz, *Local Knowledge: FurtherEssays in InterpretiveAnthropology*, Basic Books, 1983, p.1120.

变迁的？这些自杀漫画的"文化意义"，即这些自杀漫画嵌入了何种时代话语,体现了何种文化记忆？

一、艺术构图:自杀漫画之基本特征

笔者搜集的自杀漫画主要出自漫画家的手笔,当时最为著名的漫画家基本上创作过自杀漫画,如张乐平、华君武、丁悚、鲁少飞、张光宇、叶浅予等;当时甚多流行的报纸期刊都曾登载过自杀漫画,如《申报》《中国漫画》《时代漫画》《上海漫画》《北洋画报》《礼拜六》等。如果要对这些大众媒体上的自杀漫画进行分类的话,笔者首先介绍几种分类法。

根据漫画的意义,漫画可以分成四类。讽刺画,是一种冷酷地讽刺政治,以幽默的笔法攻击当代社会红人,和严肃地批评人生的画;抒情画,是作者表达自己对于一人一物一景所感觉到而发生情绪及感情的画;滑稽画,无任何意义,是一种游戏的画;写实画,是一种直描人事一片断的画。[1] 笔者搜集的自杀漫画绝大多数是对自杀现象进行写实和抒情的漫画。

根据漫画题材来分,漫画的题材不外乎关于政治的、社会的和人生的三种画。笔者搜集的自杀漫画主要是社会漫画,其中包括直接反映时事新闻、社会新闻的写实性自杀漫画,还有就是根据自杀流行、自杀方式、自杀原因等不同意义建构而进行抽象创作的社会漫画。前者是直接对自杀的描述,后者是间接对自杀的反映。

根据漫画章幅分类,笔者所搜集的自杀漫画大部分是以一件事或物构成单独的画面。至于连续的,如果是多幅,基本上以双数构图,有 2 幅、6 幅、8 幅、12 幅、16 幅的。1946 年发表在《图画世界》上的《自杀新闻》是由 26 幅所组成。[2] 这是笔者所搜集到的自杀漫画里构图幅数最多的一则漫画。

上面所述乃是自杀漫画之风格,接下来讨论一下漫画之象征主义。丰子恺认为漫画就是"简笔而注重意义"[3]。简笔是画之外形,若漫画之筋骨血肉;意义是内涵,若漫画之精髓灵魂。一幅好的漫画,两者不可或缺。漫画之外形构造具有亲和力。因为漫画题材贴近大众,作者大多运用了日常生活的元素,通过简练的黑白线条绘制而成。漫画家在创作漫画时,采用了很多象征的手法。例如,骷髅是死亡的象征。骷髅一般是指人死后腐烂最后只剩下一副骨头,是没有皮肉依附着的整套骸骨。很多漫画中出现了骷髅图像。1922 年的一幅题名为《交易所造孽》的漫画画面是,"上海交易所出品陈列室"中摆放了 9 个骷髅头,每个骷髅头上插着牌子,牌子上依次写着"投海、服毒、

---

[1] 君吾:《漫画概论》,《现代艺术》,1940 年第 2 期。
[2] 《自杀新闻》,《图画世界》,1946 年第 5 期。
[3] 丰子恺:《丰子恺漫画精品集》,北京:中国青年出版社,2009 年,第 3 页。

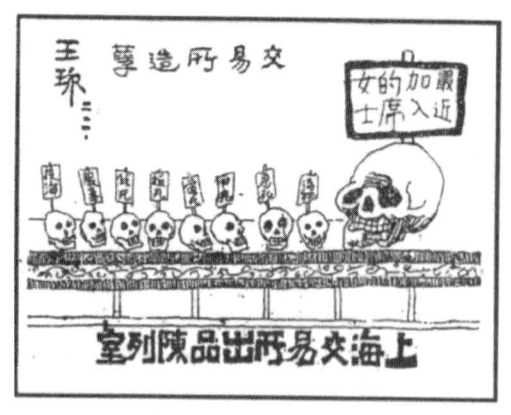

图 1 交易所造孽

饿死、缢死、电死、烫死、急死、□□"等自杀字样的文字,最后一个骷髅比前八个骷髅大,上方的牌子上写着"最近加入的席女士"。(图1)① 类似的以骷髅为象征的漫画在笔者搜集的漫画中为数不少,共 11 幅。

遗书也是自杀的象征。漫画家们在创作漫画时运用颇多。在漫画构图上,遗书大多呈方块结构,状若长方形或正方形。形式上,或者画上一个信封,或者描绘出一张信纸,有的上书"遗书"或"绝命书",有的并无汉字,而是以弯曲的线条跃然纸上,读者一看便知是遗书。笔者所搜集的以遗书作为象征的自杀漫画共 22 幅。1928 年马振华自杀,各大报刊争先恐后发表其遗书。在此之后,受马振华自杀暗示与媒体渲染,居然有大量的自杀者把遗书寄给报社登载,在生前未能出名,却寄望死后留名。漫画家们从中找到灵感,当年的《上海漫画》画刊中出现了揭示此类事件的漫画。

图 2 自杀者与新闻记者的对话

画面中有一个女性自杀者,手里拿着绝命书给新闻记者。在这个女性自杀者脚边还放了一袋子的情诗。漫画中的新闻记者说:"这几天新闻地位太拥挤了,你投黄浦江只好请延期吧。"(图2)② 类似的漫画说明,漫画家敏感地捕捉到了新闻信息,并且巧妙地把这一细节呈现于漫画之上。可见,象征是漫画常用的表现方法。当然,自杀漫画中不仅有骷髅、遗书作为象征,还有安眠药、刀具,甚至黄浦江亦是死亡的象征。

另外,一位漫画理论家尝言,不同于文学的"描写",漫画只能通过"叙述"达意,并且有时空的限制。这种时空的限制主要"表现于一刹那间在一处地方的情形"。③ 这就是漫画的叙事性与空间性。漫画虽是某地某时情形的静态映射,但

---

① 《晶报》,1922 年 9 月 18 日,第 3 版。
② 《上海漫画》,1928 年第 13 期。
③ 钦文:《漫画资料》,《申报》,1935 年 6 月 18 日,第 16 版。

是这些静态映射会引导读者构建整个隐喻事件场景。自杀漫画,尽管其画面是静态的,所表达的内容却是动态的。换言之,自杀是一个名词,其有不同的近义词:自戕、自裁、自刭、自经、自毙、自尽、自绝、自焚、自缢、寻死路、寻短见、服毒、仰药、吞鸦片、吃安神药水、吃安眠药、吃来沙尔药水、投河、投江、投水、投井、投海、投浦、跳海、跳楼、跳河、吞金、卧轨、割脉、割腕、吞烟、开枪自杀、上吊等等。这些词语在自杀漫画中时常出现。借由这些隐喻引起的联想往往涉及整个语义网络,形成的语义转移具有系统和连贯的特点。① 再加上漫画语境与新闻语境的互动,通过大众的想象性建构,继而可以活灵活现地呈现在大众面前。例如,1928 年《上海漫画》上有一幅漫画有五帧,表现了五种自杀方式,第一帧是喝安眠药水的镜头。自杀者喝完安眠药水,安静地躺在床上,等待死神的到来。漫画上有"安全的"文字。第二帧是开枪自杀的镜头。自杀者右手拿枪对准自己脑袋,迅速地扣下了扳机。漫画上有"迅速的"文字。第三帧是吞火柴红磷自杀的镜头,自杀者打开火柴,拿出一根,放入口中吞下。自杀者顿时泪流满面,痛苦异常。漫画上有"轻便的"文字。第四帧是用刀自戕的镜头。自杀者右手持刀,刺向自己的胸口,霎时血水流出。漫画上有"痛快的"文字。第五帧是投河自杀的镜头。自杀者离岸跳起,跃入河中,扑通一声,水花四溅。漫画上有

图 3　自杀

"普遍的"文字。(图 3)②该漫画通过连续的静态图像呈现更多的动态细节,再加上设计了额外的文字提示,提醒引导读者构建动态型映射,以最大限度地实现整个自杀隐喻的系统性、连贯性和完整性。

由上可知,尽管自杀漫画如同其他漫画一样,主要以线条和黑白为构图基础,但自杀漫画有其自身的基本特征。首先进入大众眼帘的就是这些基本特征,他们以此判断该漫画为自杀漫画。

---

① 束定芳:《论隐喻的基本类型及句法和语义特征》,《外国语》,2000 年第 1 期。
② 《自杀》,《上海漫画》,1928 年第 17 期。

二、视觉表述：自杀漫画之社会内涵

研究自杀漫画的基本特征，只是了解了自杀漫画的外表；而要深入理解自杀漫画，还必须研究自杀漫画的内里——社会内涵。自杀漫画的社会内涵主要包括记载的自杀现象以及揭示的自杀之社会原因。

(一)再现自杀事件

在笔者搜集的自杀漫画中，有很多就是直接再现自杀事件的。那些身居大都市的漫画家，本就是新闻界的一部分。他们对都市自杀事件耳濡目染，对一些重大的自杀事件更能亲自观察。20 世纪二三十年代的上海，出现了一些轰动性的自杀案件以及一些恶性的集体自杀现象。鉴于此，媒体对自杀问题进行了不厌其烦的报道、渲染、评论。漫画家们当仁不让，通过艺术形式再现了这些时代病象。

据笔者研究，就民国上海的自杀状况而言，1935 年达到了历年自杀的最高峰，自杀人数为历年之最。① 有人戏称该年为"自杀年"②。当年发生了阮玲玉自杀案，轰动上海滩。阮玲玉在 3 月 7 日晚服用大量安眠药自杀，3 月 8 日，也就是国际妇女节日早晨 8 点多去世。阮的自杀不仅成为街谈巷议，还被媒体热烈讨论。大众媒体既以文字文本来讨论"谁杀害了阮玲玉"，还以漫画文本来呈现这一话题。

在诸多漫画中，有的漫画直接反映阮玲玉自杀。《漫画生活》上有一幅漫画，画面描绘了在夜黑时分，阮玲玉已经服下安眠药躺在床上，床旁边的桌上摆着两瓶安眠药和一封遗书。③ 有的漫画分析了阮玲玉自杀的原因。有一幅漫画描绘了两个男子坐在公园的凳子上，在为阮玲玉究竟属于谁而争吵，最终由争吵上升到争斗，一个以"妨害家庭"控告，一个以"妨害名誉"上诉。另外，凳子上还躺着身死的阮玲玉。凳子下方写着"你虽不杀伯仁，伯仁由你而死！"画面上方，太阳已经形容黯然，树枝上的小鸟也静默失色。(图 4)④ 该漫画旨在说明阮

图 4　你不杀伯仁，伯仁由你而死！

---

① 侯艳兴：《上海女性自杀问题研究(1927—1937)》，上海：上海辞书出版社，2008 年，第 45-48 页。
② 《半月评坛："自杀年"》，《社会评论》，1935 年第 1 卷第 9 期。
③ 湃沂：《电影明星阮玲玉自杀》，《漫画生活》，1935 年第 8 期。
④ 《你不杀伯仁，伯仁由你而死！》，《中华日报》，1935 年 3 月 11 日第 8 版。

玲玉之死是张达民及唐季珊共同作用的结果。还有的漫画揭露了媒体及商人利用阮玲玉自杀图利的现象。张乐平的一幅漫画《出卖同情的报酬》描绘了书商编印了各种各样的有关阮玲玉及其自杀的书籍,在书店及街上出售,讽刺了商人们利用人们同情阮玲玉自杀谋取报酬的种种行为,是为"靠死人图利"①。

1935年,不仅有阮玲玉自杀案轰动沪上,两个月后,还发生了两起全家自杀案,震惊了社会。其中一起是1935年5月30日,岳霖及其妻儿大小八口在家仰药自杀②;另一起是1935年6月5日晚,张月鑫偕其全家六口母子孙三代在大世界跳楼自杀③。这两起自杀案件相继发生,时隔五天。这引起了社会的关注,媒体上发表了大量时评文章,案件还成了漫画的题材。根据这两起案件创作的漫画登载在1935年创刊的《中国漫画》上。画面中,漫画家把自杀者喝药后的痛苦与跳楼后的惨状描绘得淋漓尽致。(图5、图6)④

图5 一家八口服毒图　　　　图6 一家六口跳楼图

(二)讽刺情死现象

情死又称失恋自杀。在笔者所搜集的自杀漫画中,反映情死的颇多。在20世纪二三十年代的都市,恋爱已经成为中产阶级的日常生活。这在新感觉派的漫画中最能

---

① 张乐平:《上海Memory:张乐平画笔下的三十年代》,上海:上海辞书出版社,2005年,第70页。
② 《失业日久无力生活全家八口服毒》,《申报》,1935年6月1日第16版;《气绝人寰不忍读,全家服毒哀史》,《申报》,1935年6月2日第30版;《全家服毒案,岳霖被控教唆罪》,《申报》,1935年6月12日第10版。
③ 《昨晚三男三女跳楼惨剧》,《申报》,1935年6月6日第11版。
④ 朱锦缕:《一家八口服毒图》《一家六口跳楼图》,《中国漫画》,1935年第1期。

体现出来。新感觉派代表性人物如莫如郭建英。陈子善认为,他的漫画是现代都市生活的素描,是丰富的想象与鲜活的具象的结合。① 郭建英的漫画对恋爱表现甚多,其模式大都是罗曼蒂克的想象与夸张。即便是自杀漫画,也是如此。

图 7　比较时髦些呢

在郭建英的恋爱漫画中,有两幅反映恋爱自杀的,颇具代表性。其中一幅漫画反映了一对情侣决计要自尽。鸦片和安眠药已放在他们的面前,当临死的时候,她坚决要吞安眠药自尽,她的情人问她什么缘故,她挥着凄泪回答说:"……现在,安眠药比较时髦些,吾爱——。"(图 7)② 在新感觉派的眼里,失恋自杀不啻为一种浪漫,但在其他漫画家心中,却是一种哀情。朋弟的一幅漫画由四帧组成,题名为《甘为情死》,主要描绘了一名男子在街上发现其女友另有新欢后,十分痛苦,一边狂奔,一边嚎哭,回家躺进棺材,准备自杀。③

在许多漫画家眼里,情死还是一种权力游戏。很多漫画家以夸张的手法来讽刺自杀的这种要挟性。罗琳的一幅漫画画面中,一个西装革履的男子跪在一个高挑时髦的女子面前求婚,而女子却不正眼相看。画面下方附以文字说明,男的说:"不让我娶你,我要跳河了。"而女子却说:"非让我嫁你不可,那么我也吞烟好了。"④ 恋爱在当时的学生中亦十分流行,而自杀性要挟也许是学生恋人们"你侬我侬"的一种表达方式。

(三)揭示自杀流行

民国时期的自杀颇为流行。自杀流行的表现之一,是报刊媒体的渲染。作家林语堂曾经说过:"在民国时期,像自杀这样的轰动性新闻事件占到了主导地位。"⑤ 漫画对报纸登载自杀事件给予了揭示。王仲的一幅漫画描述了甲乙二人的对话。甲说:"新年你送局长什么?"乙说:"有一家大小自杀的新闻。"⑥ 送礼居然送自杀新闻,这一怪诞的送礼方式,折射出的是报纸是自杀新闻的饕餮者。

自杀流行的表现之二,是自杀方法的趋同。就自杀方法而言,服用安眠药最为流

---

① 谢其章:《漫画漫画:1910 年—1950 年的世间相》,北京:新星出版社,2006 年,第 102 页。
② 陈子善:《摩登上海:30 年代的洋场百景》,桂林:广西师范大学出版社,2001 年,第 8 页。
③ 朋弟:《甘为情死》,《阿摩林》第一集,北京:西苑出版社,2003 年,第 22 页。《阿摩林》是漫画家朋弟在民国时期的漫画集,经今人整理重新出版。
④ 《全家福》,1941 年第 3 卷第 10 期。
⑤ Lin Yutang, *A History of the Press and Public Opinion in China*, Greenwood Press, 1968, p.131.
⑥ 《国民杂志》,1942 年第 2 卷第 1 期。

行。在自杀漫画中,安眠药成了漫画家魔法下的常用道具。漫画中除了有服安眠药自杀外,还出现投水、跳楼、上吊等常见的自杀方法。

自杀流行的表现之三,是自杀地点的类似。自杀流行的地点有两个,一个是黄浦江。在上海,周边有海,内有黄浦江、苏州河和吴淞江等河流,投水的地方不止一处,可偏偏要到黄浦江去。跳黄浦江日见其多,自杀者被称为"黄浦同志"①。1928年的一幅漫画,画面中有三个女子已经跳入黄浦江中,还有一个女子正在准备投江自杀。作者认为1928年跳黄浦江是一个时髦的死法。②

图8　有无自杀药品

自杀流行的另外一个地点是旅馆。因为旅馆具有私密性,各种自杀经常在这里发生。据当时的学者石涵泽调查发现,在其调查的73件自杀案子中,在旅馆中自杀的达到12件,占16%。③ 丁悚的一幅漫画更以夸张的手法,预示将来的旅馆要查询旅客是否带有自杀药品,以防在自家旅馆发生自杀。(图8)④

(四)分析自杀原因

漫画反映自杀原因有两种方式,一种是以单一原因来呈现自杀,譬如家庭自杀。廖冰兄的漫画《家庭小奴隶之死》由六部分组成。其内容为:1.东家是西家对头,西家是东家对头。2.东家小婢是阿金,西家小婢叫西银。3.两婢相遇,互诉苦衷。4.主人看见,怒发冲冠。5.阿金受一场毒打,阿银受一场毒打。6.共同跳井,猫哭狗哀。⑤ 此漫画反映了当时家庭中存在着对未成年人的虐待,最终导致她们的自杀。再如失业自杀。有一则漫画,其形象地反映了当时经济危机给家庭带来的灾难。该漫画是新闻漫画,作者根据新闻报纸上的报道,以剪报的形式制作成此幅漫画。画中妻子自杀躺在床上,丈夫在旁涕泪涟涟,作者冠以题名《夫失业,妻自杀》。⑥

还有一种漫画以多种原因来呈现自杀。汉口市政府社会局的《社会》月刊有一幅漫画,画面画了一具棺材,棺材旁边躺着三个人,三个人身上分别写着"失业""失意""失恋"。(图9)⑦该漫画是根据社会局自撰文章《自杀》进行立意而创作的插图,旨在

---

① 钧徒:《黄浦同志会》,《龙报》,1928年8月5日,第2版。
② 李忠清:《旧世百态:1912—1949年老漫画》,北京:现代出版社,1999年,第72页。
③ 石涵泽:《自杀问题》,上海:华通书局,1930年,第98-99页。
④ 国家图书馆:《丁悚漫画集》,北京:中国文联出版社,2004年,第30页。《丁悚漫画集》是一本漫画集,其中收录了丁悚在民国时期所创作的部分漫画。
⑤ 《中国漫画》,1935年第3期。
⑥ 《夫失业,妻自杀》,《漫画生活》,1935年第8期。
⑦ 《自杀》,《社会》,1929年第3期。

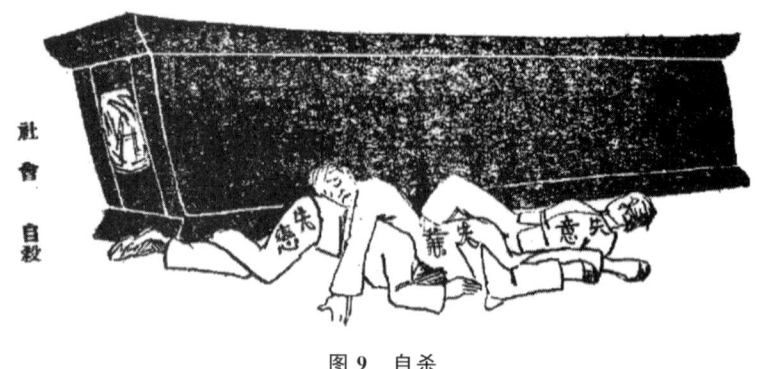

图 9　自杀

分析自杀的原因。另外还有一幅漫画,题为《黄浦江底大联欢》。画面中,黄浦江底有四位男女手拉手围成一圈联欢。在他们的手臂上写了自杀的原因:恋爱、失业、经济、厌世。(图 10)[①]以漫画来分析的自杀原因,与政府或学者统计的自杀原因大体一致。

图 10　黄浦江底大联欢

---

① 《十日谈》,1934 年第 42 期。

(五)预防自杀发生

一方面,预防自杀是政府的分内之事。1928年上海市社会局制作了自杀漫画警告牌(图11)①。该自杀警告牌由漫画构成。据社会局自陈设计之意,该牌所绘于江水浩渺之中,浮一死尸。左上角绘一骷髅,江边一女子有跳江意,后一警士拦阻之,左下角标语云:"死不得的!快回头去!"②1934年、1935年,服用来沙尔药水自杀颇为流行。来沙尔是一种防疫药水,由于易得、便宜,为自杀者之新宠。有鉴于此,社会强烈呼吁管理来沙尔药水的买卖。于是,杭州地方当局在1934年通令本市新药业医师,规定当地各药房不得自由出售来沙尔药水。③ 当年的有关卫生运动的漫画也在宣传勿用来沙尔药水自杀。④

图11 上海特别市在浦滨竖立之警牌

另一方面,社会舆论也积极进行自杀干预。漫画就是要通过诙谐幽默的方式劝人重生、不要自杀。有的漫画围绕某一主题,设立故事情节来反对自杀。比如叶浅予的漫画《王先生》以家庭为宏大背景,其中两篇关于小陈自杀的故事,对自杀现象做了尽情的发挥。⑤ 有的漫画没有故事情节,直接以自杀失败来给读者以启示。《中国漫画》上刊登了一幅漫画《自杀记》。该漫画由六幅组成,画面描述了一人"跳楼—直落—见树—巧遇—脱险—幸亏不死"的自杀过程⑥,表达了跳楼自杀失败是值得庆幸的,换一个角度则暗示自杀是一种轻生且不理智的行动。

最后,还有一类漫画直接来阻止自杀。此种漫画开门见山,没有过多微言大义。例如,1921年正是新文化运动时期,社会变动剧烈,思想复杂多元,环境异常恶劣,在此种背景之下,青年自杀频繁。一位作者用漫画来批评青年。漫画画面左边有一个骷髅,上面写着"恶环境"三个字,右边有一个青年正用刀子刺入自己的身体,旁

---

① 《上海特别市在浦滨竖立之警牌》,《大亚画报》,1929年第144期。
② 《死不得的,快回头去》,《申报》,1928年11月16日第15版。
③ 周象贤:《公牍》,《杭州市政季刊》,1934年第2卷第4期。
④ 胡同光:《卫生运动》,《中国漫画》,1935年第3期。
⑤ 叶浅予:《王先生》,《上海漫画》,1929年第103、104期。
⑥ 《中国漫画》,1936年第6期。

边写着"自杀就是无奋斗精神"。① 1930年代更是一个自杀年代,在众多自杀漫画中,有一幅漫画的题名为《谨防自杀成功》。该漫画由16帧组成,画中描绘了两种对立的行为,一种是自杀行为,一种是阻止自杀的行为。② 这一漫画直抒胸臆,劝阻众人休自杀。

概括而言,自杀漫画的社会内涵主要是通过自杀的棱镜来反映社会病态,透视自杀原因与进行自杀干预。在自杀漫画通过视觉图像反映社会内涵的同时,作者与读者在某一层次上可能产生了共鸣。自杀漫画留下了揭开这种共鸣的文化符码。

三、文化记忆:自杀漫画之主体意识

自杀漫画作为一个艺术文本,是文化记忆的铭刻场。因之,我们可以通过自杀漫画发现时代主流话语。这种主流话语支配了作者的创作,更普遍存在于受众价值观念中。笔者主要从阶级、性别与国族三个维度来透视自杀漫画。

(一)阶级意识

阶级分析方法是近代知识分子最常用的方法,时人利用这一知识去分析社会,进行创作。这一点也可以在自杀漫画中得以体现。众所周知,财富的多寡、权力的大小、地位的高低、文化的有无,是形成阶级的重要因素。特别是经济因素,是评判有产阶级与无产阶级的基本标准。在经济因素中,失业是导致人们生活无原、经济拮据,进而使得人们失去向上流动、成为下层阶级的重要原因。近代中国,农业在衰退,工业被压迫,商业不景气,致以失业者众,因失业而自杀的大有人在,且大多为中下层阶级,比如穷人、青年,还有刚刚毕业的学生。

在1930年代,中国深受世界经济危机的影响,大批工人失业。在这个经济失序状态下,"利己型"自杀颇多。这些自杀状况体现在自杀漫画中。举例言之,有一幅漫画画面上,一个骨瘦如柴的穷人因不堪数人逼债而喝药自杀了。③ 还有一幅新闻漫画,描绘了一位青年来上海寻找工作,因找不到工作便在街头悬梁自尽了。④ 刚刚毕业出来的学生也是弱势群体,成为知识分子同情的对象。民国时期流行的一句话"毕业即失业",生动反映出当时的毕业生就业情况,而毕业后无法就业,产生了厌世,继而自杀,更让人体会到社会凄凉。有一幅漫画描绘了学生在学校努力学习,终于及时毕业,

---

① 《申报》,1921年5月10日第16版。
② 朱晓紫:《谨防自杀成功》,《上海漫画》,1936年第3卷。
③ 静:《逼债人如狼似虎,寠人贾政堂自杀》,《十日谈》,1934年第28期。
④ 《漫画生活》,1935年第8期。

但是到了社会却不能就业,最后坠楼自杀。(图 12)①作者给此漫画取名为《社会不公》,深入地反映了年轻毕业生出人头地的不易,深刻地揭示了阶级社会的压迫。

在以失业为主题的自杀漫画中,作品及作者所透露出来的阶级意识多是对自杀者抱以同情。但是,在以恋爱为主题的自杀漫画中,阶级意识所表现出的更多是责难、讽刺、挖苦。如在一幅有关阮玲玉自杀原因的漫画中,作者认为阮玲玉是死在了资本家的胯下。漫画背景是摩天大楼,象征物质主义与欲望。前景是一只狼身形特别高大,它虽长得龇牙咧嘴,但却假装慈眉善目。它左手握着匕首,右手拿着金钱。狼的胯下是阮玲玉,阮玲玉手中抱着一个小孩。阮玲玉在狼面前笑逐颜开,而怀中小孩却惊惧过度。(图 13)②在笔者看来,这幅漫画中,狼象征资本家,他们虽会伪装,但本性未变,依然吃人不吐骨头;阮玲玉在伪装面前迷失自我,相比之下,小孩子却能以天真童心,慧眼识别狼之吃人面目。虽然该漫画多少带点对阮玲玉的同情成分,但是更多的是对阮玲玉的指责、对资本家的痛恨,更是对物欲横流之社会的批判。

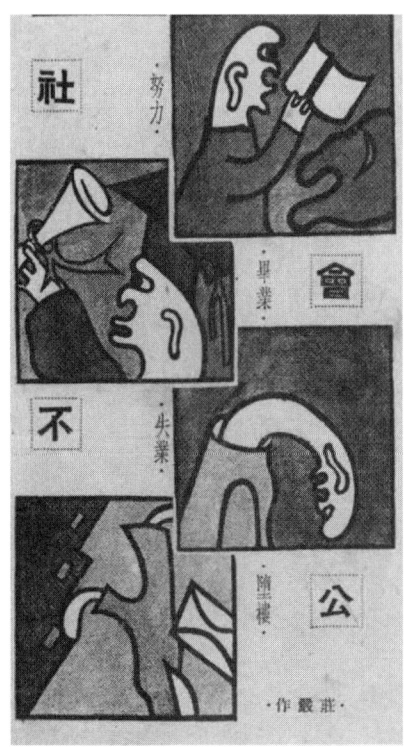

图 12　社会不公

图 13　阮玲玉牺牲在资本家的胯下

---

① 庄严:《社会不公》,《华文大阪每日》,1939 年第 2 卷第 3 期。
② 《阮玲玉牺牲在资本家的胯下》,《时代电影》,1935 年第 8 期。

(二)性别观念

女权主义理论家斯科特认为,性别(gender)是基于能观察到的两性差异之上的权力关系的一种基本途径。① 社会性别的概念强调文化在人的性别身份形成中的关键作用,认为性别是文化指定、文化分配、文化强加的。

在这一理论视角的观照下,笔者发现自杀漫画存在一些共性的性别现象。其一,这些自杀漫画的作者绝大部分是男性。其二,女性成为男性漫画家创作自杀漫画的常用"道具",且这一"道具"具有客体性和歧视性。举例而言,张乐平的一幅漫画画面由六帧组成,女子在自杀之前,先是烫发、画眉、抹口红、照镜子、吃西餐,最后投浦江。(图14)②画面虽然表现了女性在自杀之前的"从容不迫",画外之音实际上讽刺了女性对流行的病态追逐。

图 14 自杀之前

---

① Joan W. Scott, "Gender: A Useful Category of Historical Analysis", *American Historical Review*, Vol.91, No. 5, p. 1053.
② 张乐平:《都市风情》,上海:上海画报出版社,2000年,第66页。《都市风情》是一本漫画集,其中收录了张乐平在20世纪二三十年代所创作的部分漫画。

除此之外,在部分男性漫画家的眼中,他们的刻板印象就是女性天生心胸狭窄,女性比男性更趋于自杀。在他们的作品中,女性自杀时,往往是"求仁得仁",死得其所;而表现男性自杀时,往往是"求死不得",自杀未成。比如,张仃的漫画中,一位男性拿着遗书,到马路上躺下,准备让汽车轧死,谁料一辆汽车过来,车主把车停下,朝着自杀者破口大骂,引来了警察,警察揪住自杀者的耳朵去了警察局,自杀未成。(图15)①

图 15　求死不得

不唯如是,部分男性漫画家还把女性污名化。有一幅画中有两位男性和一位女性。女性完全是被看的角色,被两位男性观看、品味、把玩。该漫画由八部分组成,以两位"无知的男性"救起一位自杀的女性为主题。故事是这样展开的:一位女性跳水后,大呼救命,引来了两位路人(男性)援助。两位男性把这位女性救上岸后,其中一位男性疑惑地问:"她既想自杀,为什么又要喊救命?"回到住所,这位女性说是受了"男子的抛弃,生活的压迫"才自杀。两位男性对她深表同情,说:"我们两个人每月供给你生活费,你以为如何?"在两位男性的帮助下,女子坐在梳妆台边,开始打扮。打扮完后,这位女子说道:"有了衣服,有了皮夹,我可以自己找生活去了!"②说罢扬长而去。该画最后一帧中,两位男性惊讶的神态与摩登女性高兴的神态形成对比。从漫画中可以得知,这位女性不是真的自杀,而是假自杀,通过这种假自杀,诱惑路人,给以帮助。结果获得救济之后,她却没有本本分分,而是以时髦打扮去从事不体面的工作。整个作品所反映的是,作者的性别意识中存在着对女性的刻板印象及歧视面向,即认为女性感情用事,视生命为工具,是弱者的隐喻,不洁身自好的象征。

(三)国族想象

近代中国备受帝国主义的侵略与凌辱,启蒙与救亡成为时代的主旋律。为了反抗侵略,唤醒民众,知识分子用笔杆子挑起了时代的重担。不同主题,在他们眼里,多多

---

① 张仃:《张仃漫画》,沈阳:辽宁美术出版社,1985年,第9页。《张仃漫画》是今人整理了张仃发表在民国时期漫画杂志上的漫画而出版的漫画集。
② 叶浅予:《王先生别传》,《图画晨报》,1935年第121期。

少少会与民族国家相关联。这就是知识分子的国族论述。比如自杀问题,其不仅是一个社会问题,有人还认为其关乎国家命运与民族前途。上海市社会局局长吴醒亚发出耸人听闻之言:"倘若自杀形成普遍之信仰,则社会解体与民族溃灭,可立而待。"①国族话语在当时是主流话语。人们经常攀附这种话语,进行社会呼吁,影响舆论。部分自杀漫画中也充满了国族话语。

有关国族论述的代表性自杀漫画有两幅。一幅漫画发表于1933年前后。1933年正值九一八事变及一·二八事变之后,中国的民族危机加深,社会上救亡的呼声日涨。另一幅漫画发表于1941年前后,此时中日战争正酣。

1933年的漫画中,左面是一对恋人自杀,右面是将士们在战场上厮杀。两幅画的背景,前者是实体的大黑字体"死";后者是虚体的大黑字体"死",但是死的下方写了"光荣"二字。(图16)②两幅画面形成鲜明对比,其意义不言而喻。这一幅漫画是针对当时很多青年失恋自杀而作,讽刺了他们奉行"恋爱至上主义",而置国家的兴亡于不顾。

图16 情死与战死

1941年的漫画中,画面左边有一个人因得到了花柳病没有办法治愈而自杀,画面的右边是墙上挂着一个烈士的遗像,遗像上方写着"为国捐躯",画面下方,人们纷纷向遗像鞠躬。(图17)③作者作此漫画的弦外之音是"死有重于泰山,有轻于鸿毛"。

---

① 吴醒亚:《怎样防止自杀》,《上海党声》,1935年第2卷第19期。
② 小叛徒:《情死与战死》,《越国春秋》,1933年第1卷第49期。
③ 石伟:《死有重于泰山,有轻于鸿毛》,《警声》,1941年第2卷第2期。

图 17　死有重于泰山,有轻于鸿毛

这两幅画的构图风格有一个共性,那就是都采用了比拟的手法。两种死法形成鲜明的对照,画中贬斥了个人主义的死亡观,突出了为国而死才真正具有个人价值与社会价值。因此,通过漫画的呈现要比枯燥的文字宣传更有效果。构图者就利用了民族主义这一时代主流话语来唤醒国人,不要沉溺自我,而要关注国难,为国而战,爱国而死。

当然,作者在建构自杀漫画时,并非每幅漫画单独呈现一种话语,而是多重话语交叉。另外,自杀漫画中,不是仅存以上三种话语,还有其他社会性话语建构。只不过上述三种话语是时代主流话语,深深烙在了作者与读者的文化意识之中。

四、余论

由上可知,笔者对民国时期的自杀漫画进行了表层、中层及深层之解读,透视了其自然意义、社会意义及文化意义。这些意义的解读,一方面是笔者的研究旨趣,另一方面也是当时受众的阅读方式,只不过不同的受众阅读方式和理解程度迥异而已。但是有一点要说明的是,自杀漫画对他们产生了一定的社会影响。

首先,在自杀漫画通过媒体进行社会传播的过程中,大众会受到体裁本身的渲染,会心一笑之余,达到消遣与教化的效果。为何如此,这得利于漫画这一视觉文化较文字叙述更具优势,尤有甚者,一图胜千言。时人在论述漫画时说道:"一幅到劲的讽刺画,比较上海流行的时评,能使读者奋兴得多。"[1]漫画在那些不识字的大众中更受欢

---

[1]　黄文农:《文农讽刺画集》,上海:光华书局,1927 年,序言。

迎。一位漫画评论家观察到这一现象,发现人们见到新闻报纸或杂志时,差不多都要先搜寻漫画来看,"即便不认字的人也是如此"①。再者,漫画较文字易于普及,"不识字的人,对于漫画稍加解释,也能体会"②。不识字者如此,受教育者更是对漫画青睐有加,以至于有的理论家称漫画成了"少男少女们的恩物"③。可见,在当时的社会情境中,漫画之于社会有着一定的娱乐和教育功能。自杀漫画作为漫画的一个部分,登载于当时的新闻报纸、期刊、画报之中,其影响自然也是如此。

其次,民国时期自杀漫画对预防自杀有着重要的社会作用。举例言之,1928年上海市政府竖立自杀漫画警告牌达20余处,并把这个自杀漫画警告牌矗立于国货展览会的入口处,每天前往参观的民众达3万人。参观者第一眼看到的就是自杀漫画警告牌,有作者用"触目"二字形容了他参观之后的感觉。④ 这些警告牌确实起了作用。《民国日报》有这样一个案例,一名女子因为婚姻不自由想投浦自杀,到了江边之后,看到烟波滚滚,又看到上海市社会局竖立的自杀漫画警告牌,顿时心中害怕,继而打消了自杀的念头。⑤ 另外,自从竖立自杀警告牌之后,上海社会局曾收到20余封信件,其中大都是"看见了警告牌而打消死念"云云。⑥ 可知,自杀漫画由于其简笔却具夸张的艺术特色,在绘画上给人们以直接恐惧感,因而在自杀预防方面有着一定的社会影响。

综上所述,通过对民国时期自杀漫画的社会性解读、意义性阐释及社会影响的阐述,我们发现,这些自杀漫画或者是时事漫画,或者是社会漫画,而非政治漫画和人物漫画;这些自杀漫画不在于讽刺政治、讥笑个人,而在于揶揄人生、批判社会,起到了映射时事、反思人性、珍视生命、改良社会的作用。另外,通过自杀漫画之个案分析,笔者认为,漫画与社会,相互依存,彼此互动。社会为漫画提供了鲜活的素材与灵感。漫画是一种社会记忆。其成为社会相的哈哈镜,成为社会身体的干预场和铭刻面,成为展示自我意识、反映时代话语的论述符码。

---

① 刘维枢:《漫谈漫画》,《华文大阪每日》,1941年第7卷第5期。
② 谭风:《漫画漫谈》,《七日谈》,1946年第13期。
③ 包洵:《漫谈漫画》,《新东亚》,1939年第1卷第6期。
④ 江柳声:《国货展览会之一瞥》,《申报》,1928年11月7日第21版。
⑤ 《民国日报》,1929年2月28日第10版。
⑥ 孙咏沂:《从捞尸报告观察投水自杀》,《社会月刊》,1929年第1卷第1期。

媒介、记忆与历史

作为事件与风景的《解放日报·临时刊》*

王春泉

(西北大学新闻传播学院)

摘要：瓦窑堡出版的《解放日报·临时刊》，堪称延安时期新闻出版史上的重要事件与历史性风景。这并非仅仅指它与清凉山版的《解放日报》形式上极具"自相似性"，是"分形学"的典型；也不仅仅指它明确地标注"临时刊"，是战争语境下生成的区别于常态的"临时的报刊"；最主要的是，透过一种熟悉与陌生感之间的语境性选择，瓦窑堡出版的《解放日报·临时刊》成为特殊的"完全的党报"的历史性发问装置。与1942年的发问不同，这次发问更偏重于围绕外部形势、媒介关联性、剧场聚合等建设矩阵关系。内外兼修的生产与建设，使得"完全的党报"这个"弱解释性的话语"，以隐匿的方式延伸到了无限广阔的大千世界。

关键词：《解放日报·临时刊》；隐匿的对话；历史性签名

一、引言：单元史上的"新问题"

从前，《延安〈解放日报〉史》这样描述该报因为国民党军队进攻延安的缘故所经历的最后一段历史："从1946年11月起，《解放日报》社开始疏散工作。该报于1946年11月20日开始由每期四版改为两版，星期日增刊仍为四版。在中央撤离延安后，曾于史家畔一带坚持出版了短暂时间，由于军情紧急，环境恶化，于1947年3月27日终刊。"②具体的历史事实是：

> 党中央曾明确指示，在战争情况下，新华社文字宣传、口头广播不能中断

---

* 本文原载于《山西大学学报》（哲学社会科学版）2018年第5期，有修改。
② 王敬等：《延安〈解放日报〉史》，北京：新华出版社，1998年，第96页。

……根据党中央的部署,制定了"狡兔三窟"的应变方针,确定了延安、陕北瓦窑堡和晋冀鲁豫解放区的涉县为三个点,依次接替。这样,使报社、通讯社的工作完成了由平时状态向战时状态体制的转变。

1946年11月下旬,《解放日报》将老弱妇孺进行了第一次疏散,撤退时队伍的代号为"文化供应社"。疏散地点是延安东北子长县的史家畔一带。后来情况略有缓和,春节之后有一部分人又调回延安。同时,在这次疏散中,中央印刷厂已把一部分印刷器材从延安移到冯家岔,为后来出版报纸奠定了基础。

入冬,寂静的清凉山之夜,显得严肃而又紧张,窑洞中闪耀着点点灯火。文字电讯照常发布,口语广播按时播音,留在清凉山的同志们依然有条不紊地工作着。①

3月13日,(延安)《解放日报》照常按时出版了,这是《解放日报》在延安出版的最后一期。党中央已作出主动撤离延安的决定,出版、广播任务由子长县的工作点负责接替。②

3月15日新的工作点开始接替延安继续出版报纸。在史家畔编辑的第一张报纸(2118号)与延安编辑的不同之处是由对开两个版变为八开两个版的小报。③

在史家畔、冯家岔开始编辑出版的小报,由于稿源减少,人力不足,取消了副刊。国际消息只保留了一个专栏"国际一周"。版面上集中报道自卫战争的战况,揭露蒋介石、胡宗南反动派的罪行。从3月15日到27日,共出版了13期,其中有12期头版头条都是反映战况和我军的捷报……

3月27日,进犯的蒋军距离报社电台驻地不到20公里。军情紧急,报纸已无继续出版的条件。这一天的报纸为出版近6年的延安解放日报的尾声划上了一个休止符。④

在这种认知秩序中,延安时期的《解放日报》,历经清凉山、史家畔两个出版地点的变换,但始终是一份完整的报纸。

时间到了2012年,老延安《解放日报》人黎辛,借一篇怀人的文章,提到了一条有解构/重构相关认知秩序的历史信息——除了从清凉山搬迁过来的《解放日报》,史家畔还存在一种专门满足"中央后委"人员阅读的《解放日报》。黎辛的原话这样说:

---

① 王敬等:《延安〈解放日报〉史》,北京:新华出版社,1998年,第99页。
② 王敬等:《延安〈解放日报〉史》,北京:新华出版社,1998年,第100页。
③ 王敬等:《延安〈解放日报〉史》,北京:新华出版社,1998年,第102页。
④ 王敬等:《延安〈解放日报〉史》,北京:新华出版社,1998年,第103页。

我认识安子文是在1947年初,那时他任中共中央组织部副部长兼中央后方机关党委书记。此时,国民党重点向陕北与山东解放区进攻,延安中共中央机关先撤退一部分工作人员,住在瓦窑堡;一部分人留在延安工作,报社与新华社由一个编委会领导。撤退到瓦窑堡的人员驻在史家畔与闫家坪,准备在敌人进攻延安时,新华社代表中央发出声音。我们在瓦窑堡出版了四开三日刊的《解放日报》临时版(现在已经找不到了)。我与10多家的病人和带孩子的女同志住在闫家坪。我编临时版的副刊,又兼支部书记。这时大家都是分散在老百姓家腾出的窑洞中住。①

这段文字所交代的信息很丰富:(1)特定的历史语境——1946年10月,国民党开始进攻延安,11月,中共中央机关开始历史性的"搬迁"准备;(2)最基本的相关信息——作为战略大转移的一个部分,已经"报社合一"的党的红色新闻兵的一部分成员,先行撤退到瓦窑堡,并根据实际需要编辑出版了一份《解放日报》"临时版";(3)遗憾的是,这个被称作《解放日报》"临时版"的报纸,"现在已经找不到了";(4)黎辛本人当时就在"现场",负责"编临时版的副刊",同时兼任党支部书记。

因为黎辛挑起的这个话题在相关的资料如《延安〈解放日报〉大事记》《延安〈解放日报〉史》,以及有高度历史关系的《杨尚昆回忆录》、赵棣生的《〈解放日报〉撤离延安前后》、高扬文的《我在清凉山的新闻工作》,乃至黎辛自己的《亲历延安岁月》中,都无只字佐证材料,有关延安《解放日报》的历史叙述,并未受到直接影响。

历史进入2014年4月,陕西人民出版社联合红色收藏家张协和后代、延安新闻纪念馆,隆重推出当年红色延安人、"九沟台18号"张协和收藏的《解放日报·临时刊》影印版,延安时期《解放日报》既有认知结构遭遇一系列的挑战。以最为显在的问题而论,"临时刊"可否属于整全的延安时期《解放日报》的一部分?为什么当年(1954年)人民出版社根据张协和保留下的资料影印出版了2130期清凉山版的《解放日报》,却以"少量缺失"为由,"未汇编出版"《解放日报·临时刊》②?当下出版人"尽快让这份历经战火、岁月沧桑的珍贵文物资料公开面世,以广传闻,与已经出版的影印件合璧匹配为整套,发挥其应有的历史文献价值"③的心愿,是否只是一种私人之见,"合璧"之说,可否根本成立?就内部世界而言,"临时刊"的出现,是否意味着"解放日报话语"已经相当成熟并可以比较完全地加以复制?是否意味着"完全的党报"的另一翼日渐朗然,和今日媒介剧场中整全性的党报结构、面相完全吻合?是否意味着当年党报的"阿

---

① 黎辛:《我常想起安子文》,《党史博览》,2012年第5期,第50页。
② 张延生等:《延安〈解放日报·临时刊〉原件的存世经过》,载延安新闻纪念馆编著:《解放日报·临时刊》,西安:陕西人民出版社,2014年。
③ 刘妮:《出版前言》,载延安新闻纪念馆编著:《解放日报·临时刊》,西安:陕西人民出版社,2014年。

莱夫"已经成形,每一英寸的传媒空间里应有的"meme"已经无所不在?是否意味着"延安解放日报道路"已经迈开了第一步,最起码,除《边区群众报》之外,另一个报纸已然存在?

本文期望由此出发,透过《解放日报·临时刊》的存在,在《解放日报》与《解放日报·临时刊》、延安新闻传播文化与根据地新闻传播文化的"对话之间",开掘更加多样和深刻的信息,为历史书写贡献显性认知之外的缄默信息。

二、"独立"的《解放日报·临时刊》

根据张协和收藏报纸的影印版,《解放日报·临时刊》是一份"独立"的报纸,与史家畔"3 月 15 日到 27 日,共出版了 13 期"的《解放日报》并非同一张报纸。

该报创刊于 1946 年 12 月 5 日,终刊于 1947 年 2 月 10 日,编号发行 61 号,其中第 26 号有号无报,故实际发行 60 号。报纸采用"中华民国"并农历纪年,第 17 号、第 24 号、第 29 号、第 35 号、第 36 号、第 48 号等 6 期为 4 版,称为"一中张",其余时候的报纸体量均为 2 版,称为"一小张"。

尽管"九沟台 18 号"张协和收藏的报纸仅有 52 期,缺存 4、7、8、9、10、11、40、42 等 8 期,但是,看出《解放日报·临时刊》的基本风貌并不困难。

《解放日报·临时刊》的服务对象是"后方工作的同志们",可见黎辛回答刘妮采访时的说辞:

> 1946 年 10 月国民党开始向陕甘宁边区局部进攻。11 月,中央机关包括解放日报社、新华社等在内的机关就撤退到瓦窑堡(今延安子长县)史家畔,成立了中央后方党委会(时任中央组织部副部长的安子文担任党委书记)。瓦窑堡距离延安步行得三天路程,而当时在瓦窑堡工作的中央机关人员、部队人员居多,当天看不到在延安出版的《解放日报》,为了便于交流工作,于是就萌生了为这里工作的"后方同志"出版临时刊的想法。①

临时刊的刊头区别于《解放日报》,不再是居中横排,改为竖排格式。

临时刊第一号左下角有《发刊词》,最后一号则于第一版中下方刊发《本刊停刊启事》:"本刊自明日(十一日)起,停止出版,谨希读者注意。"

《〈解放日报·临时刊〉发刊词》完全为史家畔的这份"工作参考"而写:

---

① 刘妮:《出版前言》,载延安新闻纪念馆编著:《解放日报·临时刊》,西安:陕西人民出版社,2014 年。

> 解放日报临时刊和读者见面了。后方工作的同志们,早就需要有一种报纸,来传布世界人民民主运动高涨及中国人民反对蒋介石卖国、内战、独裁的斗争消息,宣传解放区人民自卫战争的政策方针,交换后方工作经验和推进工作效率,以便配合前线的自卫战争,粉碎蒋介石、胡宗南进攻延安进攻陕甘宁边区的阴谋。临时刊的出版,便是为着满足这种需要。
>
> ············
>
> 目前后方的工作必须加强起来,后方的各机关、学校、部队以及地方党政同志,必须解决如何有计划地坚持工作,如何进行疏散,如何加强群众工作,如何进行自卫防奸,如何调剂物质生活等等问题。只有正确地解决这些问题,才能保证配合前线取得胜利。而要圆满解决这些问题,还需要后方的同志们作一番艰苦的努力。
>
> 为着完成这些任务,本报将与后方各机关、学校、部队以及地方党政同志们站在一起,担负起一部分宣传和组织的工作。希望各方面的工作同志们,多多帮助写稿,帮助反映情况,提出意见,提出问题,使我们的报纸能够改进,使我们的报纸反过来又能帮助各方面工作的推进。我们的报纸是全党的,也是群众的,大家都有责任来关心它,把它办好。①

临时刊在第一期二版左下角刊登了它的《征稿启事》:

> 本报采通部、副刊部,征求各地地方消息、通讯、报告、短论、短诗、短篇小说、短剧、杂文以及其他各种形式的作品,内容以反映自卫战争、军民关系、后方勤务、生产建设以及介绍工作经验、改进思想作风为主。读者如有什么问题或要求,可向本报副刊部提出,本报当尽力为读者服务。来稿最好用稿纸善写清楚,并望注明地址及真实姓名,经所在机关负责同志审阅签字,迳寄"解放日报临时刊"采通部或副刊部即可。②

因为资料的阙如,这个刊物的编辑生产过程,已经难以详述。通过刊登在第一期的《征稿启事》可知,《解放日报·临时刊》有一定的组织建制,最起码,就像《征稿启事》所宣示的那样,设计有采通部、副刊部等业务部门。现在,明确可知的是,"黎辛同志担任这份报纸的执行编辑,每日发稿由他阅审后刊印"③,其他诸如编辑部由谁组成,具体分工又是什么,如何印刷与发行,何人阅读,阅读效果如何,如何与中央保持一致并

---

① 《〈解放日报·临时刊〉发刊词》,载《解放日报·临时刊》1946年12月5日第1版。
② 《征稿启事》,载《解放日报·临时刊》1946年12月5日第2版。
③ 刘妮:《出版前言》,载延安新闻纪念馆编著:《解放日报:临时刊》,西安:陕西人民出版社,2014年。

始终扮演"完全党报"的光荣角色等,都成了历史留下的悬念,等待着开掘者的努力与用心。

文本会说话。从现有的报纸来看,这份"独立"的面向"后方工作的同志们"的报纸的版面、内容、元素、结构、气质、美学,已经呈现出成形的党报"版面政治学"——"新闻编辑不仅是一种艺术,更是一种政治。一则新闻放在报纸的头条还是内页、版面的上方还是下方,占多大的空间、做多大的标题,标题凸现什么重点、淡化什么情节,使用什么字样,搭配什么图片,都反映新闻编辑的价值判断和利害考量"①。版面分配上,一版为"要闻",二版为"地方",三版为"国内",四版为"副刊";内容取向上,都是"以我为主"的"完全的"党的报纸。胪列第一号报纸的内容构成很有必要,透过《吕梁我军解放隰县之役/生擒阎军二千五百/阎军晋西北总指挥亦被活捉》《罗隆基氏发表声明/民盟坚决抵制》《一切决议当然无效——沪三团体反对"国大"》《津大公报著论/反对新秦始皇》《渝廿一团体号召国人抵制》《苏官方舆论表示:/一党国大不能解决问题》只预示了反动派将有新策动》《渝三民主义联合会宣称/该会国大代表/不参加"国大"》《蒋介石的上策/厥为解散"国大"——多数美报表示不捧场》《蒋记国大召开后/京沪物价狂涨》《朱总司令寿辰/本报与居民/举行联欢会》《晋南同蒲沿线/地方武装活跃》《蒋舰骚扰东海海面》《联大讨论苏裁军建议/苏强调应减裁技术军备/并建立检查与管制制度》《发刊词》(以上一版),《苏美经济专家预测/美即将面临经济危机》《驻华府各使节均奉令注视发展/纽约股票狂跌是危机到来信号》《美五十万矿工大罢工/杜鲁门政府窘迫万状》《乌拉圭选举中/乌共重大胜利》《蒋帮特务不容正义/朱学范氏在港遇刺/朱氏遇刺前曾揭露蒋政府罪恶/解放区劳工团体联电慰问》《在朱总司令祝寿会上/总司令说:定能战胜独裁卖国者/林主席说:必将粉碎蒋介石进攻》《在全国民主党派唾弃下/蒋"国大"丑态百出/青年党为独裁宪章捧冷场》《蒋记"国大"深刻讽刺/延安观察家评朱学范被刺》《陕甘宁边区政府发出指示信/坚决执行坚壁清野/延安各机关已完成此项工作》《一二·九将届/延安筹备纪念》《我要去参加战斗——记李宗焕同志》《辽宁各县区/召开农民代表大会/各代表提出参军竞赛》《征稿启事》(以上二版)等等构成,不难感受到党报的基本特色与取向;扩大到其他"黼黻文章"——在通常情况下,"黼黻文章"泛指礼服上所绣的华美的花纹,本文借此指称围拱在报刊主旨周围的各种自由的书写形式,它们在事实上,和社论、消息、通讯等文体形式、基本的版面美学气象一道,构成了《解放日报·临时刊》共同的话语书写风景——也聚拢成像,俨然谱系性构成:

"诗歌"——诗歌是中共党报常见的书写形态,透过文学的魅力,发挥意识形态建设的功能。《解放日报·临时刊》最早发表的那首诗歌,是邓汝纶所写、刊登于第一期

---

① 陈顺孝:《台湾报纸版面政治学初探——1945～2004 重大事件的新闻建构》,载财团法人吴三连台湾史料基金会编:《台湾史料研究》2005 年第 24 号,第 148-149 页。

第二版的《我要去参加战斗——记李宗焕同志》——"'看了解放日报/不由得我心中的怒火燃烧/国民党的罪我是受够喽/惨痛多少,耻辱多少/在我的身上全有它的记号……'""'有血性,有志气/勇敢的男儿,应该奋勇上前线,让我以十年内战中红军的/英勇精神前去杀敌吧'""同样的信他写了三份,李宗焕同志签着三种誓词/'让我为保卫党中央,保卫毛主席'/'保卫延安,保卫边区'/'保卫家,而战斗吧'——/'我愿意将最后一滴血/流到光荣的自卫战场上'""'我是一名机枪射手/光打蒋家军负伤四次/三六年跟志丹东征/打断了我这只手'他扬起他的右手/'这回,驴肏的/可要给他点厉害/马利(快)点,我要去参加战斗,我还能使轻机枪……'"第二次发表诗歌,则要等到第十七号的第四版。在这个"豪华的版面"上,柯蓝的《回头见》,喊出了"我要上前线"的决心;沈蕴敏的《这是咱的家》,刻画了六十岁革命军属的子弟兵情;转引的署名"阿弥陀"的《独脚戏》,剑锋指向,则是国民党的"伪国大"——"自己是老板/自己是伙计/自己耍戏法/自己做看客/自己捧自己的场/自己喝自己的彩/自己听自己的说话/自己嗅自己的臭屁/一杯水换一个花巧/仍旧是这一杯水/帽子里掉二百个枪花/变不出二个花样""变完了把戏/他喊道:'豁蔡豁蔡'①/这叫做民意,民意"。第三次的诗歌刊发,主要围绕徐特立的祝寿活动展开,唱和者中,除了徐特立自寿诗《七十客绥/哀吕梁灾民并自寿》外,并有林伯渠的《特立同志七十大寿》、吴玉章的《徐特立七十大寿》、黄炎培的《特立先生七十初度》、田汉的《懋师七十大寿》、续范亭的《寿徐老》②,张弛之间,俨然和平世界。

"启事"——《解放日报·临时刊》刊发启事共 8 次,均为公共服务性质的启事类型。其中 5 条是报社自身所发"启事":刊发于第一期二版右下部的《征稿启事》,除了交代采通部、副刊部征求各种信息的基本态度外,甚至涉及最基本的写作、投稿要求——"来稿最好用稿纸缮写清楚,并望注明地址及真实姓名,经所在机关负责同志审阅签字,遥寄《解放日报临时刊》采通部或副刊部即可。"第十七号版心位置再次刊出略显突兀的一句话——"欢迎投稿"。第廿八号报纸出版时间适逢 1947 年 1 月 1 日,二版的《本报启事》自然涉及"休刊"的问题:"本报新年休刊三天,十二月卅一日、元月二日三日三天无报,四日起照常出版,希读者注意。"第五十号二版右下角《启事》发布通知:"本报每周增刊及参考消息自即日起均暂停出版。"第六一号也就是最后一期第一版中下部刊发"最后一条启事"——《本刊停刊启事》,宣告光荣退出:"本刊自明日(十一日)起,停止出版,仅希读者注意。"另 3 条清一色为医疗服务信息。第廿四号刊发《第一保育院启事》,告知家长为预防儿童传染病而制定的若干新规定。第廿九号四版刊出《中央医院启事》,详细交代不同科室的诊疗时间以及各种规章制度。第卅六号刊出《总卫门诊部启事》,具体陈述工作制度与实际服务的时间安排:"(一)本部诊治疾

---

① "豁蔡豁蔡"是南方土语,玩把戏者向观众讨钱时,常这样叫喊着。
② 《解放日报·临时刊》,1947 年 1 月 10 日第卅五号第 3 版、第 4 版。

病,无论军民概不收费。(二)本部门诊时间:内、外、小儿科为每天上午十一时至下午四时。产妇科每逢阴历单日上午十一时至下午四时。(三)本部于每礼拜日整天在各处进行卫生工作,停止门诊。"

"信函"——《解放日报·临时刊》走群众办报路线,注重通过信函方式开发各类读者资源,五花八门的信息并陈一体,或与此有多元联系。

第一种形式是"简覆",共两期三篇。第十七号刊出的"简覆""回答"了"树昌同志"所提出的问题,第廿四号四版的"简覆"则分别回答了"章衍同志"如何鉴别坏鸡蛋、"王立同志"美国有何进步杂志的问题。这类简覆针对性很强,文字简洁明快,以第十七号右下角位置刊出的"简覆"为例:

> 树昌同志:你所提出的问题,兹分别答复如下:(一)蒋介石政府驻苏联大使是傅秉常;驻美国大使顾维钧;驻英国大使郑天赐;驻法国大使钱泰。(二)四强驻华大使:苏联为彼得洛夫;美国为司徒雷登;英国为斯蒂文生;法国为梅里霭。(三)除了陕甘宁边区外,我们还有晋冀鲁豫解放区,晋绥解放区,晋冀察解放区,苏皖解放区,山东解放区,冀热辽解放区,及东北九省的民主政府等。(四)塔斯是译音,它的意思是国家通讯社,这个通讯社是苏联政府办的,消息正确,解放日报每天登载的国际新闻,很多是采用塔斯社的。(五)苏联的真理报是苏共党中央办的,消息报是政府的机关报,工人报是职工会办的,红星报是军事机关办的。

另一种形式的信函,则以第卅六号四版刊登的《给通讯员的一封信》为代表,以公开信的形式,从事实际工作的开展:

> 通讯员同志们:
>
> 为了配合和加强当前的神圣的自卫战争,为了充实本报边区地方新闻的内容,我们需要五百字左右,包括下列范围的稿件:
>
> (一)各县配合自卫战争生动事实的报道(群众参战,民兵整训,劳军拥军,防奸防特,交纳公粮,生产节约,土地改革,文教工作等)。
>
> (二)新解放区人民翻身运动的报道(如横山、镇川新解放区民主政权建立后的群众翻身,减租减息,土地改革,清算恶霸等)。
>
> (三)中央直属各机关和当地居民关系的报道(如居民工作,春节活动等)。
>
> 为了爱护这人民的报纸,为更好的反映边区各个方面活动的情况,也是为了增进通讯员自己的写作,我们切望同志们踊跃投稿,希望你们鼓励和组

织别的同志多为报纸写稿,同时,我们欢迎你们的批评和建议,这是我们热烈期待着的。

此致

敬礼!

采通部

一月六日

"服务信息"——《解放日报·临时刊》重视读者服务,在宝贵的版面中间,时常开辟空间,刊出篇幅不一的各种服务的资讯内容。

以"资料""文化常识"名义出场者有《"一二·九"运动》(第五号)、《"令人发指"》(第十七号)、《西北袍泽,与有荣焉》(第廿四号)。

以"读者服务""社会服务"等名义出场者有《怎样预防感冒》(第五号)、《防毒知识》(第十七号)、《萝卜、洋葱、大蒜又养人又治病》(第十七号)、《怎样烧炕》(第廿四号)、《烟草有害》(第廿四号)、《鉴别坏鸡蛋的方法》(第廿四号)、《春联选录》(第四一号)、《春联选录》(第四三号)。

"国际一周"专栏——《解放日报·临时刊》重视国际新闻,第一期报纸中,头版正下方即刊登有《联大讨论苏裁军建议》,二版上方更是以醒目标题刊出《苏美经济专家预测/美即将面临经济危机》《美五十万矿工大罢工》。此后,《解放日报·临时刊》专设"国际一周"专栏,以相对固定的设计、集锦的形式,强化问题阅读指向。以现存报纸情形论,"国际一周"周期并不固定,首次出现是在第十二号二版,第二次出场在第十九号二版,第三次出场则要等到廿八号二版,随后出场的时间分别为卅一号二版、卅八号二版、四八号二版、五六号二版。一般都在二版,具体位置,通常在二版右上部,少数也出现在二版的左中部或右下部。

"祝寿专刊"——《解放日报·临时刊》第卅五号可谓"庆祝徐特立同志七十大寿专刊"。这一天报纸的头版中间位置,刊登了"新华社延安九日电"——《德高望重,一代师表/徐老七秩大寿/党内诸老及解放区纷纷电贺》,紧接着,三、四两版全面征用,以饱满的热情,刊登贺诗、贺文、贺信、题词等,俨然庆贺的田地。放目四望,这里既有刘少奇、彭德怀、毛泽东、朱德、周恩来的书法题词,徐特立本人的《自寿诗》、田汉的《懋师七十大寿》、续范亭的《寿徐老》、林伯渠的《特立同志七十大寿》、吴玉章的《徐特立七十大寿》、黄炎培的《特立先生七十初度》等贺诗,也有中国共产党中央委员会、谢觉哉的贺信,熊瑾玎、陆定一的贺文,不见战争时期的匆匆与忙乱,诗文唱和间,全然桃花源的和平景象。

很显然,《解放日报·临时刊》本身法相森然,自成一格,借助 60 期报纸,制作独立的传媒世界。

三、"个个都是'毛主席'的发言人"①:分形传播与历史签名

1944年,访问延安的《新民报》主笔赵超构发现了延安的一个大秘密——"个个都是'毛主席'的发言人"。这是一个比"兵法社会"更重要的延安秘密,一个堪称"分形学"的延安生成机制。在这个伟大的生产机制中,分形最本质的自相似性(self-similarity)——局部放大与整体一样,整体缩小又与各个部分相同,分形体具有无穷嵌套的层次结构,却没有特征尺度指示其几何形态"②——特征得以充分呈现;分形无所不在,就像一块石头可以成为有效的"分形元"——"当观察一块石头时,你会发现它像一座座微缩的山脉。大自然的神工鬼斧,可以把大尺度的山脉微缩成小尺度,在一块一两英尺大小的石头上,你可以找到自然界中各种图形和构造的变化形态。石头上的苔藓像森林,晶体的颗粒像山石。多数情况下石头的表面与天然山脉表面相比,更为引人入胜"(J.Ruskin,现代画家,1860)③——一样,延安的一草一木、一民一兵,都是伟大力量产生的"分形元"。"分形元"产生的关键不是外在的努力,更辩证地说,生成"分形元"的关键,在于与这种存在的秘密签订契约,因为只有签了名,主体才能在寻唤中进入内外相融的世界,两个交融的力量才能在一个形式里互相吸收,"一种领会、一种意志、一种精神和一种知性"④才能朗然地生成,人们才能充分地掌握一种新的"语言"——"一旦你掌握了这门语言,你就可以像建筑师描述建筑一样精准地描述云彩的形状了"⑤。

就此而言,《解放日报·临时刊》践行了一种新的生产机制。这种新的语言轻松自如,例如"临时刊"内容多来自《解放日报》正章,"所刊要闻等内容一般晚于延安《解放日报》一至两天"⑥。但是,仔细辩证,《解放日报·临时刊》却非《解放日报》在史家畔的"印刷迟滞物"。仍以第一期为例。一版中《吕梁我军解放隰县之役/生擒阎军二千五百/阎军晋西北总指挥亦被活捉》摘自《解放日报》1946年11月30日第三版,《渝廿一团体号召国人抵制》则改写自1946年11月30日第四版的《渝廿一人民团体联合声明/号召全国人民反对蒋记国大》;二版中《美十五万矿工大罢工》来自1946年11月23日第二版的《美十五万煤矿工人罢工/各重要工业将因此停工》,《朱学范氏在港遇刺》,则来自1946年11月29日第一版的《香港蒋特白日行凶/朱学范氏遇刺重伤》;等等。

---

① 赵超构:《延安归来》,北京:中国国际广播出版社,2013年,第206页。
② 陈彦光、王义民:《论分形与旅游景观》,载《人文地理》,1997年第12卷第1期,第62页。
③ 转引自陈彦光、王义民:《论分形与旅游景观》,载《人文地理》,1997年第12卷第1期,第64页。
④ [意]吉奥乔·阿本:《万物的签名:论方法》,尉光吉译,北京:中央编译出版社,2017年,第47页。
⑤ [英]尼格尔·高尔顿等:《分形学》,杨晓晨译,北京:当代中国出版社,2014年,第6页。
⑥ 刘妮:《出版前言》,载延安新闻纪念馆编著《解放日报:临时刊》,西安:陕西人民出版社,2014年。

一旦《解放日报》与史家畔的《解放日报·临时刊》照面,中共党报若干玄机自然外泄。例如:

(一)内容的家族相似性

《解放日报》"正张"与"临时刊"均属中共党报序列中最重要的报章,在性质上当然具有充分的党报特性,有工作报纸的一般构成和生产性取向,诉求内容上自然有逻辑的相似性。1941年,《解放日报》发刊词说:"本报之使命为何?团结全国人民战胜日本帝国主义一语足以尽之。"五年后,《解放日报·临时刊》借发刊词申明宗旨,一言以蔽之,同样是为了满足后方工作的同志们革命工作的需要,"宣传世界人民民主运动高涨及中国人民反对蒋介石卖国、内战、独裁的斗争消息,宣传解放区人民自卫战争的政策方针,交换后方工作经验和推进工作效率,以便配合前线的自卫战争,粉碎蒋介石、胡宗南进攻延安进攻陕甘宁边区的阴谋"。倘若按照毛泽东起草的《延安〈解放日报〉发刊词》的说法,"中国共产党的总路线,也就是本报的使命",所谓差异,仅仅以"等价信息变换处理法"的规律,因应形势,分别落实而已。以两报1946年12月5日头版为例,延安《解放日报》凡有《关中军民屡创进犯将军/俘敌百余/镇原甘民兵击退敌三百》《紧急通知》《法共社两党组阁谈判成功/多列士将任法总理/阿里奥尔与杜洛克分任正副议长》《威胁濮阳蒋军后方与侧翼/我军解放郓城温县/易县保卫战中歼敌两千五/绥远进犯傅军四百被消灭》《某权威人士评沪摊贩惨案/标志蒋宋孔陈统治新危机/蒋介石企图消灭摊贩,维持四大家族/垄断统治,其结果必得其反》《蒋政府限制采访殴伤记者/上海新闻界提抗议》《卖国政府断送全部领空主权/蒋美签订航空协定》《津大公报世界日报评摊贩事件/是经济危机深化表现》《罢战桂军一营长称/桂军被蒋削弱十倍/宋集战役该营四百全部溃散》《华中职联总会/电慰朱学范氏》《内蒙自运会东盟总分会/抗议蒋军进攻反对非法国大/提议召开内蒙人民代表会议》《致北大和朝阳同学书》等内容,涉及解放区保卫战、解放区建设、法国共产党、蒋介石政权的反动与无能、各地人民反蒋浪潮等具体事项。查同一天《解放日报·临时刊》第一版,凡有《吕梁我军解放隰县之役/生擒阎军二千五百/阎军晋西北总指挥亦被活捉》《罗隆基氏发表声明/民盟坚决抵制》《一切决议当然无效——沪三团体反对"国大"》《津大公报著论/反对新秦始皇》《渝廿一团体号召国人抵制》《苏官方舆论表示/一党国大不能解决问题/只预示了反动派将有新策动》《渝三民主义联合会宣称/该会国大代表/不参加"国大"》《蒋介石的上策/厥为解散"国大"——多数美报表示不捧场》《蒋记国大召开后/京沪物价狂涨》《朱总司令寿辰/本报与居民/举行联欢会》《晋南同蒲沿线/地方武装活跃》《蒋舰骚扰东海海面》《联大讨论苏裁军建议/苏强调应减裁技术军备/并建立检查与管制制度》《发刊词》等信息14条,涉及自卫战、反伪国大、解放区生活、盟友苏联动向、刊物自身主张等内容。二者之间,以性质而论,几无差别。

这种"统一""一律"自然与共同的信源——"新华社"有关系。简单翻阅同一天报纸头版，延安《解放日报》采用新华社稿件的数量为 8 条，《解放日报·临时刊》的"新华社电"数值与之大体接近，为 6 条。这与中央统一的部署不无关系。例如"徐特立七十大寿"，延安《解放日报》1947 年 1 月 10 日第一版刊发《各解放区贺电纷驰/庆贺徐老古稀大寿/中共中央办公厅今晚举行庆祝》，三、四版全面刊发贺词、贺电、贺文；《解放日报·临时刊》同一天第一版刊发《德高望重，一代师表/徐老七秩大寿/党内诸老及解放区纷纷电贺》，三、四版全面刊发贺词、贺电、贺文，版面内容完全一致。诸如此类，如此密集的共同信源，使得"正张"与"临时刊"在一般的评论、抗敌的报道、反动派的凶残的揭露、英雄的刻画、俘虏的素描、根据地的巡礼、国际的动态、生活的服务、工作的改进等方面，有相当的共同性，给人以家族相似性的感受。

当然，这种性质的接近并不意味着内容的"标准化"。作为独立的中共党报，《解放日报·临时刊》似乎刻意地保持着自我独立的生产痕迹。其中的一种做法是，加大独立生产的比例。例如，第一期第一版中，来源为"本报讯"者 10 条，显然就为此来。另一种做法是借助改写等方式，显示两报的差异性。例如，延安《解放日报》1946 年 11 月 30 日第三版刊登《吕梁我军自卫反击中歼敌两千/解放蒲县隰县万楼三城》，到了《解放日报·临时刊》的第一期第一条信息时，则直接变成《吕梁我军解放隰县之役/生擒阎军两千五百/阎军晋西北总指挥亦被活捉》；又如，英雄刘胡兰的信源都来自"新华社晋绥七日电"，然而，刊发于延安《解放日报》的标题是《"只要有一口气活着/就要为人民干到底！"/女共产党员刘胡兰慷慨就义》[1]，出现在《解放日报·临时刊》上的标题却是《十七岁女共产党员/刘胡兰慷慨就义》[2]。如此云云，又造成了两报之间的差异性面貌，在共性之余，造出熟悉之外的陌生感。简单地说，《解放日报·临时刊》并非完全独立的一份党报，它采纳了延安《解放日报》的要闻信息等，又以一定程度的自我努力，保持了部分程度的独立性。

(二)叙述美学的家族相似性

基于同样的根据与缘故，《解放日报》的"正张"与"临时刊"在美学与书写，具体说在版面调性、信息书写等方面，存在着显著的家族相似性。

1.相似的版面取向

版面是媒介生产者借以说话的基本语言。然而，尽管人们已经开始注意到延安时期《解放日报》版面产制的历史价值与意义——"就版面而言，《解放日报》在版面上和以前的党报相比，在版面形式上更接近我们当代的报纸。虽然还是采用纯直排的排版

---

[1] 《"只要有一口气活着/就要为人民干到底！"/女共产党员刘胡兰慷慨就义》，载《解放日报》(延安)，1947 年 2 月 10 日。
[2] 《十七岁女共产党员/刘胡兰慷慨就义》，载《解放日报·临时刊》，1947 年 2 月 9 日第六十号。

方式,但是在版面上却有了很大的进步。新闻标题的字体字号有很多的变化,使得版面呈现出节奏感和层次感。适当的留白也使得版面清晰,主次分明"[1],"《解放日报》的创立,则意味着党报版面设计的传统风格已初具雏形。该报在当时的版面编辑工作中形成的一些操作规范对日后的党报版式产生了较为深远的影响。通过对《解放日报》创刊号版面的观察分析,这时的党报版面设计已经具有了完整的报纸形态,版面规格尺寸正规,版面元素完备;报名设置于报纸的中上区域;标题和文章竖排,水平分栏;版面整体与单篇稿件均采用从上至下、从右至左的排列和阅读顺序;穿插咬合的版面布局结构特征已经显现;标题采用不同的字体和字号,较为醒目;稿件与稿件之间以直线或花线分隔;设置有简单的报花、题花装饰性元素。这些要点基本涵盖了早期党报在版式设计上的主要特征"[2],但是,到目前为止,关于延安时期《解放日报》版面的实质性研究,却并未真正出场,应有的学术成绩,当然无从谈起。延安时期《解放日报》所取得的党报版面学成绩,包括这些历史的创新如何顺延成长,最终成了党报版面学的示范与榜样等,仍然是有待来者的学术辽阔地。

在这个重要的历史的延宕过程中,《解放日报·临时刊》显然扮演着十分隐秘的角色,在"对题"[3]制度还未出场的语境里,扮演起一个理想的"二传手"的角色,既对延安《解放日报》的版面政治学有了直接的刻写,也就中共党报版面学纪律的呈现有了一定的交代。简单地说,《解放日报·临时刊》最快地、最直接地将延安《解放日报》推到了"典范报纸"的地步,使它在第一时间扮演起中共党报"正典"的历史角色。

以文为主的构成。除了卅五号"庆祝徐特立同志七十大寿"偶用"书法"外,《解放日报·临时刊》几乎是清一色的"文字报纸"。在延安电影团、吴印咸、沙飞、晋察冀画报等早已成为红色文化建设重要指标的语境里,《解放日报·临时刊》同延安《解放日报》一样,规避了"摄影"这一宣传的利器,甚至连《解放日报》偶尔使用的地图、漫画等,也全不见踪影。任意翻检《解放日报》的两种形态,仿如孪生兄弟似的,两报的工具箱大体相似,看中的全是社论、时评、短论、消息、通讯、书法、小说、诗歌、场景素描等文字书写形态,红色新闻学的作业手段基本类似。

传统的版式设计。《解放日报·临时刊》的版面设计组合类似于延安《解放日报》,是传统党报版式的重要实践者。

除了一些因应形势的调适——延安《解放日报》的报头居中,故而产生了较为充分的"报眼"空间,用来刊发重要信息或者广告文字;《解放日报·临时刊》将报头移到了整个报纸的右上部,故而不存在报眼空间,大幅度地弱化广告信息,并留下整齐划一的

---

[1] 邵云红:《党报版面研究》,北京:人民出版社,2014年,第27页。
[2] 王喆人:《党报版面设计传统风格的革新研究》,苏州大学硕士学位论文,2010年。
[3] "各级党报一度曾有'对题'制度,即安排专人负责每天向《人民日报》等上级党报了解新闻稿件的处理情况,包括稿件在版面上的具体位置,所占栏数,标题的字数和字号大小等。"参考刘小璐:《经典报纸版式设计》,广州:广东人民出版社,2008年,第17页。

版面刊登所需刊登的信息——外,《解放日报·临时刊》承续了延安《解放日报》的版面体例:(1)整体的竖排结构;(2)穿插咬合式的版面布局——"多数稿件呈多边形(超过四边),稿件与稿件之间……相互咬合,穿插排列"[①];(3)"断版",亦即"版面横向上的连续空白"[②];(4)"碰题","即两篇稿件的标题处于同一视觉水平线上"[③];(5)栏型不规则;(6)标题的横竖排布;(7)字体多样化,亦即"常常出现一个版内同时有黑体、粗黑、细黑、标宋、宋体、楷体……等不同字体和各种尺寸大小的新闻标题;或是在不同的版面上,标题采用不同系列的字体;抑或在某一篇具体稿件中,主题、引题、副题等都选用不同的字体和字号"[④]。

2. 共同的"新华体"书写

《解放日报·临时刊》与延安《解放日报》最重要的相似来自对"新华体"的螺旋式开发。简单地说,两报最深刻的共同性,是它们近似地走着共同的"解放体"/"新华体"道路。

作为一种宽泛的书写美学,"解放体"/"新华体"呈现出借助多种力量构成的宣传性,就像研究者指出的那样,它们鲜明、通俗、直抒胸臆、偏好形容词:

◎ 抗战时期,随着民族矛盾、阶级斗争日趋激化,新华社作为共产党一手创建和管理的通讯社,有明确的政治任务,担负着宣传党的路线、方针、政策的使命,对革命地区的工作,生产以及人民的思想进行指导。基于这些特殊历史条件,新华社的报道逐渐形成了倾向鲜明,赞成什么,反对什么,从标题到主体,从措辞到句式,态度明朗,一目了然。

记者在报道中直抒胸臆的报道方式,在抗战时期,有着积极的作用。首先,群众认知水平不高,喜欢看更加直观表达的作品。赞成、反对,一目了然的作品,对认知水平不高的群众来说,更能起到凝聚民心、鼓舞士气的作用。[⑤]

◎ 从战争时期新华社作品的标题中,我们可见形容词出现的频率很高,标题中作者的倾向性,主观情感表达的迹象很明显。如1947年的《英勇的女共产党员刘胡兰同志从容就义》中的"英勇的""从容",《射击英雄魏来国》中的"英雄",1948年的《托炸药箱毁敌碉堡 优秀共产党员董存瑞英勇牺牲》中的"优秀共产党员""英勇",1949年的《英雄的十月》中的"英雄",在这期间,

---

① 王喆人:《党报版面设计传统风格的革新研究》,苏州大学硕士学位论文,2010年。
② 王喆人:《党报版面设计传统风格的革新研究》,苏州大学硕士学位论文,2010年。
③ 王喆人:《党报版面设计传统风格的革新研究》,苏州大学硕士学位论文,2010年。
④ 王喆人:《党报版面设计传统风格的革新研究》,苏州大学硕士学位论文,2010年。
⑤ 赖荣玉:《新华体的建构及其演变探析》,广西大学硕士学位论文,2012年。

"英雄""英勇""优秀"等主观情感比较强烈的词在标题中出现的频率很高,用于表达我军的骁勇善战,以及在对敌战争中,涌现出来的一批有着大无畏革命精神的英雄人物。①

揆诸具体的历史文本,这样的透过鲜明的二分法表意呈现"敌""我"的现象大量存在于《解放日报》"正张""临时刊"中,翻看两报,纷至沓来的竟是《军民原是一家人/老百姓托驻军管钥匙》②《给蒋饱吃一顿磁馍馍——子长自卫军练武自卫》③《日暮途穷的叫嚣》④这样的标题与信息。

作为宣传的写作样式,"解放体"/"新华体"当然包括独立的诉求方式与方法,通常,它们会借集锦式、螺旋式等诉求方式开掘情感空间,累积公共情绪。就像学者研究指出的那样,"围绕同一主题多角度报道、宣传是新华体的主要职责"⑤。例如,在20世纪40年代,集锦汇聚,显然很受正在积极适应战争语境的中共信息生产者的欢迎:

> 对于动态的时间报道,从红中社时期的作品,到1947年新华社的作品主要采取一事一报的报道方式。这种报道方式,一般来说一条消息只报道一个事实,简洁明快。如果是战况报道,一个战斗分几个战场,则采取每个战场一条电讯的方式;如果是一个事件由几个阶段组成,则每个阶段配发一条电讯。这种报道方式,一般只说明"是什么",不报道"为什么",记者、编辑在报道中不作任何综合,没有所谓导读的意识,也没有导语。对于由几条电讯组成的报道,读者只有读完相关的所有报道,才能对事件经过有个大概的了解。像原载在1941年12月8日《解放日报》的报道《太平洋战争爆发》就是采用了14条电讯汇集起来的报道。读者只有通读完这14条电讯,才能获取日寇已经轰炸珍珠港,马尼拉新加坡等处宣布进入战争状态,美国下令海陆空军总动员的详细信息。⑥

翻开《解放日报》"正张"与"临时刊",可知这种做法的确普遍,俨然最寻常的"全景报道"手法。这当然与急促的语境变化有关系,也与特殊时期信息来源稀少有一定的联系,但是,如果涉及"敌人"一方,或者还与特殊的情绪联系在一起。例如《蒋区黑影》:

---

① 赖荣玉:《新华体的建构及其演变探析》,广西大学硕士学位论文,2012年。
② 《解放日报·临时刊》,1947年1月6日第卅一号第2版。
③ 《解放日报·临时刊》,1946年12月25日第廿一号第2版。
④ 《解放日报·临时刊》,1947年1月7日第卅二号第2版。
⑤ 赖荣玉:《新华体的建构及其演变探析》,广西大学硕士学位论文,2012年。
⑥ 赖荣玉:《新华体的建构及其演变探析》,广西大学硕士学位论文,2012年。

> 吴国桢通知麦克阿瑟：以后日轮驶华，勿再悬挂日旗。
>
> 上海漏税罚款，已定由法院与税局四六折分。
>
> 十月份，上海停业工厂四十二家。但银行则已于胜利后七十三家增至一百一十一家。
>
> 津大公报载，各地拘押的汉奸，渴望"国大"早开，以便早日获释。
>
> 南京警察厅举行记者招待会，某报刊此消息云："首都警察厅定昨日午后四时，举行记者追悼会。"①

篇幅巨大者又如《"国大"丑态》，最是典型：

> 据天津益世报称：国大中有两个集团，一个以陈立夫为首，一个以陈诚为首。两者互相为用的控制着"国大"的进行。陈立夫事先在各个代表的单位中，安排下自己系统中的人物。为了便于通讯和指挥，每十个代表分成一组，指定一个无形的小组长。在陈诚的支持下，孔庚等人曾联络四百余人，签名要求"行宪"。他们的既定策略是：（一）自由制宪；（二）反对"政协宪章"；（三）制宪同时行宪。
>
> 世界日报载：廿九日大会中，左舜生主席，首先提出代表资格审查委员会名单的报告案，会场立即骚动，有人责问："秘书处能担保名单内没有附逆分子吗？"某代表说："如果名单中有汉奸，岂非汉奸尚有审查代表的资格？"嘘声四起中，夹以笑骂。
>
> 内蒙古代表要求"内蒙自治"，不满国民党未将此列入宪章之举，内蒙代表称：今蒙人支持共产党主张者，已有百分之七十。由于不满国民党之故，倾向共产党者日见增加。
>
> 龙云为云南单位推进为主席团候选人，廿一日会中洪兰友报告时，云南单位仅有卢汉及周中岳两人，无龙云名字，亦未说明理由。
>
> 重庆某"国大"代表搭机赴京前，于珊瑚庐机场量体重时，该代表似乎以过码有辱身份，乃命其听差代过，当即与中航公司人员发生争执，该代表称："国家大事都马马虎虎，这点小事又何必认真。"
>
> 有代表黄绍美者，登台讲话，嘱大家要虚心，要协和，不要嘘嘘。此言一出，嘘嘘之声顿时四起，台下大呼："你代表谁？""你教训谁？""下去！"结果，黄只好滚下台。

---

① 《解放日报·临时刊》，1946年12月20日第十六号第2版。

四日,"国大"代表五百余人,选某女记者为"国大"记者之花。全场记者趋前询问,该女记者答称:"无聊!"

　　五日,开第九次会,因各代表对发言已不感兴趣,结果,表决停止时论,结束了"疲劳轰炸"。代表们鼓掌欢呼。

　　"国大"会场中有三青团"职业代表"席位。世界日报称:几乎已成了会场中的"东方火药库,经常发生爆炸性的吵闹"。

　　大会每日立心费八百万元。

　　会场厕所内有诗一首:"清早签到,午晚两跑,会场纷纷,觉睡便了。"①

　　这种略带文学化的处理方式,准确地讲,借文学造像的方式,勾勒轮廓,生产边际,累积感觉的信息的做法,其实并非新闻专业主义的追求,而是中共"工作新闻学"开出的繁硕的果实。

四、如何最恰切地评估《解放日报·临时刊》?

　　这样的思考肯定会对辨析《解放日报·临时刊》有所作为。但是,这样的辨析不能够解决一份直接"抄写"别的报纸的"报纸"是否算是一份独立的报纸的问题,也不能解释明知要大量地抄写/改写《解放日报》,为何操作者还要专门写作一篇"发刊词",并做出要满足"后方工作的同志们"需要的承诺。《解放日报·临时刊》仍然没有回到它的"寓居",我们的工作,还需要新的解放的航线。

　　在这样的意义上,回到马丁·布伯的"关系哲学",也就是朱利安所倡导的"之间"——按照这种解释,"真正的'关系'奠基于'之间'。我和你各自看到对方,建立起一种关系;我和你由'之间'和'相遇'形成,并在一个空间'言谈',说同样的话题。'之间'既不见之于'我'(主体),也不见之于'它'(客体)","你我步入'之间'而相遇"②——或者是一种可以有的积极的选择,因为,借助"绕道""返回",的确是可行,策略性地从侧面切入,往往可以触及许多未思之思。例如,马丁·布伯就曾指出,一个真正的团体的形成,不在于团体成员互相有感情,而是取决于如下两个方面:第一,团体成员与一个活跃的中心有着活跃的相互关系;第二,团体成员之间有着活跃的相互关系。团体依托于活跃的相互关系,活跃的中心才是其建筑师。③ 倘若这样考量的话,则真实的秘密就在发刊词里,它说得很清楚:"后方工作的同志们,早就需要有一种报

---

① 《解放日报·临时刊》,1946年12月26日第廿二号第2版。
② 方维规:《叙言:我和你》,载《思想与方法:全球化时代中西对话的可能》,北京:北京大学出版社,2014年,"叙言"第3页。
③ 方维规:《叙言:我和你》,载《思想与方法:全球化时代中西对话的可能》,北京:北京大学出版社,2014年,"叙言"第5页。

纸,来传布世界人民民主运动高涨及中国人民反对蒋介石卖国、内战、独裁的斗争消息,宣传解放区人民自卫战争的政策方针,交换后方工作经验和推进工作效率,以便配合前线的自卫战争,粉碎蒋介石、胡宗南进攻延安进攻陕甘宁边区的阴谋。临时刊的出版,便是为着满足这种需要。"换言之,在"工作新闻学"的世界里,专业主义强调的独立、专业等并非不可超越的,否则,我们如何理解毛泽东一篇文章吓退国民党十万兵的新闻传奇?

　　这里存在着针对"新闻"的理解的差异。《解放日报·临时刊》是一种"迭代"的现象,如果我们回到党报的巨型链条上看,党报的灵活性、效益性,显然是值得历史性关注的根本性问题。

媒体记忆的政治:全面抗战时期中共报刊对"九一"记者节的纪念*

赵建国

(暨南大学新闻与传播学院)

摘要:全面抗战期间,纪念"九一"记者节成为中共报刊的重要议题之一,其对"九一"的报道与评论,重构记者形象,检阅新闻队伍,再造职业传统和模范,践行专业主义话语,在一般意义上折射民国新闻界的历史意识和集体记忆。不过,以《新华日报》为代表的中共报刊,主张以马列主义引导新闻记者,推动记者联合起来,共同抗战,并争取言论自由,实现民主斗争,政治色彩相当明显。这些极具舆论导向性的纪念文章,较好地贯彻了中共"坚持抗日民族统一战线,团结抗战"的方针,基本反映出中共对时局的研判,折射了战时国共关系的聚散离合。"九一"记者节不仅是民国新闻界和国民政府的文化符号,也是中共借以表达意识形态和政治诉求的历史资源。

关键词:全面抗战时期;"九一"记者节;媒体记忆;政治诉求

1934年8月,镇江与杭州两地新闻记者公会联合倡议记者节,以纪念南京国民政府通令"保护新闻事业人员"。① 全面抗战期间,"九一"记者节获得广泛认同,在1944年被国民政府正式确定为法定节日,完成从民间自发向国家仪式的转变,不仅对新闻事业意义重大,更具丰富的社会政治内涵,为抗战时期的新闻界表达职业诉求和政治意愿提供了一种特殊的时空背景。② 而其蕴含的多重意义与国共报刊的宣传活动密切相关,围绕着记者节的周年纪念,国共报刊均进行了大量的报道及评论,以期引领舆论导向。在纪念话语权的争夺中,中国共产党的机关报表现尤为突出,不仅讲述新闻界自己的故事,增强职业共同体意识,还通过建构家国记忆,强化本党权威,充当社会记忆的重要机构。

---

* 本文原载于《新闻大学》2018年第6期,有修改。
① 《杭记者会筹备记者节》,《申报》,1934年8月25日第3张第10版。
② 参见拙著《职业诉求与政治表达:抗战时期的"九一"记者节》,《新闻与传播研究》,2017年第7期。

近年来,中共记忆史开始受到学界越来越多的关注,但已有研究成果很少关注中共的记者节纪念活动。为此,本文拟将"九一"记者节作为新闻界仪式性和周期性的"热点时刻",阐释《新华日报》等中共报刊纪念话语所蕴含的思想与内涵,这既可丰富中共记忆史研究,又能为把握中共"党报命运共同体"媒体记忆的特征提供典型个案。

一、重构记者形象

初创时期的记者节,完全由民间发起,是新闻记者"自己的节日",规模与影响有限,只限于新闻行业。但在1937年之后,新闻记者积极参加抗战,迅速改善报人形象,以《新华日报》为代表的中共报刊着力建构全新的社会历史记忆,凸显记者的重要地位和抗战贡献,有助于扭转国人对于新闻业的负面认知。

1938年9月1日,《新华日报》刊发该报第一篇记者节纪念文章《纪念九一记者节》,"特向全国各地的新闻记者,在前线的战地记者,以及远自海外归来的侨胞记者,致最热忱的敬礼"。因为,在1937年至1938年中,全国新闻记者无论是在前线,还是在后方,均尽了他们最大的力量来积极参加抗战的工作,"尤其是在最前线的战地记者,他们在最困苦的生活条件之下,在枪林弹雨和敌机威胁之下工作着"。所以,"我们今年纪念'记者节',较之往年是更具非常重大的意义"。①

次年9月1日,《新华日报》再次刊发纪念文章《纪念记者节》,高度赞扬新闻界在抗战中的英勇表现,"记者们站在自己岗位上尽了最大的努力,造成了许多光辉成绩"。比如,在上海及其他沦陷区,"敌人汉奸不断以非常恐怖手段和收买政策来摧残新闻事业,但多数记者始终没有停止对敌人不屈不挠的斗争,维系了沦陷区同胞和我们坚持抗战胜利的信念";在各战区,"新闻记者正配合了抗战的武力,于艰难困苦环境下作生死斗争,战地采访通讯员,出入枪林弹雨中努力工作";在大后方,记者们"于敌人兽性轰炸和物质技术困难的条件下,依然坚持奋斗"。这一切说明,"新闻事业工作者已随着抗战而有飞跃进步,表现了勇敢、尽责、忠实于抗战事业"。②

范长江也在《新华日报》撰文,细数1938年内新闻界翻天覆地的变化,主要有两个方面:其一,在各地记者的努力下,战地新闻工作有显著发展。比如"徐师梁(笔名'老百姓')所领导之豫东《大众报》;刘益所领导华北战地新闻服务队、冀鲁青年记者团;太行山区、五台山区之游击报;吕梁山区穆欣华之努力"。这些成绩"实开中国新闻史上之新章"。其二,新闻从业人员之英勇的光辉记录,"上海孤岛之新闻记者之坚强战斗,直可惊天地而泣鬼神。即以内地记者言之,大家不只要'到战地去',而且要'到敌后去'"。如陈克寒之深入晋冀察,立波之漫游冀晋,中央社范式之入鄂南,刘尊棋、陆诒、

---

① 《纪念九一记者节》,《新华日报》,1938年9月1日第1版。
② 《纪念记者节》,《新华日报》,1939年9月1日第1版。

秋江之入山西,《救亡日报》文津之横贯北方,国际新闻社记者任重潜入南京、镇江,长沙《阵中日报》记者王坪之偷行苏北,秘入上海,《时事新报》记者高天之入中条山等,皆为不可磨灭之英雄行为。去年九一节前,中国记者只有萧韩渠与张幼庭为抗战牺牲,而一年来之殉国同业却已有李尧卿、潘美年、陆从道、李密林、孙□杰、范觉淘、刘治平、张慕真等十余人。"①在艰苦的努力下,新闻记者在整个抗战中,占有相当重要的地位,以至于"在伪组织所颁布通缉的名单中,新闻记者占三分之一以上"②。

抗战中的新闻界,不仅用手中的笔,推行"文章报国","在精神上给抗战增加无限的战斗力",还广泛参与义卖和募捐,从物质上支持抗战。对此,《新华日报》《申报》和《大公报》等给予详细报道,进而为新闻从业人员树立起爱国敬业的伟大形象。例如,在1940年记者节,昆明新闻界发起征募寒衣运动,义卖报纸,"售款悉充将士寒衣之需",贵阳、韶关、耒阳、洛阳等地新闻界,均积极响应。③ 同时,桂林记者公会发起献机运动,电请国内外同业,自由捐款或代征各界赞助捐款,合力捐献"记者号"飞机。④ 这一倡导很快得到响应,长沙、上饶、洛阳、福州、韶关、兰州、柳州、西昌、肇庆等地新闻界,纷纷表示愿意参与献机运动。⑤ 1941年记者节期间,贵阳、康定、泰和、吉安、沅陵、长沙等地新闻界,再次响应献机运动,以实际行动参与抗战。⑥

而且,"记者们不但以他们的工作来推动抗战,来贡献国家,而且以他们自己的血,在中华民族斗争史上,写下了最光辉的一页"。《新华日报》多次记录新闻战士们的名单,以供后人瞻仰:《兴华日报》□韩□,《华侨商报》张幼庭,《新华日报》李密林、潘美年、项泰等,《申报》瞿绍伊、摄影记者方大曾⑦,天津《益世报》王钱堂,南京《兴华报》萧韩榘,山东《民国日报》蒋化棠、张祖秋、张相时,《山东公报》高鸣九,《盐城周报》张于汝,某军随军记者姜于正,《大美晚报》朱惺公、张似旭和阎振章,大光通讯社邵虚白,《江南日报》张济平,《申报》金华亭,《江西商报》陈□斋,《中央日报》记者张慕贞,中央通讯社武汉分社李尧卿,中央社战区电台主任□柏生,江西《民国□报》编辑孙家杰,《江西政治日报》范觉萄、潘泳流,《新华日报》营业员申同和,重庆《益世报》谢云□等。⑧

这些英雄记者可泣可歌的壮举,是中华民族解放史中的一个构成部分。《新华日报》评论说:"应当承认,我们的新闻队伍,在这方面正像我们的英勇民族一样,树立了

---

① 长江:《怎样纪念今年记者节》,《新华日报》,1939年9月1日第2版。
② 《检阅新闻阵容》,《中央日报》,1940年9月2日第2版。
③ 《各地新闻界热烈纪念记者节》,《申报》,1940年9月2日第4版。
④ 《桂报界发起献机运动》,《申报》,1940年9月3日第3版。
⑤ 《昨纪念记者节》,《新华日报》,1940年9月2日第2版;《桂记者公会建议新闻界献机》,《新华日报》,1940年9月3日第2版。
⑥ 《各地报界纪念记者节》,《新华日报》,1941年9月2日第1版。
⑦ 《抗战中底记者》,《新华日报》,1939年9月1日第4版。
⑧ 《抗战以来殉职报人》,《新华日报》,1941年9月1日第2版。

许多光辉的战绩,留下了许多英烈的模范,永垂青史,普照人间。在寇奸环伺下的上海,不少新闻战士,为抗战流尽了最后一滴血。张似旭,朱惺公,程振章,还有其他的人,他们的血和前方将士们的血是交流着而分不清楚的。"①对此,《申报》也相当感慨:"中国自奋起作战以来,文化人之不幸殉难者亦以报人为独多……中国若干特殊地区之新闻从业者,亦复排万难,冒重险,坚定立场,前赴后继,以从事于正义之宣扬与忠实之报道。虽环境艰困,迄未能符理想于十一,而勉竭所能,或可告无罪于读者。"②

为此,在记者节期间,缅怀报界先贤,成为一项固定的纪念仪式。1940 年,孤岛中的上海报人,"因限于环境,仅肃穆纪念,并不举行任何仪式,各报馆、各通讯社亦均仍照常工作",于中午十二时,"自动静默三分钟,为上海三年来为拥护抗建国策而殉难之记者志哀"。③ 在 1941 年的记者节,这一仪式再次上演,《申报》报道说:"今日记者节,沪市报人,并不举行庆祝仪式,各报馆、通讯社亦照常工作,并不休假,但鉴于国难时期,报人职责重大,决本忠贞不移之精神,坚守立场,努力本位,以尽报人天职。今日中午,全市记者将各就原地起立,静默三分钟,为沪战后因拥护国策而殉难之同仁,沉痛志哀,同时新闻界同仁并联电委座暨前线将士,表示敬意。"④另外,贵阳、重庆、长沙各地新闻界,在记者节,均"首对抗战殉职记者默念致敬"。⑤ 萧同兹在纪念会上,"历述中国新闻界在国民革命前后及抗战后之奋斗情况,并为几十年来被捕坐监殉难遭炸之同业默哀"⑥。

由于"新闻事业工作者已随着抗战而有飞跃进步,表现了勇敢、尽责、忠实于抗战事业"⑦,使记者节的影响力在战争的炮火中扩散极快。1940 年前后,在共产党领导下的陕甘宁边区和敌后根据地,记者节开始受到重视。是年 8 月 31 日,《抗敌报》刊发社论《纪念国际青年节与记者节》,呼吁边区新闻工作者"进一步地与后方新闻工作者取得密切联系,使全国的新闻记者建立巩固的团结,以便集中全国舆论界的力量有效地进行抗日反汉奸的舆论斗争"⑧。在山东根据地,1940 年 9 月 1 日,为纪念记者节,中国青记学会山东分会,特意召开新闻工作座谈会,讨论书报编辑供应与流通、敌后新闻通讯工作等问题,激发山东记者的兴味与决心。⑨ 次年记者节期间,中国青年记者学会延安分会在延安大礼堂举行"九一"记者节第七周年纪念大会,百余人到会,"首对抗

---

① 《记者在战斗岗位上》,《新华日报》,1940 年 9 月 1 日第 1 版。
② 《欧战二周年与记者节》,《申报》,1941 年 9 月 1 日第 4 版。
③ 《今日记者节,报人肃穆纪念》,《申报》,1940 年 9 月 1 日第 10 版。
④ 《今日记者节》,《申报》,1941 年 9 月 1 日第 10 版。
⑤ 《各地新闻记者庆祝"九一节"》,《申报》,1941 年 9 月 3 日第 6 版。
⑥ 《昨日记者节》,《大公报》,1941 年 9 月 2 日第 3 版。
⑦ 《纪念记者节》,《新华日报》,1939 年 9 月 1 日第 1 版。
⑧ 《纪念国际青年节与记者节》,《抗敌报》,1940 年 8 月 31 日第 1 版。
⑨ 《青记学会山东分会纪念"九一"记者节》,《大众日报》,1940 年 9 月 1 日第 2 版。

战后殉国新闻同业致哀,继以演讲"①。

同时,借助大众媒介的宣传,中国记者的英勇事迹,尤其是"新闻战士"的全新形象,逐渐深入人心。为表达敬意,各社会团体、文化机构和商家踊跃参与,赞助记者节的庆典活动。1941年记者节前夕,山东的八路军一一五师、省青年救总会、青记学会山东分会、大众日报社、新华社山东分社、抗协宣大、姊妹剧团等各机关,联合筹备记者节和国际青年节的纪念会。② 在晋西北,新闻界联合文化界,召开记者节纪念会,追悼抗战殉国的同业,《抗战日报》、晋西《大众报》、晋西美术工厂、国际新闻社晋西北办事处、新华社晋西北分社等单位,四十余位新闻工作者与会。③ 香港《华商报》也曾详细报道1941年香港青年记者节学会联合新闻界同行筹备和纪念记者节的情形。在筹备期间,各文化机关及广家商店,"以该会举行记者节,意义重大,多馈送该会礼物,计有本报出版之《抗战以来》,中华百货公司之银器、中华书局之《辞海》、中国国货公司之玻璃杯、烟盒、文镇、时代书局之《时代批评》、《时代文学》、时代稿纸、青年知识社之《青年知识》等"。④ 从中可以看出,记者节已经不只是"我们自己的节日",知识青年和一般民众也参与其中。

记者节的相关活动形成具有一定程式的纪念仪式,这种仪式"受规则支配的象征性活动,它使参加者注意他们认为有特殊意义的思想和感情对象"⑤,逐年更新社会民众对记者和记者节的形象认知。"几年前记者节对一般人颇有陌生之感,但随着中国新闻事业近年的发展,和抗战以来新闻记者在中国历史上所写的光荣的历史,记者已经和陆海空军们一样,被人看作民族的战士。到今天,记者节已成为相当响亮的名词"。⑥

二、检阅新闻队伍

在抗战过程中,记者们站在自己岗位上尽了最大的努力,取得许多光辉业绩。但《新华日报》依然建议,"我们决不能以过去成绩来自满",而应该不断鞭策新闻界,着手检讨与改进,"九月一日是记者节,这是全国新闻记者检讨自己,改进自己的日子"。⑦

《新华日报》多次刊发文章,吁请新闻工作者自我检讨:"前方将士,后方民众,他们有丰富宝贵的生活斗争经验,是不是我们已作了正确报导呢?我们的舆论是不是已尽

---

① 《各地新闻同业纪念"九一"记者节》,《解放日报》,1941年9月2日第2版。
② 《各界联合筹备纪念记者青年节》,《大众日报》,1941年9月1日第1版。
③ 《纪念记者节,太行晋西北新闻界痛悼殉国战友》,《抗敌报》,1942年9月8日第3版。
④ 《港新闻界热烈筹备明日纪念记者节》,《华商报》,1941年8月31日第4版。
⑤ [美]保罗·康纳顿著,纳日碧力戈译:《社会如何记忆》,上海:上海人民出版社,2000年,第49页。
⑥ 雨田:《记者节的追忆》,《新闻战线》,1941年第1卷第5-6期,第11页。
⑦ 《记者在战斗岗位上》,《新华日报》,1940年9月1日第1版。

了批判指导作用呢？我们报纸的内容和供给是不是能满足了全国同胞要求呢？显然还不够。"①在该报看来，新闻事业在抗战中进步很大，但"远未能尽到应有的职责，远未能成为一个打木架，远未能成为集体的组织者"，仍然"有着老大的缺憾"，集中表现在"有许多应予报导的、反映的，未能报导，未能反映，有许多报导了的，反映出的，却并非实有，或并不尽实"。②

此外，《大众日报》同样要求"检阅一下我们过去的工作"，以发现不足，改进工作："虽然在各地区已有不少报纸的印刷发行，但是整个数量的发展，还远远赶不上今天客观环境的需要……而尤其重要的，乃是一般报纸的政治质量，都还未能提到应有的高度，因此尚不能尽善尽美的起其宣传与教育、组织、领导群众的作用，也就是过去的新闻工作还没有充分发挥它的战斗力量。"③

另一方面，以《新华日报》为代表的中共报刊还主张新闻记者主动承担责任，为抗战多做贡献。因为记者的前途与抗战前途密切相连，"只有保证大我的前途，才能获取小我的前途，这是新时代中不可移易的规律"，这需要新闻记者"用工作，用自己对人民对国家的贡献，用促成抗战胜利的举动"来努力争取。④

至于如何多做贡献？《新华日报》刊文指出，为完成抗战国策的任务，新闻记者要说真话，做民众的朋友，真正建立起信用，提高宣传的效率。"我们希望新闻记者在报导的责任之外，还应该负起沟通前后方关系的责任来。一年来在战地工作的记者，他们把前方的情形报导给后方，同时把后方民众动员和工作的情形传达给前方，鼓励前后方军民抗战的热忱，加强抗战胜利的信心。但除此之外，还有许多实际的情形，即如军队的疾苦，战区民众动员工作的不够，文化食粮及医药队的缺乏这一类的报导，都是后方所渴望知道的，同时，也能供当局作为参考之用。"⑤吴克坚所发表《对目前记者工作几点意见》一文，基本赞成这一主张。他认为抗战时期新闻记者首先要用具体活的生动事实，向群众报道，发动舆论，来完全揭露汪精卫之流和投降派，加以孤立和粉碎；其次要多介绍敌后情形，以具体活的生动事实，揭穿敌伪在侵占区各种具体阴谋，系统报道我国军民的英勇奋斗，以影响大后方和全国；再次要深入社会，以具体事实反映大后方广大群众，尤其是广大青年群众对时局的情绪与要求，以推动全国的进步。⑥

尤其值得关注的是，《新华日报》在记者节纪念日，反复申论，要求提升新闻记者的理论修养和专业技能，希望"在学习中工作，在工作中学习"，以应付抗战需要。如范长江所言，抗战工作需要丰富的知识去担当，"今后新闻记者不只要有好的新闻记述能

---

① 《纪念记者节》，《新华日报》，1939 年 9 月 1 日第 1 版。
② 《新闻工作者的自我检讨》，《新华日报》，1941 年 9 月 1 日第 2 版。
③ 《纪念今年的"九一"》，《大众日报》，1941 年 9 月 1 日第 1 版。
④ 长江：《纪念记者节的三大任务》，《新华日报》，1940 年 9 月 1 日第 4 版。
⑤ 《纪念九一记者节》，《新华日报》，1938 年 9 月 1 日第 1 版。
⑥ 吴克坚：《对目前记者工作几点意见》，《新华日报》，1939 年 9 月 1 日第 4 版。

力,而且要有深远的观察分析能力。我们不只要能做新闻的尾巴,更要作问题的先导"。① 遗憾的是,"目前我们常能听到许多记者讲起他们修养和学习不足,特别是战地记者,常因对于军事、政治的修养不够,不能控制战争发展的情势"②。

在一定程度上,范氏的说法代表了中共报刊的普遍认知。比如,汉夫就明确指出,抗战期间记者的地位提高,责任加重,"他要能反映事实,能够抓住抗战发展的不同阶段中的不同中心,能够正确的批判",而"这完全在于记者的理论修养",为此记者要注意书本学习,"将理论的修养,定为日课"。③ 梓年在《新中国的新闻记者》一文中强调说,"新中国的新闻记者所需要的不只是一般新闻工作者所需要的各种常识和文字技巧,重要的还有靠科学理论的修养;他对于社会现象的规律性,对于历史发展的规律性,必须要能把握得到。他已经不能只是勤奋的新闻采访者,熟练的新闻编辑者,渊博的评论写作者,而且是活跃于群众中,活跃于军队中,活跃于社会各阶层的政治家"④。1942年,在香港青年记者学会纪念记者节的集会上,叶启芳呼吁在到场的新闻记者"永远保持青年精神,加强学习,以完成吾人在职业上所负担的重大使命"。⑤

在《新华日报》的同仁看来,只有不断学习研究,才能做到"对时局有清醒的认识,然后我们遇见一件事,才能知道这事在整个局势中所占的地位,以及它和其他事情的相互关系。对社会科学的基本理论,有透彻了解,然后遇到一个问题,才能应付自如。此外,每人在自己的工作岗位上,要有专门研究的偏向,以便对自己所注意的方面,能有些独到之处"⑥。也就是说,在抗战时期,记者的素养要大幅度提高,"第一要求他坚守民族的立场,还要有国际的眼光……第二,要求他和人民亲密的联系,和人民同呼吸……第三,当然是记者本身的人格和学业的修养,以及团结了"⑦。

不过,《新华日报》强调的理论学习,具有强烈的意识形态色彩,"新闻记者必须有健全的政治立场,深刻的理论和技术修养,才足以应付伟大解放战争需要"⑧。放在首位的政治立场,无疑是无产阶级的。如汉夫所说,理论学习的落脚点是科学社会主义:"我想,理论的修养,在于深刻的学习和把握科学的社会科学,马列主义。"⑨ 梓年把新闻工作视为"脚手架",用列宁的新闻思想来引导新闻记者,所谓科学方法,大体也是马列主义,倾向性同样显著。与之相反,《中央日报》在记者节的言说却明显有别:"我们的使命,在于宣扬三民主义,在于阐明国家政策,在于解释政府法令,在于驳斥奸计邪

---

① 长江:《怎样纪念今年记者节》,《新华日报》,1939年9月1日第2版。
② 《纪念九一记者节》,《新华日报》,1938年9月1日第1版。
③ 《记者要努力理论学习》,《新华日报》,1939年9月1日第4版。
④ 《新中国的新闻记者》,《新华日报》,1940年9月1日第4版。
⑤ 《香港青年记者学会昨隆重纪念记者节》,《华商报》,1941年9月2日第4版。
⑥ 《记者今日的责任》,《新华日报》,1940年9月1日第4版。
⑦ 《纪念记者节》,《新华日报》,1942年9月1日第2版。
⑧ 《纪念记者节》,《新华日报》,1939年9月1日第1版。
⑨ 《记者要努力理论学习》,《新华日报》,1939年9月1日第4版。

说……我们只知主义国策,不知其他。"①由此可见,在抗战旗帜下,国共报刊的职业诉求看似相近,背后则暗涌潜流,党派分歧依然如故。

三、联合新闻记者

民国时期,党派报纸位居主流,报界政见分歧历来凸显,在不同报馆服务的记者,又必然存在竞争,导致同行联络极为缺乏,"除了少数私人友谊的来往外,绝大部份的同业,简直缺少见面的机会"。这一状况对于新闻事业和抗战,都是一种很大的损失,"反映着中国整个团结方面的情形"。②全面抗战爆发后,在"抗日高于一切"的原则下,《新华日报》多次呼吁"新闻记者联合起来,打倒日本帝国主义!"③

首先,《新华日报》不遗余力地推动记者密切注意"本身的团结问题"。1938年9月1日,《新华日报》发表社论《纪念九一记者节》,刻意强调团结的意义:"自抗战以来,全国的新闻记者是团结起来了,特别是在战地工作的记者,更能表现出空前团结和相互关心、相互帮助的精神……这种团结的精神,不仅是新闻事业取得成功的保证,同时也是争取民族解放胜利的保证!"④一年后,《新华日报》刊发社论《纪念记者节》,以及《怎样纪念记者节》《对目前记者工作几点意见》《抗战中底记者》《在苦斗坚持中的华北敌后新闻工作》等系列纪念性文章,再次阐释记者团结的重要性。

1940年记者节,《新华日报》社论《记者在战斗岗位上》,及其记者节专刊的《新中国的新闻记者》《记者今日的责任》《纪念记者节的三大任务》《华北敌后同业的工作和生活》等多篇文章,依然呼吁记者团结:"即以重庆而论,同业间的接触机会很少,在全国范围内,联系更差的很。我们要以自己的团结,来推动工作的开展,并促进全国的团结。必如此,才能使今年的记者节,在记者的整个工作中,发生重大作用,留下永远使人怀念的成绩。"⑤进而,该报还主张,新闻界要以自己的团结,促进全国团结:"记者的团结当然受着各党各派团结程度的影响,但也可反过来看,记者的加强团结,未始不能促进全国的团结。同时,现在大家每天叫团结,报纸上讲得更多,如果记者自身不加强其团结,则何以号召群伦,为天下倡?"⑥

其次,《新华日报》积极探索加强团结的方法,认为筹建新闻团体是重要途径:"我们目前新闻工作者已有部份的组织,但坚强的整个的团结还没有到应有的程度。为了完成我们共同任务与相互帮助,当从个别发展到团结一致,才能充分发挥新闻的功能

---

① 《记者节我们的自勉》,《中央日报》,1943年9月1日第2版。
② 《记者今日的责任》,《新华日报》,1940年9月1日第4版。
③ 《保卫大武汉中记者节盛大纪念》,《新华日报》,1938年9月2日第3版。
④ 《纪念九一记者节》,《新华日报》,1938年9月1日第1版。
⑤ 《记者在战斗岗位上》,《新华日报》,1940年9月1日第1版。
⑥ 《记者今日的责任》,《新华日报》,1940年9月1日第4版。

和力量。"①这种主张,得到《大众日报》的回应:"要健全我们的组织,密切报人的联系。这首先应把青记学会充实、健全起来,并推动其他各地青记学会分会的建立,使其真正包括了所有从事新闻工作的细胞,成为联结各地新闻工作者的纽带,不仅做到了本身的组织、教育和研究,还要能广泛的参加社会活动,与一般的实际工作打成一片。"②

加强团结的另一路径,就是揭露投降派记者。在抗战中,多数新闻记者,表现积极,但也有一些新闻界的败类,为敌人做鹰狗,为汉奸做应声虫,"我们不但看见,林柏生、李圣五、梅思平等汪派汉奸,在香港以'南华'和'天演'两报散布投降谬论,在上海又恢复'中华日报',收买文汇等报,发行'民力'周刊,疯狂地放出一切亡国灭种的毒素;而且可以看见有一些地方的一些记者,在发出不利于抗战、不利于团结的言论,在发出一些蔽蒙真相的消息"③。

这样的情形引起报界强烈不满,《抗敌报》倡导说:"我们更要高度地发挥新闻舆论的威力,严厉地反对与打击一切破坏抗战、团结、进步,与妥协投降的言论与行动,坚决拥护坚持抗战、团结进步的主张……我们同样要进一步地与后方新闻工作者取得密切联系,使全国的新闻记者建立巩固的团结,以便集中全国舆论界的力量有效地进行抗日反汉奸的舆论斗争。"④范长江在香港青年记者学会的纪念会上,也勖励一切有正义感之新闻记者共同团结,无情打击"敌伪及与敌伪同一论调的麻醉宣传",为抗战前途扫除障碍。⑤

《新华日报》的呼声契合抗战潮流,较好贯彻了中共抗日民族统一战线的大政方针,并取得良好效果,新闻界团结之风气逐渐普遍。1938年,中国青年记者学会只有武汉、长沙、成都等分会较有力量,一年后在前线、大后方和敌后根据战地,皆有极大的发展。1938年记者节由中国青年记者学会独立承办,1939年则由各报联合委员会、重庆记者座谈会、青年记者学会共同举行,且各报联合委员会负责主要经费,"这是很大的进步"。⑥

此后,从重庆新闻界的表现来看,大后方的新闻界团结更加坚定,"过去我们的意见容或不免分歧,现在则绝对齐一"⑦。如《申报》所言:"我们的记者节是浴沐烽火生成的。自二十六年全面抗战发生后,记者活跃在每一道前线,在每一处后方与敌后,工作的紧张,责任的繁重,使我们意味着'自己的节日'在团结、合作、进取等方面的重

---

① 《纪念记者节》,《新华日报》,1939年9月1日第1版。
② 《纪念今年的"九一"》,《大众日报》,1941年9月1日第1版。
③ 《抗战中底记者》,《新华日报》,1939年9月1日第4版。
④ 《纪念国际青年节与记者节》,《抗敌报》,1940年8月31日第1版。
⑤ 《香港青年记者学会昨隆重纪念记者节》,《华商报》,1941年9月2日第4版。
⑥ 长江:《怎样纪念今年记者节》,《新华日报》,1939年9月1日第2版。
⑦ 《记者节》,《大公报》,1940年9月2日第2版。

要性。"①

四、争取民主自由

在纪念记者节、重构记者形象、联合新闻界以便共同抗日的同时,以《新华日报》为代表的中共报刊巧妙地将职业符号运用于政治领域,借机表达政治意愿,反对国民党的新闻控制,争取言论自由。

1937年后,新闻界在抗战的大旗下,妥协让步,"为了国家大局,为了抗战胜利,新闻记者不得已而受到了一些必要的限制"②。不过,新闻界从来没有完全放弃职业立场,历来希望国民政府"体谅报人,爱护报人,尊重报人,给我们以适量的自由与相当的便利"③。在这一方面,《新华日报》的吁请最为持久和中肯,能较为充分地反映新闻界的共同愿望。

1938年记者节,该报在社论中就强烈要求政府支持战时新闻工作的发展:在工作条件和通信工具方面,提供一切可能的帮助及方便;制定更为合理的新闻及图书检查的制度,让新闻记者反映抗战的真相,"把前方的情形忠实的报导给后方,把后方的情形传达给前方",促起各方的注意和改进;政府当局及新闻界要"能注意培植及爱护新干部,使他们成为将来新闻界中的有力份子"。④ 次年,《新华日报》发表社论《纪念记者节》,再次指出,"新闻事业的发展,决非单靠新闻记者本身努力就够,这里特别需要郑重指出,政府的积极扶助和指导实有关系"。政府要广开言路,对新闻记者"应予特别优待,通令政务机关军事当局,对新闻记者之工作,尽量予以援助,准享受交通上最大之便利",并"改善新闻检查制度,使之不仅实施消极的检查工作,更应推行积极的指导任务",以及"增进新闻记者之工作效能",裨益抗战前途。⑤ 1940年,《新华日报》重提旧事,呼吁政府必须给予记者必要的协助,"要提高报纸的信用,政府对于抗战言论的自由,要有实在的保障。在不破坏国家秘密与军事秘密的范围内,批评缺点的稿件,应有刊登的可能。只有批评缺点,揭发缺点,才能惩治贪污,纠正错误,并且发动民众的积极性,改善人民与政府之间的关系"⑥。

大体而言,全面抗战初期,新闻工作环境相对比较宽松,"武汉会战时代,新闻工作之活跃,恐为中国有近代新闻事业以来,最光辉的时期"。可惜,好景不常在。抗战进入相持阶段以后,国共矛盾和摩擦逐渐增多,国民党政府开始压制中共及左翼报刊,

---

① 《记者节的诞生》,《申报》,1946年9月1日第12版。
② 《祝记者节》,《大公报》,1944年9月1日第2版。
③ 《记者节的惕勉》,《大公报》,1942年9月1日第2版。
④ 《纪念九一记者节》,《新华日报》,1938年9月1日第1版。
⑤ 《纪念记者节》,《新华日报》,1939年9月1日第1版。
⑥ 《记者在战斗岗位上》,《新华日报》,1940年9月1日第1版。

"二十八年以后,'私利'的考虑提高,抗日阵营渐生波折,说真话的同业,又走上艰苦的道路了"。① 最典型的案例是,1941年4月28日,国民党封禁中国青年记者学会,迫使一些"左倾"的新闻记者流亡海外。

国民政府的压制,使夏衍在记者节日里,完全没有颂祝的心情,"压在心头的只是难看的悼念而已"。② 中共领导的《华商报》发表《九一散记》,指出:"作中国今天的新闻记者,要想在工作上有好的成就的,比较不大容易,而环境所给予我们的困难,却超乎一般工作之上。物质上的困难,倒可以忍受和克服,政治上的困难,往往使人啼笑皆非。"但为顾全抗日大局,《华商报》的批评相当缓和:"回首望望多难中的国家,和自己身受的现实环境,实又有无限愤慨与感伤!"③

在抗日根据地出版的《新华日报》(华北版),则没有过多的顾忌。在《纪念"九一"记者节》一文中,该报直言:"除了在陕甘宁边区以及敌后抗日根据地内,新闻记者呼吸着真正的民主空气,受到各界人士的尊敬与爱护外,在某些逆流横绝的黑暗区域里,新闻记者的命运是悲惨的,那里,新闻记者的腿变得非常之短,笔也被弄得非常之软,'老爷们'用刀和'朱笔'代替了舆论界的正义呼声,用牛皮纸封住了新闻记者的嘴,后来甚至逼走他乡,恣意摧残。"④

到抗战后期,国共分歧严重,矛盾激化,且日益公开,在言论自由的相关话语中,掺入更多的政治考量。中共报刊借用言论自由,反对国民党的新闻统制政策和专制独裁,争取团结民主和抗战胜利。

在1943年记者节,《解放日报》发表《国民党摧残新闻事业》《反对国民党的反动新闻政策:纪念第十届九一记者节》两篇评论文章,和一篇来稿《国民党反动派十年来摧残新闻事业的罪行》,猛烈抨击国民党"反动",垄断舆论,剥夺言论自由,查禁报章杂志五百余种,火药味相当浓厚,甚至势同水火。《解放日报》认为,国民党反动派摧残和垄断报业,实施"一个党、一个领袖、一个报纸"的法西斯新闻政策,目的在于掩盖敌人诱降和自己妥协的阴谋;集中反动宣传,加紧反对中国共产党;粉饰太平,隐藏大后方民生涂炭的实况。"现在国民党反动派实行这样倒行逆施的新闻政策,它的'实行宪政'就不但毫无真心诚意,而且恰恰证明是一种烟幕,其目的是为了实现更大的专制独裁的罪恶。"这种战时新闻统制政策,实际是战前"新闻摧残"政策的继续和发展,"其手段之毒,为害之烈,有过于袁世凯、张作霖等北洋军阀";"没有一丝一毫符合革命的民族主义的原则,也没有一丝一毫符合抗战的利益……倒很像是为了投降日寇……倒很像希特勒、墨索里尼、东条的法西斯新闻政策"。⑤ 所以,全国新闻界应一致团结,"要求

---

① 《香港青年记者学会昨隆重纪念记者节》,《华商报》,1941年9月2日第4版。
② 夏衍:《悼念》,《华商报》,1941年9月1日第3版。
③ 长江:《九一散记》,《华商报》,1941年9月1日第3版。
④ 《纪念"九一"记者节》,《新华日报》(华北版),1941年9月1日第1版。
⑤ 《反对国民党的反动新闻政策:纪念第十届九一记者节》,《解放日报》,1943年9月1日第1版。

开放言论出版自由,要求取缔中央社及一切国民党报纸的反共反人民的宣传!要求取消'新闻记者法',取消'国家总动员法'中关于抗日人民的言论出版自由的非法限制!我们要求真正保障一切抗日报纸和抗日记者的言论出版自由权和人权!"①

从某种程度上讲,中共报刊反映出新闻界的普遍愿望,迎合了抗战后期中国新闻界的趋势和潮流。"因抗战接近胜利了,新闻界自身觉悟应该对国家社会多负些责,多尽些职;一般人士也在要求着言论自由。"②为此,从抗战后期开始,重构独立、自由、民主与富强的新中国已成潮流所趋,中共报刊的舆论宣传厥功至伟。

在争取言论出版自由的浪潮中,1944 年《新华日报》的记者节言说和诉求方式,发生巨大转变,在多篇纪念文章中,强调言论自由的极端重要。该报在 1941 年 9 月 1 日的《祝记者节》一文中,指明"没有言论自由,就没有健全的发展的新闻事业。没有言论自由,新闻事业本身是会枯萎的"。新闻界同仁应该团结一致,为言论自由而奋斗,"中国的新闻界同仁,是世界民主的新闻战线的一部分。地域尽管不同,任务确是共同的。每个记者都应该是反法西斯的战士,都要争取和保卫言论自由。今天'记者节'日,我们竭诚向全国记者呼吁,亲密的团结起来,把笔锋瞄准日本帝国主义和汉奸,积极为争取民主进步,要求言论自由!"③

在同日的同一版面,《新华日报》刊发了另一篇文章《从各个角度发出的争言论自由的浪潮》,扮演民主政治的急先锋,高调宣称:"通讯和言论自由,是民主自由的基本要素,如果没有这种自由,则失去说话自由权的个人,必同时失去其他自由……全世界全人类,既须悉数进入于民主的范围之内而享受民主的支配之权,那么,取径于通讯和言论自由,人人能够说真话,能够得真消息,能够随时得知世界的真相,绝对必要。"④

次日第三版,该报又发表类似文章,公然声称争取言论自由,才是纪念记者节的真确意义和最主要的政治蕴含:"记者的生命就是言论,要保护记者的身体,就是要保护言论的自由,记者的身体之祸,是从言论之祸来的,倘使不言不论,也就无从起祸,更用不着什么保护了。可见纪念记者节,并无其他涵意,尽在'言论自由'四个大字中"。⑤

抗战后期,中共报刊公然反击国民党,要求开放言论自由,说明双方政治关系的恶化,也能大体反映中共高层对时局研判,对潮流的顺应,以及对未来的顶层设计。至此可见,国共两党关于战后中国未来可能走向的分歧已经十分明显,两党关系走向破裂已露端倪。

---

① 延江:《国民党反动派十年来摧残新闻事业的罪行》,《解放日报》,1943 年 9 月 1 日第 4 版。
② 《祝记者节》,《大公报》,1944 年 9 月 1 日第 2 版。
③ 《祝记者节》,《新华日报》,1944 年 9 月 1 日第 2 版。
④ 《从各个角度发出的争言论自由的浪潮》,《新华日报》,1944 年 9 月 1 日第 2 版。
⑤ 《纪念记者节的真意义》,《新华日报》,1944 年 9 月 2 日第 3 版。

五、结语

民国新闻界设置"九一"记者节的本意,在于"拥护中央政令",纪念南京国民政府通令"保护新闻事业人员"。以《新华日报》为代表的中共报刊,在纪念记者节的过程中,重构记者形象,反思和检讨新闻队伍,在相当程度上代表一般新闻界的职业诉求和集体记忆,有利于再造专业传统,增强职业共同体意识。这说明作为特殊的社会记忆机构,报刊媒介在行业记忆塑造及认同方面扮演着特殊角色,使得"九一"记者节成为民国报人群体重塑职业形象和报界传统的自我尝试,同时昭示中国职业化报人群体的崛起。[①]

不过,对国民党和国民政府心存芥蒂的中共报刊,机智地利用这一纪念日或象征符号,突破新闻职业界限,巧妙地表达特有的职业想象,努力再造职业传统,建构全新的新闻职业规范。全面抗战前期,以《新华日报》为代表的中共报刊,呼吁记者不分党派团结起来,主旨在于促进全国团结,实现抗日民族统一战线,"一切有害于团结抗战的,绝对不谈,一切有利于敌人汉奸的,应加以无情的打击"。但是这种呼吁是有政治立场的,"记者们应提高自己的政治认识、文化水平。因为只有这样,才能坚决地在千难万难之中,为国家民族而进行其工作"。[②]这里的政治是无产阶级的政治,文化是马列主义和科学社会主义,具有浓厚的意识形态色彩。

在抗战后期,中共报刊记者节的纪念话语明显转变,侧重言论自由,不仅以此反对国民党的新闻统制政策和专制独裁,而且希望凭借言论自由运动,争取团结民主和抗战胜利,政治意味更为凸显。在某种程度上可以说,抗战后期,重构独立、自由、民主与富强的新中国已成潮流所趋,中共报刊的舆论宣传厥功至伟。中共通过充分发挥纪念活动的激励、教育和导向等功能,不仅凝聚和整合了抗战力量,而且扩大了自身的影响,使自己成为抗战的中心,为抗战的最终胜利和中共自身的发展打下了基础。这意味着,"九一"记者节不仅是民国新闻界和国民政府的文化符号,也是中共借以进行抗战精神动员、宣传意识形态、表达政治诉求的重要历史资源。记者节及其年度纪念,不仅为一般新闻从业人员的职业言说提供了一种特殊的时空背景,更为中共报刊提供了合法的职业符号和职业话语,以表达政治意愿,争取言论自由。

进一步推论,即可发现,中共报刊纪念话语和言论取向的变迁,基本反映了中共对时局的研判,折射了战时国共关系的聚散离合,更反映出媒体记忆往往是以政党、政府为主体的政治记忆。概言之,媒介记忆并不是单纯地再现过去,它是政治权力利用话

[①] 齐辉《"纪念我们自己的节日":"九一"记者节与民国报人群体职业形象的建构》,《国际新闻界》,2015年第6期,第150页。
[②] 《抗战中底记者》,《新华日报》,1939年9月1日第4版。

语刻意凸显、筛选、遗忘及剥夺的结果,它"不是事实,而是创造,是发明",是带有明确政治目的的理性选择,并非重现往日事实。"记忆与其说是对过去的忠实重现,不如说是对自那同一个(过去)以来不断更新的重新建构。"①

---

① 弗朗西斯科·德利奇:《记忆与遗忘的社会建构》,转引自周海燕:《吴满有:从记忆到遗忘》,《江苏社会科学》,2012年第3期,第236页。

成舍我对马克思主义学说的传播与认知*

李秀云

(天津师范大学新闻传播学院)

摘要:1918年,成舍我参加北京大学"马克思主义研究小组"的第一次集会,同时宣布放弃"你的是我的,我的还是我的"的主义。他并没有因为放弃这一"主义"而与马克思主义学说隔绝,反而连续发表四篇介绍马克思主义学说的译文,从而成为事实上的中国早期马克思主义学说的传播者之一。这一传播活动更对成舍我的思想认识产生了影响。马克思主义学说在成舍我的报业实践里,具象化为"劳资"冲突问题,成舍我提出了"资本"与"言论"相分离,"资本家出钱","专家办报","老百姓说话","政府认真扶助,依法管制"等一系列消除报业劳资冲突的理论构想。消除劳资冲突,不仅是成舍我十几年报业实践的努力方向,还是他进行"手脑并用"新闻教育试验的精神渊薮。成舍我试图消除报业劳资冲突的理想追求过程,也是他对马克思主义学说的认知过程。《立报》创造了日报发行20万份以上的一个神话,但与"日销行百万"相距甚远,更无法在新闻领域消灭劳资对立。世界新闻专科学校的本科班没有办成,也不仅仅是因为战乱的纷扰。劳资对立的消除要靠社会制度的根本变革,而不是某一领域小部分人的革新。成舍我在摘译《共产党宣言》时对此有清楚表述,但在追求新闻理想过程中,恰恰又忽视了这一点。无论新闻实践领域的"资本"与"言论"分立,还是通过新闻教育进行的"脑力劳动和筋肉劳动"合二为一的人才培养,都忽视了社会制度变革这一根本性前提,这决定了成舍我的报刊实践与新闻教育试验只能成为乌托邦。

关键词:成舍我;马克思主义;劳资对立

关于民国时期知名报人成舍我的精神世界,仁者见仁,智者见智。成露茜从其与

---

* 本文原载于《学术交流》2017年第10期,有修改。

无政府主义的思想渊源中探讨成舍我的精神内核。程丽红则提出,无政府主义、社会主义、自由主义等思想构成了成舍我的精神世界,成舍我"在矛盾中前行"①。本文无意于成舍我思想世界整体构成与形成过程的理论探讨,而是揭示青年成舍我传播马克思主义学说这一事实,而这一事实恰恰对成舍我的思想世界产生了重要影响。马克思主义学说在成舍我的报业实践与新闻教育实践里,具象化为"劳资"冲突问题。"劳资"冲突是纠结成舍我十几年的理论话题,而如何消除劳资冲突,成为他十多年报业实践与新闻教育实践的努力方向。换言之,成舍我对马克思主义学说的认知过程与水平,也是令成舍我"在矛盾中前行"的一个不可忽视的因素。

一、青年成舍我对马克思主义学说的传播

1917年,北京大学校长蔡元培特聘陈独秀为文科学长,李大钊为图书馆主任。1918年初,成舍我辞去《民国日报》《太平洋》杂志的职务来到北京。8月,因为没有中学文凭,成舍我以同等学力资格考入北京大学国文门做旁听生。在进入北京大学读书前,成舍我已与李大钊相识。1918年5月,因李大钊介绍,成舍我担任北京《益世报》总编辑。1918年冬天,成舍我参加了北京大学"马克思主义研究小组"的第一次集会。这一次集会并没有让成舍我认同"马克思主义研究小组"的研究。据吴范寰回忆,集会结束后,成舍我宣称:"中国的布尔什维克今天开成立会了。这个主义是'你的是我的,我的还是我的'的主义,我可不赞成'。"②从此,成舍我没有参加过"马克思主义研究小组"的活动。

成舍我不再参加"马克思主义研究小组"的活动,并不意味着他从此与马克思主义学说相隔绝。1919年至1921年,成舍我发表了四篇介绍马克思主义学说的译文,即倍倍尔(August Bebel)的《近代社会主义与乌托邦社会主义的区别》(《每周评论》,1919年3月30日),马克思、恩格斯的《共产党的宣言》(摘译)(《每周评论》,1919年4月6日),托洛茨基(时译Trotzky)的《广义派与世界和平》(著者自序)(《解放与改造》,1919年第1卷第7期),列宁的《无产阶级政治》(《新青年》第9卷第2号,1921年6月1日)。这四篇译文主要传播如下马克思主义学说:

其一,马克思主义"平民"观。

"社会主义的实验是不能轻易做到的。因为这种主义,是想造成一个平民的世界,是想调和社会上不平等的状况。最近有一班少数主张共产主义的人,在美国组织了一种团体,他们几乎要完全独立于世界以外,和世界脱离关系。并且另有一种经济制度,这种制度,是迫着人去学那Spartan一样的俭朴,是迫着人改变他家庭的状况。这种

---

① 程丽红:《在矛盾中前行——追索成舍我的思想世界》,《社会科学战线》,2013年第12期。
② 张友鸾等:《世界日报兴衰史》,重庆:重庆出版社,1982年,第15页。

团体的办法,是很可以阻止文明的发展。因为文明的发展,是要竞争的,若像他们这样的做去,那使人人懒惰偷闲,不去竞争了。社会主义,是必须自由的,是必须不阻止一切人民的技能和权力的发展,是必须使人人享受各种因文明发展得来的幸福——文明发展,到了极点,人人有最高的专门技术与科学的知识,便自然可以享受这种幸福——一个小小孤立的团体,他的势力和计划,都是狠狭小的,决不能享有这种幸福,决不能有一种美满的组织。这种小小孤立的团体,若是被外来的势力激励,他的内部,每个对于全体的关系便愈要危迫。到那时,只有两种方法:不是同着社会的全体,同时进化,就是仍然孤立于世界以外,以至于老死。舍此以外,再没有第三种的方法。在平民世界中的人,他仅仅希望做成一个平民的世界。单独的行动,对于全体的关系,就同一个很大的机械,和他最小的齿轮的关系一样。机械上任有若干齿轮,只要机械一动,全体也跟着动了。所以单独的结果如何,是看全体的结果,才能断定。反之,全体的结果如何,也要看各单独的结果,才能断定。无论什么人,若想一个人单独的竞争,并悬想他自己能有特别的方法,他想破除社会上的机关——这种机关,就是把人类尽装在里面的——他想别寻出一个特别的天地。这种人他若是一遇着困难的事体,他就暴露他的能力薄弱。所以一切社会主义的实验,若是离去了平民世界的范围,或是一个孤独的人,他悬想能够自己造出一个平民世界以外的团体,或是组织一个小小的团体,从他们自己的团体中间,去试验他们的幻想,这都是乌托邦社会主义。这种乌托邦的社会主义,徒足证明他们自己那种没有成熟的精神,惹起种种的迷惑,不能见信于人,并且是给反对他们的敌人的许多武器。我们人类大进步了,那种乌托邦的主义,便会消灭。在这人群之中,各人是要寻一个立足的地方,便是一个脑筋简单的工人,他也晓得世界上最好的事,莫过于各做各人的工。并且也晓得个人的工作,必须和全体一同做的,不能够分离孤立。"[①]社会主义的世界就是平民的世界,脱离了平民世界的社会主义,只能是乌托邦的社会主义。

其二,马克思主义阶级斗争学说。

成舍我把《共产党的宣言》称作"表示新时代的文书","其要旨在主张阶级战争,要求各地劳工的联合"。"劳工革命的第一步,我们所最希望的,就是把无产阶级高举起来,放他们在统治的地位,以图 Democracy 的战争的胜利。这些无产阶级的平民,将行使他们政治上的特权,打破一切的阶级,没收中产阶级的资本,把一切的生产机关,都收归政府掌管,由这些人去组织一个统治的机关。并且要增加生产的能力,愈速愈妙。在我们开始的进行,对于一切的资产,和中产阶级的生产,若不加以猛烈的攻击,便没有效果可得。虽然这种政治,可以现出经济恐慌,和不能支持的状况。然而他们进行得愈快,必可以把从前的社会制度,一齐打破,并可以把一切的生产状况,完全革

---

① 成舍我译:《近代社会主义与乌托邦社会主义的区别》,《每周评论》,1919 年 3 月 30 日。

新。""劳工革命的方法,因为国别不同,而生出差异。若是在很进化的国家,以下的条款,是很适用的:(1)废除土地私有制度。所有地租,概归公有。(2)第一条若不能积极进行,则或由国家递增岁入的租税。(3)遗产归公。(4)迁居国外及叛党之财产,一律充公。(5)用国家资本,组织一国家银行,有垄断一切营业权。(6)实行中央集权。交通机关,和轮运事业,概归国有。(7)大制造厂及各种生产机关,概归国有。垦辟荒地,改良种植,须用同一的计划。(8)一切人民,有担负同样工作的义务。并须招集若干的军队,以保护农事。(9)农工互相联合,渐废城与乡的区别。对于全国国民,用同等的平均分配。(10)采用自由教育制度。设立公共学校,俾一切儿童,入校就学,当就学时代,不得入工厂工作。……若是照以上的那些条款,都做到了,这一切的阶级制度,便自然消灭。并且全国的生产机关,既都完全收归国有,这由人民组织的国家,自然没有政治的臭味。政治的势力(Political power)是纯粹由一阶级人的劳力所组织,以反对别的阶级的。无产阶级去和中产阶级争战,因为情势所迫,不能不自行组织一种阶级。若是取革命的手段,他们便自居于统治的地位,把一切的旧生产情形,都要废除。并且要把一切阶级的反抗,都消灭了。到后来连他们自己那一阶级的特权,都一并废除。中产阶级和别的阶级,以及其他阶级的抗争我们都要融合起来,成一个平等的大团体。在这个团体的中间,各去自由的发展,便是全体的发展。"① 阶级斗争的目的是保护无产阶级"平民"的利益,阶级斗争的最终目标是消灭一切阶级。

其三,无产阶级革命理论。

"此次大战,彼国民主义之国家,当立告分崩;即资本家的经济制度,亦将立即破灭。以国家资本主义,改革世界之一切经济组织。此种国家资本主义,可以使许多强权的寡头政治,完全分裂。……将来世界经济之发展,与资本家必有重大奋斗,因资本家所占有之土地,纯当归诸公有也。"② "无产阶级,反对资本主义之唯一方法,盖即在此将来可成一社会党之世界经济组织。大战告终,彼资本主义,必可发现其受人反对之原因;而无产阶级,必须反抗到底,以成社会革命。"③ "我们必须拿出全副力量,来打倒资本主义。一些必要的标准,必须善为引导,必须根据于无产阶级的自觉,组织大多数被压制的工人和最可怜的贫民的活动。"④ 无产阶级革命是反对资本主义的唯一方法,国家资本主义是消灭资本家经济制度的有力途径。

这四篇译文的发表,使成舍我成为事实上的中国早期马克思主义学说的传播者。马克思主义的初期传播队伍主要由初步具有共产主义思想的知识分子、国民党人士以及其他进步知识分子三部分群体组成,成舍我则属于第三部分。⑤ 成舍我在传播马克

---

① 成舍我摘译:《共产党的宣言》,《每周评论》,1919 年 4 月 6 日。
② 成舍我译:《广义派与世界和平(著者自序)》,《解放与改造》,1919 年第 1 期,第 7 页。
③ 成舍我译:《广义派与世界和平(著者自序)》,《解放与改造》,1919 年第 1 期,第 7 页。
④ 成舍我译:《无产阶级政治》,《新青年》,1921 年第 9 期,第 2 页。
⑤ 田子渝等:《马克思主义在中国初期传播史(1918—1922)》,北京:学习出版社,2012 年,第 28、61 页。

思主义学说的过程中,有两个关键词印在思想深处,一是"平民",一是"资本主义"。此后,成舍我投身报业实践,投身新闻教育事业,在其有关论述中,屡屡提及"平民"与"资本"的关系问题。"平民"与"资本"关系的理论阐释,从一个侧面反映出成舍我对马克思主义学说的认知。

二、资本与言论相分离:解决劳资冲突的理论构想

成舍我从北京大学毕业后,投身新闻领域。从1924年开始的"世界报系"的创办,至1927年南京《民生报》的创刊,尤其是1935年上海《立报》的创办,成舍我特立独行的新闻实践背后,有一思想主线,即"平民"与"资本主义"两个世界的纠葛。"平民"与"资本主义"这对矛盾统一体在成舍我的新闻实践领域具象化为劳资冲突问题。如何解决劳资冲突,成为成舍我十几年如一日的努力方向。

1931年,成舍我指出,欧美各国的报纸,"完全成了资本主义下的产物,所以在主张方面,只顾到资产阶级的利益,所谓公众福利,实际上完全是空话"。"欧美报纸,受了资本主义的控制,生出很多流弊。我们不能再去抄袭。……报纸的主张和言论,应该完全听'民意'的支配,不能由一二资本家任意操纵。关于这一点,我拟有种种关于将来报馆组织和权力分配,即资本与主张分离的办法。我觉得中国报纸,目前最重要一点,就是要求平民化"。[1] 报纸的"平民化",也就是后来所说的"大众化",具体实现途径是"资本"与"主张"相分离。

1932年4月29日,成舍我在燕京大学新闻学系"新闻讨论周"演讲时指出,在遥远的将来,可以实行"报纸国有"。但在最近的将来,私人经营才切实可行。但必须注意,虽然允许私人经营,但"其资本,惟以在报馆任有工作者为限"。换言之,包括社长、编辑、记者、工人在内等报馆工作人员,都要分担报馆的责任,自然也要同时分享报馆的利益。但是,那些不在报馆工作的人员,自然就不能坐享其成分得红利。也就是说,"不劳而获之大资本家,概在屏除之列"[2]。这种方式,既可以实现报纸私营,又可以避免新闻大王的产生;既可以解决眼前的报纸商业化问题,还可以为将来的"报纸国有"做好相应准备。换言之,理想的报纸,应当"受民众和读者的控制",而不是由资本家来掌控。报纸的主权,应当由报馆的全体工作人员来拥有,应当由知识劳动者与筋骨劳动者所共同拥有。为了实现这一理想目标,"资本与言论必须分开","言论方针应该受社会和读者的控制、指导,专以拥护民众利益为依归"[3]。在此,"平民"已换作"民众"的称呼,成舍我以强烈的"民众"立场探寻报社内部消除劳资差别的具体方法,即通过

---

[1] 成舍我:《世界新闻事业的发达与中国报纸的前途》,《民众周报》,1931年第182期。
[2] 成舍我:《中国报纸之将来》,《新闻学研究》,1932年第1期。
[3] 成舍我:《中国报纸之将来》,《新闻学研究》,1932年第1期。

"资本"与"言论"分开,让工人与社长享有同等的权利。

1933年4月,在北平新闻专科学校成立典礼上,成舍我喊出了"使报纸向民间去"的响亮口号。他认为中国报纸不发达主要有两点原因:一是报纸内容艰深,不够通俗,不能满足劳苦大众的读报需求。二是报纸定价太高,劳苦大众又买不起。更可怕的是,面对九一八事变后的严峻形势,"大多数国民,根本不知道国家是个什么东西"①。这是因为,国内的报纸,"只是特殊阶级的读物,而不是社会大众的读物"②。在此,成舍我指出,中国报业的不发达,不仅关乎报业自身的发展,还关乎国家的存亡,"报纸救国"的观念呼之欲出。

1933年12月14日,《世界日报》创刊《新闻学周刊》,亲自担任专刊主编的成舍我在发刊词中继续使用"大众"一词,更明确表达其"平民"立场:报纸靠谁来拥护?只有大众。报纸应"建筑于大众'公共福利'的上面"③。报纸若能和全国的劳苦大众打成一片,就能"增进社会的福祉",就能"完成民主的复兴"④。报纸只有维护"大众"的"公共"利益,才能得到"大众"的拥护,才能实现自身的真正发展。

1935年,《立报》创刊,成舍我提出"报纸大众化"这一口号。成舍我在发刊词中对这个口号做了解释:《立报》所提倡的报纸大众化,与资本主义国家的报纸大众化,存在着根本性的差别。资本主义国家的报纸"大众化",错误地将个人利益凌驾于大众利益之上,从而使报馆变成了少数人的私人牟利机关;《立报》所倡导的报纸大众化,"却要准备为大众福利而奋斗",大众利益"超过于任何个人利益之上"⑤。由此可见,成舍我的报纸大众化思想不仅形成,而且落实到新闻实践。成舍我的报纸大众化,与西方的大众化有所不同。成舍我不主张"资本"利益的追逐,而是将"大众"利益置于任何个人利益之上,这显然受到马克思主义学说的影响。

难能可贵的是,成舍我"为大众福利而奋斗"的新闻理想,更与国难深重的国家的利益勾连起来。中国之所以特别需要大众化的报纸,是因为中国近百年来内忧外患不断,以致形成空前的国难。然而,广大国民却一片漠然,无动于心。其根本原因在于,大多数国民不懂得自身与国家的生死存亡紧密相关。这种局面的产生,主要是因为广大国民不爱读报、不能读报。假若全国国民都爱读报纸、能读报纸,又必读报纸,那么国家观念就能很好地打入广大国民的心中,"国家的根基才能树立"⑥。这样,报纸的"大众化"又担负起"唤起民众"挽救民族危亡的重大使命。可见,成舍我的"国家主义"

---

① 成舍我:《如何使报纸向民间去》,《成舍我新闻学术论集》(上),广州:暨南大学出版社,2012年,第86页。
② 成舍我:《如何使报纸向民间去》,《成舍我新闻学术论集》(上),广州:暨南大学出版社,2012年,第86页。
③ 成舍我:《我们的两个目的》,《成舍我新闻学术论集》(上),广州:暨南大学出版社,2012年,第49页。
④ 成舍我:《我们的两个目的》,《成舍我新闻学术论集》(上),广州:暨南大学出版社,2012年,第49页。
⑤ 成舍我:《我们的宣言》,《成舍我新闻学术论集》(上),广州:暨南大学出版社,2012年,第100页。
⑥ 成舍我:《我们的宣言》,《成舍我新闻学术论集》(上),广州:暨南大学出版社,2012年,第100页。

观念是以"大众利益"的谋求为基础的。在同一年,成舍我撰文喊出了"报纸救国"[①]的口号。

1944年,成舍我在探讨"战后中国新闻事业制度应如何建立"问题时,将"世界报纸制度"分为英美式高度的"言论出版自由制"、苏联式的"报纸国有制"、法西斯式的"报纸统制式",并且提出三种制度都不适合中国的发展。其中关于"报纸国有制"的分析,尤其值得注意:苏联是只存在一个阶级的无产阶级专政国家,在这个国家里,只允许代表无产阶级这一个阶级的机关团体办报,实际上相当于每个苏联公民都拥有了办报的自由权。但是,"在不分阶级,以争取全民福利为目的的中国现有三民主义政制之下"[②],并不方便采用苏联的办报模式。进而,成舍我提出建立报纸新制度的理论构想:"资本家出钱","专家办报","老百姓说话","政府认真扶助,依法管制"。成舍我的逻辑推演是这样的:既然在遥远的将来中国才能实现报纸的国家经营,那么在眼前就必须进行报纸的私人经营。而报纸的私人经营,会逐渐趋向"大规模资本化"。报业能否成功,固然需要雄厚的资本,但最重要的还在于报纸的言论,因此,报业的发展,更需要专门的优秀的人才。事实上,报业的发展需要专门人才的主持,其重要性质更过于需要资本。报业发展的核心问题之核心是真正做到"老百姓说话",这是"中国新闻事业制度"的一个重要特征。具体的做法是,"将资本家投资所得的利益和报纸所代表的人民言论出版自由权,完全分开"[③]。以资本家个人利益及意志支配报纸言论,很难避免黄色新闻之流弊。资本家迎合低级趣味,无非是争取销路多得利润。"报纸既真能代表老百姓说话,当然即可得到老百姓爱护。……今以代老百姓说话,而得到大量销路,……资本家自亦不致因编辑权被限制,而即减少其投资新闻事业之兴味……不必国营,可收到与国营同等效用。"[④]由此可见,"言论"与"资本"分途的主张没变,但放弃了之前一再提及的"报纸国有"。此时,成舍我的思想基础已发生了变化,即由马克思主义学说转向了"三民主义"。

三、乌托邦式新闻教育:消弭劳资对立的实践探索

为了解决劳资对立问题,成舍我努力创办北平新闻专科学校,大胆进行消弭劳资对立的试验。

---

① 成舍我:《"报纸救国"》,《世界日报·新闻学周刊》,1935年11月14日。
② 成舍我:《报纸必如何始"真"能代表"民意"——"言论"与"资本"分立的一个创议》,《中国新闻学会年刊》,1944年第2期。
③ 成舍我:《报纸必如何始"真"能代表"民意"——"言论"与"资本"分立的一个创议》,《中国新闻学会年刊》,1944年第2期。
④ 成舍我:《报纸必如何始"真"能代表"民意"——"言论"与"资本"分立的一个创议》,《中国新闻学会年刊》,1944年第2期。

1933年4月,成舍我在北平新闻专科学校开学典礼上演讲说:报馆老板,只要拿出资本,就可以与报馆的工作完全脱离关系,甚至终年不迈进报馆大门一步,还照样分得几十万的红利,这是劳资对立的重要表现。更要引起注意的是,劳资对立呈日趋尖锐的发展趋势,即使在同一家报馆内的脑力劳动者与体力劳动者,也很容易发生冲突。报馆编辑部与印刷部之间的合作,也总是很艰难。劳资冲突是影响未来中国新闻事业发展的一大危机,因此,我们必须想尽办法预防。我们要努力把报馆建设成为"合作的集团",无论是社长还是普通的排字工人,都应当根据他们的劳动时间与劳动效率来给予相应的报酬,而不能因为劳心与劳力分工的不同而歧视劳力者,劳心者与劳力者都可以成为报馆的主人。理想的报馆,"不但要消灭资本劳动两阶级的对立,并且要融合劳心劳力,使他们同为一个报馆的生产者"①。由此可见,成舍我不仅痛陈中国新闻事业发展出现的"资本化"时弊,更表达他对"劳资对立"问题的忧思。而这恰恰是北平新闻专科学校创办的思想渊薮。

若想解决劳资对立问题,必须从根本处着手,而人才的准备与培养,是解决问题的关键所在。成舍我主张,要努力创办一个新闻学校,在学校里培养"融合劳心劳力"的未来新闻人才。在新闻学校里,要创办"民众化"的报纸作为培养人才的实践基地。在报馆内,经理、编辑、记者、工人、会计等角色全部由学生来担任,采访、编辑、发行、广告等工作也全部由学生来完成。这就是创办北平新闻专科学校的由来。成舍我把未来新闻人才的培养作为解决劳资对立问题的切入点,于是就有了北平新闻专科学校的大胆试验:学校分为初级职业、高级职业、本科三班。印刷工人由一年半的初级职业班来培养;外勤记者、助理编辑、会计、事务与发行广告方面的职员等等的训练,则由一年半的高级职业班来实现;主笔、总编辑要由三年的本科班来培养。成舍我的理想是,通过七年的系统教育,努力培养出既能当社长、做主笔,又能排字、管账的新闻全才。也就是说,"脑力劳动和筋肉劳动"可以合二为一。换言之,"训练完全手脑并用、吃苦耐劳的新闻人才"②。事实上,高级班的试验并没有投入实践,成舍我消灭劳资对立的理想最终停留于编辑记者与印刷工人式的"脑力劳动"和"筋骨劳动"的合一。

其实,成舍我已经意识到这一试验的"乌托邦"性质以及世人的不解,但他还是执着前行。1935年,他应《报学季刊》之邀撰文探讨新闻教育问题,变相回答为什么要做这种"被人指为乌托邦的尝试"问题:未来新闻事业,从组织上讲,"不但应消灭资本、劳动两阶级的对立,并且连劳心劳力的界线,也应一扫而空";从技术方面说,"劳心劳力,实在也有融合贯通的必要";从报纸大众化趋向方面来谈,"消弭劳资对立,并训练手脑并用的工作者,更有急切的必要"。③ 尝试新闻教育的最终目的是服务于改革新闻事

---

① 成舍我:《如何使报纸向民间去》,《成舍我新闻学术论集》(上),广州:暨南大学出版社,2012年,第86页。
② 成舍我:《如何使报纸向民间去》,《成舍我新闻学术论集》(上),广州:暨南大学出版社,2012年,第86页。
③ 成舍我:《我所理想的新闻教育》,《报学季刊》,1935年第1期,第3页。

业的理想,而他对新闻事业发展的最大期待是消灭"劳资的对立",从而实现报纸的大众化。

四、结语:成舍我对马克思主义学说的认知

成舍我试图消除报业劳资冲突的理想追求过程,其实也是他对马克思主义学说的认知过程。《立报》的发行量曾达20万份以上,创造了日报发行的一个神话,但与"日销行百万"相距甚远,更无法在新闻领域消灭劳资对立。世界新闻专科学校的本科班没有办成,也不仅仅因为战乱的纷扰。劳资对立的消除要靠社会制度的根本变革,而不是某一领域小部分人的革新,成舍我在摘译《共产党宣言》时对此有清楚表述,但在追求新闻理想的过程中,恰恰又忽视了这一点。无论新闻实践领域的"资本"与"言论"分立,还是通过新闻教育进行的"手脑并用"人才的培养,都忽视了社会制度变革这一根本性前提,这决定了成舍我的报刊实践与新闻教育试验只能成为乌托邦。

但也应看到,青年成舍我所传播的马克思主义学说,不仅令他成为事实上的中国早期马克思主义学说传播者,更对他自己的思想认识产生了至关重要的影响。在1937年底他和国民党关系日益密切之前,这些马克思主义学说成为支撑成舍我追寻大众化报刊实践的一个重要精神来源,更是他尝试"乌托邦"式新闻教育实践的主要精神支柱。那四篇译文涵盖的马克思主义学说很有限,对成舍我的影响却是如此巨大,这一点,他本人或许也没有意识到。

从"他者"到"国民"*
——近代中国关于疍民的公共话语与族界建构

张先清　刘长仪

（厦门大学社会与人类学院）

摘要：疍民作为南方古老的水上族群，长久以来在帝国的历史书写中以"边缘群体"的形象出现，甚至被排除在"我们的"历史之外。1840年以后，随着香港、广州和福州相继开埠，这群"奇异"的"水上人"开始受到西人的关注与报道。近代报刊文本中被放大的异文化话语与原有歧视疍民的文化传统相结合，使得疍民的"他者"形象越发明显。戊戌变法和辛亥革命之后，"共和"与"平权"的观念深入人心，围绕疍民族属和权利问题的讨论屡见报刊，"水上人"在近代公共文本中逐渐被视为应当共享权利的"国民"。新文化运动之后开展的民俗调查，使得疍民及其文化得到知识界的更大范围关注，从而为疍民的族界讨论创造了丰富的文本资源与知识脉络。

关键词：疍民；公共话语；族群边界

迄今为止，学界对疍民的研究可以分为四个阶段。① 第一个阶段是20世纪上半叶。受德国浪漫主义及日本民俗学的影响，一批知识群体开始将目光聚焦于下层和普通民众的生活。② 遍布闽、粤、桂三省水上世界的疍民作为"异族"成为"社会调查"的对象，学者们围绕其族源、族性、社会历史及习俗文化展开论述。第二个阶段为20世纪50年代初。随着大规模的民族识别工作的开展，一部分学者为论证疍民是否应该被划归为与汉族不同的、带有政治意涵的"民族"身份而进行颇为细致的调查研究，积

---

* 本文原载于《学术月刊》2018年第12期，有修改。
① 关于疍民的部分研究综述请参见：黄向春，《从疍民研究看中国民族史与族群研究的百年探索》，《广西民族研究》，2008年第4期，第55-65页。
② 陈怀宇，《赫尔德与周作人——民俗学与民族性》，《清华大学学报》（哲学社会科学版），2009年第5期，第65页。关于德国浪漫主义与这一时期的中国社会学调查、歌谣运动等的关系，可以参见：William A. 威尔森、冯文开，《赫尔德：民俗学与浪漫民族主义》，《民族文学研究》，2008年第3期，第171-176页。胡慧翼，《论"五四"知识分子先驱对民间歌谣的发现——以胡适、周作人、刘半农为中心》，《西南民族学院学报》（哲学社会科学版），2003年第3期，第162-169页。

累了丰富的民族志资料。第三个阶段是20世纪50年代到70年代。这一时期,由于国内特殊的政治环境,外籍学者无法进入中国内陆,于是他们便在香港、台湾地区的汉人社会进行研究。珠江口和香港岛数量众多的疍民亦成为学者关注的焦点。第四个阶段是20世纪80年代至今。疍民作为一种"非定居"的类型群体及华南地方文化的一环持续地受到学界关注。

这四个阶段的研究基本上可以分成四种面向。第一,将疍民作为一种"民族",关注其族源、族性问题,如罗香林[①]、林惠祥[②]的研究。第二,将疍民视为具有文化差异的"族群",针对其进行社会历史调查,书写涵盖疍民生活方方面面的民族志,如吴高梓的《福州蜑民调查》[③]及陈序经的《疍民的研究》[④]。第三,将疍民置于其所在的地方社会结构中,书写疍民与其他族群的互动,探讨地方社会的历史与变迁。[⑤] 第四,以疍民为线索探讨传统中国的制度史和海防史。[⑥]

这四种面向基本构成了国内外学术界关于疍民研究的学术史主体部分,十分有助于我们全面认识疍民这一古老的南方水上族群的起源与社会生活状况。但检视以往的研究成果,我们可以发现仍然留有不少有待继续探讨的空间。例如,疍民作为"被表述"的群体,他们的形象在近代中国的风云变幻中经历了颇为复杂的几次转换,而这种转换实质上体现了近代公共文本与疍民族界制造的复杂关系。然而,目前学术界对于近代中国公共场域中出现的这种围绕疍民的丰富叙事话语仍然缺乏深度的研究。有鉴于此,本文拟针对近代报纸、杂志等公共文本中论及疍民的各类议题进行分析,以探讨近代公共话语呈现疍民形象的过程,尤其是注重分析疍民如何从长久以来在帝国的历史书写中的"边缘群体",到近代以后,随着"共和"与"平权"的观念深入人心,成为被牵涉进国家历史的一个部分而得到广泛的讨论与关注。此外,本文也将进一步探讨近代公共文本围绕疍民族属和权利问题所发生的这一讨论过程中,其"族界"是如何被制造出来这一议题。

---

① 罗香林,《蛋家》,载《国立中山大学民俗周刊》第6册第76期(蛋户专号),北京:国家图书馆出版社,2014年,第597-628页。
② 林惠祥,《蛋民》,载《中国民族史》(上册),上海:商务印书馆,1939年,第138-147页。
③ 吴高梓,《福州蜑民调查》,《社会学界》,民国十九年(1930)六月第四卷,第141-155页。
④ 陈序经,《疍民的研究》,上海:商务印书馆,1946年。
⑤ 如:萧凤霞、刘志伟:《宗族、市场、盗寇与疍民——明以后珠江三角洲的族群与社会》,《中国社会经济史研究》,2004年第3期,第1-13页。Xi He and David Faure, eds., *The Fisher Folk of Late Imperial and Modern China: An Historical Anthropology of Boat-and-shed Living*, Routledge, 2016.
⑥ 制度史的相关研究可参见:经君健:《疍户》,载《清代社会的贱民等级》,杭州:浙江人民出版社,1993年,第218-228页;赖青寿:《九姓渔户》,福州:福建人民出版社,1999年。海防史的相关研究可参见:杨国桢:《闽在海中:追寻福建海洋发展史》,南昌:江西高校出版社,1998年;李宁利:《明清时期疍民社会与中国对南海诸岛的管辖》,《西南民族大学学报》,2014年第10期,第63-69页。

一、"越轨者"——对疍民之污名的强化

疍民一直是中国传统的历史书写中的"边缘群体",有关他们的记录十分简略与单一。甚至因为"疍民"的"绰号"①繁多,其形象反而变得模糊。例如,在历代文献中间或出现的"游艇子""泉郎""白水郎""卢亭子""龙户""蜑""蛋"等称呼,实际所指的都是疍民。而且因为其水行舟处的族群生活特点,在相当长的一段时期内,中国社会中存在一种将疍民污名化的文化传统。

1840 年之后,广州、福州相继开埠,进入中国的西方人对聚集在珠江和闽江江面的大量疍民抱持浓厚的兴趣,因其特有的船居特征而形象地称他们为"Boat People",或采用粤语"疍家"的音译,称其为"Tanka"。此时期西文报纸对疍民的关注一方面有浓厚的猎奇意味,如《字林西报》曾载文记述福州疍民"诡谲"(strange)的迷信习俗,并对其各类举止加以描述②;另一方面,一些西方知识分子也开始注意到疍民的社会地位问题。1884 年 10 月 6 日,《字林西报》就英属香港治安法庭(Hong Kong Police Court)对当地疍民的判罚发表评论,认为疍民因为拒绝为法国船只工作而受到惩罚非常值得同情,他们可怜地夹在清廷和港英两个"邪恶政府"(evils)之间左右为难,拒绝法国人并不是受着爱国心的驱动,而只是在理性上选择"较轻的惩罚"而已③。可以说,这一时期西人对疍民习俗的描述,虽然具有典型的殖民人类学异文化色彩的"凝视"(gaze),但也切实地捕捉到疍民的"特异性",与曾经将疍民统摄为"水上人"的传统文本记述风格不同,闽粤疍民的文化多元性部分得以展现。更重要的是从"疍民被罚"事件的评论中能鲜明地感受到作者对疍民所受遭遇的同情,疍民不再是隐晦的、被概括的、千人一面的"他者",其"主体性"在一定程度上开始受到关注和尊重。

栖居于珠江和闽江流域的疍民在受到在华西人注意的同时,也成为近代公共文本审视的对象。然而,与上述西文报纸呈现的对疍民"特异性"和"主体性"的兴趣不同,同时期的一部分本土公共舆论仍然沿袭了此前文化传统中对于疍民的歧视性话语,甚至进一步强化了疍民的"污名"。近代中国围绕疍民的论述几乎都以广州、福州这两座城市为主。这一时期与这两处地方疍民有关的新闻报道主要涉及自然灾害和治安性事件。由于疍民居住于易燃的木船和寮屋,一旦发生火灾,扑救工作难以进行,每每造成极大的损伤;此外,台风及其引发的水灾也深重地影响着疍民生活。而在治安事件的报道中,疍民常以"被欺压者"的形象出现,如 1892 年 6 月 18 日《字林沪报》第 3 版

---

① 可儿弘明,《香港艇家的研究》,香港:香港中文大学新亚书院研究所,1967 年,第 5 页。
② "Superstition of the Foochow Boat People", The North China Daily News (1864-1953), Jan. 4th. 1892:8.
③ " The Daily Press Remarks on the Proceedings in the Hong Kong Police Court against the Boat People", The North China Daily News (1864-1953), Oct.6th.1884:335.

《欺凌蛋户》一文提道：

>粤东南海县神安司属江心乡黎姓聚族而居。日前端阳节届，乡民赛斗龙舟，遂向该处蛋民渔户索讨赛演龙舟费用银两，而蛋户人等以向无此例却之。乡民某甲等见不遂所欲，深为愤恨，遂逞其强悍，将其罾网夺取，并掳其小孩两口而去。其时渔户仓惶无措，鸣锣呼喊贼警。①

1901年11月6日的《申报》上也有一则关于疍民受欺的新闻：

>日前黄沙一带蛋民正在填筑沙河，忽被乡人阻挠，砖石如雨，致伤一蛋妇。旋经缉捕勇丁拿获肇事者九名，……本月初十日，复有勇丁驾船至花埭河面，拘获蛋民数名以去，不知其中若何情形也。②

从上述两则新闻可知，清中叶"开豁为良"之后，疍民的"贱民"身份虽然在官方层面上被废除，然而在地方民间的实际生活中，疍民仍旧是处处受欺辱的"贱民"。福州方言区流传的两句俗谚——"曲蹄爬上岸，打死不见官"以及"曲蹄钱九十七，岸上使百零三"——形象地反映了疍民在实质上的"低人一等"。官方允许疍民上岸建房，民间却百般阻挠，在"岸上人"的水陆界限被打破之后，认为疍民侵占了原属于他们的土地，即使是填河造陆都不被允许。③"土地"成为"岸上人"的特权，充当其持续欺凌"水上人"的资本，并且其依仗着"土地"占有权不断强化水/陆族群界限。

对"土地"分毫不让的同时，"岸上人"也通过对疍民"污名"的不断强化，来延续旧式的权力关系。此时期疍民一方面在公共话语中作为被欺压的边缘群体出现，另一方面扮演着众多"越轨者"的角色，在公共舆论中，涉及他们的消息一般都与盗匪、娼妓及与异族沟通等相关。1891年12月24日《申报》上一篇题为《闽中碎锦》的文章称："陈姓运米至闽，泊舟南台尚书庙外，突被人上船抢掠。越日查悉，事系棍徒林曲蹄等所为。"④疍民在福州方言中被称为"曲蹄"，有双腿弯曲之意。他们因长年栖居于逼仄的船内，只能半蹲身子或弯腰活动，狭窄的环境容易造成双腿发育不良。"岸上人"将疍民弯曲的双腿视为畸怪，甚至以此为名称来嘲笑、指代疍民群体。这则短讯用"林曲

---

① 《欺凌蛋户》，《字林沪报》，1892年6月18日第3版。
② 《羊城秋雨》，《申报》（上海版），1901年11月6日第10257号第2版。
③ 萧凤霞和刘志伟认为"蛋"是珠三角地区沙田开发过程中，陆上原有的势力为了拒斥后来者争夺沙田入住权而制造出来的身份标签。其也对雍正"开豁为良"之后地方上反升的针对疍民的凌辱做了分析，请参见萧凤霞、刘志伟：《宗族、市场、盗寇与疍民——明以后珠江三角洲的族群与社会》，《中国社会经济史研究》，2004年第3期，第6页。
④ 《闽中碎锦》，《申报》（上海版），1891年12月24日第6710号第9版。

蹄"来称呼犯事者,显然指的是劫掠货船的疍民群体。这一点,在《东华续录》中也有相同的记述,如该书在记载海盗蔡牵一伙投诚一事时也采用了类似的"命名法":"闽洋自蔡牵歼毙之后,余党离散,今其伙犯陈赞等,带同蔡牵义子小仁、文幅率众投诚,又伙犯吴淡、曲蹄幅二人亦相率乞投"①。此外,此时期疍妇作为"娼妓"的形象也屡屡出现在近代的公共话语中。福州的疍妇被称为"曲蹄婆"或"郭倪婆"。陈盛韶的《问俗录》就专门记载了古田水口来自福州南台洪山桥一带从事风月行业的"曲蹄婆"②,此处的"曲蹄婆"以典型的船妓形象出现。1893 年 4 月 3 日《申报》上的《三山春信》一文也直接用"郭倪婆"来指称"土娼"③。福州方言中还常以"曲蹄婆厝"来称呼妓院④,"厝"在方言中有"家"的意思。可以看出,本义指涉女性疍民群体的"曲蹄婆""郭倪婆"成了船妓、土娼的代名词,"疍妇的家"成了妓院的别称,在如此话语逻辑下,女性疍民群体与娼妓直接画上了等号,制造出了"疍妇都是娼妓"的印象。1937 年 3 月 15 日,《申报》第 22936 号登载《江上的悲歌——闽江上的船娘》一文,作者瑞芝在注释中写道,"船娘皆卖淫,传系族中之规定,每个女人要做九年妓女,然后才能出嫁"⑤,"娼妓"的形象在这里更是与疍民的族群传说和族群特性联系起来。

无独有偶,广东的疍妇被称为"咸水妹",同样作为"娼妓"的代名词,且在文本中常与西人共同出现:"沪俗称'粤妓'曰'咸水妹'。……按咸水妹专接西客,我国明时已有荷兰人足迹,即当时所谓'红毛番'也。初至广东沿海一带贸易,渐与一蛋户之为妓者接触,故或谓咸水妹为荷兰语之译音,意云妓也。"⑥1873 年 11 月 11 日的《申报》中刊载的《咸水妹耳后针砭》一文也有类似说法:"……咸水妹……盖粤东之蛋民妇,沿海而居,西人入粤,伊为近水楼台先得月焉,荐寝西人,所以较奢,类高视阔步,而于华人不屑顾也。"⑦《申报》第 6710 号《嘉禾岛纪事》中有"鼓浪屿一隅为西人荟萃之处,圈阓骈阗,人烟繁盛。粤东蛋户咸水妹列屋闲居,以待寻芳者之采择。"⑧与"曲蹄婆"一样,近代广东的疍妇"咸水妹"成为"粤妓"的别称,且文人饶有意味地指责她们"专接西客""于华人不屑顾也",疍妇的形象与"娼妓""非我族类"纠缠在一起,背上了"淫荡"和"叛国"的双重污名,成为以男性为主的本土知识精英攻击的对象。

对粤东疍妇的道德抨击不止于此。1872 年 5 月 16 日的《申报》刊载了一篇名为《麻风病相传之患》的文章,将疍妇描绘成"麻风女"和"过癞者":

---

① [清]王先谦:《东华续录》,《续修四库全书》第 375 册,上海:上海古籍出版社,1995 年,第 68 页。
② [清]陈盛韶:《问俗录》卷二,北京:书目文献出版社,1983 年,第 72-73 页。
③ 《三山春信》,《申报》(上海版),1893 年 4 月 3 日第 7164 号第 3 版。
④ 《福建蛋族复权之请愿》,《申报》(上海版),1912 年 3 月 22 日第 14037 号第 7 版。
⑤ 瑞芝:《江上的悲歌——闽江上的船娘》,《申报》(上海版),1937 年 3 月 15 日第 22936 号第 17 版。
⑥ 《咸水妹考》,《申报》(上海版),1923 年 11 月 19 日第 18224 号第 8 版。
⑦ 《咸水妹耳后针砭》,《申报》(上海版),1873 年 11 月 11 日第 474 号第 2 版。
⑧ 《嘉禾岛纪事》,《申报》(上海版),1891 年 12 月 24 日第 6710 号第 2 版。

……澳门有西洋人,偶于他处传染风疾,欲至港地觅闲花,为消遣计。时有蛋户某以艳名著,西洋人以重金啖之,遂与欢合,去后始知。因深夜至街,见过者则微言挑之。有某洋行侍者涎之久矣,见之欢甚,遂与缠绵。是妇一夕而阅七人,其毒始清,而所谓某侍者未及数月,腮肿鼻穿,糜烂遍体,吁可畏哉! 谚云:少不入广,其此之谓欤。①

所谓"过癞",指的是感染麻风病的女性在病毒处于潜伏期的时候,通过与男性发生性关系来转移病毒,治愈自己。根据梁其姿对麻风病的医疗社会史研究可知,明清时期对麻风病的关注中心从男性向女性转移,加上北方文人、医家对闽粤南方族群"过癞"风俗的渲染,建构出了处于文明边缘的、冶艳而危险的、具有传染性的女性身体。② 上述文本中,作为"娼妓"的"蛋妇"与西洋麻风病患者苟合,在得知自己感染麻风之后,蛋妇沿街勾引无辜男性,甚至"一夕而阅七人",以图减轻病患。作者夸张的笔触并未就此停下,他还用"腮肿鼻穿、糜烂遍体"来形容受害男性的凄惨遭遇。

传染性极强且病状恐怖的麻风病是"最好的作为界限的疾病","区隔了洁净与不洁"。③ 在儒家话语体系下,作为娼妓的蛋妇的女性身体已是不洁,与西人苟合,还感染上麻风,更使得其身体无论在国家意义还是生物意义层面都污秽不堪。这则文本中的蛋妇的身体几乎在所有意义层面都被否定。而与她们形成对比的则是男性的无辜,他们身体上的不洁是被陷害的。在这样的叙述方式下,蛋妇被视为是与西人男性一样试图通过与他人发生性关系来转嫁疾病的"异类"。

这则关于"麻风女"的文章很能成为该时期公共舆论对蛋民的污名强化的代表。与此前传统文献基于"华夷之辨"观念,强调蛋民是与汉族不同的、未开化的"蛮族"不同,近代以来的公共文本给蛋民增加了更多标签。在经历了一连串打击后,近代中国社会中,原先狭隘的华夏中心主义逐渐超越了"族类"藩篱,形成"合国内本部属之诸族以对国外之诸族"的"大民族主义"④思想,以中华民族为主体的国家意识开始形成,西人(洋人)作为入侵者成为新的"他者"。然而吊诡的是原先处于帝国边缘的"他者"——蛋民,很长一段时期内并未被接纳进"我群"的范畴,相反被记述成与"非我族类"的西方人来往密切、与新的"他者"发生合流的另类。尤其是,与传统史籍文献中的蛋民千人一面、很少性别之分不同,近代却极力渲染蛋妇形象,将其与娼妓挂钩,还沾

---

① 《麻风病相传之患者·选录香港三月二十日近事》,《申报》(上海版),1872 年 5 月 16 日第 321 号第 2 版。
② 梁其姿著,朱慧颖译:《麻风:一种疾病的社会医疗史》,北京:商务印书馆,2013 年。
③ R. Edmond, *Leprosy and Empire: A Medical and Cultural Study*, Cambridge: Cambridge University Press, 2006:10. 转引自:梁其姿,朱慧颖译:《麻风:一种疾病的社会医疗史》,北京:商务印书馆,2013 年,第 147 页。
④ 梁启超,《政治学大家伯伦知理之学说》,《新民丛报》,1903 年第 38、39 期合刊。转引自:熊芳亮:《从大清到民国——中国民族理论政策的历史变迁》,北京:社会科学文献出版社,2016 年,第 33 页。

染污秽的麻风,甚至屡屡强调疍妇"只接西客",这种性别、国族和道德三个层面上的污名,与旧有的中央——边缘、汉——蛮权力关系交织一起,延续并强化了"岸上人"和"水上人"的族群界限。

二、赤子——对疍民之权利的倡议

受法国大革命后的自由主义思潮影响,严复、梁启超等一批近代知识分子主张建立一种基于民族主义前提的集体自由主义,如严复认为个人的自由来源于社会的公平,只有社会平等,消弭一切特权,个人才能在其中达成自治和自由。① 持同样观点的梁启超也认为所谓"四民平等问题"的解决之道在于做到"凡是一国之中,无论何人不许有特权"。② 在这种自由平等思想的影响之下,19 世纪末的公共文本中也出现了少量为疍民争取"平权"的话语。1891 年《申报》中有一篇题为《批斥澳长》的文章,以"况水陆均皆赤子,岂可独令蛋民受累"③为由,倡议恢复粤东洋面各商、渔船的团练保甲,以保证疍民渔户不受欺凌。1898 年 11 月 16 日《申报》第 9193 号第 2 版登载《南海寒涛》一文,也称疍民为国之"赤子",理应受到保护:

> 广东访事友人来函云:南番河泊所未入流,专为管理蛋民而设。月前大宪拟裁汰冗员,此缺亦在应裁之例。蛋民深恐一旦无人抚观,不免为强暴所凌,于是联名禀呈番禺县裴邑尊,恳求大宪免裁斯缺,俾得安居。裴邑尊批示云:此次奉旨裁汰冗员,河泊所应裁应留,大宪自有权衡,事关大局,非本县所敢渎请。至本县职司民牧,蛋民亦犹是赤子,无不一视同仁,无论河泊所裁并与否,自必极力抚育,俾遂生成。如有恶棍霸占扰累,许即指名呈控,以凭从严拿办,蛋民等正不必预为过虑也。④

1899 年,福建闽县发布《示劝番民》⑤一文,一方面规劝闽东畲民"将服饰改从民俗,……所有冠丧婚嫁应遵典礼及朱子家礼为法均,勿稍有僭踰,授人口实";另一方面认为畲民与蛋户、惰民一样,"莫非天朝赤子",百姓应该"屏除畛域,等类齐观,勿仍以'番民'相诟病,以成大同之治本"。

---

① 史云贵、郑华:《从"国家自由"到"公民自由"——现代化进程中的中国自由主义思潮》,《求索》,2008 年第 3 期,第 204-205 页。
② 高瑞泉:《早期自由主义视域中的平等——以梁启超、严复为中心的考察》,《上海师范大学学报》(哲学社会科学版),2011 年第 6 期,第 15 页。
③ 《批斥澳长》,《申报》(上海版),1891 年 1 月 30 日第 6389 号第 1 版。
④ 《南海寒涛》,《申报》(上海版),1898 年 11 月 16 日第 9193 号第 2 版。
⑤ 《示劝番民》,《申报》(上海版),1899 年 5 月 1 日第 9353 号第 2 版。

上述文本将蛋民称为需要一视同仁的"赤子",与过去将其视为"蛮夷"形成强烈对比。雍正七年(1729)废除疍户贱籍,并提倡疍户上岸居住,"与齐民一同编列甲户"①。然而相较于"齐民","赤子"这样的说法带有更强烈的情感色彩。这也反映出一部分文人和官员在现代性思想的影响下开始关注和关怀疍民的社会权利与地位问题,其中,"平等"成为清末时期与疍民相关的公共讨论的一个主题。这一点,突出表现在围绕是否给予疍民教育权而发生的一场争论上。

"庚子事变"之后,在内忧外患的严峻形势下,清廷于1901年推行新政,为延续统治做了最后努力。教育改革是清末新政的一大亮点。1901年清廷下诏改设各类新式学堂,之后更是废止了延续已久的科举制度。趁此革新热潮,1904年,广东省河泊所王鹤年为解决疍民教育问题,提议设立"蛋户学堂":

> 广东河泊所王君鹤年,招三水某君饮。署中某君谈及广东蛋民,大半愚鲁,其原因皆由于不识字,当于省河设立蒙学,为教育普及之计。王君深韪其言,立传蛋民中之有资望者到署,谕令设立学堂;并拟将日前某艇揭封之项六百两,复捐廉二百两,拨作开办经费。各蛋户闻之,亦极为踊跃,已拟定章程,禀呈河泊所核议。将来拟联合大艇数艘,在水面为校舍。②

王鹤年拟办"蛋户学堂"的举动引发了一系列讨论,多家媒体跟进转载与评论。如《新闻报》以《蛋户兴学》为题报道:"……据王君云,学成之后,可以送入中学堂,由中学堂卒业可以送入京师大学堂。蛋户之籍将来可以渐脱,与凡民一律平等矣。"③《东方杂志》也发表时评,将王鹤年提议疍民兴学与当时一位范姓人士提出的疍民捐钱入籍改革倡议做对比:"按日前有范某,曾条陈当道,举办蛋籍捐,每人捐银两若干,即准予编入民籍,想因误会蛋民不能应试之例,且时被居民鱼肉,故阳借保护之名,阴行苛抽之实,不知其所以不能应试,系因未有户籍,不关流品……况雍正七年曾奉上谕著广东督抚臣一体保护蛋民,更不应特开捐例。今王君为之提倡兴学,与注籍之民同享一般之权利,以视范某其所见相去何如耶。"④该评论文章认为,范某倡导疍民"买籍"出于私利,他的行动逻辑将疍民视为"注籍之民"之外的"非民",认为疍民所遭遇的困厄皆因为社会上对"非民"的歧视,那么"进入民籍"就成了改变疍民低下地位的法宝。然而文章强调疍民问题之关键不在"民籍"和"流品","开豁为良"之后他们已经位于民籍之列,因而权利的不平等才是问题的核心。王鹤年能抓住这一点,并切实着手进行教育

---

① [清]王先谦:《东华录》,《续修四库全书》第371册,上海:上海古籍出版社,1995年,第340页。
② 《谕令蛋户兴学》,《济南报》,1904年第98期,第7页。
③ 《蛋户兴学》,《新闻报》,1904年10月6日第3版。
④ 《时评:广东省河蛋户提议兴学》,《东方杂志》,1904年第8期,第58页。

改革,相较于范某要高明许多。

与此同时,《广益丛报》《新闻报》《北洋官报》等当时的主要报刊也相继对"蛋户学堂"事件给予了关注与报道。① 这些报道和上述《东方杂志》的时评都点出了疍民问题的另一个核心,即疍民受歧视的根源在于深受"社会积习"的影响。多篇文章援引雍正七年的"开豁为良",声明就官方层面来说,疍民已与普通民众无异,不是"四民"之外的异类,不存在"贱民阶级"这样的固定划分,然而民间社会层面的"畛域"仍难消弭:"徒以社会习惯皆外视之,至不得与平民同","查粤省蛋民向为齐民所不齿"。故所谓"蛋户之籍"更多地表现在文化而非制度层面,如 1910 年《申报》第 13283 号第 11 版登载《放奴问题之督批》一文:

> 高康泰以放奴编籍等情禀,奉制府核示,当奉批云:查粤省蛋户当雍正年间曾奉谕旨准其登岸置产,视同齐民。世仆之制近亦钦奉谕旨一律释放,听任自谋生业。煌煌纶綍,薄海咸钦。是两者皆已回复自由,无论各色人等均不得再行欺凌鱼肉。至其置产、入籍、经商、求学均应各听其便,则从前畛域自能消泯于无形。若必别立一会专为彼等入籍而设,且各编一籍,甚非融化之道,是揭櫫而示以畛域之见也。来禀立意固为保护彼等起见,未尝不善,至其结果将与始意相背而驰,所请应毋庸议。②

高康泰主张释放疍民的"贱籍",并将其"各编一籍"方便管理,官方回复认为雍正之后疍民"已回复自由",再以"畛域之见"的禁锢来操作民籍和户籍问题,即使是出于关心疍民的善意,也"甚非融化之道",认为只要"听其自便,则从前畛域自能消泯于无形"。

这样"化町畦之见""以成大同之治本"的"融化之道"成为清末时期官方解决疍民问题的中心思路,"平权"被概括为"平差异",甚至连疍民自身都认为与"岸上人"截然不同的生活样式是他们受欺辱的根本原因。王鹤年一开始计划用几艘大船作为"蛋户学堂"的校舍,一些疍民提出反对意见:"觅陆地筑校舍,不用□船,俾免蛋户与平民终分畛域。"③官方和疍民本身都坚信只要受了教育不再"愚鲁",上岸建屋置产,"岸上人"和"水上人"的生活渐渐趋同之后,疍民就不会再受歧视,其地位就能得到提高和承认。在"平差异"思路和教育改革的影响下,"岸上人"和"水上人"的界限理应逐渐变得模糊,甚至消融。然而吊诡的是在辛亥革命胜利之后,水、陆族群的界限反而又被

---

① 《本国部:广东:蛋户学堂》,《广益丛报》,1905 年第 73 期,第 59-60 页;《条陈蛋民除籍》,《新闻报》,1905 年 4 月 2 日第 3 版;《各省新闻:请设蛋户学堂批词》,《北洋官报》,1905 年。
② 《放奴问题之督批》,《申报》(上海版),1910 年 1 月 26 日第 13238 号第 11 版。
③ 《拟办蛋户学堂》,《新闻报》,1905 年 4 月 25 日第 3 版。

强化。

辛亥革命的成功促使民主共和的现代性思想进一步发展。1912年《临时政府公报》特发示令开放疍户、惰民等"贱族",许其一体享有公权、私权。① 新政府认为,在如此人道彰明,自由、平等、博爱思想迸发的新时期,歧视疍户、惰民等的"苛令"是民国之"玷",理应摈弃。只有让他们与全体国民一道享有一切权利,和旧时代做出区分,才能彰显新时代的先进。

示令颁布之后,福建法制局呈请政务院"蛋族复权文",提出:"……方今我中华民国建立伊始,汉满蒙回视同一律,而《临时中央政府组织法》亦有'人民一律平等'之规定,其不能独外于蛋族也明矣。且粤之疍户、浙之惰民,其人格大与蛋族相类然,皆先后复权而与平民等,是蛋族之可援例以为据也。……伏维大院远采文明各国之制度,近征中央政府之法规,使蛋族与闽人受同等之权利,则烟蓑雨笠之徒皆有一视同仁之乐,其于我中华民国共和之政体固大相符合者也。"② 福建法制局认为中华民国的政体、五族共和的倡议以及"人民一律平等"的规定都给予了宣扬疍民平权的合理性;反过来,只有疍民——这个长久以来被作为"他者"而受到不公对待的群体——切实得到了平等和自由,才能证明新政府的合法性。

疍民在民国成立伊始成为清朝帝制苛政的象征,被认为是"民国之玷",铲除积弊、进行革新,是主张自由、平等、博爱的新政府义不容辞的责任。包括疍民在内的"贱民"群体,成为新政府进行政治操演的着力点,"切实地履行人民平等、主权在民"的好政府的形象通过解决"蛋户问题"而得以呈现。然而,无论是"大总统示令"还是《福建蛋族复权之请愿》文都只字不谈雍正七年的"开豁为良",这与清末新政时期的疍民平权文本形成鲜明对比。在清末新政时期的文本中,"蛋户问题"是社会的"文化积习"问题,政府制度层面的弊端在雍正之后已经得到切实解决,官方对此不存在责任,只要进行诸如教育等细节的改革,使疍民融入"岸上人"的文化,即可"不分畛域"。而民国时期的文本则剑指"前清沿数千年专制之秕政"③,"开豁为良""蛋户学堂"等改革尝试被隐去,疍民的悲惨完全成为政治体制问题。二者之间的区别与两个政府的性质和所处的境况有关,清廷为了延续统治,惧怕深度讨论疍民问题而牵扯出弊政"引火烧身",故屡屡请出雍正七年的规定作为"挡箭牌",推卸制度层面的责任,宣称"朝廷本无歧视蛋民之心,所歧视者不过社会之事"④;民国新政府隐藏清廷曾经的改革,将疍民的悲惨境况极端化,他们被渲染成至始至终压抑在前清苛政下的悲惨群体,作为"政治上的他者"被呈现,从而强化新政体的正义性。

---

① 《示令:大总统通令开放蛋户惰民等许其一体享有公权私权文》,《临时政府公报》,1912年第41期,第3-4页。
② 《福建蛋族复权之请愿》,《申报》(上海版),1912年3月22日第14037号第7版。
③ 《示令:大总统通令开放蛋户惰民等许其一体享有公权私权文》,《临时政府公报》,1912年第41期,第3页。
④ 《各省新闻:请设蛋户学堂批词》,《北洋官报》,1905年。

三、"国民"与族界制造——对疍民之身份的讨论

饶有意味的是,与雍正时期的"开豁为良"一样,"大总统示令"之后,疍民的地位并没有得到显著提高,民间对疍民的污名依旧在延续,由此也引发了社会层面关于疍民身份的较广泛的讨论。1920 年,一位笔名为"励"的文人在《人》这本杂志上发表短诗《珠江吟:哀蛋户也》,描绘了一位年轻疍妇的艰辛以及她的孩子被岸上儿童呼唤为"奴"的场景:

> 珠江江头秋风起,江花吹入大江里。船头少妇长叹息,此生已付东流水。……少妇衣敝褴,颜如罂病腊。自言是蛋户,十五已嫁夫。入门未三日,卖舟行海隅。生儿才学步,操作与母俱。未尝饱一饭,焉得貌不枯。江南烟水复,农家歌四熟。蛋户无寸土,安识田家趣。迩来政令新,蛋户得居陆。阿儿戏街头,归辄向母哭。儿与群儿游,独被群儿逐。呼儿如呼奴,视儿非同族。阿儿阿儿止汝啼,谁教儿为蛋户儿。①

同样,1933 年 7 月 23 日《申报》第 21651 号第 22 版刊登了一篇由韦道生写就的短篇小说《蛋家仔》,副标题为"富家产子"②。小说的故事情节十分简单:一位富翁的太太多年无子,为了阻止丈夫以此为由讨小老婆,就假装怀孕,最后抱来一个疍家的儿子冒充。在这则老套的故事中,按理说疍家并非行动主体,调换孩子、功于心计的是富家太太,然而文章的字里行间却充满对疍家的蔑视情绪。故事的末尾作者借好事者之口说出了自己的心声:卑贱的蛋家仔被换至富贵人家不过是一时运气好,土鸡即使飞上了枝头也终有一日会跌落下来。文中写到的"猪脚姜"是广东地区妇女坐月子时的传统饮食,由此可以推测作者韦生是广东人,且"蛋家仔"至今依旧是粤语方言针对疍民的蔑称。韦生借富家故事如此激烈地表达对疍民的不屑,在"大总统示令"颁布 20 年之后的 1933 年显得十分违和,但却是一种社会事实的反映。清代官方将疍民问题归咎于社会积习在某种程度上不无道理,当对疍民的蔑称成为地方文化中歌谣俗谚的隐喻指向,其污名就被牢牢嵌合进地方语境中难以挣脱。这时官方的新示令和知识分子的倡议就与民间小传统发生冲突,制度上允许登陆不代表疍民在实际生活中能真正被"岸上人"接纳。这种文化上的分歧也引出了对于疍民族界与身份的较广泛的讨论。

"大总统示令"颁发之后直到 1949 年,这一时期社会上关于疍民的讨论十分丰富,无论是传媒还是学界都以热切的目光注视着疍民。不同于之前主题较为单一,这一时

---

① 励:《珠江吟:哀蛋户也》,《人》,1920 年第 3 期,第 10—11 页。
② 韦道生:《蛋家仔——富家产子》,《申报》(上海版),1933 年 7 月 23 日第 21651 号第 22 版。

期的文本多元且矛盾，一些在调笑疍民的污名，一些义愤填膺地为其伸张正义；一些着重记录有关疍民的各种传说和歌谣，另一些则通过社会调查来描述疍民的生活现状。这些在"污名"与"正名"、"主观创作"与"客观记录"之间相互拉扯的文本探讨的都是"疍民究竟是谁"的问题，而究其本质是其时知识分子在试图回答"我们究竟要不要接纳他们成为'我群'"以及"该如何接纳"等问题。

这一时期，以国立中山大学和岭南大学为中心，一批受西方社会科学训练的知识分子抱持着"用科学的方法，客观的态度，精确的技术，探讨的精神……穷社会关系之微，探事理因果之极"的精神，怀揣着"到民间去的愿望"①，在广东地区开展了大范围的疍民调查，发表了多篇调查报告。早在1921年，温耀斌就在《南风》（广州）杂志发文阐述进行疍民研究的重要性："现在的社会有两个问题极待解决的：一就是人力车的问题，其他就是蛋民的问题……这个蛋民的问题未曾得社会上一般人的注意，大概是这种民族是多数出现在沿海的地方"②。作者认为对疍民进行研究的必要性在于：一方面，疍民的生计关乎社会治安与稳定；另一方面，在政府示令之后，"水上人"和"岸上人"逐渐融合，这一"民族的血统"即将消失，因此需要迫切地进行研究。1933年，岭南大学社会研究所在学校经费支持下，针对广东地区的疍民开展了为期一年多的调查研究。此外，陈序经1935、1936年在《政治经济学报》上也发表了多篇文章③，他结合史料与实地调查，详细地论述了疍民的起源、地理分布、职业以及与政府的关系，成为当时社会上了解疍民的重要文本。

这个时期学界兴起的疍民调查带有强烈的"科学"和"客观"色彩，将疍民作为被调查者和研究客体，"打破向来蔑视他们的态度，来和他们接触"④，"明白他们的真实情况"⑤，成为社会科学研究的追求。另一方面，学者认为，"从民族的观点看来，那么水上居民的位置的重要，更是明显"，把疍民放置在"犹黎苗以及其他的民族一样"⑥重要的位置，主张若因为与"我们"日常接触频繁，而忽略了疍民作为"民族"的研究价值，是极其可惜、不当的。

民国时期如火如荼的疍民社会调查使疍民群体的主体性在文本中终于鲜活起来，过去千人一面的疍民开始有了分别，闽江和珠江流域的疍民差异化的习俗受到学者重视；除广州外，广东其他地方的疍民习俗也得到记录。在实地调查之外，学者还对疍民的历史进行了梳理，并且通过对疍民渔歌的记录，这个一直以来"失声"的群体终于在

---

① 傅尚霖：《发刊词》，《社会研究》，1935年第1期，第5页。
② 温耀斌：《蛋民的将来》，《南风》（广州），1921年第2期，第34页。
③ 陈序经：《蛋民的起源》，《政治经济学报》，1935年第3卷第3期，第590-635页；《蛋民在地理上的分布》，1935年第4卷第1期，第93-106页；《蛋民的职业》，1936年第4卷第3期，第633-658页；《蛋民与政府》，1936年第4卷第4期，第801-820页。
④ 岭南社会研究所：《沙南蛋民调查》，《岭南学报》，1934年第3卷第1期，第9页。
⑤ 岭南社会研究所：《沙南蛋民调查》，《岭南学报》，1934年第3卷第1期，第8页。
⑥ 岭南社会研究所：《沙南蛋民调查》，《岭南学报》，1934年第3卷第1期，第6页。

一定程度上得以表述自己。

然而，我们也应该看到，这种所谓"客体化"的研究却也在某种程度上持续强化甚至固定了疍民的"他者"形象，如对其风俗习惯的记录和描写就带有凸显疍民的"异质性"的意味。1930 年 8 月 12 日的《江声日报》刊载了一篇题为《蛋户》的文章，作者林下客在记述疍民风俗时就写道："蜑户之风俗因与汉人杂处,故尚多相似之点,然其异处,亦颇不少。"①在文本中，疍民明确地成了一个"民族"，与汉族的差异化被不断呈现和渲染，而对他们进行研究是出于保护文化与族群多样性的需要，原有基于"融化之道"的治理术被彻底舍弃。

一旦将疍民视为一个不同于汉族的"民族"，要论证他们作为"民族上的他者"的合理性，"族源"问题就成了公共文本围绕疍民讨论的焦点。由于史料阙如，知识阶层开始转向对疍民族源传说与民间故事的挖掘。他们很快发现关于疍民的族源传说复杂纷繁，单是福州一地就有好几种说法。大致可以将其归纳为两类。一类认为疍民自伊始就不是汉族："有的说是五代王审知入闽，土民纷纷下水"②；有的说"蛋族为蒙古色目人种，……元末闽人约于除夕烧火炮柴为号，杀尽鞑子。中有一家被酒忘其事，而鞑子之郭、倪二姓遂乘间逃水滨，欲借舟而遁，事为人所觉欲杀之，以其力求免死，遂许其在水中讨生活，终身不得登岸"③；有的传说"'科题'族于明太祖时，强占福建闽江一带，杀死汉民无数，因此明太祖派兵征之，后下令不准'科题'人上岸工作求生，只准住于闽江上"④。另一类传说认为疍民原为汉人，只是因为各种原因流落到水上生活："蛋族在福建的起源，最早当回溯到三国时代，东吴在建安郡（今福州）这边设置'典船都尉'的职务，是专管那批充军来到建安，罚其修理船只的罪人……这些罪犯，除了少数得到大赦机会，再回到老家之外，都一辈子留在建安，成家立业，生男养女，更因其与江湖的接触多，过着水上生活比较惯，遂成为以水为家的民族"⑤；"有的说（疍民）是宋代的遗民，陆秀夫负卫王而入海，遗官民二十万散居水上"⑥；或是陈友谅旧部，"在地方上则云系明初陈友谅败兵，为明所驱迫辗转住在水上者"⑦；还有的"谓蛋族为李自成旧部流入闽中，而自侪于奴隶者"⑧。

第一类传说直观地强调疍民在族源上与汉族不同。第二类传说乍看之下是将疍民作为流落水上的汉族来对待，然而却是作为"修船的罪犯""亡朝的遗民""逆反者的旧部"和"败兵之徒"，其"汉"的身份被污染，再加上长久的居住环境隔离与分野，原先

---

① 林下客：《蛋户》，《江声日报》，1930 年 8 月 12 日第 10 版。
② 子良：《水上吉卜赛人：闽江的蛋户》，《星光日报》，1949 年 7 月 9 日第 5 版。
③ 《福建蛋族复权之请愿》，《申报》（上海版），1912 年 3 月 22 日第 14037 号第 7 版。
④ 瑞芝：《江上的悲歌——闽江上的船娘》，《申报》（上海版），1937 年 3 月 15 日第 22936 号第 17 版。
⑤ 一夔：《福州之蛋民》，《厦门大学报》，1947 年 5 月 13 日第 1 版。
⑥ 子良：《水上吉卜赛人：闽江的蛋户》，《星光日报》，1949 年 7 月 9 日第 5 版。
⑦ 一夔：《福州之蛋民》，《厦门大学报》，1947 年 5 月 13 日第 1 版。
⑧ 《福建蛋族复权之请愿》，《申报》（上海版），1912 年 3 月 22 日第 14037 号第 7 版。

的身份发生异化,也在事实上成为另一族类。

这一时期对疍民与汉族的族界的强调,已与古代文献中的"华夷之辨"产生不同的意义。帝制时代华夏中心主义带着居高临下的倨傲想要统摄华夏边缘地带的"非我族类",二者之间是强烈的不对等关系;而在强调"共和"的民国,族群差异已不是征服和倾轧的理由,相反各族皆为"国民",要平等对待、和睦相处。明确疍民作为"民族""族群"的身份之后,在当时宣扬平权的口号式文本中,原先作为"清朝苛政"象征的疍民,到了民族解放运动蓬勃发展的20世纪中叶,被裹挟进民族主义话语体系,成了"弱小民族"的象征:"多年来他们都受着人们的歧视,这是社会的污点,耻辱!……蛋民们不但在精神上受歧视,而遭到重大压迫,在民族解放运动高涨的今天,这是社会的大污点大耻辱"①。可以说,民国伊始的疍民问题侧重于"民生"和"民权"范畴,到了后期则转而偏重于对"民族平等"的强调。

随着平等、自由、博爱等现代性思想的传入,在帝制向现代国家转型的尝试和建构过程中,疍民在公共舆论中一改过去污秽卑贱的形象,作为"国民"登场,被知识分子当作一种用以呼吁权利平等的被压迫者的"符号"。郭台辉认为晚清的知识精英把"国民"视为用来批判封建专制君权和伸张民权的理论武器,并以此启蒙大众对中华民族和共和政体的认同:"'国民'并不完全对译西方文化中的'citizen'或'nation',而是创造性地选择二者的部分语义,是国家构建的确切含义与自由权利追求的模糊想象相结合"②。因此民国时期将疍民称作"国民",为其平权正名,与其说是为了将其接纳为"我群",倒不如说是在渲染其"他者"的形象——作为"帝制苛政"的转喻,从而进行推动现代性转变的政治操演。另外,郭还指出,"中华民国"之名虽然意味着文化上的"中华民族"与政治上的"国民主权"的结合,但中华民族的"多元一体格局"③,使得"汉族与中华民族等相冲突的话语"扭结在"国民"语义之中。④ 于是疍民的"国民化"不仅关乎政治权利层面,还牵涉文化乃至"民族"身份。而同时,另一方面,为了在推翻皇权之后建立一种中华民族的"新文化",顾颉刚、刘半农、周作人、傅斯年等一批学者组织开展了大规模的民俗调查。但是究竟何为"中华民族的新文化"?民族的多层性使知识精英对"中华民族"的认识一度十分模糊,也未对借用自日文的"民族"和"种族"二词进行辨析,导致相当多的误用。对"民族"的模糊认识加上文化民族主义的影响,使得这一时期的民俗调查带有一定的"汉族主义"倾向。

在这样的语境下,疍民作为闽粤南方长久存在的少数族群自然成为民俗调查的重

---

① 子良:《水上吉卜赛人:闽江的蛋户》,《星光日报》,1949年7月9日第5版。
② 郭台辉:《中日的"国民"语义与国家建构——从明治维新到辛亥革命》,《社会学研究》,2011年第4期,第159页。
③ 费孝通:《中华民族的多元一体格局》,《北京大学学报》(哲学社会科学版),1989年第4期,第3-21页。
④ 郭台辉:《中日的"国民"语义与国家建构——从明治维新到辛亥革命》,《社会学研究》,2011年第4期,第156页。

点研究对象。他们被明确地作为"非我族类"的研究客体,通过擅长研究"他者"的人类学透镜一般被检视,"民族""种族"二词在文本中频繁出现。对疍民的歌谣的调查搜集无时不刻不在强化族群的边界,正如钟敬文在《中国蛋民文学一脔——咸水歌》一文中写道:"中国本部境内,除了我们汉族以外,尚有许多山居水泛的未开化的民族,如……东南沿海的蛋户。……中国人——我们汉人——没有心情去鉴赏别的民族的心声则已,若有这个念头,那么上面所列举的许多外化的民族,正各蕴藏了无限的好宝贝在他们的口上心头等候着我们去作大举的挖掘呢。"①

从一定程度上说,近代在文化民族主义影响下的民俗调查非但没能树立"中华民族的新文化",反而制造出了无数与"汉族"相对的"其他民族的新文化"。疍民也在这之后成了明确的"民族/种族的他者"。如果说帝制时期的疍民是基于"华夷之辨"逻辑下的"他者",强调的是他们"未开化"的生活样式,其中暗含着"修文德以来之,既来之则安之"的"同化之道"。也就是说,"他者"和"我群"的界限是模糊的,是随时可以通过改变生活样式和举止而转换的,正因此水、陆的边界才被屡加强调,因为跨越水陆之间就意味着跨越身份认同的边界。如同关于疍民来源的逃亡传说一样,原来作为"我群"的"岸上人"下水之后就成了"他者",反之亦然。而民国时期的民俗调查基于德国浪漫主义的逻辑,认为民族是自在和自然的,其文化是原生、不可改变的,是民族的标志。此时期针对疍民的研究,记录和强调他们与"汉族"不同的风俗、传说和歌谣,这就将疍民归置到了与"汉族"泾渭分明的圈子。类似的故事在当时这类民俗调查中不断上演,由此类似疍民这样"非汉"族群的"族界"被不断地制造出来。

20世纪30年代,抗日战争爆发之后,日本以"民族自决"名义成立伪满洲国和煽动内蒙古独立,作为民俗调查的积极推动者之一的顾颉刚方才意识到滥用"民族"和"种族"以及"文化民族主义"的危害,他批评道:"一般人对于民族一名起了错觉,以为民是人民,族是种族,民族就是一国之内的许多不同样的人民,于是血统和语言自成一个单位的,他们称之为一个民族,甚至宗教和文化自成一个单位的,他们也称之为一个民族,而同国之中就有了许多的民族出现"②,他主张一定要明确"中国之内决没有五大民族和许多小民族,中国人也没有分为若干种族的必要"③,"我们只有一个中华民族"④。他还撰文激烈抨击"中国本部"一词,认为该词系日本为分化中国而杜造,应该坚决废弃。抗战激发出的"民族自觉"使得一些知识精英开始重新定位疍民。1938年

---

① 钟敬文:《中国蛋民文学一脔——咸水歌》,载《国立北京大学中国民俗学会民俗丛书》第三卷,台北:东方文化书局,1970年,第83-84页。
② 顾颉刚:《中华民族是一个》,载马戎主编,《"中华民族是一个"——围绕1939年这一议题的大讨论》,北京:社会科学文献出版社,2016年,第37-38页。
③ 顾颉刚:《中华民族是一个》,载马戎主编,《"中华民族是一个"——围绕1939年这一议题的大讨论》,北京:社会科学文献出版社,2016年,第39页。
④ 顾颉刚:《中华民族是一个》,载马戎主编,《"中华民族是一个"——围绕1939年这一议题的大讨论》,北京:社会科学文献出版社,2016年,第43页。

10月29日,岐山在《申报》第23227号第14版发表《新中国在生长》一文,就以少见的溢美之词来叙述疍民并将他们归入"我们民族"。①

结　论

综上所述,通过梳理近代公共文本中的疍民话语可知,疍民作为无法自我表述的群体,无论是对其的"污名"抑或"正名",其实都来自近代知识分子的创造和呈现。《东方学》之后,人类学开始格外重视对"他者"的表述,通过对民族志文本的研究和反思,学界认识到作为西方的"他者"而被描述的非西方群体,其形象与长久宰制西方的进化论思想和殖民主义密不可分。②人类学家开始承认,作为文本的民族志反映出的是经由研究者加工的"部分的"关于他者的"真实",詹姆斯·克利福德更是直言:"任何'他者'的版本都是'自我'的建构。"③在近代的公共媒介领域中,以汉族为主体的知识分子,借用历史和民间文化延续的"疍民"这一"他者"话语,将其作为审视自我边界的捷径。对疍民的"污名"和"正名"的反复,其实一定程度上反映的是"我群"范畴的收缩和扩张以及与民族主义话语在近代的演变发生耦合。

以往的疍民研究大都只将疍民作为研究客体和对象,而忽略对近代公共文本中疍民被塑造的文化过程加以讨论。出现在近代公共媒介中的这些有关疍民的话语,多被单纯地作为疍民研究的"历史资料",而鲜少有人去考察这些讨论为什么发生,书写者在疍民的故事背后真正想表达什么。通过这些讨论,我们不仅可以对近代疍民这一相对隐晦的族群如何融入社会的过程有更清晰的认识,同时反过来可以思考疍民所融入的那个"社会"的范围发生了怎样的变化——近代知识分子在定位"他者"的同时,如何定位"我群"。换言之,疍民作为无法发声的群体,其被表述的过程反而激发起了"他者的主体性",这种主体性在一定程度上也影响了新中国成立初期的连家船改造过程以及如今发生在华南地区的地方文化"发明"热潮。

---

① 岐山:《新中国在成长》,《申报》(上海版),1938年10月29日第23227号第14版。
② [美]马尔库斯、费彻尔著,王铭铭、蓝达居译:《作为文化批评的人类学——一个人文学科的试验时代》,北京:生活·读书·新知三联书店,1998年。
③ [美]克利福德、马库斯编,高丙中等译:《写文化:民族志的诗学与政治学》,北京:商务印书馆,2014年,第53页。